中国新闻传播学
自主知识体系建设工程

中国互联网视听传播史

The History of Internet Audiovisual
Communication in China

周勇◎著

中国人民大学出版社
·北京·

本书出版受教育部人文社会科学重点研究基地
中国人民大学新闻与社会发展研究中心资助

总　序

2022 年 4 月 25 日，习近平总书记来到中国人民大学考察调研时指出，加快构建中国特色哲学社会科学，归根结底是建构中国自主的知识体系。没有知识体系这个内涵，三大体系就如无本之木。习总书记的这一重要论述，为中国特色新闻传播学学科体系、学术体系、话语体系建设指明了方向。当前，面向新时代的使命任务、面向新媒体的变革、面向全球化背景下人类文明交往的新形势，新闻传播学科面临转型升级的迫切要求，需要在回答中国之问、世界之问、人民之问、时代之问中实现学科的系统性重组与结构性再造，新闻传播学的知识体系也需要以此来锚定坐标、厘清内涵外延。

中国人民大学新闻学院是中国共产党亲手创办的第一所高等新闻教育机构，是新闻传播学科"双一流"建设单位，主动布局和积极开展自主知识体系建设是我们应有的使命担当。为此，学院开展了"中国新闻传播学自主知识体系建设工程"重大攻关行动，组建了十六个科研创新团队，以有组织科研的形式开展专项工作，寄望以此产生一批重大基础性、原创性系列成果，这些成果将在中国人民大学出版社的支持下陆续出版。

中国新闻传播学自主知识体系建设，首先要解决这一体系的逻辑性问题。这需要回到学科发展的历史纵深处，从元问题出发，厘清基本逻辑。在过去的一百多年中，报纸、杂志、广播、电视、通讯社等风起云涌，推动了以大众传播为主体的职业新闻传播事业的迅猛发展。这种实践层面的动向也必然会反映到理论层面，催生和促进新闻传播学的发展。如果从1918年北京大学新闻学研究会成立算起，新闻学在中国的发展逾百年，传播学全面进入中国学界的视野已超过四十年，从1997年正式成为一级学科，新闻传播学在我国的发展则有二十多年。在长期的发展过程中，新闻传播学形成了以史、论、业务三大板块为支柱的知识图谱，并在各专门领域垂直深耕，形成了蔚为壮观的学科阵列。应该说，已有的发展为构建中国新闻传播学自主知识体系提供了良好的基础，但离自主知识体系的要求尚存在不小的差距。主要表现在：长期跑马圈地扩张而以添砖加瓦方式累积形成的知识碎片如何成为有逻辑的知识图谱？主要面向大众传播而形成的知识概念何以适应新媒体时代传媒业结构性变革的新要求？多源流汇聚、面向多学科开放而形成的知识框架如何彰显本学科的主体性？马克思主义新闻观作为"中国特色"的灵魂如何全面融通进入知识体系？这些问题的解决必须超越各种表层因素，从元问题出发并以其作为逻辑起点展开整个知识体系的构建。新闻传播学的一个重要特质就是关注"对话与沟通"及由此对"共识与秩序"的促成，进而推进人类文明和文化的理解与融合。在今天的社会语境下，对于新闻传播学的这一本质意义的认识是重建学科逻辑的关键。在当今的新兴技术革命中，新闻活动从职业语境走向社会化语境，立足于职业新闻活动的新闻学也必须实现根本性转换，将目光投向更广阔的人类传播实践，将新闻学建立在作为人之存在方式、与人之生活世界紧密相连的"新闻"基础之上，建立在新闻、人、事实和生活世界之间相互交错的深厚土壤中。

中国新闻传播学自主知识体系建设，必须要处理好中国特色与世界普遍意义的关系问题。中国的历史、中国的新闻传播实践赋予知识概念以特殊含义，如何将这种"中国特色"阐述清楚，是新闻传播学理论首先要解决的问题。"中国特色"强调对中国问题、中国历史传统和现实特征的观照，但这绝不是自我封闭的目光向内，而是要处理好中国经验与世界理论的关系。建构自主的知识体系应该是一个对话的过程。马克思主义基本原理同中国具体实际相结合、同中华优秀传统文化相结合的过程，是吸收、转化、融入的过程，从学术上讲，实际上是马克思主义与中国传统对话、与中国现实对话的过程。建构自主的知识体系应该关切、关怀人类共同的问题和命运，这就要以产出中国知识、提供全球方案、彰显世界意义为目的，在古今中西的十字路口展开对照和对话。换言之，我们构建自主的知识体系不是自说自话，而是要通过知识创新彰显中国贡献，使中国的新闻传播学屹立于世界学术之林，这是一个艰难而复杂的进程。如果以此为目标做战术层面进一步细分的话，自主知识体系的构建大体可以分为三个向度：

其一，能够与世界同行开展实质有效的深层对话。

这部分主要是指那些具有特别鲜明的中国特色、短期内难以达成共识的内容，比如中国新闻学，从概念到理论逻辑均与西方学术话语有着较大的差异和分歧。对于这部分内容，我们至少在短期内可以以能够开展实质有效的对话为目标，不一定能够达成共识，但至少应努力做到和而不同。这需要我们首先建立一套系统的、在学术上能够逻辑自洽的中国新闻学理论体系。作为中国新闻学的灵魂，马克思主义新闻观不能成为被表面尊崇实则割裂的"特区""飞地"，而应"脱虚向实"，真正贯穿本学科的知识图谱。这就需要将马列关于新闻传播的经典论述与中国共产党从其领导下的百年新闻事业中不断总结提炼的新闻理论相结合，与中国历史传统特别是优秀传统文化相结合。当前，特别要立足于马克思主义新闻观与新时代中国新闻传播事业，加强对习近平文化思想、习近平关于新闻舆论工作重要论述的系统性理论阐释，全面梳理互联网环境下新闻实践的基本理念、原则、方式方法，充实和完善新闻学的本体论、认识论、方法论，构建较为系统完整的知识地图。这既是中国新闻学理论链条的最新一环，也将实现理论创新的层级跨越。

其二，能够与世界同行开展实质有效的交流合作。

这部分主要是指那些与西方学术话语有相通之处、面临共同的问题和挑战的内容，比如一直面临着基础理论创新乏力的传播学，我们可以在实质有效的合作交流中共同发展，做出中国贡献，形成中国学派。要实现这一愿景，中国的传播学必须坚持问题导向，立足中国现实问题，开展基础理论研究和应用对策研究：一方面，扎根中国大地，形成具有中国特色、世界意义的原创性理论；另一方面，面向中国实践，形成一套有解释力的观念体系。从国家加强国际传播能力建设的重大使命任务出发，当前尤其要加强国际传播基础理论建设，尽快构建中国的国际传播理论体系，推动与国际同行的学术交流和对话，加强国际学术话语权。

其三，能够为世界同行做出实质有效的独特贡献。

这部分主要是指那些新兴领域或者中国具有独特资源的领域，我们与世界同行基本处于同一起跑线，甚至有些还有一定的先发可能，要把握历史主动、抓住难得的机遇期。当前中国社会正处于转型期，呈现出大量西方社会较少见到的现象，这给中国新闻传播学研究在理论建构上做出世界贡献提供了机会。同时，要利用好中国在新媒体方面的技术优势和实践优势，提早布局、快速产生重大成果，为未来传播的新时代实现中国新闻传播学科建设的"弯道超车"创造条件。比如，目前各种人工智能技术已被广泛运用到新闻领域乃至整个传媒产业，带来了智媒化发展的大趋向，我们需要通过跨学科的视野梳理智能传播的基本架构以及知识体系，并在此基础上深入探究智能传播中的焦点问题：智能化媒体应用趋势、规律与影响，人工智能时代的算法，智能环境中的人与人机关系等。

自主知识体系建设是新闻传播学科在新的历史阶段开展"双一流"建设的重要历史机遇。如果说第一轮"双一流"建设是在筑基与蓄力，那么从第二轮"双一流"建设开始，我们的重要任务就是真正开启面向全球场域、建设世界一流，全面提升学科的国际对话能力，实现从一般性国际交往到知识创造、从理论互动到以学科的力量介入全球行动、从场景型合作到平台构建的"转向和超越"。在走出建设中国特色、世界一流大学新路的过程中，自主知识体系建设将起到至关重要的赋能作用，通过知识创新实现中国经验与世界贡献的有机融通，为中国的新闻传播学科屹立于世界学术之林夯实基础。这当然不是一所学院所能胜任的事情，需要整个学科共同体的努力。2023 年 11 月 4 日，中国人民大学新闻学院联合国内四十多所兄弟高校新闻传播学院共同发起成立"中国新闻传播学自主知识体系联盟"并发布倡议，希望以学科的集体力量和智慧推进这一重大行动，我们有理由期待未来更多高质量相关成果的推出。

　　新时代给新闻传播学科的发展赋予了无限动能与想象空间，这是我们的幸运，也是我们的责任。我们坚信，中国新闻传播学自主知识体系构建要锚定的基点，在于"以中国为根本，以世界为面向"，要充分了解、辩证看待世界，在广泛吸收人类文明优秀成果的基础上，回到本学科、本领域事业发展的历史和现状，回到中国的历史和优秀文化传统，以中国问题、中国现实为观照来构建自主知识体系，为推动中国更好地走向世界服务，为构建人类命运共同体做出贡献。

　　是为序。

2023 年 11 月 16 日

于中国人民大学明德新闻楼

目　录

第七章　日臻成熟（上）：平台化、产业化、生态化与规范化
（2014—2018）

第八章　日臻成熟（下）：新格局、新技术与新常态（2014—2018）

第九章　走向繁荣：多元增长点与产业新增量（2018—　 ）

第一章 百年回望：视听传播的历史演进与发展逻辑

北京时间 2003 年 3 月 20 日上午 10 点 36 分，无数人的目光聚焦在电视屏幕上。全世界各大电视台几乎都在反复播放一条消息：美英联军对伊拉克的战争全面打响！这一刻，对于美国佐治亚州斯图尔特的一些美军妻子们来说，她们有更多的理由选择坐在电视机前关注这场战争。因为美国有线电视新闻网（CNN）的记者将跟随她们丈夫所在的部队一起进入伊拉克直播战斗场面。

美军第七骑兵团上尉克莱·雷利（Clay Relly）的妻子斯蒂芬尼（Stephanie）是在家中的电视上看到丈夫所在的兵团长驱直入伊拉克境内的，她从大批向巴格达挺进的装甲车和坦克之间认出了自己丈夫的身影。"当时我激动地流下了眼泪，他看上去非常健康，充满自信。"21 日晚上，斯蒂芬尼正在家中看电视上的战场画面。突然，电视中的画面剧烈地晃动起来，接着是一声惊天动地的炸弹落地的巨响，她听到电视里惊慌的喊叫声、奔跑声，"全到装甲车里去！戴上防毒面具！"斯蒂芬尼听出了那正是她丈夫的声音，他们遭到了伊拉克军队的反击，在炮火的攻击下她丈夫大声对他的部队下着命令。那声炸弹的巨响使斯蒂芬尼的心提到了嗓子眼。由于过分紧张和担心，她从电视机前离开。"我不知道我是否还有勇气从电视上看他们与伊拉克士兵面对面战斗的场面。也许对我们来说，那种场面太残酷了。"

时光倒回 1877 年，纽约的一位艺术家画了一幅画，他自己称其为《电话的恐怖》，这幅画描述的是一位演说家在麦克风前演讲的场景，全世界各个角落的人都可以通过一种接收设备听到他的演说。① 几乎与此同时，有一首描述未来生活情景的歌非常流行，歌名叫《神奇的电话》，其中提道："你待在家里，收听市政厅的演说，欣赏来自舞厅的优美旋律！"此时的人们开始想象可以通过一种仪器听到"来自远方"的声音，看到"来自远方"的形象，并且给想象中的这种仪器取了各种名字，如电话望远镜，即可以传送声音和图像的电话。当时的一位法国艺术家阿尔伯特·洛必达（Albert Robida）画了一组画，对未来的生活做了更具体的刻画。② 人们畅想未来可以在家里购物，可以在家里看节目表演，还可以通过墙上的屏幕接受老师的远程教学，可以在自家的起居室观看远方的一场战争！时光匆匆而过，坐在电视机前为丈夫提心吊胆的斯蒂芬尼恐怕不会想到，天才的人们早在 100 多年前就描绘出了她所经历的生活图景。也许她也不会想到，在此后的 20 年间，这种被无处不在的图像予以包围的场景会成为生活的常态。虽然当时如日中天的电视已渐渐走下神坛，继之而起的互联网却把视听传播推向更大的繁荣。旧神下台，新神登场，在这样的势力交替和接力中，由文字向图像的转向成为百年间社会文化的基本面貌。

事实上，发起于 19 世纪的照相和电影、兴盛于 20 世纪初的广播和电视、繁荣于 21 世纪初的互联网视听传播，一百多年间，由文字向图像的转向已成为当代社会生活和社会文化的一个基本特征。视听传播技术在现实的时空之外制造了一个媒介的时空，使现实世界可以被记录、大规模复

---

① 周勇. 广播电视概论［M］. 长沙：中南大学出版社，2005：2.
② 同①.

制和广泛传播，这种对现实时空局限的突破也正是漫长的历史中人类孜孜以求的目标，如恩格斯所说："自从康德把时间和空间范畴从思维着的精神的直观形式中独立出来，人类便力图在物质上也把自己从这些限制中解放出来。"马克思将其凝练为"用时间去消灭空间"。正如奥地利作家茨威格在他的《人类群星闪耀时》一书中所说的："自从被称为人的奇怪生物在地球上行走以来，几千年，也许几十万年间，衡量在地面上前进的最快尺度无非是马的奔跑、滚动的车轮、划桨的船或帆船。在那被意识照亮的、我们称为世界史的狭窄范围内，大量技术进步的成果并没有明显加速运动的节奏。……在拿破仑时代，各国在空间和时间上的距离如同在罗马帝国时代一样遥远，人的意志依旧不能战胜物质的反抗。直至 19 世纪，地球上交通的速度和节奏才发生根本变化。在这个世纪的第一个和第二个十年，各国、各民族相互靠拢的速度比此前几百年还要快。有了火车、轮船，一天就可以完成以前几天的行程，几分钟、几刻钟就可以到达原先好几个小时才能走到的地方。然而，同时代人无论如何兴高采烈地感觉自有火车、轮船以来速度的新的提高，这种感觉毕竟还没有超出可以捉摸的范围。因为这种工具只不过将迄今为止的速度提高了五倍、十倍、二十倍，目光和心灵都还能够理解它们，能够对这一表面上的奇迹做出解释。然而，就其影响而言，电的最初若干成就却是完全出乎意料的。还在摇篮时代，电就已经是一个巨人，迄今的一切法则都被推翻，所有有效的标准都被破坏。作为后来人，我们绝难想象那一代人对电报机最初的成就何等惊讶。就是这个小小的几乎难以感觉得到的电火花，昨天还只能从莱顿瓶沙沙作响伸出一英寸①长够着手指头关节，一下子就获得了跨越好几个国家、山岳和整个大洲的神奇力量，既令人感到极其兴奋，又使人瞠目结

---

① 1 英寸≈2.54 厘米。

舌。还没想完的思想、墨迹未干的字句，在同一秒钟就能被数千里外所接收、所阅读、所理解，那在细小的伏特电棒的两极之间振荡的看不见的电流能越过整个地球，从地球这一端传到地球另一端。……由于这个发现，时间和空间的关系才发生了自创世以来最具有决定性的变化。"他以文学家特有的诗意语言描述了跨大西洋海底电缆的伟大意义："从这一瞬间起，地球仿佛在用唯一的心脏搏动。现在，地球上的人类从一端到另一端已能同时听见、彼此看得见、互相能理解，由于人类的创造力，极大地缩短了时空的距离。感谢他们对于时间和空间的这一胜利……"①

继电报、电话之后，广播和电视是人类缩短时间和空间距离的又一次更大的胜利。广播电视技术堪称 20 世纪人类在信息传播领域最伟大的发明之一，作为一种高度依赖技术的媒介，技术不仅是其得以发明和存在的前提，也影响着它不同时期的传播形态和社会作用。进入 21 世纪，互联网更以其革命性的技术力量，将视听传播推向新的繁荣局面，因而更为深刻地影响着社会生活和社会文化。互联网时代的到来使视听传播开始出现多元竞争的局面，传统广播电视以时间资源为主要追求目标的线性传播方式逐步被互联网以空间为主要资源的非线性传播方式取代，视听传播的主导权向用户倾斜，4K、5G、虚拟现实（VR）、人工智能等新兴技术使视听传播呈现出更为丰富多彩的面貌。在此影响下，社会文化整体向图像转向，视听传播成为信息交往、文化形塑、文明交流的主要方式；视听成为传媒业竞争的焦点，传统上由广播电视机构主导的视听传播格局被打破，形成专业媒体、互联网平台、公众多元主体参与的新格局；新媒介技术全面介入视听领域，成为未来传播的基本发展趋势，视听传播正在成为媒体深度融合发展的主要抓手和核心阵地。

---

① 茨威格. 人类群星闪耀时 [M]. 高中甫，潘子立，译. 南京：江苏凤凰文艺出版社，2018：335－382.

对于漫长的人类历史而言，百年如白驹过隙。但对视听传播业来说，百年间却是高岸为谷、深谷为陵的巨变，技术的不断迭代推进了视听传播形态令人眼花缭乱的变化。但有一点始终不变，那就是：在视听技术不断丰富人们对外部世界体验的背后，是人类对于打破时空束缚、追求交流自由的强烈愿望。而这，正是百年视听传播业发展的内在逻辑，从广播电视到互联网视听传播，从未改变。本书所要重点讨论的互联网视听传播，正是对前互联网时代以广播电视为代表的视听传播事业发展的传承和延续。今天互联网视听传播的繁荣，并非平地惊雷，而是在广播电视所奠定的雄厚基础上不断革新、不断推进的结果。

第一节　视听传播时代的到来：广播电视的诞生

人类自诞生以来，信息传播长期依靠面对面的人际交流。距今五千年左右，包括中国、古埃及等地开始有了文字，人们对外部世界的观察和感受可以被记录和多次传播，"不在场"的交流因而成为可能。但是，文字，包括后来出现的绘画，对外部世界的记录依然是间接和抽象的。1837 年，法国人达盖尔（Louis Daguerre）发明了银版摄影法，外部世界的图景终于可以用完全纪实的方式被"拷贝"和存留下来，时间的概念被彻底改变了。但是，照片是一种静态影像的记录，其对外部世界的"拷贝"只是部分的、瞬间的。19 世纪诞生的电影拍摄技术亦属于视听传播技术的范畴，但是，电影在其发展进程中走出了一条与广播电视不一样的道路，"电影工业竭力通过激发幻觉的场面……来刺激大众的兴趣"[①]，虚构叙事成为电影作为艺术表达的基本特征，其在百余年间构建了自身庞大的实践和理论体

---

① 本雅明. 机械复制时代的艺术 [M]. 李伟，郭东，编译. 重庆：重庆出版社，2006：252.

系，囿于能力与篇幅，本书对此不做重点探讨，仅在相关讨论中稍加关涉。

在人类传播的历史上，电信技术的出现是打破时空束缚的里程碑事件，也为视听传播时代的到来奠定了基础。

1876 年，贝尔（Alexander Graham Bell）经历了无数次失败终于完成了电传声音的实验，创造了世界上第一个电话系统，这也预示着声音作为大众传播媒介的到来。

1896 年，马可尼（Guglielmo Marconi）成功实现无线电传声，进一步破除了声音远距离传输的障碍。

1926 年，贝尔德（J. L. Baird）向英国皇家学会的研究人员演示了用电视播送活动的人体的画面，引起轰动。

1928 年，贝尔德利用无线电波把图像从伦敦传到纽约，证明电视画面可以通过无线电波长途传递。

随着早期广播电视技术的成熟，广播电台和电视台开始出现，大众传播不再是文字的专利，声画一体的传播时代到来了。

20 世纪 70 年代以来，借助全球高新科技的创新和推进，一度衰落的广播开始复兴，而电视更是在愈发激烈的媒介竞争中逐渐成为领导潮流的角色。

进入 20 世纪 80 年代，电视技术领域发生了惊天动地的变化，高清电视技术的推出、通信卫星与有线电视相结合的传播模式的发展、直播卫星频道的出现，一系列变革使电视新闻的"时效性"和"现场感"等核心要素更加突出，时空界限的打破使广播电视新闻报道的理念和方式在世界范围内出现了一场革命。

21 世纪以来，数字化、移动化成为视听传播技术的主流。互联网时代的到来使视听传播开始出现多元竞争的局面，4K、5G、虚拟现实（VR）、云直播等新兴技术使视听传播呈现出更为丰富多彩的面貌，也为视听文化的繁荣奠定了坚实的技术基础。

图 1-1 对一百多年间视听传播技术的演进按时间顺序做了一个概要

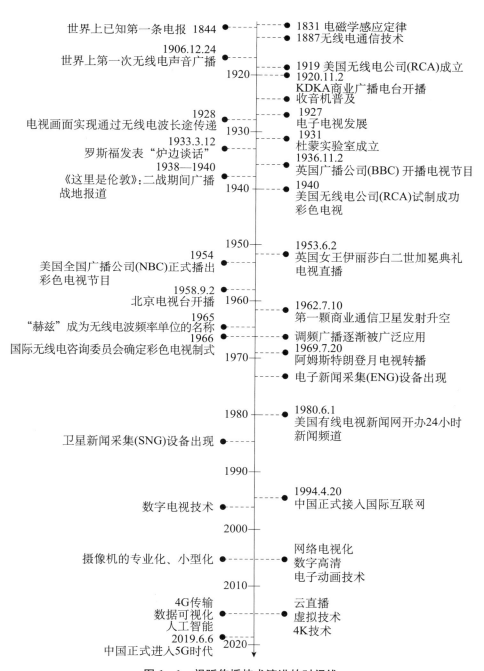

图 1-1　视听传播技术演进的时间线

的梳理。如果概括一下广播电视技术乃至今天互联网视听技术的本质，那就是，对人类信息传播中时空障碍的不断突破。而这种突破一直以来围绕着信息传播的两个关键环节：视听信息的生产和传输。全部视听传播技术的发展史，就是视听信息生产质量和传输能力不断提升的历史。从天才的设想到活生生的现实、从实验室里的伟大发明到百姓家的寻常物件，在视听传播技术发展历史进程中，留下的是前辈们一串串坚实的足迹。在这一持续逾百年的历程中，突破首先从声音的远距离传输开始，而这直接催生了广播。

一、声音的远距离传输：广播的诞生

在广播诞生的前夜，一项至关重要的技术从科学家头脑中的想象变为现实，这就是无线电。无线电的发明是人类传播史上的一次革命，它的远程传输信息的能力成为广播电视的技术基础。广播的诞生脉络可以参见图1-2。

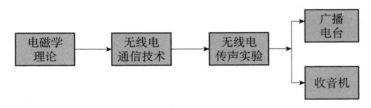

图1-2 广播的诞生脉络

（一）电磁学理论

1. 迈克尔·法拉第与电磁感应定律

1831年，英国科学家迈克尔·法拉第（Michael Faraday）发现了电磁感应现象，并最终提出了电磁感应定律。电磁感应定律揭示了电与磁的联系，为电磁理论奠定了基础。

2. 詹姆斯·克拉克·麦克斯韦与电磁学

1855 年到 1864 年，英国科学家詹姆斯·克拉克·麦克斯韦（James Clerk Maxwell）对法拉第电磁感应定律进行了理论分析，提出了著名的麦克斯韦方程组。这组方程预见了电磁波的存在，并证明电磁波传播的速度与真空中的光速（每秒约 30 万千米，相当于绕地球七圈半）是相同的。在此基础上，麦克斯韦认为光是频率介于某一范围内的电磁波。这是人类在认识光的本质方面的一大进步。电磁学理论为无线电技术奠定了理论基础。今天，电磁波已经成了信息最基本的物质载体。

3. 亨利希·赫兹的实验

为了证明麦克斯韦的电磁学理论，1886 年到 1888 年，德国科学家亨利希·赫兹（Heinrich Hertz）进行了一系列实验，证明电流可以通过电波在空中传递。赫兹的实验证明了电磁学理论的正确性。为了纪念赫兹的贡献，国际单位制中频率的单位以他的姓氏命名。

（二）无线电通信技术

1888 年，赫兹利用静电的火花放电实验证明了电磁波的存在。可惜赫兹英年早逝，未能在电磁波的应用技术方面开展进一步的科研工作。不过，敏感的发明家们已经意识到：电磁波可以以某种方式用于无线电远程通信。

西方世界普遍认为，无线电的发明人是意大利科学家古列尔莫·马可尼（也译为伽利尔摩·马可尼）。①

1894 年，20 岁的马可尼偶然读到赫兹论述电磁波实验的文章，它深

---

① 几乎与马可尼同时，俄国物理学家亚历山大·斯捷潘诺维奇·波波夫（Alexander Stepanovich Popov）也独立地发明了无线电通信设备。不过，波波夫的发明没有引起俄国当局的重视，这也直接妨碍了他推广这项技术。

深地触动了马可尼，从而使他把兴趣全部转移到利用电磁波进行通信的实验上，立志实现无线电通信。1896 年夏天，他在父母家别墅三楼的实验室与 1.7 千米远处的山丘之间成功地实现了无线电通信。当地一位农民和一位木匠帮助他做了这次实验。他们扛着枪，拖着马可尼发明的"天线"上山了。当他们在天边的山脊上消失的时候，马可尼开始从自己的房间发射信号，远方的枪声证明实验成功了。

1897 年，马可尼成立了马可尼无线电报与信号公司（后来的马可尼无线电报公司），开始把自己的发明付诸商业化。

1899 年，跨越英吉利海峡 51 千米的无线电通信试验成功。同年，受美国《纽约先驱报》的邀请，马可尼带着他的无线电设备来到纽约，为一场快艇比赛传送报道。

1901 年，马可尼试验成功了在加拿大的纽芬兰省与英国的康沃尔郡之间横跨大西洋 3 000 多千米的越洋无线电通信。

在 1901 年的一次演讲中，马可尼说："那些致力于把无线电报技术付诸实践的人会因此感到巨大的满足：因为有了这项发明，有些本来会失去的生命得以获救。不久的将来，人们将认识到通过无线而不是有线发电报的好处，除了种种可能的商业价值之外，它是降低航海危险最有力的保障。"①

由于马可尼在无线电通信方面所做出的贡献，他获得了 1909 年的诺贝尔物理学奖。

---

① 原文：Those who are responsible for the recent development of wireless telegraphy into a practical science, cannot fail to find great satisfaction in the reflection that, as already life has been saved that without this discovery would have been lost, so in the future, apart from it manifold commercial possibilities, valuable as there are, humanity is likely to have before very long to recognize in telegraphy through space without connecting wires the most potent safeguard that has yet been devised to reduce the perils of the world's sea-going population.

（三）无线电传声实验

1844 年，莫尔斯（Sameuel F. B. Morse）通过电报向 60 千米外的地方传送了一条信息（What hath God wrought），这是世界上已知的第一条电报，而有线电报和用莫尔斯电码（Morse Code）对信息进行编解码的方式构成了世界上第一个远程瞬时通信系统。当无线电出现后，莫尔斯电码又变成了一种国际通用的无线电通信模式。1901 年，马可尼在跨大西洋无线电通信实验中所传递的信息就是用莫尔斯电码发出的字母"S"。但是，莫尔斯电码传递信息毕竟需要人工的编解码过程，不能实现即时通信。当无线电技术进一步发展的时候，人们开始考虑利用它来直接传递和接收声音。

1906 年圣诞节前夕，大西洋上一些船上的无线电报务员被告知：他们将从船上的无线电通信设备里收听到一些特别的东西。晚九点左右，他们惊奇地听到这些设备里传出了声音：一首女声唱的圣诞颂歌，一段德国作曲家亨德尔创作的乐曲，一段小提琴独奏曲，最后是《圣经》朗诵，祝他们圣诞快乐。这些声音是美国匹兹堡大学物理学教授费森登（R. A. Fessenden）在美国马萨诸塞州布兰特罗克镇的国家电器公司的无线电塔上广播的，其中那段小提琴独奏曲还是由费森登本人演奏的。这是世界上第一次无线电声音广播，大西洋上的这些声音，吹响了广播时代的号角。

（四）广播事业的早期发展

1. 收音机的发明与推广

当无线电广播技术日益成熟的时候，它的普及被提上了议事日程。如何让用户方便地接收到广播信号成为问题的关键。

1916 年，年仅 25 岁的美国马可尼公司职员戴维·萨尔诺夫（David

Sarnoff)提出了一个"无线电音乐盒"（radio music box）的计划，这就是后来人们所说的收音机。正是收音机使无线电广播进入了千家万户。萨尔诺夫在给公司总经理的备忘录中写道："我想到了一个发展计划，它将使无线电成为像钢琴和留声机那样的家庭用品。这个主意就是通过无线电把声音送到家庭……接收器形式上可以设计成一种简单的'无线电音乐盒'……配有一个放大管和一个扬声器，所有这些配件可以密集地放在一个盒子中。……除了从这种产品中获得利润外，为公司做广告的可能性也十分巨大，因为公司的名字能最终进入家庭，而无线电将受到全国和全世界的关注。"

1919 年，美国无线电公司（Radio Corporation of America，简称 RCA）成立。不久，美国马可尼公司的资产被转让给 RCA，萨尔诺夫也随着公司易主而成为 RCA 的雇员。1920 年年初，他的"无线电音乐盒"计划得到新公司的支持。1921 年 7 月，30 岁的萨尔诺夫成为 RCA 新的总经理。上任不久，一项体育赛事吸引了他的注意：杰克·登普西（Jack Dempsey）和乔治·卡彭蒂耶（Georges Carpentier）的重量级拳王争霸赛。萨尔诺夫敏锐地预见到了公众对此事的兴趣。他安排 RCA 对比赛进行了实况广播。最终，登普西在第四轮击败卡彭蒂耶获胜。约有 30 万人收听了赛事转播，人们第一次真正认识到了广播的力量。订单如潮水般涌来，萨尔诺夫的"无线电音乐盒"计划成功了！1922 年，RCA 开始出售整套的收音设备。据统计，1922 年，美国共生产了 10 万套收音设备；1923 年生产了 50 万套；到 1924 年，美国在使用中的收音设备已达 300 万套。收音机在美国社会迅速普及（见图 1-3）。

2. 广播电台的出现

1920 年 11 月 2 日，由美国匹兹堡西屋电气公司开办的商业广播电台开始播音，呼号为 KDKA，它是第一家向有关当局申请商业执照的商业

图 1 - 3　20 世纪 20 年代，听广播成为很多家庭新的休闲方式

注：右图显示了广播伴随式收听的特点，这也是直至今天广播在媒介竞争上的一大优势。

性广播电台，也被公认为世界上第一座真正的广播电台。

西屋电气公司的工程师康拉德（Frank Conrad）是一位无线电爱好者，他在自家的汽车房里安装了一套小型的广播设备。1920 年，他用自己的实验电台播放录音唱片。没想到，他开始收到其他无线电爱好者的来信，评论播音的质量，并对播出唱片的内容和播出时间提出要求。为了满足这些听众的要求，康拉德开始定期播出节目。康拉德的广播被百货商店注意到，于是在当地报纸上刊登广告，宣传康拉德的广播，并且出售用以接收康拉德节目的大众化收音机。后来，康拉德所在的西屋电气公司决定将广播电台永久播出，同时生产一种售价 25 美元的小矿石收音机。1920 年 10 月 27 日，负责颁发电台执照的美国政府部门颁发给西屋电气公司一个商业性海岸电台的呼号——KDKA（见图 1 - 4）。

1920 年 11 月 2 日，在美国宾夕法尼亚州的匹兹堡市，KDKA 电台利用美国总统竞选的大好时机，围绕选情这一公众关注的焦点，开始了定期广播。由于宣传广泛、影响重大，KDKA 成为历史记载的美国第一家正规广播电台。随后，KDKA 电台又进行了一系列广播史上的突破，如第一个报道体育比赛（一场拳击赛）、第一个播出舞台戏剧演出实况等。

KDKA 的诞生意味着广播开始走出少数业余爱好者的小圈子，而被

图1-4　KDKA电台早期的播音室

当作一种面向大众、拥有广阔市场前景和巨大商业潜能的事业来运营。KDKA的创办成为世界广播事业的发端。随后，广播电台在美国开始如雨后春笋般地出现。在1922年年初的美国，有28家电台活跃在广播领域；半年后，增长到378家；到了年底，已经增长到570家。[①] 收音机的销售也急速增长，1924年美国全国收音机数量已达300万台[②]，听广播成为美国千家万户生活的中心，人们根据广播节目安排时间，围坐机前，欣赏各自喜爱的广播节目。

二、动态影像的记录与远距离传输：电视的诞生

在人类漫长的历史中，对外部世界的实时呈现和动态记录一直是信息传播技术的难题。在迄今为止人类最基本的三种信息传播形态中，语言在人类长期进化过程中被发展出来；距今5 000年左右，文字开始出现；而

---

① 郭镇之.中外广播电视史［M］. 2版.上海：复旦大学出版社，2008：18.
② 周勇.广播电视概论［M］.长沙：中南大学出版社，2005：9.

在视觉领域，对视觉信息的接收与理解是人与生俱来的一种能力，人类文明早期就已经出现了原始的绘画（如古代非洲的岩画，非洲所知最古老的岩画上的动物形象至少可以追溯到公元前 9 000 年），早期文字的主要构成方式也是图像符号（象形字），其后，绘画艺术在东西方均得到长足发展，成为很长一段时间人类记录影像的主要手段。

尽管绘画（特别是西方的油画）艺术已经可以惟妙惟肖地描摹外部世界，但在照相术出现以前，这种描摹也只能是无限接近而无法完全复制外部世界的图景，人类因此也就无法忠实地记录和再现自身的历史。照相术在 19 世纪 30 年代的出现可以说部分解决了这个问题，但其静态影像的特征无法完整地展现外部世界的生动鲜活。19 世纪末，卢米埃尔兄弟发明了电影摄像技术，实现了影像的动态记录。但是，电影从一开始就走上了艺术表现的道路。尽管其在后来对纪录片领域的介入有了一定的纪实功能，但总体上仍是一种表演性质的媒介，其较长生产周期的制作模式和影院放映的观看模式也使其难以满足大众传播媒体日常化、海量化、广谱式信息传播的需要。电视由此应运而生。

尽管电视技术的雏形已经出现了很长一段时间，但直到 20 世纪 20 年代中期，试验性的电视广播才得以实现。1936 年，英国开始了正式的电视信号传输，美国则开始于 1939 年。20 世纪 50 年代，电视在欧洲和北美逐渐超过电影，成为当时最流行的娱乐媒介。这种现象伴随着工业化进程和生活水平的提高，又迅速蔓延到全世界。早期电视的诞生经历了几个重要的阶段（见图 1－5）。

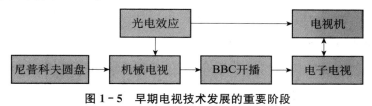

图 1－5　早期电视技术发展的重要阶段

（一）光电效应：电视传播技术的理论基础

1866 年，英国铺设海底电缆。工程师约瑟夫·梅（Joseph May）在测定电缆性能时发现，测量的结果经常发生变化。经过大量的分析和探索，他终于发现是其中的硒（Selenium，化学符号 Se）元素在"作怪"：当光线照到含有硒的物体上时，就会产生电子放射现象。照射的光线越强，放射的电子越多；照射的光线越弱，放射的电子就越少。这就是硒的光电效应。

1873 年，约瑟夫·梅正式发表硒元素光电效应的学术报告。光电效应的发现，使得把光的变化变成电信号传送出去成为可能，从而在理论上揭示出：任何表现物体的影像都可以通过电子信号进行传播。

（二）机械电视

尽管光电效应从理论上奠定了电传图像的基础，但是早期的电视先驱们还是走了一些弯路。

1. 尼普科夫圆盘：世界上第一个机械电视扫描装置

1884 年，德国人保罗·尼普科夫（Paul Nipkow）发明了世界上第一个机械电视扫描装置。

尼普科夫是第一个发现电视扫描原理的人。他发明了一种可以旋转的圆盘，盘上有很多螺旋排列的小孔。当盘旋转时，一束束光线就穿过这些小孔投射到另一个盘上，形成一个个光点。这项发明被称为"尼普科夫圆盘"（Nipkow disk）。尼普科夫圆盘马上被公认为可以通过电线传送图像的仪器。此后很长一段时间，它一直是各种图像传送实验的基础。直到 20 世纪 30 年代，机械电视扫描装置被电子扫描装置取代。

2. 贝尔德与机械电视系统

英国工程师约翰·洛吉·贝尔德的名字常常和电视的发明联系在一起。他为图像能够从一个地方传输到另一个地方而试验了很多年。1924

年，贝尔德利用尼普科夫圆盘的扫描原理研制了电视系统，并发送和接收了一个"十"字图形。1925 年，他在伦敦的一家百货商店里公开展示其机械电视，第一次在电视上显现了一个人的脸。

1926 年，他向英国皇家学会的研究人员演示了用电视播送活动的人体的画面，引起轰动。

1928 年，贝尔德利用无线电波把图像从伦敦传到纽约，证明电视画面可以通过无线电波长途传递。这一事件被《纽约时报》称为"具有划时代的意义"。

1936 年 11 月，英国广播公司（BBC）在伦敦郊外亚历山大宫的演播室开始了电视节目的定期播出，英国成为第一个播出黑白电视节目的国家。当时的电视广播局限在 25 千米的半径之内。最初 BBC 使用的是一直竞争的两个系统：马可尼的 EMI 电子扫描系统和贝尔德的机械系统。最后，事实证明，电子扫描系统的可靠性和图像质量都远胜于机械系统。最终，机械电视系统被电子扫描系统取代。

（三）电子电视

在电子电视研究方面，美国工程师费勒·法恩斯沃斯（Philo Farnsworth）做出了伟大的贡献（见图 1-6）。与贝尔德研究机械电视的思路不同，法恩斯沃斯一开始就致力于光电子和阴极射线管的研究。1927 年，法恩斯沃斯成功地传送了一张一美元钞票的图像。之后，他不断推出新发明，如把光信号转换为电信号的放大管、阴极射线管、电子扫描管等。此后，他为了捍卫自己的专利权长期陷入官司之中，晚年甚至一度激烈地批评电视。1969 年 7 月，法恩斯沃斯与妻子在缅因州家中看电视，屏幕上正播放着人类第一次踏上月球表面的实况。他平静地对妻子说道："你知道，为了今天，这一切都是值得的。"

图 1-6 费勒·法恩斯沃斯和他发明的电子电视

(四) 杜蒙: 让电视机进入家庭

萨尔诺夫的"无线电音乐盒"计划让收音机走进美国的千家万户, 而让电视机进入普通家庭的则是工程师艾伦·杜蒙 (Allen DuMont)。1931年, 杜蒙建立了一家公司, 后来被称为杜蒙实验室。他改善了阴极射线管, 研制成现代示波器, 被广泛用于测试和研究波形。1937年, 杜蒙开始批量制造电视机, 并将其成功推向市场。一时间, 杜蒙牌电视机带给许多人奇妙的感受。批量生产降低了电视机的生产成本, 从而为电视的普及铺平了道路 (见图 1-7)。

图 1-7 20 世纪 50 年代美国家庭围坐收看电视的场景

第二节　更好、更快、更远：技术发展
与广播电视媒介形态演变

从传播的过程来看，广播电视系统从节目源采录直到观众接收观看可划分为四个环节，分别为节目信号制作、节目信号传送、节目信号分配以及用户接收。这些环节的技术发展水平都会直接或间接地影响广播电视新闻事业的发展。

在这四个环节中，节目信号的制作是广播电视传播活动的核心环节，广播电视节目内容的优劣决定着观众对节目的评价以及最终的传播效果。在广播电视传播活动中，那些画面清晰、色彩鲜艳、信号稳定的节目更能够得到观众的肯定和喜爱，因为这样的节目往往能在最短的时间里给观众带来极强的现场感，使其身临其境；尤其对于电视新闻来讲，画面的直观性是让观众获得"眼见为实"收视效果的核心要素。

从广播电视诞生的那天起，技术的发展进步为广播电视新闻报道不断深入现场、打破传播的时空距离做出了巨大贡献。近百年间广播电视技术发展的基本逻辑体现为：在解决了声画采制和信号远程传输两大基本问题后，如何实现更好的声画质量、更便捷的采制手段和更多样可靠的传输方式，以做到更好、更快、更远，进而有更好的能力介入和反映现实时空，甚至按照人的主观意愿创造出超越现实时空的"媒介时空"，从而不断突破现实时空对人的束缚。

一、从复刻到超越：越来越高质量的声画

声画是广播电视的最大魅力，也是其媒介特质的核心所在。广播电视

技术发展的首要逻辑，就是声画采制和呈现质量的不断提高，使受众产生身临其境的感受，甚至比身临其境更为丰富生动。

（一）广播的黄金时代：声音的魅力

1929 年至 1933 年，全球性经济危机爆发。美国经济在短短几个月内几乎崩溃，至 1932 年冬天，美国至少有 1 300 万人失业，3 400 万人没有任何收入。1933 年年初，在经济大萧条中无所作为的美国总统胡佛卸任，新任总统罗斯福临危受命，宣誓就职。爆发于美国的全球性经济危机对许多行业都造成了致命的打击，却给广播产业带来了前所未有的繁荣契机，相较于报纸等印刷媒体的文字表达，广播以其声音的生动性给受众带来了全新的体验，由此进入一个短暂的"黄金时代"。

1. 罗斯福"炉边谈话"

在经济大萧条时期，人们需要用娱乐来宣泄愤怒与不满，打发多余的空闲时间。这一时期，除了广播喜剧《阿莫斯与安迪》（*Amos 'N Andy*）受到民众的热烈追捧，美国总统罗斯福利用广播进行的"炉边谈话"也成为世界广播史以及美国历史上的重要事件。

此时，无线电已是这个国家最主要的消遣工具，它代表着一种新兴的咄咄逼人的经商手段，威胁着杂志的广告业，却并没有被政治家发现其价值。胡佛仅有的几次广播讲话生硬拙劣、照本宣科、一副官腔，非但没有增加总统的人情味，反而加剧了民众对他的反感。

1933 年 3 月 12 日，罗斯福就任后的第 8 天，他通过广播向美国人民发表演讲，对全国人民就银行暂停营业的问题进行了耐心的解释、劝告和教育。他亲切诚挚的声调、质朴实用的语句深深打动了美国的听众。由于罗斯福是在总统府楼下的外宾接待室的壁炉前发表的演讲，因此这次演讲被人们亲切地称为"炉边谈话"。

在此前的 150 多年里，大多数美国人都没有见过总统的模样；而现在，人们足不出户就能听见总统真实的声音，不能不让人振奋。这一切都归功于广播的发明和普及，而善于利用媒体的罗斯福也将无线电广播变成了他重要的宣传工具，在他随后的 12 年总统任期内，共做了 30 次炉边谈话，每当美国面临重大事件时，罗斯福都用这种方式与美国人民展开有效的沟通。

2. 《这里是伦敦》：二战期间的广播战地报道

在某种意义上讲，广播是一种"危机媒介"——每当危机降临，广播播报重要新闻的功能就会异常突出。[1] 第二次世界大战中，广播事业获得了前所未有的迅猛发展，呈现出空前绝后的繁荣局面。当时，除了名噪一时的国际广播外，以现场直播为代表的广播新闻也在飞速崛起。这些都要归功于移动装备的发展和磁带录音机的使用，这些设备的小型化和便携化使得广播记者在新闻现场拥有更大的灵活性，也能采集到更逼真、更直观的现场声效。这使得广播新闻不再只是报纸新闻的"朗诵版"，广播新闻中"现场"的核心优势突显出来。

二战中，不少美国驻欧洲的记者从战场、轰炸机和其他作战中心直接发回报道，当时最著名的广播记者当数美国哥伦比亚广播公司（CBS）的爱德华·默罗（Edward R. Murrow）。1937 年，希特勒加紧扩军备战，欧洲局势日益紧张。CBS 主管新闻部的副总经理觉得有必要选派一名记者去主持 CBS 欧洲记者站。在这种情况下，29 岁的默罗来到伦敦成为 CBS 欧洲记者站的负责人。1938 年 3 月 12 日，德军攻占了维也纳，同时，默罗向美国听众广播了他的第一篇战争报道，这次报道也被视为广播史上的第一次"现场直播"。1940 年不列颠空战时期，一组《这里是伦敦》的广播

---

① 即使到了传播技术如此发达的今天，广播的便捷性和伴随式收听的特点仍然使其在某些危机事件中发挥重要作用，比如汶川地震中的应急广播。

报道取得巨大成功，默罗总是尽可能地贴近战争一线，让听众听到隆隆的飞机声、爆炸声等一切与轰炸现场有关的声音，为美国听众提供了一种身临其境的战火体验。

（二）见证历史：声画的力量

"除了影像，还没有任何一种遗物或古文献可直接确证各个朝代人民生活在其中的世界。在这方面，影像比文献精确、丰富。"[1] 二战后，广播电台的发展步入低谷，兼容了声音和画面传播的电视迎来了黄金发展期。20世纪60年代，电视占据了媒介中心地位，大批功成名就的明星、记者以及节目都随着广告预算转到了电视网，如CBS的著名记者爱德华·默罗不再主持《现在请听》（Hear It Now），而成为《现在请看》（See It Now）的电视节目主持人；曾经著名的广播喜剧《阿莫斯与安迪》也退出声波，出现在了电视屏幕上。随着技术的发展，电视逐渐在重大新闻事件报道中扮演重要角色，显示出自身的传播优势和社会影响力。

1953年6月，英国女王伊丽莎白二世的加冕典礼在伦敦举行，世界主要电视机构云集伦敦，展开了一场抢发新闻的竞争。BBC占尽天时地利人和，对女王加冕礼进行了现场直播。这是电视介入重大新闻事件报道的较早尝试，也是现场声画力量在媒介上的一次集中展现。

1969年7月，电视观众目睹了宇航员阿姆斯特朗成功登上月球，听见他站在月球上说："这是一个人的一小步，却是人类的一大步。"全球约有6亿观众收看了人类第一次登月的电视转播。

美国东部时间1986年1月28日上午11时39分，美国"挑战者"号航天飞机发射不久突然在空中爆炸，全球震惊。电视成为公众寻找答案和

---

① 伯格.观看之道 [M].戴行钺，译.3版.桂林：广西师范大学出版社，2015：7-8.

安慰的地方。美国三大电视网都报道了发射实况，但空中爆炸却是任何人都没有想到的。三大电视网的三位权威主持人努力将事件、反应和分析串联起来进行报道，电视把有关这场悲剧的消息传向世界各个角落。

"水门事件"、里根遇刺、奥运会、海湾战争……随着一次次介入重大新闻事件的报道，电视独特的声画魅力不断为人们所认知。

1980 年 6 月，美国有线电视新闻网（CNN）开办全球首个 24 小时全天候播出的新闻频道。继 CNN 之后，创办 24 小时新闻频道成为世界电视媒体发展的潮流。传媒巨头默多克甚至这样断言："一个没有新闻频道的电视媒体毫无价值。"

作为 20 世纪最伟大的大众传播媒介，"电视在急剧侵蚀现有政体的同时以其特有的本质和对事实真相的揭露为公众构筑了一个多元文化的民主。电视让我们可以真正以一个公民的姿态来见证伟大的历史时刻和运动，不光是现在，更是无尽的未来。……电视终将成为人类历史发展的一个重要组成部分，我们将会通过我们自己制造的影像来不断展现对人类历史的追忆"①。

（三）从"还原"到"建构"：超越现实

影像首先是现实的拷贝。照相、电影、广播电视等现代视听技术的出现使人类拥有了真实还原现实时空的可能。但是，人类的追求从来不会满足于此。在视听技术越来越广泛地介入人们的社会生活、成为一种日常的交流沟通工具之后，人们开始在视听文本的生产中注入越来越多的主观表达意图，从简单地"还原"走向"建构"。

在电视对活动影像进行采制的技术出现二十多年后，录像机的发明使

---

① 莱斯特.视觉传播：形象载动信息 [M].霍文利，史雪云，王海茹，译.北京：北京广播学院出版社，2003：387.

信号存储问题得以解决，补上了电视采制技术的关键一环。1956年4月，在芝加哥召开的美国广播电视协会会议上，美国安培克斯公司（Ampex Corporation）展示了使用4个旋转磁鼓的2英寸（约51毫米）磁带录像机，这种录像带无须冲印，省时省工，图像还可以即时倒放，并可以反复使用。磁带录像技术使电视节目的录制时间和播出时间相分离，极大地拓展了电视创作的自由度，电视对时空的革命就此开始。由此，电视技术在为人们提供更好的视觉体验的道路上持续努力，不断突破人类对现实世界的感观经验。真实的生活存在于立体的时空中，好的电视作品的评价标准之一就是能为观众带来逼真的空间感和现场感。作为人类综合感官的延伸，电视要向观众提供同一时空中的全面信息，才能给人置身其中的真实感受。从黑白影像到彩色影像，从单机位拍摄的简单画面到双机位甚至多机位拍摄的画面，无不是电视工作者为观众"还原"现场和"呈现"现场的努力。而电视采制技术并不满足于简单地"还原"现场，还利用一些人眼无法正常捕捉到的画面，为观众重新"建构"了现场。视听传播技术的这种进步无处不体现着"媒介是人的延伸"。

人眼对外部世界的观察是受到其生理特性限制的。一般来说，人类肉眼的视域范围大约为120度；就视力而言，正常人的视力，能分辨的最小长度大约是0.1毫米，明视距离为25厘米，4千米以外的景物不易看到。为了突破这些局限，人类很早就开始借助工具的力量，比如，利用天文望远镜探索星空、利用高倍显微镜观察微观世界。电视领域也是如此，不断改进光学特性的电视镜头使人们能看到单凭肉眼无法企及的各种画面。其中关键的一项技术就是各种焦距的镜头的使用。随着焦距的变化，摄像机镜头一般被分为广角镜头、标准镜头、长焦镜头、微距镜头，从而实现不同的视觉效果。其中，标准镜头广泛用于常规的拍摄。在人眼无法或不方便达到的视线距离和视域范围，广角镜头、长焦镜头和微距镜头发挥了重要作用：广角镜头视域范围大，用于解决大场景的拍摄问题；长焦镜头可以在较远距离实现清晰拍摄；微距镜头则用于肉眼无法辨识的微观世界的拍摄。

例如，2020 年 5 月 27 日，珠峰高程测量登山队克服重重困难成功从北坡登上珠穆朗玛峰峰顶，中央广播电视总台在沿途设下多个直播机位，包括设在海拔 5 200 米珠峰大本营的天文望远镜机位，并安排了高山摄像师跟着队员登顶。由于突发状况，高山摄像师没有及时跟上突击队员登顶，队员们登顶瞬间的场景最终由天文望远镜机位在超远距离拍摄到并直播出去。非常规焦距镜头的使用不仅可以解决实际拍摄工作中的一些困难，也常常为人们带来日常视觉经验以外的新奇体验。在纪录片《风味人间》中，创作者用大量显微摄影呈现食物的隐性一面，把常规状态无法窥见的食物变化过程直观地展示出来，比如青霉菌的成长过程。在导演陈晓卿看来，《风味人间》的整体艺术风格是"真实中有跳动"，既无限贴近真实，又有非常灵动的东西在其中。① 这种"灵动"的实现就有微距镜头的功劳。

如果说变焦距拓展了人眼的视线范围和距离，多种移动镜头和特种设备的结合使用则使人们跳出了重力约束导致的常规视野的限制，可以从空中、地面、水下诸多常人难以到达的位置观察世界，获得比日常生活更为立体化的视觉感受。电视拍摄技术对人类视觉的延伸首先是向空中的发展。摇臂就是早期的一种尝试，使人们得以在一定程度上跳出地面的限制，获得更为立体的视野。摇臂尽管受制于向空中拓展的有限性以及灵活性，但以其稳定可靠的特性仍然在电视拍摄中扮演着不可或缺的角色，特别是在室内和一些对安全性要求较高的活动拍摄中。随着电视报道对社会

① 为什么这个版本的"风味人间"更美味 听听陈晓卿怎么说［EB/OL］.（2019 - 03 - 20）［2020 - 06 - 07］. https://ent.qq.com/a/20190320/002441.htm.

生活更为广泛的介入,摇臂已经无法满足人们向天空延伸视角的需求,真正走向空中的航拍出现了,人类的眼睛和身体一样从此摆脱了重力的束缚,一个全新的视野由此打开。早期的航拍主要借助小型飞机、直升机、热气球等有人驾驶的航空器材,使用成本高,操作的专业性强,流程审批比较复杂[①],因此不适合大规模常态化使用。今天,随着无人机航拍技术的发展,空中拍摄已变得越来越高效便捷,在新闻报道中被广泛应用,甚至一些非电视机构和民间个体也可以很方便地使用。在走向空中的同时,电视也将人们的视野带入水下。由专业摄像机和专业人员完成的水下摄影,使普通人得以一窥平时难得一见的景象。此外,一些跟随主体移动的主观视点镜头也给人们带来不一样的特殊视角,产生与新闻事件当事人一样身临其境的感受。这些镜头可以直接安装在运动主体上,也可以通过移动装置跟随主体运动。

随着技术的发展,摄像机的类型越来越多样化,品质不断提升。能够适应复杂环境要求的工业摄像机,能够与现场环境融为一体的间谍摄像机,能够长时间稳定工作的野外无人值守摄像机,能够在黑暗环境下拍摄画面的红外摄像机和星光摄像机……众多针对特殊工作任务和工作环境特点开发的特种摄像设备在使电视拍摄不断战胜挑战的同时,也将人们的眼睛带入世界的每一个角落,使人们获得各种前所未有的视觉体验。

(四)数字化:更清晰的声画品质

在整个广播电视技术的发展进程中,从模拟到数字的转换是一个关键性的节点,它在给广播电视带来更清晰的声画品质的同时,也为其后续发

---

① 孙玉胜在其著作《十年:从改变电视的语态开始》中曾提及,中央电视台在1998年抗洪报道中申请使用直升机航拍,审批过程耗时一个月。

展奠定了更具成长空间的技术基础，特别是为与互联网技术的融合提供了可能。在今天多种码流、多种形态的视听内容自由地在互联网世界游走的背后，是基于数字化的全球统一标准的底层技术保障。

1. 从调频广播到数字广播

20 世纪 60 年代，调频广播逐渐被广泛应用，这给在低谷中徘徊的广播业带来了"第二个春天"，这种收听效果优良的调频广播成为 20 世纪 70 年代美国广播电视业中发展最快的成分之一。在调频广播出现以前，调幅广播是广播电台传输信号的主要方式。在无线电广播中，广播信号是依靠空间的高频电磁波来传播节目的，但高频电磁波并不含有任何信息，只起了"运载工具"的作用，因此这种高频电磁波被称为载波。调幅广播是指其载波的振幅随声音信号的变化而变化，是最早的广播方式，主要用于长波、中波和短波的声音广播。而调频广播是指，载波的振幅不变，其频率随声音的强弱而变化。相比于调幅广播，调频广播具有较高的抗干扰能力，音质悦耳，还比较节省电力。于是数目众多的小电台应运而生，音乐、文化等内容专业化的电台成为当时的主流；另外，由于调频广播的服务区仅限于距离发射机较近的地区，因此常用作本地区的广播。

调频广播的播出内容和传播范围发生了很大变化，致使电台对观众定位进行了相应的调整，以本地化和专业化为特征的"窄播化"成为广播业发展的主流。广播的种类趋向多样化，除了综合性电台以外，还出现了各种专业电台，如新闻台、交通台、经济台、教育台、音乐台等。广播节目的内容更加丰富多彩，其影响深入到社会生活的各个领域。

进入 20 世纪 90 年代，人们的物质文化生活水平不断提高，对广播的质量也提出了更高的要求。在过去的几十年中，调频广播曾以最好的广播质量受到听众的欢迎，但是这种模拟的窄带传输方式对多径传播缺乏抵抗能力，在一些特殊的环境中，如在行进的汽车中、密集的建筑群和山区中接收时，收听质量会受到严重损害；此外，由于调频广播频段电台越来越多，频带过密地被占用，即使在家中固定接收，广播质量有时也会受到影响。互联网时代的到来改变了传统的媒介格局，在新兴网络媒体的冲击下，广播的收听人数和传播效果都受到了一定的影响；但与此同时，广播电台也开始在网络上开辟新的战场，积极实践网上广播。1996年，广东珠江经济广播电台率先开通网上实时广播。此后，中央人民广播电台、中国国际广播电台、上海东方广播电台等也相继推出了网络广播。网络广播扩大了广播的收听群体，在一定程度上弥补了因为网络而分流的部分听众；另外，借助网络这个多媒体平台，突破了使用收音机收听而造成的线性传播局限，文字、图片甚至视频的辅助使得网络广播的传播方式更加立体和多元化。

在这一时期，数字技术的产生和发展为广播注入了新的活力。借助信息技术的发展，数字广播较之传统广播，无论是传播范围、受众规模还是影响效果都发生了革命性的飞跃。数字广播是指将数字化的音频、视频信号，以及各种数据信号，在数字状态下进行各种编码、调制、传递和接收等处理，是一项有别于传统广播的技术。目前国际上几种发展较为成熟的数字广播，主要包括数字声音广播（Digital Audio Broadcasting，DAB）、数字多媒体广播（Digital Multimedia Broadcasting，DMB）等模式。数字声音广播（DAB），是以数字技术为基础，采用先进的音频数字编码、数据压缩、纠错编码以及数字调制技术，对广播信号进行系列数字化的广播。开发DAB的初衷主要在于提高声音播出质量并提供高速移动接收性能。数字技术的运用除了保证广播节目的制作、发射到接收全程达到CD音质以外，还可自行纠正在处理、传送、发射、接收过程中由多种干扰产生的误码，以确保经过接收机还原后的音频质量等同于演播室质量，所以DAB的收听质量比传统收音机要好得多。另外，数字声音广播在行车速度达到 200km/h 时仍可以稳定接收信号，充分满足了人们在户外及快速移动交通工具上的特殊接收要求。

从最早期的调幅广播到后来的调频广播，再到现在的数字声音广播，广播走过的是一条不断提高声音质量的道路。数字多媒体广播（DMB）则将单一声音广播推向了多媒体领域。由于 DMB 采用的是全数字化处理传输技术，因此任何可数字化的信息都能通过 DMB 传送，可广泛应用在公交车、出租车、轻轨、地铁、火车、轮渡、机场及各种流动人群等移动载体上。

2. 从模拟电视到数字电视

与广播一样，电视技术的发展同样经历了从模拟到数字的关键性转换。

（1）从黑白到彩色。

在转向数字化之前，模拟时代的电视先完成了从黑白到彩色的升级。黑白电视诞生不久，彩色电视的研制就迅速提上议事日程。

1940 年，美国无线电公司（RCA）首先试制成功彩色电视。1946 年，RCA 宣布了"点描法彩色电视技术标准"。1952 年 12 月，美国国家电视系统委员会（NTSC）确定"点描法"为美国彩色电视的制式标准，通常称为 NTSC 制。1954 年，美国全国广播公司正式采用 NTSC 制式播送彩色电视节目。美国也由此成为第一个播出彩色电视的国家。

1956 年，法国开始在美国"点描法"的基础上做技术改进，发明了SECAM 制。

1963 年，联邦德国吸收美国制式和法国制式的优点研制成 PAL 制。

1966 年，国际无线电咨询委员会在奥斯陆开会，通过投票决定：NTSC 制、SECAM 制、PAL 制均可采用。会后，各有一些国家采用这三种制式中的一种发展本国的彩色电视。采用 NTSC 制的国家主要有美国、加拿大、日本等；采用 SECAM 制的国家主要有法国、俄罗斯等；采用 PAL 制的国家主要有英国、澳大利亚、德国等。我国采用的是 PAL 制。

（2）数字技术的发展。

尽管模拟时代的电视在提高声画质量方面一直在努力（日本 NHK 甚至在 1964 年就启动了高清晰度电视的开发计划），但是，正如电视发展早期机械电视对电子电视的失败一样，基于模拟技术基础对高清晰度电视的研发最终遇到了瓶颈。20 世纪 90 年代中期，美国大力推行数字高清电视，对日本的模拟制高清造成巨大打击，数字化最终成为全球电视系统的一致方向。1995 年在拉斯维加斯举行的美国广播电视协会（National Association of Broadcasters，NAB）大会及展览会就指出，应尽快将模拟广播电视系统转向数字电视系统。近年来，数字技术在广播电视领域得到迅猛发展和广泛应用，仅就声画质量而言，进入数字时代以后，电视就经历了从数字标清到数字高清直至 4K 的几次跃升，截至 2023 年，8K 技术也已在电视行业中得到应用。

在我国，广播电视数字化实施的是"三步走"的发展战略：2003 年全面推进有线数字电视；2005 年开展数字卫星直播业务，同时开始地面数字电视实验；2008 年全面推广地面数字电视和高清晰度电视，并于2015 年停止模拟电视的播出。2008 年，北京奥运会第一次全面采用高清技术进行转播。2019 年，国庆 70 周年阅兵式直播首次采用 4K 超高清标准制作[①]，并登陆全国电影院线[②]。电视在这些重大事件中的表现，有力地推动了视频新技术的发展和推广普及。

---

① 70 周年国庆阅兵全景回顾：首次使用 4K 全景直播 ［EB/OL］.（2019 - 10 - 11）[2020 - 06 - 07]. https：//www. kuleiman. com/news/5276. html.

② 国庆大阅兵推出 4K 超高清直播电影 ［EB/OL］.（2019 - 10 - 28）[2020 - 06 - 07]. http：//ent. people. com. cn/n1/2019/1028/c1012 - 31422806. html.

二、无远弗届的在场能力：越来越便捷的采制设备

在广播电视发展的历程中，时效性一直是最能体现其特性和优势的元素，现场直播的零时差更是其他报道手段所无法比拟的。CNN 的创始人特德·特纳（Ted Turner）曾这样说："CNN 播放着的就是世界上正在发生着的事情，直到地球停止转动。想知道地球是怎么毁灭的吗？还是要看 CNN。"长期以来，广播电视特别是电视技术的一个发展逻辑就是：用越来越便捷的采制设备来追求越来越高的时效。

在电视发展初期，用于电视信号采集的摄像机体积庞大、笨重，移动起来非常不便，绝大多数时候只能在演播室使用。为了解决外出报道的困境，早期电视只能求助于电影，采用 16 毫米电影摄影机进行拍摄。这种摄影机尽管轻便、携带方便，但是工作时间短，对拍摄所需的技巧和条件要求很高；而且拍摄的素材必须经过冲洗、剪接后才能使用，工作效率很低。因此当时的电视新闻时效性很差，许多新闻从严格意义上讲只能算是"旧闻"。

（一）电子新闻采集设备

轻型摄像机和移动式录像机的结合便是电子新闻采集（Electronic News Gathering，ENG）设备，它是磁带录像设备发展到一定阶段的产物。20 世纪 70 年代中期，ENG 的出现和普及解除了电视新闻报道在技术上的一大羁绊，使电视的视角可以更快、更方便地触及广阔的外部世界，从而大大提高了电视新闻报道的机动性。

ENG 设备的广泛使用，使得电视新闻界出现了"采摄分离"的新闻采访方式。由于以往的摄像机和录像机是分离的，因此在外出采访拍摄

时，往往是一名记者负责用摄像机拍摄，另一名记者负责录像。这样的采访拍摄不仅使两人的活动范围和活动区域受到很大限制，也导致了采访过程中，操作摄像机的记者需要一边采访、一边摄像，很大程度上影响了采访拍摄的质量。ENG 设备使得摄录一体化，"采"和"摄"两种工作内容相分离，这使得采访记者能够更加专心于采访和新闻线索的探索与发掘，摄像记者则能够专心地捕捉画面，从而有效地提高了电视新闻的质量。

另外，ENG 设备和与之配套使用的录像带一旦拍摄完毕，就可以立刻开始编辑工作，新闻采集和制作环节的时间大大缩短，时效性显著提高。过去，电视台播出的最新新闻也只能是昨天发生的事，而 ENG 设备使用以后，至少从技术上可以实现"今天的新闻今天报"（Today News Today，TNT）。可以说，正是由于 ENG 设备的使用，电视屏幕上才有了真正意义上的新闻，电视媒体才变得可信、权威并成为真正的新闻媒体。

ENG 还改变了电视新闻的图像质量。录像带有丰富的色彩和景深，拍摄的画面色彩亮丽、有生气。电子技术的进步使得与 ENG 配套的电视编辑设备具有更多控制和解析画面的能力，保证电视新闻的画面质量不断提高。

20 世纪 80 年代，美国各家电视台均完成了 ENG 设备的更新换代，新技术的运用使得电视逐渐赶超报纸和广播成为受众获得新闻信息的重要媒介。20 世纪 80 年代，ENG 和通信卫星设备相结合，产生了卫星新闻采集（Satellite News Gathering，SNG）设备。在此之后，SNG 和数字卫星新闻采集（Digital Satellite News Gathering，DSNG）被广泛应用于对重大新闻事件的同步现场报道，电视新闻因而实现了全球的即时传播。

（二）摄像机的小型化、便携化

一方面，电视采制设备的高清化、专业化不断满足着观众日益提高的收视需求；另一方面，电视采制设备也正朝向小型化和操作简易的方向发展，这使得电视记者在遭遇突发事件时能够更迅速地做出反应，在第一时间赶赴事件现场，特别是在某些不适合大型设备进入的地域进行更加灵活和高效的采访报道，大大提高了电视新闻的时效性并促进了现场直播的常态化；在某些情况下，单独一名记者就能完成现场的拍摄和采访。随着技术的发展，视听新闻报道的装备越来越朝着个性化、数字化的方向发展。今天，可穿戴的采访设备以及智能手机与 4G、5G 通信技术的结合使视频直播报道更加灵活便捷，报道者的移动作战和单兵作战能力不断提升。

三、跨越时空：越来越强大的传输能力

在声画信号质量不断提升的同时，广播电视技术要解决的另一个问题就是信号的传输。如前所述汶川地震灾难中，中央电视台尽管在地震发生之后不久就派出了报道小组，当天即到达前方并拍摄了很多画面，但是由于地震损毁了当地的通信设施和道路，前方记者拍摄的大量宝贵素材无法及时传回总部，导致中央电视台有关地震的报道很长时间无法播出震区现场的实况画面。这个事例充分表明，信号传输对于广播电视报道具有多么重要的意义。

1958 年，我国最早的电视台——北京电视台（中央电视台的前身）开始播出节目。由于信号传输技术的限制，只有北京本地观众可以收看到这些节目。经过半个多世纪的发展，电视信号不仅覆盖全国各地，而且走出国门，观众可以在家中欣赏到世界各地的精彩电视节目。这一切都要归功于电视传输和覆盖技术的巨大进步。如今，我国已形成了无线、卫星、有线、互联网等多种技术手段并用的视听节目传播网络。

（一）无线传输

1. 中、短波传输

最早的无线传播属于地面广播系统，通过电视发射天线向周边地域空间发射电磁波信号。1958 年北京电视台刚开播时采用的就是这种超短波传输方式。在这种传输方式中，电视信号容易受地面障碍物的阻挡和反射，形成多径干扰，图像经常出现重影；另外，电视信号强度与发射距离的平方成反比，离电视台稍远一些的地区，接收到的电视信号非常差，而且容易受到天气的影响，图像画面经常出现雪花状干扰条。因此，在我国早期电视发展中，只有电视台所在地的观众能够收看到其播出的节目。

2. 微波传输

进入 20 世纪 60 年代，我国的微波干线由邮电部门开始建设，由于各地方电视台、广播电台都需要北京的信号源，也需要向北京回传地方节目，因此广电系统成为微波干线的最大用户。1964 年 5 月，用微波线路从北京向天津传送电视信号的试验获得成功。这次微波传送的成功，克服了超短波的距离障碍，使电视从"岛屿性"媒介变成全国性媒介。1968 年，中央电视台在月坛公园内建成了电视发射塔，高度为 196 米，发射机功率增加到 10 千瓦，覆盖半径达到 40 千米。[①] 1969 年又利用北京至太原之间的微波线路传送国庆 20 周年首都庆祝活动的电视节目。1974 年，中央广播事业局正式租用邮电部微波干线，利用双向微波方式传送节目。1976 年，全国微波通信干线建成，全国除山东、内蒙古、新疆、西藏、台湾以外的各省、自治区、直辖市的电视台都实现了电视节目的互传。

20 世纪 70 年代起，各省纷纷建起了省级广播电视微波干线网，将中

---

① 闵大洪. 立下汗马功劳的月坛发射塔［J］. 中国记者，1993（10）.

央及省广播电视中心制作的节目送往各市、县。除了省级微波干线网，广播电视系统还需要每隔 50 千米修建一个中继站，将微波信号"接力"到用户家中。通常，各省微波干线的建设特点是将微波中继站与高山发射台共建，发射台是指把直接带有广播电视信号的电磁波传送给广大听众和观众的信号发送设施。这种微波与发射台相结合的方式，节省大量开支，并且覆盖范围非常宽广，使电视机的使用不受场所限制。微波传播技术的运用虽然使传播范围大大增加，在一定程度上提升了电视作为全国性媒体的影响力；但由于微波是直线传播的且无线信号直接暴露在空中，易受建筑、天气及其他电磁波等外部环境的影响，因此电视节目最终的画面呈现效果依旧不理想。

3. 电信网络传播

2019 年 1 月 20 日，在央视春晚深圳分会场，中国电信率先通过 5G 网络实现实时 4K 高清直播和视频内容回传。事实上，早在 3G 技术出现的时候，电信网络就已经在广播电视新闻报道中发挥作用，其轻便灵活的特点为视听信号的传输提供了新的选择。在传统电视的大型转播设备无法到达的环境，电信网络使记者得以轻松发回视听信号。图 1-8 显示的是北京电视台记者对 2012 年 7 月 21 日北京罕见特大暴雨的现场报道，在城市交通受阻的情况下，记者依靠 3G 技术轻装作战，顺利到达现场并发回了报道。

近年来，4G 特别是 5G 技术的发展使这一传输方式在稳定性和对视听画面的实时传送质量上有了更大的飞跃。2020 年 5 月 27 日，国家测量登山队登顶珠峰，依靠在珠峰海拔 6 500 米的前进营、海拔 5 800 米的过渡营和海拔 5 300 米大本营的 5 个 5G 基站，视频信号可以实现珠峰登顶沿途的连续覆盖。中央广播电视总台安排了 4 名高山摄像师跟着队员登顶，高山摄像师通过 5G 手机直播了登山队员在峰顶安装测量设备的场面（见图 1-9）。

图 1-8 　2012 年 7 月 21 日，北京发生罕见暴雨灾害，北京电视台记者利用
3G 技术进行现场直播报道

图 1-9 　中央广播电视总台利用 5G 设备直播国家测量登山队在珠峰峰顶的活动

（二）卫星传输

1. 卫星传输技术的发明和运用

电视转播技术的划时代飞跃是在通信卫星出现以后。

卫星通信系统由空间部分（通信卫星）和地面部分（卫星地面站）构成。通信卫星实质上就是天空中的微波接力站，它的作用就像一面"镜子"，反射来自地面的微波束。最早提出卫星传输思想的是英国科幻小说家克拉克（Arthur C. Clarke），他在一份专业杂志上发表了题为《地球外的中继站》（Extra-Terrestrial Relays）的文章。

克拉克的卫星设想是由微波传输发展而来的，他设想如果把微波发射站的位置尽量提高，其所覆盖的面积就相应增大；而如果把微波站建在太空，它的覆盖能力就将超过任何地球表面的转播站。因此，他提出将人造卫星射入太空 22 300 英里（约为 35 888 千米）处。由于此处地球的吸引力与卫星绕轨道运行时的离心力相等，卫星与地球之间的相对距离固定下来，这样卫星与地球处于相对静止的动态位置，从而成为一座空中转播站。用三颗这样的卫星就能够覆盖整个地表，形成全球性的通信网络（见图 1 - 10）。

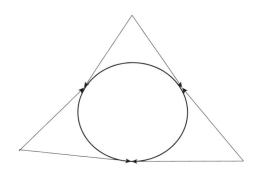

图 1 - 10　克拉克的设想：用三颗卫星的信号覆盖整个地球

资料来源：CLARKE A C. Extra-terrestrial relays：can rocket stations give world-wide radio coverage？[J]. Wireless World，1945（10）.

通过各国科学家的艰苦探索，20 世纪 60 年代，利用卫星进行广播电视节目远程传播的实验终于成功。1962 年 7 月 10 日，美国国家航空航天局（NASA）和美国电话电报公司（AT&T）合作发射了"电星一号"卫星，这颗位于低空椭圆形轨道上的卫星首次成功转播了电视信号。反映美国、加拿大、墨西哥等国城市居民生活的电视节目被送往巴黎和伦敦，再经过欧洲电视网传送给各国；此后，巴黎和伦敦也向美国传回了节目。但是由于这颗卫星与地球运行不同步，美洲和欧洲每天最多只能通信 102 分钟。1964年8月由美国发射的"同步3号"是第一颗固定的、可以从事洲际电视转播的通信卫星。当年10月，日本东京举办了第18届夏季奥运会，"同步3号"将比赛实况转播到美洲和欧洲各地，这是奥运历史上第一次用卫星进行赛事实况转播。1969年7月20日，美国宇航员阿姆斯特朗在全球约6亿电视观众的注视下登上了月球，一架安装在登月器着陆支架上的电视摄像机直播了现场实况，同步通信卫星将信号实时转播到世界各地。1984年4月8日，中国第一颗试验通信卫星（STW-1）被"长征三号"火箭送上了"静止"轨道。当年10月1日，国庆35周年天安门广场的阅兵仪式就是通过这颗卫星向全国转发的。

相比于微波传输和缆线传输，卫星传输的优势非常明显。首先，卫星通信的传播距离远。同步通信卫星可以覆盖最大跨度达18 000千米的区域，在这个覆盖区的任意两点都可以通过卫星进行通信。其次，卫星通信路数多、容量大。一颗现代通信卫星，可携带几十个转发器，可提供几十路电视和成千上万路电话。最后，卫星通信的传输环节少，不受地理条件和气象的影响，可获得高质量的通信信号。随着卫星传输技术的不断改进，其成本日益低廉，在同样容量、同样距离的条件下，卫星通信和其他通信设备相比，耗费的资金少，在一些地域广阔、地形复杂、人口分布不均的国家和部分地区，卫星已经成为一种普遍的电视覆盖方式。1998年起，我国启动了广播电视"村村通"工程，致力于解决边远地区收听收看广播电视困难的问题。2008年，直播卫星技术的运用大大加速了这一工程的进度，并有望从根本上解决边远地区群众收听收看广播电视难的问题。另外，由于卫星电视直播采用抗干扰能力强的数字编码技术，图像、声音质量均高于模拟电视的信号质量，因此直播卫星技术的推广也加快了我国电视数字化的进程。

2. 卫星通信技术对广播电视新闻的影响

卫星传输技术的运用大大拓宽了广播电视新闻的传播领域，使得广播电视真正成为让观众拥有"千里眼""顺风耳"的全球性媒体。ENG 设备与卫星技术结合而产生的 SNG 设备大大改变了电视新闻报道的理念和方式。SNG 设备的使用极大地弥补了电视在信息传递方面的不足，使电视对突发事件的报道有了质的飞跃。SNG 设备的使用促进了直播这种报道形态在电视新闻中的运用，使其便捷化、常态化，更加凸显了电视作为视听媒体的传播优势。

1991 年 1 月爆发的海湾战争成就了 CNN 的强势崛起，也让全球观众看到了卫星传输为新闻传播带来的巨大变化。战争中，CNN 的电视记者利用 SNG 设备从伊拉克发回了大量的直播战地新闻，成为全世界民众以及各国政要了解战事最重要的渠道。在那次战争中，中国中央电视台的记者也首次利用卫星传输设备在战地向国内实时报道了战争的进程，成为中国新闻直播史上的一个重要事件。在 SNG 基础上融入数字化技术发展起来的 DSNG 设备进一步拓展了电视新闻报道的范围和领域。这种设备的主要特点在于其快速、轻巧和灵活性，可在诸如山地、高原、海岛、偏远无人地区等无正常传输手段的环境下开展工作。DSNG 的使用几乎使地球每个角落发生的新闻事件都能最快地进入观众的视线。在一系列重大国际性事件中，卫星技术的运用日臻成熟，由此而得以加强的电视现场报道和直播报道成为观众获得新闻资讯的重要手段。

在广播领域，调频广播虽然解决了广播的音质问题，但由于传播范围有限，一些地理位置偏远、人口稀少的地区很难收听到广播节目，如果使用接力式的无线发送方式则成本过高，在这种情况下，卫星无疑是传输和覆盖广播节目最有效的工具。20 世纪 60 年代，通信卫星技术的发展及其在广播领域的运用可将广播的音频信号传送到各地转播台、发射台和有线电视网络作为音频信号源，进而解决大面积、长距离信号的传输问题。随后，直播卫星的发明和应用，使得听众可以接收到更丰富的广播信号。除了解决了听众的收听难题，与电视相类似，卫星技术还改变了广播新闻报道的形态。更多的现场直播和现场报道出现在广播新闻中；不同于电视，广播新闻的采制工具体积更小、更便于随身携带，因而在一些特殊环境中，广播新闻报道往往具有更明显的优势。前文提到，广播经常被称为"危机媒介"，在诸如洪水、火灾、雪灾、地震等突发事件中，广播总能发挥其他媒介无法做到的功能，而这些功能往往是以卫星技术为支撑实现的。

2008年5月12日，四川汶川大地震发生后，中央人民广播电台"中国之声"在第一时间把部分正在前方对奥运火炬传递进行直播报道的记者、主持人直接派往灾区。因此，"中国之声"的记者成为第一批进入重灾区的记者，这些记者随身配备着海事卫星电话，在灾区通信还未及时恢复时，第一时间发回最新报道。而对于灾区群众来说，电力、通信、道路等全部中断，老百姓既看不到电视，也看不到报纸，更上不了网络，但四川各地均可收听到两个以上抗震救灾广播频率，于是电波便成为当地群众获取救灾信息、天气地质状况的唯一途径。灾情发生后，成都的大街小巷到处可见手持收音机听广播的市民，几乎所有行进中的汽车都在听广播。不少地方在援助灾区时，都选择把收音机作为送给灾区群众的一项慰问品。由于抗震救灾中的所有信息最早几乎都是凭借广播的快捷方便直达灾区的，因此在地震中，广播被人们亲切地称为"生命信息的电波""永不间断的生命线"。

（三）线缆传输

卫星技术有效地解决了电视信号的传送问题，然而由于直播卫星尚未普及，电视信号还不能直接被广大用户接收。在这种情况下，在一些人口密集的城市和乡村，建立在线缆传输技术上的有线电视系统有效地解决了电视信号的覆盖问题。很长一段时间内，"卫星＋有线"是电视传播的一个重要模式。

1. 有线电视的产生和发展

线缆传输是以同轴电缆或光导纤维传送节目并进行放大分配的电视传输系统。20世纪早期，人们认为线缆（当时主要是电话线）只是一种向私人住户提供服务的技术方式；但在20世纪30年代，美国电话电报公司（AT&T）贝尔实验室完成了对同轴电缆的技术改进，可以在同一条线缆上传送好几套不同的信号，特别是可以传送双向信号，有线电视广播的雏形形成了。

1949年，有线电视最初出现在美国宾夕法尼亚州与俄勒冈州之间的山区。电视服务经营者在高山顶上建设天线，接收节目，然后将节目信号用电线传送到当地的各家各户。1948年9月，美国政府曾下令暂时"冻结"电视频道的分配，不允许新台设立，一些偏远的小城镇还没有自己的电视台，因此这种将远方的信号引进本地的社区公用天线电视（Community Antenna Television，CATV）系统发展起来，这是有线电视系统的雏形。

此后，有线电视的功能大大拓展。与单纯转播节目的早期公用天线电视系统不同，有线电视台（Cable Television，CATV）是提供节目服务的，内容包括自制节目和其他相关服务；从工作内容和技术系统来看，除了电视信号的接收、传输和分配，还有生产节目的摄、录、编、播以及演播室等设施。

与早期的地面微波传输方式相比，有线电视的优势十分突出。首先，它不受空中电波及天气、建筑物等的干扰，传输质量较高、画面清晰；其次，它的频带宽，能够传输的频道多，给观众提供的选择范围较大；最后，它可以设计双向交流，根据用户的需求进行针对性的服务。随着电视制播设备、接收设备操作方法的便捷化以及价格的降低，20 世纪 70 年代开始，欧美的有线电视进入了高速发展时期。

2. 我国有线电视的发展及其影响

20 世纪 60 年代后期，公用天线电视系统被介绍到我国。1973 年，北京饭店兴建东楼，周恩来总理指示建楼要采用先进技术，公用天线电视系统是其中之一。1974 年国庆前，一套能接收两个频道电视节目、有 140 个终端的公用天线电视系统在北京饭店新楼建成，这是我国自行开发生产的第一套公用天线电视系统。

1983 年，北京燕山石化总公司建成我国最早的企业有线电视台，接收用户为 1 万多户企业职工，后来还增加了自办节目。此后，首先是石油系统，进而在国内煤矿、铁路等各大企业纷纷筹建有线电视台，这些企业大都地处城市远郊，职工宿舍相对集中，适宜建立有线电视系统。企业有线电视系统不仅为职工提供了丰富的电视节目，而且由于用户具有较为相似的生活和工作环境、同质化程度较高，也便于企业进行政令传达、宣传动员等活动。

在企业有线电视迅速发展的推动下，20 世纪 80 年代中后期，以市、县为单位的行政区域有线电视台得到了很快的发展。其中，湖北沙市有线电视系统的成功经验在国内外产生了广泛影响，成为中国有线电视全面进入城市有线电视发展阶段的标志性工程。截至 2015 年，我国电视节目综合人口覆盖率为 98.77%，有线电视用户 2.39 亿户[1]，其数量和规模同居世界首位。

有线电视台的用户往往生活在较为一致的地域环境中，生活、工作的规律以及对电视节目和新闻资讯的需求具有很大的相似性，这一特点对有

---

① 国家广播电视总局. 2015 年统计公报（广播影视部分）[R/OL]. (2016 - 03 - 31) [2020 - 06 - 08]. http://www.nrta.gov.cn/art/2016/3/31/art_2178_38966.html.

线电视节目的内容产生了巨大的影响，在一定程度上促使电视从大众化朝分众化媒体转变。在电视发展早期，电视台存在着和报纸类似的"跑马圈地"现象，即盲目增加节目的多样性、扩大节目的收视群体；在有线电视时代，受众的地域性、同质性增强，共同的生活环境使其可能对某类节目或新闻资讯产生特殊的偏好；特别对于地方电视台来说，为提高收视率及最终产生的经济效益，电视台必须对本地的观众进行细致深入的市场调研，根据本地观众的需求进行节目的生产和播出。

另外，有线电视运营商也从自身的经济实力、网络状况、管理水平、用户特点出发，分阶段开展新业务的试点，付费电视、视频点播、数据广播、互联网接入、网络游戏、电化教育等网络服务成为有线电视业务新的经济增长点。

（四）视听信息传输的数字化、网络化

在数字技术和互联网出现以前，传统媒体特别是电视媒体的地位不可撼动。在很长一段时间里，电视媒体由于其承担任务的特殊性及制作的专业性，在整个传播环境中处于绝对优势的地位，而网络时代的到来给传统的广电行业带来了极大的挑战——网络内容按需服务的特性使其受到青睐，大量针对特定用户的视听内容成为传播的主力，传统的广播式的广电视听节目却出现了被边缘化的趋势。

在这种情况下，传统电视媒体借助新媒体渠道传播成为不可或缺的重要手段。我国电视媒体与互联网的融合大致走过了两个阶段。第一个阶段是电视网络化，各电视台纷纷开辟网络播出渠道。广东电视台在 1996 年10 月建立了网站，开创了国内电视台开办网站的先河；同年 12 月，中央电视台以 www.cctv.com 为域名登录网络，2000 年央视国际网（中央电视台国际互联网站）全新改版，《春节联欢晚会》《新闻联播》等节目开始

在网络上同步直播。第二个阶段是网络电视化，一些视频网站大力集纳传统广电视听内容。2005 年 4 月，土豆网上线，随后 56 网、优酷网、酷 6 网等视频网站先后建立。不少来自传统电视媒体的内容经过重新整合出现在视频网站上，给用户提供了更加灵活和自由的收看方式。近年来，抖音、快手等短视频平台的崛起使用户自生产和传播成为潮流。今天，在以互联网为底层技术架构的视听信息传播领域，已经出现了传统广播电视媒体、其他专业媒体、商业平台、普通民众多元主体竞争的局面。数字技术和网络技术制造出一个全方位、立体化的视听信息传播网络，尽管传播的具体方式不同，但其核心都离不开"互动性"和"个性化"。

纵观视听信息传输手段的发展历史，其主要经历了以下阶段：

首先是针对非特定受众进行单向传播的"广播"阶段；

其次是通过有线电视和卫星电视进行传播，受众日益分化的"窄播"阶段；

最后是依照用户个人喜好、通过互联网及多种接收终端进行传播的"个性化传播"阶段。

在这三个阶段的发展中，传播手段、接收方式、受众特点和节目内容都发生了相应的改变，而其中最关键的变化无疑是，传播的主动权和主导者逐渐由广播电视机构向接收视听信息的用户过渡。

第二章 嬗变的轨迹：从广播电视到互联网视听传播

1920 年，由美国匹兹堡西屋电气公司开办的商业广播电台开始播音，呼号为 KDKA，它被公认为世界上第一座真正的广播电台。1936 年，英国广播公司（BBC）正式播出电视节目，电视作为一种大众传播媒介开始登上历史舞台。由此，大众传播不再是文字的专利，视听的时代到来了。

中国的广播电视事业正是在这种大背景下发展起来的。1940 年 12 月 30 日，中央人民广播电台的前身延安新华广播电台开始播音，1949 年 12 月 5 日正式定名为中央人民广播电台。其间，以延安新华广播电台于 1941 年 12 月 3 日开办的日语广播为起点，中国国际广播电台诞生。1958 年 9 月 2 日，中国第一家电视台北京电视台正式播出，1978 年 5 月 1 日更名为中央电视台。中央电视台、中央人民广播电台、中国国际广播电台，这三家广播电视机构通常被称为"中央三台"，影响和带动了全国广播电视事业的发展。据统计，到 2017 年年末，全国广播节目综合人口覆盖率达 98.71%，电视节目综合人口覆盖率为 99.07%。①

近年来，随着互联网的发展，一方面，传统广播电视的传播模式受到巨大冲击，影响力开始下滑；而另一方面，以短视频为代表的互联网视听传播迎来爆发式增长，成为一种全民生产、参与、共享的文化现象。社会文化向视觉转向的特征从未如今天这般清晰，如马丁·海德格尔在《世界图像的时代》中所说，"世界被把握为图像了"②。

随着社交媒体的兴起，传播的节点进一步扩散，网民开始真正成为传播的一极主体，与之相应，更简易的拍摄工具和一键式编辑工具使视听生产的专业性堡垒敞开了一扇大门。以国内著名的短视频平台抖音为例，2020 年年初其日活跃用户数已经突破 4 亿。③ 据统计，截至 2022 年 12 月，我国网络视频（含短视频）用户的规模已达到 10.31 亿。④ 居伊·德波（Guy Debord）笔下的"景观社会"在中国数亿网民对日常生活的自我呈现中显示出极具大众文化意义和后现代色彩的图景。在此进程中，广播电视业亦开始了面向互联网新媒体环境的转型与嬗变，其中一个标志性事件就是"中央三台"的合并重组。根据 2018 年 3 月中共中央印发的《深化党和国家机构改革方案》，中央电视台、中央人民广播电台、中国国际广播电台的建制撤销，组建中央广播电视总台。依据这一原则，各地方的广播电视机构也开始了新一轮整合。新组建的机构无一例外都展示出坚守视听专业生产优势、全面向新媒体业务转型的强烈愿景。

图 2-1 展示了我国广播电视事业嬗变的轨迹。

---

① 国家广播电视总局. 2017 年统计公报（广播影视部分）[R/OL]. (2018-03-18) [2020-03-18]. http://www.nrta.gov.cn/art/2018/3/18/art_2178_38968.html.
② 米歇尔. 图像理论 [M]. 陈永国，胡文征，译. 北京：北京大学出版社，2006：3.
③ 抖音日活跃用户破 4 亿 2019 年全球打卡 6.6 亿次 [EB/OL]. (2020-01-06) [2022-05-08]. https://www.chinanews.com.cn/cj/2020/01-06/9052319.shtml.
④ 中国互联网络信息中心. 第 51 次中国互联网络发展状况统计报告 [R/OL]. (2023-03-02) [2023-06-06]. http://www.cnnic.net.cn/NMediaFile/2023/0807/MAIN169137187130308PEDV637M.pdf.

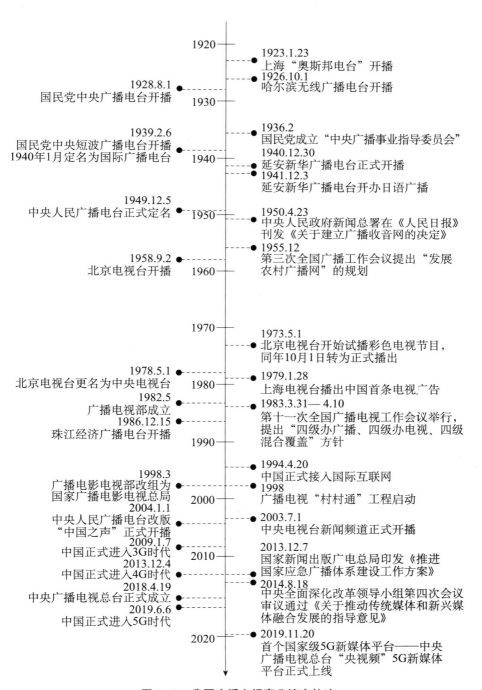

图 2-1　我国广播电视事业嬗变轨迹

第一节　顽强的张力：人民广播事业八十年

无论是在传统的三大大众传播媒体（报纸、广播、电视）还是作为电信媒体的广播电视中，广播长期以来都处于相对的弱势。但是，作为单纯的声音媒体，伴随式收听的特性、传输的便捷与安全以及较低的接触门槛使广播在大众传播格局中始终顽强地占有独特的一席之地，虽迭经低谷，却一直生生不息。

1940 年 12 月 30 日，延安新华广播电台开始播音，开启了中国人民广播事业的先声。历经八十多年的时代变迁，广播作为一种大众传播媒体始终在中国社会发展进程中扮演着重要角色。

一、新华广播电台：作为新媒体的登场

人民广播事业起步之际，正值抗日战争相持阶段。在各方力量的角逐中，掌握舆论主动权成为争夺人心的关键。中国共产党自成立后就十分重视宣传工作，此前主要通过报纸、刊物、通讯社和书籍进行。但在当时的交通和政治条件下，这些媒介很难传送到国统区和沦陷区去。彼时广播作为一种新兴媒体刚刚登上历史舞台：1920 年世界上第一家广播电台在美国出现，1923 年中国境内第一家广播电台在上海开始播音。作为那个时代的新媒体，广播以其跨越时空的便捷性、声音传播的生动性和普及性受到人们的青睐。当时中国民间的收音机数量已达上百万台，这为中国共产党的政策传播、政治形象塑造增添了一种新的可能。

（一）另辟蹊径，突破舆论封锁

早在建立革命根据地的初期，中国共产党就对无线电广播这一新兴媒

介有了足够重视。1931 年 1 月，中央红军无线电队在江西宁都正式成立，由于设备有限，当时只能利用仅有的电台抄收国民党中央社的新闻电讯，截取国民党军队的军事情报供领导参阅。同月，中央指出"无线电的工作，比任何局部的技术工作都重要"，要求各部队"选调可造就的青年到总部无线电队来学习"。① 此后红军开办了无线电培训学校，培养了一批早期的无线电技术人员。1931 年 11 月 7 日，江西瑞金的红色中华通讯社（新华社前身）正式开始了文字广播。

抗日战争初期，中国共产党在革命根据地掌握的新闻工具主要是报纸和通讯社，但由于这两种媒介本身的局限性，加上地域和战火的阻隔、日寇和国民党顽固派的破坏干扰，相应的政策主张和新闻报道难以传达到全国各地。1938 年 7 月，中国国民党第五届中央执委会第八十六次常务会议通过了《修正抗战期间图书杂志审查标准》，不准书刊报纸批评国民党和国民党政府，否则就要加以"取缔"。面对舆论战场上的种种不利因素，中国共产党需要开辟新的舆论战场，使大后方和沦陷区的听众能听到党的声音。

1940 年春，中共中央决定成立广播委员会，在多方努力之下终于获得了大功率广播发射机等广播设备。1940 年 12 月 30 日，延安新华广播电台（XNCR）正式开始播音，打破了国民党和日伪的新闻封锁，使大后方和沦陷区拥有收音机的听众能够直接听到中国共产党的声音。中共中央非常重视广播电台的作用，认为"在中国交通工具困难的情形下，发展无线电广播事业是非常重要的"②，同时专门要求"各地应注意接收延安的广播"，"没有收音机的应不惜代价设立之"③。延安台的广播立足解放区，面向全中国，除了播出国内外时事新闻外，着重以新闻、通讯、言论和专

---

① 赵玉明. 中国广播电视通史［M］. 北京：中国广播影视出版社，2014：65.
② 中国社会科学院新闻研究所. 中国共产党新闻工作文件汇编：上［M］. 北京：新华出版社，1980：111.
③ 同②99.

题等不同的节目形式来介绍中国共产党及其领导下的人民军队和解放区的情形，驳斥国民党当局的造谣污蔑。在国统区的中共代表团、办事处、重庆《新华日报》及中共地下党组织把每天收听延安广播当作一项重要任务。通过收听、抄录延安台的广播，国统区的中共党组织、进步群众能及时了解党的方针政策和国内外局势发展，提高胜利的信心。这一时期，对外广播事业也开始起步。1941 年 12 月 3 日，延安台首次进行日语广播，对瓦解侵华日军起到重要作用，一些侵华日军受到延安台广播的感召向我军投降。侵华日军当局甚为不安，便用大功率电台进行干扰。其后，英语口播节目也开始播出，以便更直接、更迅速地把中国革命的形势和解放区的情况介绍给国内外进步人士。

（二）针锋相对，掌握舆论主动权

解放战争时期，延安新华广播电台同样在舆论战场上发挥了重要作用。人民广播这一时期最重要的作用是传播中国共产党的声音。在 1947 年元旦来临的时候，延安台播出了毛泽东撰写的《新年祝词》，朱德发表了题为《一九四七年的十大任务》的广播演讲。从 1947 年 3 月起，延安新华广播电台在一年多的时间内辗转多地，在艰苦的条件下发出中国共产党的声音。陕北台于 1947 年 9 月连续 4 天播出了《人民解放军大举反攻》，概述了解放军在各个战场取得的胜利；1947 年 10 月又反复播送了《中国人民解放军宣言》，"打倒蒋介石，解放全中国"的口号响遍中国大地；1948 年元旦全文播出了《目前形势和我们的任务》，成为鼓舞全国人民争取解放战争胜利的强大动力[①]。与此同时，开展针对国民党的"舆论战"也是这一时期的重点内容。早在 1946 年 1 月政治协商会议期间，延

---

① 赵玉明.中国广播电视通史［M］.北京：中国广播影视出版社，2014：111.

安台就揭露了国民党当局宣传的反动主张，积极宣传了中国共产党提出的正确主张，还揭露了美蒋反动派极力破坏政协决议，积极准备打内战的一系列活动。1949年年初，针对蒋介石发表的"求和"声明，陕北台连续播发了《中共中央毛泽东主席关于时局的声明》《评战犯求和》《中共发言人就和平谈判问题发表谈话》等一系列重要消息和评论①，戳穿了反动派"假和平"的阴谋。此外，各类针对国民党军的广播节目也取得了很大效果。延安台从1947年1月开始播送退出内战的国民党军官名单及他们写给家属的信件，此后还开办了《对国民党军广播》节目，对分化瓦解国民党军队起到了积极作用。1948年1月毛泽东谈道："国民党军队的官兵很注意听我们的广播，我们的广播威信大得很。"②

延安新华广播电台的实践，是中国共产党早期运用新兴媒体掌握舆论主动权的一次成功尝试。在当时的困难条件下，广播这一新媒体为中国共产党的对敌舆论斗争增加了一种强有力的重要武器。当前，新兴媒体技术日新月异，社会舆论环境日益复杂。回望历史，人民广播事业的这段早期经历依然有着穿越时空的力量。

二、服务大众：多元信息提供与生活场景的深度嵌入

和百年世界广播事业一样，人民广播在其八十多年的历程中也迭经起伏：20世纪前期，广播作为新媒体兴起，打破纸质媒体的垄断；从20世纪中叶开始，另一新兴媒体电视出现，广播一度衰落；20世纪后期，广播在电视和报纸的夹缝中冲出一条道路，开始复苏；进入21世纪，在互联网大潮冲击之下，广播开始向基于多元应用场景的互联网音频产业发

---

① 赵玉明. 中国广播电视通史［M］. 北京：中国广播影视出版社，2014：144.
② 中共中央文献研究室. 毛泽东文集：第5卷［M］. 北京：人民出版社，1996：23.

力。尽管经历了媒介环境和社会环境的种种变迁，但广播始终表现出顽强的生命力，非常关键的一点是其对声音特质和伴随式收听特点的充分利用，深度嵌入各种生活场景，满足人们的多元信息需求。人民广播从建立之日起就十分重视受众，这种服务大众的意识在人民广播发展的各个历史时期都有体现，反映在内容上可以概括为四个阶段：对象化信息、类型化节目、专业化频率、个性化产品。

（一）对象化信息：革命年代的探索

新中国成立之前，人民广播主要是针对抗日战争和解放战争的形势需要以及国统区、沦陷区、解放区的受众特点进行对象化的信息提供。

在抗战时期，延安新华广播电台通过宣传马克思列宁主义、毛泽东思想、党的抗日主张和各项方针政策，以及抗日根据地军民在生产和对敌斗争中的动人事迹，为激励全国人民抗日斗志做出了特殊的贡献。延安新华广播电台的声音不仅鼓舞着革命根据地军民，也对国统区人民产生了很大的感召力。1942年，昆明西南联大的师生写信给延安台，说他们常关起宿舍门躲在被窝收听延安台的广播，并赞扬延安台是"黑夜里的一盏明灯"。

解放战争时期，中国共产党无法在国统区出版报刊，广播成为面向国统区的重要宣传工具。延安新华广播电台增办了对国民党军队的广播节目，对教育感化国民党军队起到了很大作用。与此同时，邯郸新华广播电台还开设了专门对解放军的《对本军广播》和《军属家信》节目，为南下作战的人民解放军服务。这样的节目内容无论是前方的战士还是后方的军属都乐意收听，有军属称邯郸新华广播电台工作人员是"真正为人民服务的广播电台同志"[①]。除了对军队广播之外，电台还根据不同对象的需要，

---

① 张金凤. 解放战争时期的河北人民广播 [J]. 新闻爱好者（下半月），2009（11）.

开办了《解放区介绍》《青年讲座》《妇女讲座》等节目。

除了以宣传为主的内容之外，人民广播在这一时期还开办了一系列文艺节目。1945年10月起，延安台开始每周六播放周末文艺节目，第一次播出了歌曲《东方红》《有吃有穿》和秧歌剧《兄妹开荒》等。1947年9月，转移到太行山区的陕北台开办了《星期文艺》节目，此后陆续播出了一批解放区文艺作品，深受解放区听众喜爱。

（二）类型化节目：广播事业的发展完善

新中国成立后，人民广播事业进入快速发展通道。以中央人民广播电台《新闻和报纸摘要》和《各地人民广播电台联播》等新闻性节目为龙头，经济、文艺、社教、农村、少儿、军事、法制、服务等各种节目类型相继涌现。

新闻类节目中最具代表性的是中央人民广播电台的"报摘"和"联播"节目。"报摘"节目始于1950年4月10日开播的《首都报纸摘要》，于1955年更名为《新闻和报纸摘要》后一直沿用至今。"联播"节目始于1951年开办的《全国各地人民广播电台联播》节目，1955年更名为《各地人民广播电台联播》后长期沿用，并于1995年更名为《全国新闻联播》沿用至今。"报摘"和"联播"节目在全国范围内有很大的影响力，成为当时人们了解国内外新闻及党和国家大政方针的重要渠道。

1956年5月，时任中共中央副主席刘少奇提出广播宣传要密切联系人民的思想、生活需要，关心人民的生活问题。[①] 当年7—8月召开的第四次全国广播工作会议同样提出要让听众听到更多的节目，以满足听众对广播日益增长的需要。此后，很多电台开办了生活服务类节目。北京电台开

---

① 中国社会科学院新闻研究所. 中国共产党新闻工作文件汇编：下 [M]. 北京：新华出版社，1980：370.

办《一周来的北京》《周末广播》节目，介绍北京文化活动和首都风光等内容；吉林电台开办《生活与知识》节目，关心人们的衣、食、住、行，普及生活中的科学知识；江苏电台开办《江苏生活》《听众之友》节目；广东电台开办《广东生活》《歌曲、音乐和服务性新闻》节目。这些节目都包含了丰富的服务类内容，适应群众多方面的需要。[1]

进入 20 世纪 60 年代，人民广播事业经历了一定的调整和发展，在提高节目质量的同时丰富了节目类型，播出了一批深受听众喜爱的节目。中央人民广播电台在这一时期提出办好"十大名牌节目"，除了最具影响力的《新闻和报纸摘要》和《各地人民广播电台联播》外，还包括《国际时事》《科学常识》《在祖国各地》《广播剧院》《文艺信箱》《星期演讲会》《少年儿童节目》《小喇叭》等。这些节目注意根据各自的特点，分别增强了新闻性、知识性和娱乐性，成为中央电台办得比较好、影响比较大的名牌节目。[2] 同时，面向农村地区听众的节目也受到了重视，例如中央电台面向农村听众开办的《农业科学技术讲座》、甘肃电台开办的《农村广播站联播节目》、河南电台开办的《对农村联播》节目，这些对农广播节目结合了农村听众的特点和具体需求，取得了较好的播出效果。

（三）专业化频率：市场化大潮下的繁荣

20 世纪 80 年代，随着电视的强势崛起，广播在全国范围内的影响力出现下滑，为了适应市场化新形势下听众需求的变化，广播业务和运行模式也开始进行相应转型。以 1986 年珠江经济广播电台的开播为标志，广播进入本地化和专门化的发展阶段，各种基于特定类型、特定范围受众的专门化频率纷纷出现。

---

[1] 赵玉明. 中国广播电视通史［M］. 北京：中国广播影视出版社，2014：205.
[2] 同[1]240.

此前，各级广播电台的不同频率大体上有功能上的分工，经济台的出现是这种分工的进一步发展。在成立经济专业台的基础上，一些地方电台继而办起了教育台、文艺台、音乐台、儿童台、交通台等专业台。1991年9月30日，上海人民广播电台开办交通广播，成为中国内地第一家交通广播频率。从1992年年底起北京人民广播电台开始创办专业台，到1994年已先后开办了经济、新闻、音乐、交通、文艺、体育和首都生活等7个频率。20世纪90年代中后期，一些省级及省会城市电台也开始了频率专业化改革。2003年1月召开的全国广播影视工作会议正式宣布2003年为"广播发展年"，要求加快广播频率专业化、节目对象化的步伐①，中央电台也由此开启了"频率专业化、管理频率化"的改革。2004年1月1日，中央电台第一频率正式定名为"中国之声"，打破了以往新闻、社教、文艺节目的综合状态，形成以频率为单位的统一运作模式。② 2004年8月推出"文艺之声"后，中央电台形成了"中国之声""经济之声""音乐之声""都市之声""中华之声""神州之声""华夏之声""民族之声""文艺之声"等9套专业化频率，标志着中央电台频率专业化改革基本完成。

广播频率专业化改革是适应当时经济社会发展的转型调整，面对听众对广播内容的多元化、具体化需求，从中央到省市的各级广播电台通过设置分工明确的系列台，满足了不同层次和不同喜好听众的具体需要。在市场化逐步推进的社会背景下，这种调整也推动了广播及时适应当时的社会发展，更好地发挥了新闻传播、文化娱乐、社会教育、公共服务等多样化功能。

（四）个性化产品：互联网时代的嬗变

21世纪以来，尤其是2010年之后，在互联网技术的改造下，广播呈

---

① 哈艳秋. 中国新闻传播史研究 [M]. 北京：中国广播电视出版社，2005：145.
② 同①498.

现出全新的形态，成为一种智能化时代下的新场景媒体，借由声音产品的伴随特性，不断向更多场景终端进军，在陪伴之余向更多服务和社群延伸，而传统的广播受众的身份也开始由"听众"向"用户"转变。传统媒体时代就一直备受关注的"知识沟"现象，在互联网时代正有可能演变为数字鸿沟。随着国内网络尤其是移动互联网的普及，网络第一道数字鸿沟"接入沟"整体上正趋于弥合，但是，网络使用差异所带来的第二道数字鸿沟"使用沟"整体呈扩大趋势，这在广播听众特征的变化中有明显体现。

在用户的收听方式上，移动互联网的发展大大冲击了广播的传统收听方式。赛立信媒介研究的数据显示，2019 年选择传统方式收听广播的用户比例降至 26.3%，而选择车载收听和智能收听的用户比例分别攀升至58.7%和43.2%。整体来看，移动互联网时代的广播收听方式已经发生了深刻变化，用户消费媒介产品的方式很大程度上由线下逐步转至线上。在用户年龄方面，互联网时代的广播听众在整体上逐渐呈现年轻化的新特点。随着移动网络收听渠道的不断发展，年轻人逐渐成为广播受众的主体。数据显示，移动网络广播的听众半数以上为"80 后"和"90 后"，本科及以上学历人群的占比超过了 20%。相较于中老年听众而言，年轻听众平均学历高、思想观念新，对广播节目的内容形式有着新的需求和喜好，这也是对内容生产者的一大考验。在用户需求方面，互联网时代广播用户的收听需求呈现多样性特点，且不同收听渠道的用户需求存在明显差异。传统收听市场对相声小品、天气预报、养生保健、戏曲曲艺等方面的收听需求相对更强；车载收听市场对新闻资讯、法律法制、小说广播剧、交通信息、金融理财、热线投诉、潮流时尚等方面的内容收听需求相对更强；移动终端收听市场对音乐欣赏、明星八卦、餐饮美食等内容的需求相对更为强烈。①

---

① 黄学平. 2020 年中国广播收听市场年鉴［M］. 沈阳：辽宁人民出版社，2020：234，236，284.

在移动互联网时代用户特征、收听方式和需求发生结构性转变的背景下，广播节目的传统生产方式已经不能满足多平台用户的收听需求。在推动媒体融合向纵深发展的过程中，一方面，固然要重视媒介技术、形态的外在创新；另一方面，对受众信息需求的回应以及满足这种需求的"易得性"仍应是不变的内核。这也是广播迭经风雨而不倒的关键原因所在。

三、深入基层：一种社会动员与基层社会治理的有效途径

在中国传统的农村乡土社会中，信息传递主要依靠口口相传，国家对基层乡村的治理更主要通过税赋与司法，往往难以对乡村地区的思想文化进行严密监控或及时影响。这就使国家意识形态与乡土意识形态产生分离，从而造成基层农村地区与国家政治中心的疏离。在近代大众传播工具出现之后，大众传播成了"宣传下乡"的重要渠道。相较于其他媒介形态，广播跨越时空障碍、技术障碍、知识障碍、经济障碍的能力使其大众特征鲜明、更易深入基层，成为一种社会动员和基层社会治理的有效途径。

（一）新中国成立前：革命年代的宣传工作

在革命年代，中国共产党就十分重视对基层尤其是广大农村地区和农民群体的社会动员，毛泽东在《论人民民主专政》中提出了"严重的问题是教育农民"的思想。[①]"宣传下乡"不仅仅是单纯信息的传递，更是中国共产党的政治动员方式，其目的是将分散的广大农民组织化，使其成为具有阶级意识和觉悟的革命阶级，从而成为中国共产党领导的革命力量。[②]

---

① 毛泽东. 论人民民主专政［M］//毛泽东选集：第4卷. 2版. 北京：人民出版社. 1991：1477.
② 徐勇. "宣传下乡"：中国共产党对乡土社会的动员与整合［J］. 中共党史研究，2010（10）.

延安时期，由于群众居住分散、消息不通，群众教育活动不易开展，宣传工作者充分利用广播媒体可克服时空限制的优势，建立了"人人皆学、处处能学"的远程开放群众教育模式。[①] 例如延安台为了宣传党的抗日民族统一战线政策，重点播发了《陕甘宁边区施政纲领》和《选举运动中的宣传工作》，向根据地广大军民宣传了"三三制"等政策和陕甘宁边区的选举经验，推动了抗日根据地的政权建设。解放战争时期，随着人民广播事业的发展壮大和解放区的不断扩展，人民广播在基层动员方面也发挥了更大的作用。一方面，人民广播及时播发有关战局的新闻和评论，使解放军官兵和人民群众可以及时了解战局的发展；另一方面，人民广播还可以及时给官兵和群众传达党的各项方针政策。在这期间，陕北台及时播送了党中央的指示和前线的消息，报道解放区开展土改运动、生产活动、支前活动等新闻。1947年春天，中共中央西北局发布了关于春耕问题的指示，由于战时交通阻隔不能及时送达各地，陕北台于5月9日起连续重复播出三天，及时传达了中央的指示。[②]

（二）新中国成立之初："大喇叭"走进千家万户

中国共产党依靠发动人民群众取得了全国革命的胜利，在新中国成立后，革命年代形成的"宣传下乡"得以延续下来，继续发挥社会动员与社会治理的强大作用。与革命年代相比，新中国成立初期对基层治理与乡村社会的动员和整合力度更大、更具系统性，也使得党和国家的政策和思想真正走入了基层，走进了农村的千家万户，从而打破了中国乡土社会数千年来与中央政府之间的种种隔阂，创造了全新的乡土社会

---

① 刘瑞儒，张苗苗，胡瑞华. 延安时期党的广播媒体群众教育模式研究 [J]. 现代教育技术，2019 (4).

② 赵玉明. 中国广播电视通史 [M]. 北京：中国广播影视出版社，2014：113.

图景。

在新中国成立初期"宣传下乡"的浪潮中，传播主要依靠报纸和广播两种大众传播媒介。相对于报纸而言，广播的传播范围广、效率高，且接收方式对受众的文化水平要求不高，符合当时广大农村地区的情况。1950年颁布的《关于建立广播收音网的决定》要求在全国范围内普遍建立收音站，并确立收音站有抄收记录新闻、预告广播节目、组织群众收听三大任务。1955 年召开的第三次全国广播工作会议首次明确提出以"有线广播加大喇叭"的方式发展农村有线广播网的规划。1956 年 1 月中共中央政治局提出的《1956 年到 1967 年全国农业发展纲要（草案）》规定："从1956 年开始，按照各地情况，分别在 7 年或者 12 年内基本上普及农村广播网。"① 此后全国掀起了建设农村广播网的高潮。在国家层面的大力推动下，全国农村有线广播事业快速发展。到 1973 年，全国有线广播网已基本普及，农村有线广播喇叭已达 9 900 万只，全国 95％的生产大队和91.4％的生产队通了广播，61.5％的农户有了广播喇叭。② 有线广播不仅深入到了广大农村地区，大喇叭还走进了千家万户的房前屋后，成为这一时期乡村社会信息传播的主要媒介，也是基层社会动员和社会治理的有效支撑手段。时隔多年，很多农村地区至今依然使用大喇叭进行文化宣传、播送通知通告等，这一跨越时空的场景再次体现了有线广播对于农村地区基层治理的巨大作用。

（三）改革开放后：多样化选择下的兴衰更替

1983 年召开的第十一次全国广播电视工作会议对广播电视的事业方针和技术政策做了较大调整，提出实行"四级办广播、四级办电视、四级

---

① 1956 年到 1967 年全国农业发展纲要（草案）[N]. 人民日报，1956-01-26.
② 赵玉明. 中国广播电视通史 [M]. 北京：中国广播影视出版社，2014：278.

混合覆盖"的方针政策，充分调动了各级地方政府和社会力量的积极性。四级办台十余年后，一些县乡广播电视事业的发展遇到瓶颈，擅自建台、重复设台和乱播滥放的问题频频出现。1996 年出台的《关于加强新闻出版广播电视业管理的通知》采取了相应的调整措施，撤销和合并了大量基层广播电视播出机构。这些调整措施的推行，固然有其当时的历史语境和必要性，但也在客观上造成了县级广播电视台功能逐渐萎缩，面向农村的基层广播弱化情况尤其明显。数据显示，20 世纪 90 年代全国市县乡级广播站和广播喇叭的数量整体上持续走低，喇叭入农户率逐年减少，全国绝大多数的农村广播站处于半瘫痪状态。[①] 有线广播的衰落是这一时期农村公共文化资源匮乏现象的一个缩影。精神空虚、价值缺失、宗教泛滥等问题不仅使农村社会自身整合与治理障碍丛生，也使党在基层社会的政治动员能力受到影响，许多发展问题因之衍生。[②]

在这一现实背景下，重视农村的公共文化建设，加强基层治理的渠道和能力，是 21 世纪广大农村地区继续稳定发展必须要解决的重要问题。农村广播作为重要的大众传播媒介，在经历调整和衰落之后，也等待着重新焕发生机的历史契机。2010 年前后，随着国家层面对应急广播体系和"村村响"工程的推进，很多农村地区的"大喇叭"再次响了起来。2014 年起，上海选取部分村镇试点安装了数字有线广播，在防灾减灾、新闻宣传、政策解读等方面起到了很好的效果。"有些阿伯阿婆字也不识，看不懂书面通知，有了广播大家一听就明白了。""用本地方言播出本地新闻、解读政策，村民们更容易接受。"[③] 有村民认为"有了小广播，

---

① 艾红红. "下乡""离场"与"返乡"：新中国农村有线广播发展"三部曲"[J]. 福建师范大学学报（哲学社会科学版），2020（4）.

② 巩村磊. 农村公共文化服务缺失的社会影响与改进对策 [J]. 理论导刊，2010（7）.

③ 郝洪. 农村广播要不要再响起来：上海金山区廊下镇为 986 户村民安装有线广播 [N]. 人民日报，2014 - 04 - 11.

能及时获知村里的大小事，相比看电视，还可以在堂屋里一边听广播一边做农活"①。湖南长沙的富临镇通过大喇叭播放当地特色的《福临之声》节目，让村民可以省时省力、无成本地获取信息，"看电视必须待在家里看，打电话只能一个个打，广播就不一样。骑着单车，在农田干活，无论你干啥都可以听到"②。在海南省儋州市，有驻村干部在村里通过广播喇叭普及国家政策、解读村规民约、宣传扶贫信息，推动了当地扶贫工作的开展。③

在当今的互联网时代，广播能否在更广大的农村响起来，关键看它能在多大程度上满足农民的实际需求。在各地的探索试点取得成效之后，新时代农村广播的"焕发新生"已经有了切实的可行性。面对新时代的新形势，需要从顶层设计的层面推动制度规划与体制变革，从而推动广播电视等大众媒介深度参与到新时代的基层治理之中，近年来大力推进的县级融媒体中心建设则是对这一问题的具体回应。

回顾人民广播事业八十余年的发展历程，其在不同历史阶段求新求变、服务人民、引导舆论的经验，对于今天主流媒体的发展依然具有很强的借鉴意义。

第二节 "影像中国"：中国电视业的发展历史及其社会逻辑

在全世界范围内，电视作为主流媒介的发展史，几乎内在于第二次世界大战之后全球性的社会格局变迁逻辑之中。1958 年 5 月 1 日中国第一

---

① 黄勇娣. 村里拉响阔别多年小喇叭 [N]. 解放日报, 2014 - 06 - 03.
② 侯琳良. 农村广播要不要再响起来：湖南长沙县福临镇在 11 个村装上了 110 个小喇叭 [N]. 人民日报, 2014 - 04 - 11.
③ 金昌波, 周元, 郭嘉轩. "关键少数"作表率, 党建引领拔"穷根" [N]. 海南日报, 2019 - 03 - 01.

座电视台——北京电视台（中央电视台前身）成立并开始试验广播，中国电视的第一个频道正式开启。历经 60 余载的发展，电视机从曾经的稀奇的"发光盒子"、稀缺的"家庭三大件"成为综合人口覆盖率 99.25%①、近乎户户皆有的客厅装置，电视也一度成为 20 世纪最具竞争力与号召力的主流媒体。

任何媒介的演进都是特定社会历史的"结果"，电视也不例外。自 1958 年若干个关于中国电视的"第一次"后，我国广电业在市场经济、科技进步、社会需求和政策调控的共同作用下实现了历史性的重大突破，在宣传社会主义建设和改革开放以及建立、维护世界新闻传播新秩序中发挥了重大作用。②

60 余年间构筑出的"国民媒介"地位，勾勒出了中国电视浓墨重彩的社会底色，也由此反向输出了不断促其成长的养分。在中国电视迈向"第一媒介"的过程中，它逐步展现出了介入社会公共事务的强劲能力、深入社会生活的广泛影响，一方荧光屏连接起了个体与家国，在结构化社会关系的同时也形塑出了其一度强势的传播格局，这是在以电视为代表的视觉性媒介崛起之前未曾有过的社会图景。而伴随这种媒介景观的社会化成长一并提速的，还有新媒介技术与新媒介环境驱动之下的新变化。视觉媒介发展出的"当代状况"有其现实必然性，就如同今天人们习惯于无数小屏延展集体记忆空间的生活方式，也曾一度为电视大屏所"垄断"。变迁的背后，中国电视勃兴、成长乃至于面临危机的发展之路，既是属于媒介本身的，更源自社会的持续形塑。由是，基于媒介-社会互动的视野阐释中国电视史，则显现出重要的意义。

---

① 国家广播电视总局. 2018 年全国广播电视行业统计公报［R/OL］.（2019 - 04 - 23）［2022 - 05 - 18］. http://www.nrta.gov.cn/art/2019/4/23/art_113_42604.html.

② 方德运. 新中国 60 年：广播电视大国地位的确立［J］. 中国广播电视学刊，2009（10）.

一、改革开放前：作为一种"小众化"媒介

中国电视的诞生，较之西方发达国家电视业的起步，在实质上缺乏较为充分的社会历史条件，其在 1958 年的发轫体现了某种着眼于中国社会历史语境的独特性：一方面，相比西方发达国家在政治、经济、文化和技术全面作用下"瓜熟蒂落"的电视业，中国电视业几乎只在政治和技术两种社会因素的影响下拉开序幕；但另一方面，仅仅是这两种力量，却释放出了颇为强势的影响，在哪怕并不成熟的社会环境中催生了"电视"这一视觉媒介的登场。中国电视的"从无到有"，是在政治全面主导、技术阶段性助力的社会背景下完成的。

一方面是国内外政治环境的影响。早在 1953 年中国共产党提出过渡时期总路线时，便已将创立电视广播体系提上日程。伴随国际社会中两大阵营在各领域展开竞争，电视作为其中一个"新环节"亦成为时任领导人"向苏联学习""跻身国际社会"的一种参照；中国台湾在 1958 年宣称将开始电视广播，进一步"引起北京的警觉，于是在电视领域的奋斗便因其不寻常的意义而体现出特别的紧迫性"[①]。同年 5 月，中国第一座电视台北京电视台试验播出，9 月转为正式播出。另一方面，技术作为一种建构性力量对初创期的中国电视业形成深刻影响，主要焦点在于制播技术和彩电技术。中国最早开播的是直播形态下的黑白电视，虽然整体技术配置及其运用条件简陋，甚至出现如试播期间摄制设备故障等严重失误，但在主要专业人才挪用自广播系统、主要制作流程借用自电影创作的背景下，几乎"土法上马"的电视业，受到政治上对发展电视的强烈呼唤，其技术哪怕

---

① 郭镇之．中国电视史［M］．北京：中国人民大学出版社，1991：6.

不充分，也被要求着眼于现实状况而发挥出一定的自主性。如中央倡导的"可先搞黑白电视""电视发射机和接收机最好自己生产"等方向①，皆从侧面反映出中国电视在早期发展中具有的技术研发自主意识。彩电技术取得实质性发展，则是在 20 世纪 70 年代。在西方发达资本主义国家彩色电视渐臻成熟的背景下，当时的中央广播事业局提出要集中力量研制彩电以对标世界水准，但拔苗助长式的"自创制式"屡屡受挫，继而才转向"进口"策略。1973 年 5 月，北京电视台首次试播彩色电视节目，后续一系列探索助力彩电的初步建设，并让中国电视业"尝到对外开放的甜头"②。

总体而言，在中国电视业初创期，政治话语先于媒介功能话语对电视形成构造是显著特征。宏观来看，宣传工作之于电视传播的重要性，折射出作为"喉舌"的中国电视业在此后发展中最为鲜明的媒介特征，"电视国营"意味着这一媒介自诞生开始便是作为党和政府的宣传工具而存在的。③ 国家对电视媒介的建构性力量，是中国电视业历史演进的基本社会底色。微观来看，早期电视媒介属性的孱弱，同样表现为政治因素高度介入下的先天发育不足，这也是中国电视业在长达 20 年的初创期并没能取得实质进步的主要原因，其主要表现在于既有社会发展条件无法匹配核心技术的升级或迭代，由此，包括制播技术、节目形态等在内的各方面电视基础要素发展都并不充分，即便是当时最受宣传工作青睐的电视新闻领域，也几乎是"可有可无的存在"④。但与之相对的，技术进步也并非尽然受制于政治力量，甚至能反过来借力意识形态工作阶段性地扮演重要推手，例如中国电视在"文化大革命"期间取得的进步，"彩色电视播

---

① 刘习良. 中国电视史 [M]. 北京：中国广播电视出版社，2007：7.
② 同①119.
③ 何天平，严晶晔. 媒介社会史视域下的中国电视 60 年 [J]. 中州学刊，2019 (5).
④ 郭镇之. 中国电视史 [M]. 北京：中国人民大学出版社，1991：15.

出的成功和全国电视广播网的初步建立，为我国跻身于世界电视大国铺平了道路"①。同时，中国电视业在初创期总体超越自身能力和社会发展水平的进步期许，虽未能促成其系统性进步，但这样的积极状态也成就了中国电视业和中国电视从业者从一开始就勇于探索、敢于开拓的精神追求。

改革开放前的中国电视发展"前夜"，局部创新和技术的不完全介入让高度意识形态化的电视首先形成了一种"小众化"的媒介样貌。受制于电视机的不普及、电视传播的有限规模，彼时电视面向的对象范围很狭窄，没有及于社会大众，这也从底层逻辑上厘清了技术、政治和视觉媒介最初的互动关系。可以说，中国电视的发轫是在大多数中国人对这种"新媒介"毫无了解的情况下发生的，但也正是这段漫长的培育期，让起初四分之三时段播映影片、四分之一时段播出简易自制节目的电视媒介，逐渐酝酿出了此后得以真正实现大众化传播的社会基础。

二、改革开放至 21 世纪前十年：作为一种"大众化"媒介

"文化大革命"的动荡和创伤，让彼时的中国社会在方方面面亟待重振旗鼓，中国电视业也不例外。对于走向转型期的中国社会而言，作为"新媒介"的电视自然不再仅仅作为服务于政治和意识形态工作的"小众媒介"，要想释出其面向大众的媒介影响力，其势必要打开全新局面。

社会历史的变迁深刻影响着媒介发展的轨迹。伴随十一届三中全会的召开，中国社会进入改革开放新时期，也迎来社会新气象。这亦为中国电视业迎来转折的关键阶段：从"舶来"到"自己走路"，从局部到整体，从有限规模的媒介到强势媒介，中国电视业逐步实现了真正走向普罗大

---

① 刘习良. 中国电视史［M］. 北京：中国广播电视出版社，2007：116.

众，并为此后三十余年的繁荣发展奠定了重要基础。

以改革开放为新起点，中国电视业得以全方位地构造出自身独特的社会语境。首先是电视的社会地位被充分廓清，一改初创期冒进且盲目自信的状况。机制体制层面的调整为其定调：1978 年北京电视台更名为中央电视台；1982 年中央广播事业局调整为中华人民共和国广播电视部；1983 年"四级办电视"方针确立并形成"条块分割、以块为主"的电视体制新秩序，调动了地方办广电的积极性；等等。伴随结构化调整而来的，是中国电视在阶级斗争功能之外对更丰富媒介属性的探寻，电视作为一种社会事业的路径合理性得以明晰。此外，电视机价格虽仍然昂贵非多数普通人可以负担，但伴随电视机产能和产量的提升，这一问题逐步得到解决，并带来飞快提速的电视终端普及，无论是在官方话语体系还是在民间日常社会生活中，以电视为代表的新型视觉媒介崭露头角、作为"事业"的广播电视业初具规模。这种在过去 20 年间未曾见到的向上发展之姿，以及电视真正意义上拥有"主流媒介"的强影响力和高社会介入程度，与两条回应时代语境的社会线索紧密关联。

一是经济层面的转型培育出电视业发展的新土壤。中国电视业在这一阶段的新变化，属于在全新政治话语框架下的自然生长。可以看到，中国电视业在 20 世纪 80 年代的重新出发具有深远意义，这跟社会经济要素的全方位转型有紧密联系。首先是对"消费"这一社会要素逐步形成的准确认识。改革开放带来了现代社会经济秩序和经济发展理念，中国电视的市场化、产业化基因脱胎于这一大的社会背景，并在首度亮相的电视广告形态中得到体现。中国的电视台自 1979 年正式开播商业广告，并在此后不断得到推广，从地方到中央陆续开办电视广告，电视参与消费文明的意义生产渐成荧屏新气象。当然，早期的电视广告并没有真正为电视培育出产业化的特征，在目标上主要用以应对当时财政拨款无法满足电视台发展需求的状况[①]，但产生的实质影响不止于此，这种变化突破性地令人们明确意识到"电视面对的是亿万消费者，而不是生产单位"[②]。可以说，中国电视业真正拥有"观众意识"，并开始形成作为一种面向大众的传播工具的观念，是从这里开始的。

中国电视业在 20 世纪八九十年代的快速发展，得益于两个方面社会经济要素变化的直接驱动。一方面体现在媒介基础配置（技术）和功能属性走向成熟。电视机在 20 世纪 80 年代开始步入中国人的日常社会生活，让普通百姓逐渐培养起对于视觉媒介的使用习惯。较之传统印刷媒介，电视的多媒体属性（尤其是视觉性）令其成为彼时最有综合竞争力的"新媒体"。这背后的直接推动力量是电视机产能的提升和电视制播技术的开拓。此后，电视文化或言视觉文化以更具普遍性的面貌伴随电视机一同走进千家万户。另一方面是经济社会大环境的气象变化。以 1992 年邓小平"南方谈话"和党的十四大召开为标志，中国电视业亦伴随深化的改革开放进程步入提速发展新阶段。社会主义市场经济体制的确立，带来中国电视业波澜壮阔的改革浪潮。如在体制层面，明确定位于第三产业的广播电视业实行企业化管理；在经营层面，电视广告常态化管理、多种经营"放开搞活"，充实自筹资金以寻求行业发展新空间。相关数据显示，1982 年全国广电部门的收入仅有 0.72 亿元，到 1992 年则跃升至 20.39 亿元，相当于当年国家财政拨款的 85.7%。[③] 电视的功能由原有的事业化管理影响下以政治宣传和公共服务为主导，转变为作为市场竞争者提供以成本为基础的服务，并随之推出了大量面向市场的节目内容。[④] 直到 2000 年前后，从中

① 常江．中国电视史：1958—2008 [M]．北京：北京大学出版社，2018：142.
② 郭镇之．中国电视史 [M]．北京：中国人民大学出版社，1991：141.
③ 中国广播电视年鉴编辑委员会．中国广播电视年鉴：1994 [M]．北京：北京广播学院出版社，1994：66.
④ 何天平，严晶晔．媒介社会史视域下的中国电视 60 年 [J]．中州学刊，2019（5）.

央到地方全方位地推进了电视事业的产业经营发展,以办好广播电台、电视台为中心,以资本为纽带,实现媒介产业经营的规模化和集团化,成为发展大势。[①]

二是文化、技术层面的转型引领电视传播走出新道路。进入 20 世纪 80 年代,改革开放带来的思想、文明的新变化,自上而下地全面感染并影响着诸种社会文化事业。中国电视业在文化和美学上的成长,也得益于这一大的背景。文化艺术领域呼唤更多优秀创作的诞生,以充实人民的精神生活;而彼时相对宽松、开放的社会文化环境,也反哺了电视创作者和传播者以更充分的“大展拳脚”的空间。正因如此,亟待汲取养分的中国电视业,在这样的文化滋养下实现快速成长并培育出独特的现代性基因,启蒙的话语深度浸润在电视文化当中。这在各类节目形态的探索中有直观体现,以四大文学名著“搬上荧屏”为代表,电视剧领域的“中国经典”呼之欲出;纪实影像领域如《话说长江》《丝绸之路》等不仅取得了积极的社会反响,也打开了中外合作的局面,迎来电视传播新面貌。“文化电视”的空前影响力为 20 世纪 90 年代中国电视业迎来发展黄金期创造了理想的土壤,丰富的电视内容、普及的电视使用场景,表明电视在真正意义上成为深入社会生活的主流媒介;同时,消费型媒介的转向也让国人在对电视的接触中陆续找到个人化、差异性的审美对象,消费文明赋予电视参与流行文化生产的极大活力,一并催生了“客厅文化”,“看电视”逐渐成为国人日常不可或缺的重要生活方式之一。

技术的脉络则更结构化地明确贯彻在中国电视的大众化之路中。以电视新闻为例,数次改革浪潮促成其由单一的宣传工具向专业化内容生产主体转变。从《新闻联播》在 1996 年由录播转为常态型直播、2003 年央视

---

① 赵玉明. 中国广播电视通史 [M]. 北京:中国广播影视出版社,2014:408.

新闻频道开播等标志性事件可见，新闻规律探索、新闻形态创新、舆论引导能力构建等，技术逻辑的匹配在其中发挥重要作用。央视72小时"香港回归特别报道"直播、三峡大江截流直播等，在采制技术、信号传输和落地技术的提升基础上，重要媒介事件的电视直播也完成了从"过时"到"即时"①的内容价值提升。电视的"时间经济"资源开发，自20世纪90年代中后期开始陆续在电视播出时长增加、电视频道扩容、"黄金时段"价值增长等新特点中找到新落点，内在于上述变化中的同样是一以贯之的技术演进线索。

进入千禧年，中国电视在文化和技术双向助力下已然变成中国社会的一个重要组成部分。重大社会事件和仪式的电视直播引发万众期待、作为社交货币的选秀节目《超级女声》全面赋权观众参与电视生产等标志性事件不胜枚举；在此基础上，以中国加入WTO（世界贸易组织）、允许广播电视制作机构开展中外合资合作等事件为标志，中国电视业的发展有了进一步拓宽的社会视野，并形成"走出去"、跻身国际市场的媒介影响力。

总体而言，改革开放至21世纪前十年的中国电视业，拥有着长达20余年的高光时刻。其作为"主流媒介""第一媒介"的影响力，也在这一阶段中得以形塑完成。在更稳健、有力的政治话语指导下，中国电视业伴随社会经济和社会文化的巨变形成新样貌，在文本、产业、机构和受众等维度上取得了长足的进步，并迎来了产业化、全球化、大众化的完整媒介面貌。这一持续的繁荣，是中国电视业发展历程中最为浓墨重彩的一笔，但在所谓的"电视世代"的人声鼎沸之后，电视业面临的危机也逐步在21世纪第二个十年里暴露出来。

---

① 周勇，何天平，刘柏煊. 由"时间"向"空间"的转向：技术视野下中国电视传播逻辑的嬗变 [J]. 国际新闻界，2016（11）.

三、21世纪的第二个十年：作为一种"分众化"媒介

从"小众"迈向"大众"，电视作为主流视觉媒介的建构性力量在中国社会的方方面面得到体现。一方面，各类电视文本的影响持续深入，电视新闻体现强社会整合功能，国际新闻发挥重要外宣作用；电视纪实作品记录时代、镜像社会历史记忆；电视文艺对于凝聚国民情感、变革娱乐方式影响深远；电视剧为大众提供主流的文化生活……电视的诸种"内容"，成为大到国家重要历史时刻的见证，小到家庭生活必不可缺的组成，皆是作为一种社会语境的电视生成社会意义的直观注脚。另一方面，中国电视扮演着越来越重要的社会角色。除了电视在宣传工作中扮演的重要角色，电视的系统化、规模化运营亦带来产业价值的持续释放。

进入2010年，中国电视事业的发展既有新特点，亦迎来新变量。互联网和移动互联网的全面崛起，让"客厅大屏"不再是中国百姓进行视听消费的唯一选择。尤其是智能手机、社交媒体带来的大众媒介使用习惯的变化，让"打开电视机看电视"的吸引力大幅下滑。根据中国互联网络信息中心（CNNIC）发布的《第51次中国互联网络发展状况统计报告》，截至2022年12月，我国网络视频（含短视频）用户规模达10.31亿，较2021年12月增长5 586万，占网民整体的96.5%。与之相对的，则是电视日益加剧的"打开率"危机和"老龄化"状况，相关数据显示，早在2013年，北京地区电视开机率已降至30%，且40岁以上的观众成为收看电视的主流人群。① 与此同时，新媒体更多元的变现能力倒逼传统电视的经营状况断崖式下滑，广告收入负增长已成近年常态。

---

① 国家新闻出版广电总局发展研究中心.视听新媒体蓝皮书：中国视听新媒体发展报告 (2013) [M].北京：社会科学文献出版社，2013：5.

数据背后，是电视正从"大众化"媒介逐步走向"分众化"媒介的焦虑与危机。在跨屏传播成为普遍现实的当下，依托于计算机、移动终端等更多元的传播介质，"电视机"甚至成为这个时代里一种全新的"可有可无"的存在。唱衰电视的声量渐响，因为电视已然无法再承载黄金时代万人空巷的景观。今天的电视，面临受众分流、分化的变化现实，也正在新媒体的冲击下消解着其原本所具有的传播能量。

第三节　由时间向空间的转向：中国电视业兴衰的技术逻辑

进入 21 世纪，电视业在各类新兴媒体的围堵中走下神坛。作为一种指标性现象，电视频道的关停合并与报纸的缩版关张一样，被舆论视为观察和评判电视业衰落的重要依据。自 2017 年以来，有关电视频道"关停潮"的言论不绝于耳。2019 年 1 月，上海广播电视台宣布频道整合，娱乐频道和星尚频道合并为面向长三角地区的"都市频道"，炫动卡通频道和哈哈少儿频道整合为"哈哈炫动卫视"。这是首次在省级电视台的层面上进行频道关停合并，也被认为是自 20 世纪 90 年代频道大规模扩张以来中国电视业发展的一个转向，即拉开了频道"精办"的序幕。而在更深的层面，既有的电视频道或多或少都面临着收视率下降、影响力下滑、盈利减少的问题，频道和频道制的困境成为新媒体环境下中国电视业发展现状的典型呈现，以此为切入口，可以对中国电视业的历史演进和现实问题有一个内在逻辑层面的认知和探讨。

一、历史脉络：基于时段资源开发的电视频道开拓历程

长期以来，"电视的发展史，其实是一个时段的开拓史"[①]。电视行业

---

① 陈立强. 电视频道的本体阐释与传播研究 [M]. 北京：新华出版社，2007：84.

创造价值,遵循的就是"以时间为纽带的价值生成模式"①。电视作为依时间序列线性播出的媒介形态,节目时间固定,内容稍纵即逝,其中,"时段"作为嵌入频道逻辑的传播承载中介,以约会式观看凝聚了观众的注意力,而"媒介所凝聚的注意力资源是传媒经济的真正价值所在"②,是电视进行二次售卖的关键"商品"。基于这一逻辑,对时段的开发成为电视行业内容价值转化为商业价值的必由之路。时段资源开发的直接表现是频道开拓,而其内生动力则是电视行业的根本生存需求。根据对频道资源开发的程度,中国电视业的发展大致可分为三个基本阶段:资源匮乏期、粗放增长期和饱和分化期。

(一)资源匮乏期

早期的中国电视,每天仅有几个小时的播出时间,其余大段的时间都是未被开发的空白时段。这与技术局限、理念落后、人力不足、设备稀缺等因素密切相关,整个行业呈现着资源匮乏、生产能力低下的状况。"早期的电视就像一条干涸的河床,节目不能保证源源不断,大部分时间处于断流状态,那时的电视是不可能实现频道化和栏目化的。"③ 对于电视台来说,所有的资源和生产力只足够服务特定几个节目,电视播出也只能围绕某个节目进行排列管理,节目的内容、时长并不稳定,而播出的时间也并不固定。1958年,作为中央电视台前身的北京电视台在开台之初每周仅能播放4次,每次2至3小时,其余的时段就处于空白的"开天窗"状态。1978年,作为省级台的北京电视台创立,当时仅有20名在职人员,全台上下只有从中央电视台借的一台黑白电视机和两台摄像机,仅靠这些

---

① 周勇,何天平,刘柏煊.由"时间"向"空间"的转向:技术视野下中国电视传播逻辑的嬗变 [J].国际新闻界,2016(11).

② 陆军.中国传媒的注意力经济与影响力经济 [J].求索,2006(10).

③ 孙玉胜.十年:从改变电视的语态开始 [M].北京:人民文学出版社,2012:303.

人和设备支撑着每周 5 次、每次 2 小时的节目播出。

频道数量稀少是这一时期的突出特点。传播技术的局限限制了人们对于频道内涵的理解与想象，业界与学界对于"频道"的认知呈现出一种强烈的技术性与工具性倾向。20 世纪 80 年代之前，电视频道的传播仅以微波技术为支撑，同一时空内无法承载过多数量的频道，这一限制导致了频道资源的稀缺性，是当时电视业面临的巨大难题。1978 年，北京电视台初创时期就曾经历过没有频道可用的困境。"当时，华北地区米波频道（1—12 频道）都已经有主了，市属电视台申请频道只能在分米波频道（13 频道后）中选择了。"① 后来经过河北省广电厅的协调，才将 6 频道的使用权从河北任丘电视台分配给北京电视台。

在这一时期，从业者也存在着播出时间无法与经济效益直接挂钩的时代认知壁垒。从 1958 年起开启的电视业处于计划经济时期，是事业性质的媒体，主要功能是党和国家的宣传工具，本质上没有盈利需求，所以也并未播出过广告。直到 1979 年 1 月 28 日，上海电视台为解决进口设备难题才播放了中国第一条电视商业广告。1983 年的第十一次全国广播电视工作会议确定对广播电视经费管理体制进行改革，要求电视台在经费来源上放开搞活，由过去单纯依靠国家财政拨款改为渠道多元化，广泛开辟财源，以弥补国家拨款的不足。自此，广告收入逐渐成为电视业生存发展的"经济命脉"，"内容-时段-广告"的绑定成为电视业的核心商业模式，电视行业也由最初的资源匮乏期逐步转向迅猛扩张的粗放增长期。

（二）粗放增长期

电视频道资源的迅猛释放，是技术赋能与政策驱动下大规模扩张的结

---

① 杨称 . 北京电视史话 [M]. 北京：中国广播电视出版社，2012：61.

果。1983 年 3—4 月，第十一次全国广播电视工作会议启动了一项重要政
策——"四级办广播、四级办电视、四级混合覆盖"。这一政策成为改革
开放初期中国电视业跨越式发展的强大驱动力，"从 1983 年到 1988 年，
是我国广播电视事业建设有史以来发展最快的时期"①，全国各级电视台
数量增长约 7 倍，从 1983 年的 52 座变为 422 座，逐步形成了迄今为止仍
旧保持的全国性分级电视系统。可以说，"四级办电视"帮助中国电视业
完成了勃兴的原始积累与谋篇布局。

1985 年，我国利用通信卫星 C 波段向全国传送中央电视台节目，由
此开始了中国卫星电视广播的新纪元。② 卫星传送广播、有线电视光纤和
数字电视等技术的运用使得频道的地域覆盖能力和内容负载能力显著提
升，电视频道获得极大扩容，不再是需要争抢的稀缺资源，反而延伸拓展
出了广阔的波段空间，等待着电视行业开掘利用。

技术与制度这两股力量只是频道激增的外部条件，频道的大发展更来
自电视业内容生产能力的长足进步。以 1983 年中央电视台正式固定播出
《为您服务》等栏目为标志，中国电视业逐步进入由散点节目到固定栏目
的发展时期。栏目化是节目内容由松散拼接向规范组合的必然趋势，这一
时期涌现了诸多备受好评的电视栏目，如中央电视台《东方时空》《焦点
访谈》等。各个栏目依据自己的内容形式、品牌定位、服务宗旨等，充分
发挥了电视的多重功能，扩大电视影响力，形成了依靠品牌栏目打造收视
热点的电视传播景象。

栏目化播出也确立了电视传播中的时间观念，除特殊情况外，任何节
目制作都需要与栏目时间表要求一致。"从 1984 年开始，直到 1993 年，
中央电视台才真正实现了全台全部栏目的零秒播出。"③ 随着电视节目制

① 赵玉明.中国广播电视通史［M］.北京：中国广播影视出版社，2014：337.
② 江澄.中国的卫星广播电视［J］.广播与电视技术，2000（1）.
③ 赵化勇.中央电视台发展史：1958—1997［M］.北京：中国广播电视出版社，2008：247.

作能力的增强，电视栏目逐渐增多，从业者开始意识到频道结构不应当只是内容对于播出时间的机械性填充，不同的栏目有不同的适宜收看时间，不同的时序组合方式将带来不同的收视率——必须遵循一种以"时段"为逻辑的排布方式，依靠合理规划的时序逻辑来完成各个栏目之间的衔接，依靠持续稳定的播出方式来完成与观众的"收视约会"。频道开始超越栏目成为电视传播中的主体单元，步入行业视野。

这一时期的电视业生长方式偏向粗放，但也的确迎来了第一个蓬勃发展的时期，行政和技术力量拓展了整个行业的进步空间。然而，在缺乏精细规划的"四级办台"热中，重复制作、重复播出、重复覆盖的现象开始出现，为机械性填充频道而粗制滥造的节目内容也不鲜见，这种成本浪费在一定程度上也成为中国电视事业健康发展的掣肘，为整个行业的有序发展埋下隐患。

（三）饱和分化期

20 世纪 90 年代后期，电视行业内容生产能力提升明显，伴随着摄录技术、制作观念、人员储备等进步，电视生产逐渐脱离滞后、零散的"手工作坊"的生产形式，转而呈现出分工明确、效率提升的工业化生产趋势。世纪之交，电视业步入整合改革阶段，省级广电机构设立集团，市级无线台、有线台整合合并，这一系列举措使得电视业第一次大规模整理、排布原有的人力、物力资源，同时也是一次正视同质化、冗余化的频道设置的机会，把握这次机会的中国电视业迈开了进入频道时代的步伐，最为突出的表现就是：饱和之下的频道专业化和管理经营的频道制改革。

在频道资源丰富且电视行业生产能力与日俱增的时期，内容饱和与盈利需求激发着电视业打开更多的时间资源窗口：一是开发频道的播出时间，从晚间时段逐步拓展到日间、深夜，直至达到 24 小时的时间上限；

二是开播新频道，这意味着时间上限瓶颈在一定意义上的突破、观众注意力资源的争夺，也在某种程度上提升了电视的整体影响力。以中央电视台为代表，全国各省级广电集团和市级电视台纷纷加入对频道资源"跑马圈地"的阵营之中，通过延长播放时间、增加数量来赢得换取商业利润的时间窗口。

当同一个电视机构出现不同的频道设置后，会自然走向各有分工的市场区分。"频道专业化是一个系统工程，它与广播电视的集团化、产业经营进程互为因果，相辅相成。"①中央电视台在 1999 年提出了"频道专业化、栏目个性化、节目精品化"的战略，有了足够的精品化节目和个性化栏目的储备，才足以支撑各个不同频道的对象化、分众化传播。2005 年，中央电视台提出由"频道专业化"向"专业频道品牌化"转变，频道已经被视作具备竞争力的专业品牌，展示传播实力、参与市场竞争。电视行业的频道设置正式从早期频道资源稀缺、内容冗杂排布的大众综合频道时代发展为以专业化频道为主体，分众化、矩阵化的品牌频道时代。

为了适应电视业的这一迅猛发展，管理制度也向与之相应的方向改革，以期与频道化要求的生产能力适应和匹配。2005 年，中央电视台开始在内部全面推行频道制改革，其中最重要的就是组织架构上的根本变革，从"中心—部门—科组—栏目"的四级体制，变为"频道—栏目"的二级体制。频道制是电视集团内部的资源整合方式和生产与播出的管理制度的革新，试图改变以往行政化管理中层级过多、效率滞后的弊端，基于频道节目制作基础进行统筹，配置人力、设备与经费，管理播出。伴随"频道制"诞生的还有"制片人制"，这两个制度的建立是电视行业建构现代化、产业化管理机制的基础，也在一定程度上改变了传统行政属性下电视管理的弊

---

① 时统宇. 频道专业化与体制创新［J］. 电视研究，2001（6）.

端，提升了整个行业的生产效率。内容生产能力的提升和盈利模式的成功为电视行业的蓬勃发展提供了坚实的基础，使电视一度成为强势的传播媒介、最能盈利的媒体行业，造就了这一行业的黄金时期。在那时，人们很难想象，几年之后的电视行业会被人提出"电视是否消亡"的论调。

二、现实困局：电视频道的供需失衡与模式失效

互联网的诞生、新媒体的勃兴发展让强势的传统媒体遭遇到了前所未有的挑战。1998 年，保罗·莱文森（Paul Levinson）提出："如今，电视、书籍和报纸都处在因特网的压力之下，它们可能不得不和我们依依惜别，它们以媒介生命周期从未有过的独特方式，同舟共济，驶向 20 世纪艺术的落日余晖。"[①] 2007 年，微软公司创始人比尔·盖茨在世界经济论坛上预言，五年内互联网将"颠覆"电视的地位。他的预言被现实证明是准确的，习惯于"呼风唤雨"的电视在全新的媒介环境之下面临着无法回避的生存困局。

其中最为突出的表现就是观众流失，电视到达率和收视时长持续下滑，青年观众流失尤其严重。2017 年 CSM 媒介研究调查显示：城市电视观众人均每天电视收看时长连续五年下降，由 2013 年的 165 分钟降至 2017 年的 139 分钟，人均每天收看直播电视频道数量已经从 8.50 个降至 7.16 个。[②] 电视媒体的广告价值正在不断缩水，2014 年成为电视广告盈利的拐点时刻，在这一年，电视行业广告收入开始负增长，自此每年持续下降，而网络广告收入正式超越电视广告收入；2015 年，我国互联网广告收

---

① 莱文森. 数字麦克卢汉：信息化新纪元指南 [M]. 何道宽，译. 北京：社会科学文献出版社，2001：219.

② 封翔. 在媒体融合的浪潮中远航：2017 全国电视收视市场回顾 [EB/OL]. （2018 - 06 - 25）[2022 - 05 - 18]. http://www.csm.com.cn/content/2018/06 - 25/1529254546.html.

入已经超过了四大传统媒体的广告收入总和。同时，中国的电视市场格局分布也不甚乐观，各卫视频道的竞争经年发展，形成了明显的"马太效应"，优质资源和收视高点基本落在湖南卫视、浙江卫视、江苏卫视、东方卫视等几个头部卫视，且集中度越来越高，而其他省级卫视频道只能被迫竞争越来越小的剩余市场。"87.5%的省（区、市）电视广告收入下降，下降幅度最大达52.62%，超过50%的下降幅度使区域电视媒体价值缩水更为严重。"[①] 图2-2对比了2011—2018年我国电视广告和网络广告的收入。

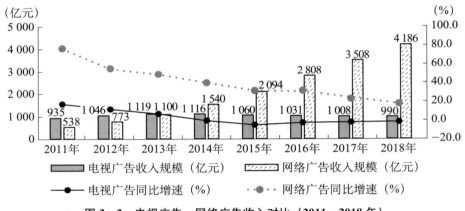

图 2-2 电视广告、网络广告收入对比（2011—2018 年）

资料来源：周勇，倪乐融. 拐点与抉择：中国电视业发展的历史逻辑与现实进路 ［J］. 现代传播（中国传媒大学学报），2019（9）.

如果从"频道"的角度来看，电视的现实困局包含着"供需失衡"和"模式失效"两个内外层面的逻辑。

（一）作为实践层面的表征：频道供应与受众需求之间的失衡

电视的生产与受众的观看，本质上是一种"基于内容的交易行为"。在经济学中，生产与需求总是一组难以平衡的矛盾关系。"产品或者业务

---

① 郑笑眉，王凌峰，曹文扬. 表征与价值：基于生态冗余的区域电视媒体发展策略浅析［J］. 传媒，2018（23）.

活动的供给方和需求方是两个不同的实体，由于供需双方的分离，必然导致双方会在六个方面产生供需矛盾：空间矛盾、时间矛盾、数量矛盾、估价矛盾、品质矛盾、信息矛盾。"① 在互联网的冲击下，走向失落的电视行业也面临着数量、品质层面的失衡。

其中，最为突出的表现就是日益收缩的收视需求与过度饱和的频道供应的失衡。一方面，如上文所述，电视观众规模日益缩小、青年观众流失严重，收视时长下滑，收视频道数量缩减，这是需求端的日益萎缩。而另一方面，2017 年全国公共电视节目实际套数 3 493 套，总计播出时间为 1 881.02 万小时。② 结合上述人均每天收视时间计算，即使是某个频道进入了前七名的"收视篮子"，每个观众平均每天停留在该频道的时间也不过 20 分钟；而如果放眼整个电视行业的播放时间来计算，平均每天的播出时间大概为 5.15 万小时，即约 309 万分钟，而观众人均收视时间仅有 139 分钟，也就是说，在播放的 309 万分钟内容中，只有 0.045‰是可能被收看到的。在传统的漫天撒网式的"广播"模式下，观众的收看行为本身就带有一定的随机性，要在如此浩瀚的内容海洋中被观众注意并选择，这必然是一件相当困难的事情。频道供应的极大冗余、电视观众的收视需求下降，挤压的是当下电视频道日益紧缩的生存空间，因此也有观点提出电视行业进入了"低收视率竞争"时代，很难再现黄金时代的收视狂潮。

失衡的另一个表现则在于供需的错位，是受众分众化、品质化的收视需求与电视同质化、粗糙化的产出之间的矛盾。尽管频道专业化的理念一直在贯彻，但是在实际操作中并不顺畅，许多电视台"仅使用合并同类项的方法把相同类型的节目放在一个频道里播放，并没有考虑特定观众的需求"③，

① 李雷鸣，陈俊芳.供需矛盾与交易成本的构成［J］.经济学家，2004（5）.
② 何天平，严晶晔.媒介社会史视域下的中国电视 60 年［J］.中州学刊，2019（5）.
③ 佘贤君.谈电视频道专业化［J］.中国广播电视学刊，2002（1）.

只寻求形式上频道的分离，而并不真正面向市场分众化需求。这也是早期电视业野蛮生长留下的历史难题，电视行业的生产能力始终无法与激增的频道数量和时间窗口相适应，只得产出诸多内容同质、品质粗糙甚至品位低俗的节目，导致频道的内容供应量大质次。

（二）作为媒介特性的内因："时间逻辑"主导的传播模式失效

频道关停潮作为当下电视业危机的一种表征，"它的实质是传统的电视传播模式已经难以为继"[①]。网络视频异军突起，构成了对电视的直接竞争，在一项假设性的"非此即彼"的调查中，29.7％的网民会选择短视频作为"未来三天唯一性的媒体"，远超过选择电视的网民比例（10％）。[②]传统电视媒介最根本的传播特性就是依照时序的线性模式，依靠频道这一载体连接内容和受众，完成以家庭为主要空间的约会式观看。新媒体以其特有的传播逻辑"瓦解传统电视以时序为核心的内容组结合方式，使得内容的呈现由固化走向离散"[③]，时空固化、转瞬即逝且单一排他的频道化传播逐渐被时间灵活、地点灵活、多屏共享的网络化传播替代，频道已经成为视听传播与消费中被架空的一环，它在时间的碎片化、地点的移动化、内容保存的容量和延时性等方面，均无法适应新媒体影响下变化的受众需求。

首先，"时段"概念的消逝与盈利模式的失效。在电视业发展的强盛时期，约会式观看的时空特点直接影响了受众家庭生活模式。"节目的安排是由家庭生活模式决定的。反过来也是对的，即家庭的生活模式是由节目的安排决定的；家庭生活节奏是围绕电视节目安排的，这些电视节目可

---

① 朱永祥，温静. 频道关停潮预示传统电视台的终结 [J]. 电视指南，2019（4）.
② 张天莉，罗佳. 短视频用户价值研究报告：2018—2019 [J]. 传媒，2019（5）.
③ 周勇. 电视会终结吗？：新媒体时代电视传播模式的颠覆与重构 [J]. 国际新闻界，2011（2）.

以使开饭、就寝和出门的时间规律化。"① 在电视观看与生活习性的交织中衍生了"黄金时段"的概念，并且它成为频道时代时间价值变现中的核心单元。在各个电视台的广告售卖之中，"黄金时段"的广告收入一般会占据全频道广告收入的一半以上。新媒体环境使得线性传播和约会式观看逐渐失效，互联网环境下视听消费的"黄金时段"不再固守于"19：00—21：00"，"时段"概念转变为因人而异的"时空场景"。根据 CSM 调查，短视频观看场景频度，平常休闲时为 74.8％，晚上睡觉前为 54.5％，乘交通工具出行时为 40.7％，排队等候时为 34.0％，看电视时为 10.7％，其他任何空闲时间为 20.5％。② 特定的时间、特定的收看地点是电视"时段"价值的核心，而这一价值内核正在被随时随地的"场景"瓦解。

其次，时间存储的有限性。传统电视传播面向普罗大众，主旨在于为更多受众传递信息、凝聚共识，所以更追求内容传播的最大公约数。电视内容附着于频道播放的时间之上，排布上限仅为 24 小时，极大限制着内容容量。与之相对应的是互联网海量的信息存储空间和多元化的传播渠道，这使得今天的视听观看呈现出日益社区化、圈层化的趋势，来自大数据的算法推送使用户与内容的对接更为精准，"众频道"变为"我频道"。传统电视的普适性传播模式、有限性的存储空间与受众日益增长且分化离散的收视需求无法对接，观众会自然地流向网络端，寻求网络视听作为满足自身需求的替代品。

观众从电视机前流向各个散落的场景和各异的内容，基于传统观看模式中"时段"凝聚的大众注意力也就流散于新媒体的广阔时空之中，以时间资源为中介达成内容产品价值变现的商业模式由此日益走向失效。

---

① 阿伯克龙比. 电视与社会［M］. 张永喜，鲍贵，陈光明，译. 南京：南京大学出版社，2007：202.

② 张天莉，罗佳. 短视频用户价值研究报告：2018—2019［J］. 传媒，2019（5）.

关于广播电视业兴衰存亡的评价与讨论，必须将特定的研究方向和研究对象放入媒介演进的社会-历史坐标中。从纵向发展的角度看，广播电视曾作为新兴媒体，塑造了人们对于视听媒介的美好认知。特别是电视，它一步步成长和成熟，由"作为新媒体"的生长期，到"强势媒体"的黄金期，变为如今"面对新媒体"的拐点时刻，基于时间资源的频道开发实则是整个电视业发展的底层逻辑。当人们在讨论"电视必将消亡"的时候，实质上对于"电视"的认知仍限制在传统客厅文化中那一方"发光的匣子"，对于电视频道的认知仍停留在遥控器按钮下的那一个个可控制的数字编号。随着互联网技术将现代生活引入全新的时代，电视的本质内涵与传播模式也需要用互联网思维来重新审视。在这个时代，电视不再必须是"以家庭中的观众为客户、以制作/购买的视频节目为产品，以频道为呈现方式、以线性的广播方式为传播手段、以电视机为接收终端、以广告为主要盈利模式"[①] 的业务形态，而是泛视听生态中的关键一环，它既可以是固定空间中为用户带来美好视觉观感、沉浸在场体验和凝聚互动关系的智慧设备，也可以是借助新媒体渠道随时随地为用户提供专业化、个性化视频内容的新型媒体。脱离了频道模式桎梏的电视未来的进路，需要更多想象力。

在向图像转向的社会文化背景下，视听日益成为社会生活中最具活力的信息表达手段和传播方式，视听产业亦延续自 20 世纪广播电视兴盛以来的繁荣轨迹，并在虚拟现实（VR）、人工智能（AI）、5G 等新兴媒介技术的助推下加速发展，呈现广阔的前景。与 20 世纪以专业广播电视机构为生产和传播主体的状况不同，当前出现了多元竞争的局面，视听传播的表现形态和传播渠道亦更加多样。从大的格局来说，在专业机构之外，传

---

① 梁晓涛. 重塑电视支点 [M]. 北京：人民出版社，2018：4.

统意义上作为接收者（受众）的普通民众越来越多地参与到视听信息生产传播环节，成为产业的重要一极。而在专业机构范畴内，广播电视机构依然是视听传播的主力军，尤其在视听新闻领域占有天然的优势，但是这块阵地外来竞争对手很多：首先是其他专业媒体，报纸、通讯社这些原来不擅长做视听节目的机构纷纷进入这块有潜力的市场；其次是近十余年间迅速成长起来的商业网站，这些机构的一大优势是依托互联网技术的信息集成和传播（如今日头条基于数据挖掘的信息推荐），随着实力的增强，它们也开始逐渐切入视听信息的生产，特别是在短视频以及一些软性题材领域（如，具有新闻性的谈话类节目）。总体而言，无论是专业机构还是民间个体，无论是广播电视台还是其他媒体、商业网站，其从事视听内容生产、传播的底层技术逻辑都已全面转向互联网（特别是移动互联网）。

第三章 从"声音"开始：互联网视听传播的发轫（1996—2010）

1994 年，中国正式接入国际互联网。此后，信息的传递速度开始加快，信息类型也不断丰富。最初，互联网内容以图文形式为主，无论是门户网站还是电子邮件，碍于网速限制，都鲜少使用网络传播音视频内容。直到 1995 年后，部分网页零星出现音频内容，"声音触网"才真正开始。

网络音频的萌芽期主要可分为两个阶段：从 1996 年至 2000 年，互联网上的音频内容主要由官方广播媒体提供，呈现出自上而下的媒体探索性改革特征；2000 年至 2010 年，商业化音频运营商入局，技术发展也为个人爱好者提供了施展空间，多品类音乐产品陆续登陆网络空间，为逐渐扩大的网民群体带来更多选择。由于产品种类的多元化发展及市场规模的逐步壮大，相关主管部门在此时期也开始逐步建立相关的规制。

第一节 开端：互联网与音频的试验性结合

我国接入国际互联网后的几年，正是国家改革发展的关键时期。宏观环境迅速变化，媒体事业同样经历了大变革与大发展。作为与报纸、电视并驾齐驱的大众传播媒介的"三驾马车"之一，广播在媒介版图中始终占有独特地位。新兴的互联网作为彼时的"第四媒体"，尚未对媒介生态造成真正意义上的冲击，但其作为一种新媒体技术使大众传播媒介看到了拓展新空间的可能，报纸、广播、电视领域的一些主流媒体纷纷开始尝试把互联网作为自身主体业务的一个补充途径。由于早期互联网带宽的局限，能够通过窄带传输的音频文本成为合适的试验品，声音"触网"的探索在主流媒体自上而下的推动下初步展开，成为互联网视听传播的发轫。

一、只欠东风：互联网音频肇始的宏观环境

（一）经济基础与政策环境

20世纪90年代，我国经济迎来高速发展期，GDP从1990年的1.89万亿元增长至1999年的9.06万亿元，经济总量在十年间增长了近4倍。相应地，据有关部门统计，1999年我国报纸、广播、电视、期刊的广告收入总额达到289.85亿元，与1998年相比增长了11.73%，甚至高于同期国民经济7.1%的增长速度。传媒业迎来了经济高速增长的"黄金时代"，这也为传媒业进行互联网化的创新探索奠定了经济基础。

改革开放后的1979年7月，中共中央、国务院同意在广东省深圳、珠海、汕头三市和福建省厦门市试办出口特区。此后，这几座城市成为我国经济发展最快的地区之一。1992年，邓小平先后赴武昌、深圳、珠海和上海视察，发表"南方谈话"，令我国南方地区的市场化改革再添动力，进而推动了全国新一轮改革大发展。在新闻传媒领域，以南方传媒业为代表，新闻媒体在相对宽松的市场环境下也获得了更有利的发

展条件，在积累了大量原始资本的同时，也为开展面向市场、面向受众的新闻改革准备了基础。在广播行业，珠江经济广播电台于 1986 年成立，是我国成立的第一家经济电台，其创新发展创造了蜚声广播业的"珠江模式"。1994 年，中央人民广播电台节目改革，第二套节目不再大量重播第一套节目，而是通过改版来满足听众对于财经信息的进一步需求，全天播出的 19 个小时中有 10.5 个小时为经济、科技信息和生活服务类节目。

伴随着经济的快速发展和人民生活水平的不断提高，以广播电视事业为代表的传媒业飞速发展，并在政策设计的导向下逐步从"事业"向"事业＋产业"转型。在坚持党性原则和舆论导向把握的前提下，政策规制开始调整事业建设方针。1983 年，《中共中央批转广播电视部党组〈关于广播电视工作汇报提纲〉时发出的通知》指出：调整事业建设方针，实行中央、省（区、市）、市（地、州）、县四级办广播、四级办电视、四级混合覆盖，市、县可以办广播电台、电视台，主要是转播中央、省的节目。[①]"四级办"方针的实行，调动了各地方办广播电视的积极性。1992 年，中共中央、国务院做出《关于加快发展第三产业的决定》，将广播电视纳入第三产业。[②] 1999 年，国务院办公厅转发信息产业部、国家广播电影电视总局《关于加强广播电视有线网络建设管理的意见》，提出组建广播电视网络传输公司、组建广电集团。[③] 广播电视的"产业属性"得到了主管部门的确认，这意味着广电机构在市场化探索层面获得了更大的自主权，也为"广播上网"奠定了政策基础。

---

① 中共中央批转广播电视部党组《关于广播电视工作汇报提纲》时发出的通知 [J]. 新华月报，1983 (11).
② 中共中央 国务院关于加快发展第三产业的决定 [J]. 陕西省人民政府公报，1992 (15).
③ 国务院办公厅转发信息产业部 国家广播电影电视总局关于加强广播电视有线网络建设管理意见的通知 [J]. 山西政报，1999 (11).

（二）音乐流行文化与潜在用户群体

经济发展与政策开放带来了社会文化环境的变革。得益于改革开放的深化和市场经济的推行，来自海外的流行音乐从我国沿海经济发达地区向内陆传播。我国青年群体在接受流行音乐的过程中，也开始学习、模仿、创造属于自己的文化表达方式。崔健、唐朝乐队、黑豹乐队等摇滚乐明星在当时具有极高人气，成为当时青年人追捧的对象。他们用摇滚乐的方式改变了国内音乐的创作风格，用某种程度上"离经叛道"的演唱形式改变了国内音乐的流行样态。青年人在娱乐场所中尽情高歌、舞蹈，耳中萦绕的多是描写现实生活的流行音乐，如《你的柔情我永远不懂》《雾里看花》《一生何求》《为什么受伤的总是我》等。彼时的流行音乐较少采用有关家国情怀的宏大叙事，更多的是叙述个性拓展后的自我困境，这反映了市场经济带来更广阔的自我空间与更深沉的现实压力背后，青年人普遍存在的矛盾心态。以摇滚乐为代表的流行音乐的普及，既得益于唱片发行，也受益于大众媒体的广泛宣传。然而，大众媒体有限的播出窗口难以全部容纳类型繁多的流行文化，互联网因此成为能够满足青年人好奇心的另一个自由场域——"只有想不到，没有搜不到"。

20世纪90年代，青年人的文化水平较上一代已有了普遍提高。1986年4月，我国颁布《中华人民共和国义务教育法》，明确规定"适龄儿童、少年"必须接受九年义务教育。文化水平的大幅提升让互联网的"接入沟"变浅，青年具备了使用互联网的知识条件，这也让他们开始探索网络空间，并在其中寻找自己热爱的大众文化。中国互联网络信息中心在1998年7月发布的《第二次中国互联网络发展状况调查统计报告》显示，当年我国上网用户数为117.5万，其中93.1%的上网用户学历水平在中专-大专以上。这意味着，初期互联网的使用者大多接受过良好教育、有一定的文化水平，他们也是接受和参与流行文化更多的群体，这为早期互联网音频内容传播积累了潜在的用户基础。

这一阶段，大众文化从"庙堂之高"转向"江湖之远"，实现了更深层次的思想解放。这种浓厚的流行文化氛围使青年人有勇气探索新鲜事物，同时也创造出了对小众、地下的当代流行音乐的需求，促使声音登陆互联网，互联网成为音频产品传播的新渠道。

（三）基于数字化的传播技术保障

媒介革命主要是由技术驱动的。互联网本身就是一项具有颠覆性意义的技术，其雏形是诞生于美国国防部的"阿帕网"。阿帕网主要服务于军事目的，以分散式的网络通信指挥系统提高整体安全性。1989 年，英国科学家蒂姆·伯纳斯-李（Tim Berners-Lee）发明万维网（World Wide Web，WWW），从技术层面允许全球信息互联互通互享，这为民间使用者在网络上传递信息奠定了基础。

在互联网提供的宏观技术框架之下，音频数字化技术也在 20 世纪 90 年代得到较有成效的发展。1995 年，位于美国西雅图的进步网络公司（Progressive Network）在其网页上设置了 Real Audio System 试用版本软件，提供"音频点播"服务，宣告商业化网络广播的诞生，也标志着网络流式音视频技术的出现。同年，名为 MP3（MPEG‐1 Audio Layer 3）的音频压缩格式正式走向大众，这项技术利用人耳对高频声音信号不敏感的特性，抛弃了人耳基本听不到的高频声音，只保留能听到的低频部分，从而有效降低了数字音频的占用空间。由于其体积小、失真少、便于传播的特征，MP3 格式音频能够在当时的网络带宽下完成上传和下载，该格式音频得以快速普及。1995 年，Real Networks 公司发布了著名的流媒体播放器 RealPlayer，令音频的数字化进程继续向前推进，也为创办私人电台提供了更为便捷的条件。

与此同时，数字广播技术也获得了重要发展。传统模拟广播的音频播出质量无法实现高保真，AM 收音机播放音乐质量差，FM 调频也无法达到 20 世纪 90 年代最先进的激光唱盘的原生音质，广播的数字化转型势在必行。1988 年，欧共体在世界无线电行政大会上首次进行了尤里卡-147 DAB 的试验，其音质可与 CD 媲美，这是世界上首次出现的数字音频广播（Digital Audio Broadcast，DAB）。1995 年开始，我国与欧共体合作，开始在广东建立先导网进行试验；1998 年年初，广电部又和德国电信合作开始建立"北京—天津—廊坊"DAB 试验网。DAB 技术不仅能让听众获得更高质量的收听体验，还允许更多数字设备接口接入系统。数字化是互联网信息传播的基本要件，传统广播技术的革新让数字音频在广播电台获得了用武之地，也为广播触网扫清了基础性的技术障碍。

二、由点及面：网络广播的早期探索

在经济、政策、文化、技术等各方面条件均已具备的情况下，网络音频成为互联网的重要信息形态已是大势所趋。在这一阶段，受制于技术条件和网络带宽，网络音频仍无法被大规模上传，即使上传也难以进行大规模下载。因此，网络上的音频内容零星散落于网页、论坛中，系统性的网络音频网站大多为广播电台媒体的网络版。

（一）传统媒体走上网络的试点布局

1996 年 12 月 15 日，在广东珠江经济广播电台开播的第十年，这家电台率先开通互联网实时广播，成为我国第一家网上播出的广播电台。1997 年 3 月 18 日，上海东方广播电台《梦晓时间》节目与"瀛海威时空"

合作开设《东广信息网》板块，布局网络广播。1998 年 2 月 28 日，北京经济电台《动心 9 时》节目开始网上直播。1998 年 8 月 13 日，中央人民广播电台网站"中国广播网"的前身 www. cnradio. com 注册开通，致力于打造 24 小时不间断播音的新闻媒体平台，央广成为中央新闻媒体中最早开通互联网平台的机构之一。同年 12 月，中国国际广播电台网站"国际在线"正式对外发布。

1996—1998 年可被看作从地方到中央的广播媒体试点布局网络广播的起步阶段。与加拿大中学生萨斯·伯顿 1995 年开办的私人网络电台和美国西雅图的"进步网络"不同，中国的网络电台大多是在官方媒体的驱动下成立的，是一种自上而下的探索。这一方面由于中国刚刚接入互联网，民间的互联网基础设施尚不普及；另一方面也因为网络费用较高，一般个体和机构很难承受，而广播媒体较好的经济、技术和专业水平使其具备开展探索网络电台的条件。这一时期，由广播媒体设立的官方网站主要将收音机中的广播节目搬上网站，以实现网络音频直播，广播音频的点播功能尚不普及。

（二）由沿海向内陆的扩展

改革开放后，中国诸多领域的改革均使用从试点到推广的模式，网络广播的发展亦是如此。我国第一家网络电台由广东珠江经济广播电台在 1996 年年底创办，这也源于珠江经济广播电台拥有的创新基因。1986 年，珠江经济广播电台作为我国第一个经济类专业化广播频率创办，开播之后，该台收听率迅速上升，与香港台的收听率之比从 3∶7 很快反转为 7∶3。由于收听率增长，该台的广告投放量也大幅增长，开播一年带动整个省台广告营业额翻了一番。身处改革开放一线的广东，又毗邻彼时经济发达的港澳地区，珠江经济广播电台在经济和政策两方面都有着较高的自由度，因此该台在探索网络广播时也拥有敢为人先的勇气和实力。珠江电台的网络化是网络电台在全国普及之前的一次试点。虽然我国网络电台并非由民间自发生成，而是自上而下的官方主导，但最初试水的并非中央级媒体，而是省级广播的下属频率。两年后，中央人民广播电台、中国国际广播电台的网络电台开播，珠江电台的经验为后来者的探索提供了诸多宝贵经验。

从地理位置来看，网络电台作为彼时的新鲜事物，呈现出从沿海向内陆的发展趋势。1996 年年底，总部位于广州的珠江经济广播上网；1997年上海东方广播电台也推出网络广播；1998 年，广东佛山广播电台、北京经济电台、中央人民广播电台、中国国际广播电台等开始网上播出；而新疆哈密人民广播电台直到 2003 年 3 月才开通网上直播。[①] 网络电台的普及发展，与改革开放和经济发展的地域顺序呈大致相同的规律。沿海地区经济发达、思维开放，有条件创办网络电台；西北地区由于地理间隔，既缺少创办网络电台的基本经济基础，在媒体发展模式上也存在理念滞后等问题，需在政策主导和支持下激发"上网"动力，因而其创办网络电台的时间较晚。

（三）互动大于收听的网络电台功用

网络电台在最初只支持直播功能，而这一功能本身就可以在当时已经普及的收音机上免费实现。直播并非网络电台的魅力所在，真正有别于传统收音机式广播的独特功用在于其互动能力。初期的网络电台大多采用网页形式，以超链接内嵌播放器实现广播音频的网络直播功能。基于网页的呈现方式，网络听众可以在网页上对广播内容留言互动，大大提高了传统

---

① 张月秀，陈培军．广播触网更精彩：地区电台应用网络工具探索［J］．中国广播，2006（6）．

广播时代"听友来信"的交流和意见反馈效率。

1997年3月18日，上海东方广播电台《梦晓时间》节目与"瀛海威时空"合作开设《东广信息网》板块，网民可通过BBS等方式实时参与节目讨论，开创了我国网上广播的先河。但该节目未能借助网络进行音频内容的传播，只将网络作为主播进行信息检索、与听众讨论和交流的渠道之一。1998年2月28日，北京经济电台《动心9时》节目开启网上直播，该节目对应的"动心网络社区"的核心服务是网络论坛和聊天室。1999年11月20日，在"神舟一号"成功发射当天，广东人民广播电台利用网络互动和长途连线方式采访了神舟飞船总设计师戚发轫，成功完成了主持人、专家、网友互动的广播节目《评说"神舟"首航成功》。

互动是互联网最重要的特征之一。网络电台初期的互动功能虽然只能采用文字留言的方式，且大多数时候电台主播无法与留言听众进行直接交流，但其互动能力已经比传统广播推进了一大步，也为后来出现的有视频信号直播互动的网络广播，以及专注于听众互动的广播节目类型打下了基础。

2000年前后，互联网开始更广泛地走入家庭生活。尽管上网成本仍然不低，电话线拨号上网的网速也不尽如人意，但仍然有大量年轻人愿意尝试这种新鲜事物。中国互联网络信息中心在2000年1月发布的《第五次中国互联网络发展状况调查统计报告》显示，截至1999年年底，我国上网用户人数已达890万，比1997年首次调查时的62万增加了13.35倍。互联网用户数量的快速增加，为互联网音频内容创造出了更大的需求，也催生了更为多样的互联网音频提供者。技术同样在促进媒体形式变革。在线流媒体技术传入中国并迅速普及，MP3的音频压缩格式为越来越多的普通大众所接受。更易操作的可视化数字系统的诞生不仅为以广播电台为代表的官方媒体登陆网络提供了方便，更让创办私人化、个性化的网络电台成为可能。

2000—2010年，我国网络视听行业在经过孕育与萌芽之后进入高速增长阶段，网络音频也从单一的事业模式向产业经营模式转变，多元主体入局网络音频行业，带来了多样化的新形态、新内容、新模式。

第二节 网络电台的进阶：多元主体入场

1998 年后，中央级广播电台和经济较发达地区的地方广播电台大多已经开设官方运营的网络电台，不过功能较为简单。2000 年前后，在计算机存储技术和流媒体视听技术都取得了显著进展后，网络电台开始由线性播出向非线性播出转变，逐步呈现出与传统广播不同的传播内容和形态。在运营主体上，除各级广播电台外，民间组织和个人也开始进入该领域，打破了主流媒体一家独大的地位。

一、依托传统广播资源的网络广播

（一）网络电台的发展变化趋势

在技术的进步和早期探索经验积累的背景下，主流媒体运营的网络电台引领行业发展出现四大趋势：从直播到点播、从本地到全球、从"广播"到"窄播"、从听觉到视听融合。

1. 从直播到点播

网络电台的初步发展体现为内容可存储，这意味着音频内容不再转瞬即逝，而可以存储在网页后端的服务器中。由此，网络电台在技术上实现了点播的可能，除传统的直播模式外，增加了点播、下载、检索等功能。

2000 年，中央人民广播电台网站开设"中广在线"，就已具有"在线直播"和"在线点播"两大功能，其中"在线点播"将中央台九套频率的重点节目制作成流媒体文件上传，网民可以随时随地反复收听半年内的广播节目。2003 年 12 月 28 日，中国国际广播电台网站"国际在线"将国际台 38 种外语广播节目全部上传至互联网，听众可以在网上收听一周内的 38 种外语广播节目，实现了在线收听和点播收听功能。同一阶段，北京广播网在提供北京人民广播电台 9 套开路广播、8 套有线广播的网络实时收听服务的基础上，专门开办了"广播回放"频道，提供 3 个月内所有广播节目的点播收听，解决了广大听众错过某期节目的苦恼。[①]

网络电台的点播功能将电台内容播出与听众收听之间的同步性转变为异步性，这也成为网络电台"适时广播"的最显著优点，相对传统的"实时广播"而言是一次重大飞跃。听众掌握了随时听节目的选择权，令广播信息传播不再是"你播我听"，而变为"我播你选"模式。

2. 从本地到全球

传统广播受技术局限，信号发射后衰减较大，无论哪一种波长的广播都存在一定的覆盖范围。大部分广播电台只能向本市或本省发送信号，这也使得大部分地区的广播内容具有较强的地方化色彩。网络广播采用数字化音频技术，播出渠道也不再使用无线方式，打破了传统广播只能覆盖本地的限制，将广播收听范围从本地扩展至全国乃至全球。在网络上，听众不只可以选择本地资讯，"在新疆收听海南当地广播"也在技术上成为可能。

受时差影响，点播功能让网络电台跨地区收听更为便利。一些网络电台集合网站开始出现，国内不少网页提供几百个广播频率的在线收听服务；境外的 Radiopaq 网站提供全世界 186 个国家和地区的上千个广播频率和网络电台节目的在线收听服务，网民可以根据不同国别、类型或特定词汇进行搜索收听。

网络电台不仅让跨地区收听成为可能，也为广播领域的对外传播提供

---

① 李晓晖 . 网络打开广播的眼睛［J］. 中国广播，2009（4）.

了便利。在 2003 年中国国际广播电台"国际在线"网站上线 38 种外语广播之后，"国际在线"于 2005 年 7 月 13 日在国内率先推出了汉语、英语、德语和日语的多语种网络电台，主要包括资讯、娱乐、音乐和语言教学四大类别，成为中国国内首家由专业电台开办的多语种网络电台。2007 年 9 月 14 日，中国国际广播电台启动环球网络电台建设，开通了北京、华盛顿、伦敦、东京、柏林、开罗、莫斯科、悉尼等 12 个城市的网络电台，推出资讯、文化、生活、娱乐等不同类型的节目，为来自不同国家、地区、文化的听众搭建相互交流的平台。

3. 从"广播"到"窄播"

网络电台的非线性播出特点，使之在理论上具有无限的播出时间和存储空间，这也让传统广播电台的内容策略发生转变。传统电台受到频率资源的限制和播出时长的影响，往往会生产最具普适性的内容，以满足最广大受众群体对于信息的需求。广播上网后，其不再受制于播出时间和频率资源的有限性，可以为小众群体生产垂直化、专业化内容。

2002 年 1 月 1 日，中央人民广播电台官方网站改版升级，正式启用新的网站名称——"中国广播网"。全新的中国广播网设有"新闻""财经""体育""调频""书院""汽车""军事""民族""台湾"9 个频道、300 多个专题栏目以及 8 套广播直播节目、34 个点播栏目，大大满足听众对于各种垂直专业内容的喜好与需求，降低了收听相关内容的搜索成本。[①] 2005 年 7 月 28 日，中国广播网银河网络电台正式开通，开设 1 套综艺类节目和 4 套数字广播节目：综艺类节目内容涉及时尚、音乐、教育、情感、娱乐、彩铃、职场等，共设有 14 个栏目；4 套数字广播节目分别为相声小品、长篇评书、中国民乐、古典音乐节目。[②]

---

① 黄为群，何波. 网络广播现状及发展趋势［J］. 中国广播，2009（4）.
② 李健飞. 网络星空—银河：记中央台网络电台［J］. 中国广播，2006（6）.

自 2004 年 3 月起，北京广播网利用电台的资源优势，打造网络音频社区"听吧"频道。该频道汇集了电台 9 个专业广播的优秀作品，内容包括小说、文学、戏剧、教育、笑话、曲艺、健康、人物、经管、音乐、综合等共 11 个大类，将电台积累的音频资源拆分上网，网络听众可自行选择收听各类节目。

2007 年 11 月 1 日，中国国际广播电台网络音乐台正式上线试播，开设有"都市流行""怀旧金曲""乡村民谣"三个全天直播的音乐频道，每个频道全天播送一个风格类型的音乐。2009 年 12 月 21 日，中国国际广播电台"国际在线"怀旧金曲频道正式改版，升级成为怀旧金曲网络电台（http：//gb. cri. cn/radio），随后，都市流行、写意民谣、巅峰体坛等网络电台也陆续开通。

网络广播的时空无限性，不仅在收听方式上改变了听众的收听习惯，同时也改变了广播电台的内容策略。以银河台为代表的主流媒体自办的专业网络电台兴起，在更大的自由度中生产出了更多有个性的内容，满足了听众对各垂类内容的需求。网络电台从为大多数人服务的"广播"，转变为可针对一类人群兴趣需求的"窄播"。

4. 从听觉到视听融合

广播自诞生以来就是一种听觉媒介，收音机不具备让视觉信息同时出现的物质条件。互联网的多媒体功能弥补了广播节目的单一呈现方式的不足，网络广播打破了广播媒介视觉与听觉的障壁，文字稿、图片、视频等方式为广播节目增添了丰富的多媒体表达手段。听众除了在网上收听节目之外，还可以通过链接功能，获取有关节目的背景资料、参考信息和其他相关资讯，从而深化广播节目内容，增强收听效果。

2001 年 3 月 23 日，中央人民广播电台《医药咨询台》节目和网站联合推出"世界防治结核病日"特别节目。中央人民广播电台网站对该节目进行网上音频、视频直播，这是国内网站第一次进行网上音视频直播活动，也是第一次进行广播、网络互动直播，为广播增加了大量视觉信息要素。

2004 年 4 月 1 日开始，北京广播网把摄像机架到了电台演播室，将主播的播音场景进行网络直播。同时，北京人民广播电台还举办了多场大型直播活动，结束了广播"只能听不能看"的历史。如当年 4 月 11 日，北京广播网视频直播北京国际接力马拉松赛，拉开了广播节目网上音视频同步直播的大幕。在视频直播积累大量素材的基础上，2008 年 3 月 10 日，北京广播网又开通了专业的视频频道"播播视频"，实现了广播节目同视频分享服务的统一。①

2006 年，广东电台以珠江经济台作为发展网络媒体产业的试点，探索传统媒体发展新兴网络媒体的新路。2008 年，以珠江经济台网站为基础，广东电台推出全国首个多媒体实时互动平台——珠江网络电台。作为拥有运营执照的"新形态的广播电视播出机构"，珠江网络电台依托传统广播机构的内容资源，采用 P2P（Peer-to-Peer，直译为"伙伴到伙伴"）技术，流畅完成音频和视频的直播、联播、点播，开通流媒体播放、用户分享和互动等功能。

2006 年"两会"报道，中国广播网以《两会聊吧》对视频谈话节目重新冠名，力图打造中广网自己的第一品牌。总共 38 期的《两会聊吧》涵盖了"两会"期间社会关注的热点话题，报道代表委员积极建言献策的情况，用电台在网络上发布视频的方式，进一步拓展了广播媒体的报道空间。②

2007 年 8 月 30 日，中国国际广播电台正式开通"CRI 手机广播电

---

① 李晓晖．网络打开广播的眼睛［J］．中国广播，2009（4）.

② 李歆．解析网络谈话节目操作规律：从中国广播网《两会聊吧》谈起［J］．中国广播，2006（5）.

视"，这是国际台发挥新媒体和多语种优势构建的又一向世界介绍中国的新平台。国际台首批推出包括美国华盛顿台、英国伦敦台等在内的 11 个环球网络电台，每天使用英语、德语、俄语等 9 种语言播出近 80 个小时的节目。CRI 手机广播电视还在 2008 年北京奥运会前夕开通了《奥运直通车》栏目，集成北京电视台 14 档奥运节目。移动用户可通过移动通信网根据需要收看新闻、短剧、音乐、影视、自然、人文等内容；同时，CRI 手机广播电视推出手机博客服务，供用户发布原创的视频内容，这也是广播电台对 UGC（User Generated Content，用户生成内容）视频内容的初步探索。

（二）网络电台的发展桎梏

1. 发展目标不明确

前文提到，各大广播电台在创办网络电台的初期，大多采用的是将原有广播电台节目直接搬运上网的方式，对网络电台的创办目的不够明确，未能提供网络用户真正需要的有效信息。甚至不少地方电台停留在抢注网址的阶段，缺乏对网络电台的实质性运营，其官方网站空有网页而没有真正意义上的内容。有的网站甚至半年也不更新网页内容。

不过，这种情况在 2005 年后逐渐好转。如中央人民广播电台主办的银河网络电台采取网络用户喜闻乐见的方式，提供具有网络特征的特色节目，获得了较为可观的传播效果。数据显示，截至 2006 年 11 月，银河网络电台的日均浏览量达到 184 万人次，同时在线独立 IP 达到 19 190 个，常规互动人群达到 1 900 人。

2. 未能满足网络用户的真正需求

传统广播电台创办的各种网络广播本应利用好互联网无限空间、非线性播出的优势，成为传统电台的补充内容和拓展渠道，但草创时期的网络电台大多只是将已有的电台资源整合、分装，除了在时间选择上更为自由之外，为用户提供的个性化特色内容较少。在这种情况下，相关内容的网络传播并不具有很大的必要性。在银河网络电台之前，尽管也有一些网络电台做出了垂直化、类型化的分类探索，但大多仍然采取传统电台资源的重新分发的方式，并未为网络电台定制专门化的细分网络内容。

由于网络电台难以满足用户对于网络音频的真正需求，许多网络电台的经营状况一直没能得到有效保障，很难实现真正意义上的自给自足，大部分官方广播媒体创办的网络电台主要依托主办机构注入资金来维持运营。与此同时，用户对广播媒体创办的网络电台内容的不满足，也在一定程度上催生了"自己动手丰衣足食"的新型网络音频媒体——播客。

二、播客：商业网络电台异军突起

播客（Podcast）一词源自苹果公司的数字多媒体播放器（iPod）和广播（broadcast）的结合，最早是将录制广播节目并通过网络发布的个人爱好者叫作播客，后来"播客"一词也成为这类内容的代称。有人认为播客是传统广播和广播媒体所办的网络电台的延伸："如果说博客是新一代的报纸，那么播客就是新一代的广播。"①

流媒体技术是推动播客诞生的重要基础。在流媒体技术诞生之前，网络用户若想收听网络音频或收看网络视频，必须将音视频内容从网站下载到本地硬盘。2000年左右的网络连接技术尚不成熟，网络带宽资源也并不丰富，网速常常比较缓慢，下载一部小体量的音视频内容也要消耗不少时间成本。再加之彼时的上网费用较为高昂，相应的经济成本也比较高。

---

① 刘毓洁 . 播客的传播特点浅析［J］. 当代传播，2005（6）.

这为用户使用相关内容设置了较高的门槛。流媒体技术的发明大大降低了这一门槛，网络用户无须下载即可实现在线播放功能，具有较强的实时性和交互性，缩短了等待时间，为网络用户的趣缘需求提供了可靠的技术支持。1995 年，Real Networks 公司发布了著名的流媒体 RealPlayer 播放器。随后，微软和苹果等大公司都意识到了流媒体的巨大潜力，相继推出自己的流媒体服务，使流媒体技术得以迅速发展。2002 年左右，这一技术传入中国，越来越多的网络服务运营商开始用其提供网络音视频服务，一批私人电台和播客也因此创立并开始发展。

播客自诞生之日就带有鲜明的"草根"特征，是一种典型的用户自制内容。大量声音爱好者不满足于网络电台提供的大众性内容，在趣缘的驱动下自制垂直内容，并以此吸引众多具有共同兴趣的爱好者收听、讨论。在私人化的播客电台模式逐步成熟之后，商业资本开始关注这一领域，部分逐步壮大的互联网企业开始从商业化角度对播客进行布局，让播客这一非官方的互联网音频媒体获得了更有效的发展。

播客最初是以私人网络电台形式诞生的。1995 年，加拿大中学生萨斯·伯顿开办的私人网络电台是全球第一家网络电台，这是播客的早期雏形，而"播客"一词则是在 2004 年 9 月美国苹果公司发布 iPodder 软件后才真正被广泛使用。不同于广播媒体创办的网络电台，私人网络电台在播出内容上有更大的自由度，电台的个人主编对内容有更强的主导性，因而其内容也带有更为浓厚的个人兴趣色彩。2000 年前后，国内互联网用户以青年为主（18～35 岁用户占所有用户的 85.8%）[①]，网络上流行着各种青年文化，私人网络电台也成为一种满足青年文化需求的重要媒介。

---

① 中国互联网络信息中心. 第五次中国互联网络发展状况调查统计报告［R/OL］.（2000-01-01）［2022-11-13］. https://www.cnnic.net.cn/NMediaFile/old_attach/P020120612485128368004.pdf.

（一）年轻态的个性内容

私人网络电台可以播送广播电台无法播送或没有余力播送的内容，这些内容往往是年轻态、个性化的。如我国最早一批接触、开办私人网络电台的代表人物杨磊在 2000 年借用美国 live365.com 网站创办 TAKE 10 网络电台，播出纯音乐内容。他以"一切用音乐说话"为原则，起初播放自己收藏的 CD，内容以电子氛围和缓拍为主，后来随着个人口味的不断进化，增加了实验类和声音艺术类的音乐作品，这些在当时具有较强先锋性的音乐作品是很难在广播电台中得到播出的。

除了纯音乐性质的娱乐网络电台之外，一些针砭时弊的脱口秀内容也在这一阶段诞生，并受到网友欢迎。2003 年，网名为"胖大海"的个人网络主播开始用个人电脑录制上传系列音频节目《有一说二》，节目风格幽默谐谑，用戏谑的语言讽刺社会不良现象。2004 年 12 月，他录制并发布了首张个人专辑《网络痞侠胖大海》，主要作品有《还知道怎么活着合适吗》《玩派耍帅》《后背西施》《中国式偶像》等。从这些音频作品的题目上就已经可以窥见这一网络电台"痞子外表侠客心"的内容风格。基于这些当时在主流大众媒体上难以露面的内容，"胖大海"在中文播客领域积累了较强的网络声量。

2006 年前后十分出名的萤火虫网络电台则围绕娱乐、音乐等领域寻找传统广播电台较少触及的特色内容，内容涵盖点歌祝福、音乐、文学、情感交流、旅游、体育、时尚、游戏、动漫、网络翻唱、名人采访、公益节目等，并筹建了广播剧制作中心[①]，制作的均为青年人喜爱的节目。

2004 年，"糖蒜广播"创立，早期是一档围绕音乐的脱口秀音频节

---

① 栾轶玫. 中国网络电台的三角格局与二元模式［J］. 现代视听，2007（4）.

目，制作者包括赵夏、薛东辉、李羽、苏盼、陈沂、秦冰、何森等人。这档播客节目早期并不以营利为目的，不做任何推广，只做自己喜欢的音乐，因此 2004—2009 年的 5 年间仅有几百位粉丝关注节目。从中也可以看出，这一时期的大部分个人网络电台和私人播客是出于兴趣而运营相关内容的，满足个性需求是内容发布者和播客粉丝的主要目的。

（二）强互动的点播节目

在私人网络电台上，内容发布较为自由，不少节目在互联网交互技术的支持下采用了与网友互动的节目模式，在直播中点播歌曲成了一种新鲜的节目形态，节目与网友的互动也在逐渐加强。

2004 年 8 月，广播节目制作公司北京达人文化和腾讯 QQ 合作搭建了网络电台 ShowRadio。喜欢上网、爱听广播的听众，可以在浏览网页的同时，打开"QQ 新声代"的网页或 QQ 聊天软件，在线收听独家的网络广播，还能通过 QQ 直接和网络主播交流。网络广播后台统计出的听众数量（在线人数）和收听率（点击率）显示，有互动感的直播内容比播放录播内容更受欢迎，每逢 ShowRadio 播放录播节目的时候，收听曲线就会进入波谷，这说明网络上的青年听众更愿意用交互方式参与到播客节目中。于是，节目设置听众点歌时间，每逢这个时间听众就可以通过节目专门的 QQ 群或者直播节目页面点歌，如 "《月亮代表我的心》送给某某"，"我只点《双截棍》，哼哼哈嘿"。导播收到点播信息后，便从后台播放相关音乐，满足用户的点播需求，这也成为当时年轻情侣互相表白情意的时髦浪漫方式。这种网络电台的歌曲点播节目是广播电台点歌节目的变体。早在 20 世纪 90 年代，各级电台上就已出现通过听众来信点播歌曲的节目，只不过书信往来的时间较慢，难以实现实时互动的效果。2002 年前后，热线电话点歌节目在广播电台风靡一时，电话成了一种听众与广播实时互动的工具，由此出现了各种歌曲点播节目的衍生形态。以安徽经济广播电台《千千结》节目为例，节目不仅允许听众点歌播放，还设置了《倾情展示》栏目，让听众在电话中演唱一曲，一展歌喉。① 网络为点播节目提供了更便利的技术条件，用户只需在群聊中打字即可参与互动，但由于当时的录音设备并不普及，网络用户通过"连麦"参与互动的节目尚不丰富，网络电台的这类节目模式彼时仍处在初级阶段，留下了更多想象空间。

便利的网络技术也为播客和传统广播搭建起了互动的桥梁。从 2006年开始，杭州市余杭广播电台推出都市化概念广播——FM 102.1 丽人广播，率先设计推出以播客为主题的时尚娱乐板块——《丽人播客秀》栏目。该台主创人员在节目开办之初就通过广播的门户网站，将播客制作的技术标准和流程以简洁易懂的方式告诉听众，鼓励听众参与播客的制作，通过播客表达生活中的喜怒哀乐和各种诉求。该台主创人员经常搜集网络中品质优秀的播客网站、论坛、播客作品，邀请作者加入到节目中；同时，在该台门户网站论坛中开设播客上传空间，积累节目的素材资源。节目开播两年后，就有近千个作品在节目中播出，大批听众制作的优秀播客成为节目内容的主力，每天都有听众发来自己的作品和大家分享。② 这种方式让传统广播节目的听众以播客创作反哺官方媒体，形成"广播—听众—播客"的闭合回路，也让播客代表的青年文化得以进入主流语境，为官方媒体走近青年群体提供了新渠道。

（三）"网络骑士"——为爱发电的趣缘群体

民间创办的网络电台主播被称作 Net Jockey（网络骑士，简称 NJ），

---

① 张晓伟. 广播热线点歌节目创新谈［J］. 声屏世界，2002（5）.
② 费菲. 广播业：行进在与网络的互动和融合中［J］. 现代传播（中国传媒大学学报），2009（1）.

这一群体往往由网络电台爱好者组成。他们未必接受过专业的播音训练，也几乎没有在大众媒体上播音的经验，仅仅是用日常对话方式分享自己感兴趣的内容，成为闯入专业播音界的大众群体。

大多数 NJ 是青年人，他们不满足于传统电台内容，于是另起炉灶进行自主内容生产。在媒体的采访中，有 NJ 坦言自己成为网络主播的动机："我之所以要给网络电台兼职当主持人，实在是希望把所有传统广播难以播放的、好玩的事都搬上去。我坚持认为网络电台一旦混同传统广播，就进入死路了。在我看来，网络电台理想的状态应当是：所有懦弱的、无力于现实世界的叛逆青年在网络上都能扮残酷、扮深沉。"网络电台 TAKE 10 的主理人杨磊表示："我一向不喜欢传统电台节目里主持人的唠叨，我的电台我做主，一切用音乐说话。"这种想法实际上反映了大多数民间网络电台主播的动机，NJ 们并非真正要在网络电台上获得经济报酬，而是在热爱的支持下用网络电台的方式满足自己的分享欲。与此同时，对官方媒体上难以出现的内容用自己的方式进行播出，也彰显了 NJ 所代表的青年群体离经叛道的个性文化。

同时，借用网络电台来交朋友、找到共同兴趣的爱好者也是 NJ 们的动机之一。前文提及的杨磊表示："我办这个网络电台出于两个很原始的动机：过把广播瘾和寻觅知音。"他创办的音乐电台以播出电子音乐与爵士乐为主，这在当时尚属较为小众的音乐类型，但是凭借担任 NJ 并借助 TAKE 10 这个网络电台平台，他从全世界各地找到了 10 位志同道合者共同运营电台，其中包括荷兰的计算机系大学生、西班牙马德里的银行职员、法国山村里的小学教师、葡萄牙大学城的艺术总监以及柏林的电子音乐专家。① 大量网络音频创作者本就是基于兴趣而选择从事相关工作，因

---

① 尚进 . 网络电台：一场自言自语的演出［J］. 三联生活周刊，2005（9）.

而这一群体形成了极强的趣缘特征，爱好者们通过一个小众电台集中起来，抱团取暖。而这种趣缘性质的"窄播"，也使播客呈现出与官方创办的网络电台截然不同的媒介气质。

在 NJ 的主持下，播客节目不仅进行大众传播，也进行人际传播。由于 NJ 并非大众媒体中的专业主持人，因而他们在日常生活中也没有专业主持人带有的明星光环。在网络播客节目中，他们是开口讲话的主持人，履行一名电台主播提供内容的职能，进行类似于广播电台的一对多的大众传播。而在节目结束后，或是在节目中的互动环节，NJ 便通过各种在线通信工具与有共同爱好的听众交流，实现一对一、多对多的人际传播和群体传播。这种在节目之外频繁的私下沟通，是 NJ 与专业广播电台主播的又一区别。

成为一名 NJ 的门槛并不高，NJ 群体的整体素质也良莠不齐。大部分 NJ 是受过较高文化教育的青年人，拥有使用互联网和计算机设备录制、上传、播送内容信息的能力；但也有一些 NJ 在节目中满口脏话或口齿不清，制造了一些质量不高的音频内容。由于没有稳定的资金投入，这类电台节目主持人基本没有报酬，这些都在一定程度上限制了其内容品质与发展的持久性。

（四）良莠不齐的内容

与传统广播电台的节目播出审核模式不同，网络播客的内容审核较为宽松。广播电台节目在播出之前要经过专业记者、编辑、主管领导层层签发，重大题材内容还需要上级主管部门审核后才可播出，整体实行"先审后播"的内容审核政策，因而内容严谨、真实性强、权威性高。而网络播客在初创期并没有主管部门审核内容，播出内容完全由私人网络电台的主理人负责，这就出现了播出内容良莠不齐的乱象。

其一是软色情的"擦边球"内容充斥网络。2009 年，有研究者对播客网站 Podcast.net 收录的几千个播客用户进行关键词搜索统计发现，最常用的十大搜索关键词中有六个与色情沾边。[①] 相关内容提供方为吸引眼球，创造了大量有声低俗内容，让网络出现"黄色内容潮"，严重影响了网络音频行业的整体风气。

其二是同质化内容过多、盗版"资源"泛滥。网络音频的创作成本高、复制成本低，在播客内容"野蛮生长"的年代里，不同网站之间出现了大量简单搬运的复制内容，部分内容仅仅更换了片头就成为一个"新作品"。这既不能满足听众对于多元内容的需求，也是对音频创作者劳动成果的权利侵犯。而由于音频的盗版监控技术不足，因而被侵权方实际上很难进行追责，这使得盗版活动一度十分猖獗，严重扰乱了正常的市场秩序。

其三是无照播发的"新闻"信息。2005 年，国务院新闻办公室、信息产业部发布《互联网新闻信息服务管理规定》强调，非新闻单位设立的转载新闻信息、提供时政类电子公告服务、向公众发送时政类通讯信息的互联网新闻信息服务单位，不得登载自行采编的新闻信息。这意味着大部分民间创办的网络电台、播客节目并无采编、播发新闻信息的资格，但在实际操作中，开办新闻节目已成为一些商业网络电台的"标配"，不能随意提供新闻类信息的相关规定并未执行到位。如考拉 FM 的《新闻早餐》《新闻深喉》《考拉国内快讯》等新闻栏目，由考拉 FM 编辑制作；百度乐播《新闻乱播》《新闻酸菜馆》等新闻栏目，为个人主播制作。[②] 同时，一些网络电台和播客节目还涉嫌违规推送境外电台，违规提供海外广播在线收听服务，严重威胁我国意识形态和网络空间安全。

---

① 曹琼. 播客的"四季变奏曲"[D]. 上海：华东师范大学，2009.
② 刘金星，张桂萍. 依法治网视域下的商业网络电台 [J]. 中国广播，2016（8）.

三、发展与规制

（一）商业模式的初步探索

由于民间力量对网络音频的介入，网络音频的运营模式已不止于官办事业单位性质，而是向更有市场性质的产业运营模式探索。商业平台开始入局播客产业，带来了对行业发展有促进意义的风险投资，也在不断试图找到内容变现的渠道。不过，这一阶段播客产业的商业化探索还停留在广告收入方面，整体较为初级。

1. 为数不多的商业收入

在互联网发展的早期，由于用户为内容付费的习惯尚未养成，在传统广播经营模式中占主体的广告是播客为数不多的收入来源。与传统媒体的营收规律一致，在"影响力经济"的原理之下，播客等民间网络电台的影响力越大、点击率越高，就越有可能获得更高的广告收入。由于播客发展时间短，在品牌识别度上不如官办网络电台有母体广播电台的支持，一些播客为博人眼球也出现了前文所指出的内容低俗情况。

在广告之外，一些播客也开始进行多元化商业模式的探索。如天网网络电台由"内容提供"走向"平台营销"，为用户发展各种合作项目，如会员酒吧、免费游戏平台、个人主页服务、网络主持人培训计划、造星计划、个人歌手频道、个人主持电台等服务。该网络电台还与多家厂商签订协议，按照商品的出厂价让利会员。同时，部分私人网络电台为维持电台运营设计出了其他筹措资金的方式，如听众自愿捐款、建立电台基金、寻找赞助商、在网上售卖 CD 等数字音像产品，以及提供页面设计、网站建设、节目录制等个性化服务。部分平台型播客通过短信点歌、热线点歌的方式收取包月费用。

尽管从私人到平台都为播客的商业化运营做出了探索，但总体来看，这一时期的大部分经营都未能展现显著成效。以当时较具代表性的私人网络电台 TAKE 10 为例，其主理人杨磊在宝洁公司担任部门负责人。有媒体报道，每个月杨磊都要给 live365. com 缴纳 15 美元的服务器费用，此外还购买了一小块服务器空间搭建首页，一年下来固定投入至少 2 500 元，杨磊需要用宝洁的高薪工作来支撑播客的常年亏损。①

2. 风险投资与平台化运营

在以播客为代表的民间网络电台异军突起的年代，大量商业资本涌入该行业，也令互联网产业在 2005 年前后出现了一波"播客潮"。2005 年，傅俊希创立的"播客宝典"网站上线，该网站为用户寻找感兴趣的播客信息，一度被称为"中国最专业的播客研究网站"。2005 年 3 月，由倪振源创立的中国播客网正式上线，这是中国第一个推出音视频托管服务的播客网站。2005 年，王微创立的土豆网上线。2005 年 5 月，平客和飞猪推出了"反波"播客网站。同月，在线音乐电台网站——"收音机"网站改版为"播客天下"网站，定位为给用户提供免费个人声讯服务的开放平台。2005 年 9 月，"播客天下"网站用户数超过 10 万，播客数达到 3.7 万，成为当时中国用户最多、影响最大、覆盖范围最广的播客网站。此外，还有模仿网络电台模式的"播客中国"网站、"博客中国"推出的以博客人物专访节目为主的"动听播客"网站等。最多的时候，国内约有 300 家音视频播客网站。②

大量初具规模的头部互联网企业也在这一时期加入对播客的布局。中国电信的全资子公司 21CN 设立了网络广播频道（radio. 21cn. com），并且推出了为数不少的 NJ 和广播节目，与四五十家网络电台和传统电台建

---

① 尚进. 网络电台：一场自言自语的演出 [J]. 三联生活周刊，2005（9）.
② 贺崧智，熊卫民. 网络音频在中国的产生和发展 [J]. 科学文化评论，2020（5）.

立起了合作关系。腾讯发布了"Q-radio"，并设专门频道开播网络广播节目《QQ新声代》（http：//radio. qq. com/index. shtml），与珠江经济广播电台联手打造网络广播。网易设立广播事业部，投资上千万元推出自己的网络电台。新浪、搜狐的相关人士在2004年接受媒体采访时纷纷表示，会密切关注网络电台这个业务，不排除在很短时间内推出相关项目。众多大型网站对网络电台展开商业化布局，代表着民间网络广播的阵营正在向正规、专业和商业化的方向发展，资本加持的商业电台开始获得高速发展的契机。

与此同时，很多播客运营商获得了大量的风险投资。中国互联网协会发布的《INTERNET GUIDE 2007中国互联网调查报告》显示，中国播客的受众规模已达到7 600万人。美国2008年的一项调查显示，12％的网络使用者曾下载并收听播客文件。由此，风险投资机构看到了播客和私人网络电台背后蕴藏的巨大商业价值，频频进行投资。与腾讯 QQ 联合搭建网络电台 ShowRadio 的北京达人文化公司负责人向媒体透露，2005年就已经"有几家风险投资在和达人谈合作，其中一家欲投资500万美元，占30％的股份；也有国内的专投高科技、媒体的投资机构，十分看好达人网络电台的业务，在等待 ShowRadio 的盈利模式清晰时出手"[①]。

（二）从松到紧的政策变化

网络电台的创制、发展经历了政策上从鼓励到规范的变化过程。其初创时期带有强烈的未知性，政策并未在其刚刚诞生之时就框定发展模式，而是以顶层设计的方式引导其走向正规的高质量发展之路。以创办"名牌

---

① 齐飞. 网络电台的商业化生存［J］. 中国企业家，2005（9）.

网络电台"为抓手，国家层面不断拓展对外宣传新渠道、大力发展互联网在线视听。在这一背景下，国家级网络电台应运而生：国际在线于 2005 年 7 月 13 日正式开通多语种网络电台，中国广播网于 2005 年 7 月 28 日正式开通银河网络电台，央视国际网于 2005 年 8 月 8 日开通网络电视新闻频道、娱乐频道。2005 年 12 月 20 日，共青团北京市委员会与北京人民广播电台共同创办的青檬网络电台也正式开始运行，为首都大学生群体提供高质量的青春态内容。

在官方背书的网络电台接连创办之时，民间运营的中小网络电台也获得了一定的政策支持。2005 年 3 月 29 日，财政部、海关总署、国家税务总局联合印发《关于文化体制改革试点中支持文化产业发展若干税收政策问题的通知》指出：对政府鼓励的新办文化企业，自工商注册登记之日起，免征 3 年企业所得税；对从事数字广播影视、数据库、电子出版物等研发、生产、传播的文化企业，凡符合国家现行高新技术企业税收优惠政策规定的，可统一享受相应的税收优惠政策。① 税收优惠政策和产业扶持政策对初创的播客和网络电台在经营上起到了鼓励作用。

相关政策有鼓励也有规制。2007 年 12 月 20 日，针对民间创办的网络电台及播客节目出现的内容和经营乱象，国家广播电影电视总局、中华人民共和国信息产业部联合发布《互联网视听节目服务管理规定》要求：从事互联网视听节目服务，应当依照本规定取得广播电影电视主管部门颁发的《信息网络传播视听节目许可证》（以下简称《许可证》）或履行备案手续。未取得《许可证》或履行备案手续，任何单位和个人不得从事互联网视听节目服务。② 不少缺乏经营资质的小网站和网络电台因此受到清

---

① 财政部 海关总署 国家税务总局关于文化体制改革试点中支持文化产业发展若干税收政策问题的通知 [J]. 中华人民共和国财政部文告，2005 (6).

② 互联网视听节目服务管理规定 [J]. 广播与电视技术，2008 (1).

理，网络电台和播客的数量出现下降，行业得到了进一步规范。

第三节 "解放眼睛"：雨后春笋般的听书网站

2003 年，天方听书网第一版网站开始试运行，并于 2004 年正式运营，成为在中国最早正规化运作的听书网站之一。自此，我国网络音频行业又增加了一个新的领域——有声书。不同于网络电台，有声书并没有典型的节目、栏目设置，内容体例也不如网络电台的形式丰富。大多数有声书是基于对现有文学作品的改编，将文学的文本内容有声化，以播讲故事性文本为主，类似于早期的广播剧。除为文学作品配音、播讲的有声读物之外，传统曲艺中的相声、评书也在听书网上成为一种颇受欢迎的内容类型。有声书在某种程度上解放了眼睛，将阅读变成听觉体验，改变了阅读行为调用的感官，使用户可以充分利用碎片化时间获取知识。一方面，随着生活和工作节奏的加快，爱读书者的阅读时间不断被挤占；另一方面，通勤、排队、做家务等耳朵空闲的大量时间无法得到有效利用。有声书和听书网站的出现在某种程度上化解了这种矛盾。

播讲有声书的配音者被称为"声优"，他们大多受过专业配音训练，需要在一个有声读物作品中饰演多个角色。与网络电台的发展阶段类似的是，尽管声优大多为"科班"出身，但仍然出现了一些为吸引眼球而涉黄涉暴的配音乱象。此外，版权也是有声书发展过程中不可忽视的问题，有声读物的版权规范在产业进阶的过程中逐步完善，相关政策的出台为行业营造了相对健康的环境。比起网络电台初期自上而下的官办特征，有声书、听书网站自创立之日起就带有较强的民间商业性质，其商业模式为网络音频产业发展做出了有益的探索。

一、网络文学的有声化

"有声书"一词在我国出现于 1980 年，意为用声音来表达思想内容的作品。它不单单是传统书籍的有声版本，而是通过再创作的过程，将有声内容传递给广大听众。① 起初，有声书在广播电台以广播剧的形式流行于大江南北，包括北京文艺广播《话说天下》、陕西新闻广播《长安夜书房》、吉林健康娱乐广播《青雪故事》、浙江之声《楚河说历史：正史也八卦》等节目均为早期在广播领域有名的"有声书场"节目。

随着广播电台开办网络电台，有声书开始进入互联网，专业运营有声书内容的商业网站也开始逐步兴起。2000 年，北京鸿达以太文化发展有限公司研发了 MP3 格式的有声读物，并在 2003 年创办"听书网"。同年，"天方听书网"开始试运行，并于 2004 年正式运营。此外，"有声读物网""网际听书馆""好书下载网""久久听书网""我爱评书网"等听书网站也在这一时期相继创办。大部分听书网站的功能和内容较为相似。以最早创办的"听书网"为例，该网站将国内外文学作品和其他书籍由专业播讲人演绎，录制成 MP3 格式的数字化有声读物，用户既可通过网络在线收听，又可将作品下载、制作成光盘或拷入 MP3 等播放设备随身收听。在内容方面，"听书网"以文学作品为主，也涉及科普、管理、影视戏剧、音乐娱乐、外语学习等多个方面。

听书网站的发展也与当时网络文学的崛起息息相关。1991 年，一部名为《鼠类文明》的小小说上网，拉开了中国网络文学的大幕。1998 年，蔡智恒的《第一次的亲密接触》在网络文学界引发广泛反响，成为早期网络

---

① 张文东，王雪纯. 融媒体时代广播有声书发展路径研究：以吉林健康娱乐广播《青雪故事》为例 [J]. 传媒，2019 (21).

文学的代表。2002 年，起点中文网等一批网络文学网站成立，大量富有想象力、在当时难以公开出版发行的文学作品开始风靡于互联网的电子空间，一批奇幻、玄幻、武侠、仙侠、言情、都市、历史、官场、军事、游戏、竞技、科幻、悬疑、灵异、同人等题材的网络文学诞生，为有声书提供了丰富的改编材料。由此，网络有声读物的内容也与广播电台播送的广播剧产生了较大不同。基于网络文学 IP，网络有声书的内容往往天马行空，没有传统广播剧的严肃权威，反而呈现出较强的"口水化"特征，故事结构也有较多不合理之处，但正是这种相对平民化的叙事方式使其受到网络用户的喜爱，一批如《第一次的亲密接触》《明朝那些事儿》《鬼吹灯》《盗墓笔记》《史上第一混乱》等改编自网络文学的有声小说受到了市场推崇。

在有声书的发展中，作为幕后工作者的"声优"是不可或缺的重要角色。"声优"一词来自日本，指为影视、动漫、有声书等作品配音的演员。伴随着广播剧和有声小说的崛起，配音演员的作用愈发凸显。大量有声读物根据网络文学改编，篇幅往往较长，其中有大量人物角色，而一部有声读物的制作成本有限，声优需要在配音过程中尽可能一人分饰多角，来降低制作成本。与同一时期网络电台中大众出身的新兴群体 NJ 不同，为有声读物配音的声优往往接受过专业的声音训练，很多毕业于北京电影学院、中国传媒大学、中央戏剧学院、北京师范大学等业内知名的学校，一些广播剧配音演员也转型进入这一行业。在激烈的竞争中，一些乱象也开始出现，部分有声读物出现涉黄涉暴的低俗内容，最为典型的是"动听中国"网站特大网上制作传播淫秽物品案。2008 年，"动听中国"听书网为了追求经济利益，推出了一档夜间谈话类栏目。彼时尚在读大学的叶某某为获得 40 元时薪，在这一栏目中播讲了四部淫秽小说。[1] 2009 年年初，

① 晓红．"中国第一声优"的罪与罚［J］．新闻天地，2010（1）．

"动听中国"网站总经理、技术部门相关负责人以及音频播音人叶某某被警方抓获。2010 年，法院以"制作、传播淫秽物品牟利罪"对涉案公司、人员进行了相应的处罚，这是我国首例网上制作传播淫秽电子信息犯罪的判例。

二、传统曲艺内容集中上网

除了根据文学作品改编录制的有声读物之外，众多听书网还提供了大量相声、评书等传统曲艺内容。以相声、评书为代表的传统曲艺在传统广播时代就受到广大听众的欢迎，它们与上文提到的有声小说一样，都有故事性强、趣味性高的特点。听书网将此类内容上传供用户下载，使其收听更加方便。有资料显示，截至 2005 年，就已有如下评书、相声作品被上传至各大听书网中：单田芳录制的《大唐惊雷》《薛刚反唐》《白眉大侠》《童林传》《乱世枭雄》《清官于成龙》，袁阔成录制的《三国演义》，刘兰芳录制的《红楼梦》《岳飞传》《杨家将》《呼家将》《大唐侠女》，田连元录制的《刘秀传》《杨家将》《海青天》，连丽如录制的《三国演义》《大隋唐》，郭德纲录制的《白宗巍坠楼》《张广泰回家》《白犬坟》等。不同于有声小说，相声、评书等曲艺作品是由曲艺表演艺术家表演、录制好的节目，具有较强的完整性，也无须配音演员进行二次创作。同时，传统曲艺经过数代艺术家的钻研，往往可以凭借较强的艺术性吸引听众，其精彩程度胜于有声小说。这类作品被网络用户下载、复制到便携设备上，常作为陪伴入睡的"助眠神器"和缓解旅途寂寞的数字"伙伴"。

在大发展的同时，版权问题也开始浮出水面。听书网上的相声、评书作品来源多样。在众多听书网创办之前，市面上已经出现了曲艺演员灌制的唱片、磁带、光盘，大量这类作品被数字化转录后上传到听书网。电台播出的节目也是一大来源，某听书网站运营者在接受媒体采访时表示："网友们从网站上听到的大多数内容其实都是从电台流出的，只要剪掉其中的广告就可以。"① 也有用户主动上传的内容，如 2005 年前后，相声演员郭德纲领衔的德云社相声在网络上大热，这些在网络上流传的视频、录音均为热心听众录制。事实上，大多数听书网上的相声、评书作品都没有向播讲人、出版社、电台获取版权，这也成了大量听书网站在政策环境愈发规范后必须解决的问题。

三、版权：有声读物的法律模糊地带

随着听书网站和有声读物产业的发展，版权问题开始凸显。有声读物的制作费与版权费较为高昂，有听书网站的运营者在 2010 年表示："一本普通的有声书制作费与版权费加起来，至少 1.5 万元。"市面上的大量听书网站并未通过正规渠道获取版权，而是从广播电台录制的片段中截取或从其他免费听书网站上搜罗转载，以此降低运营成本。这种不合规的方式产生了较大的侵权风险，有相当多的作者向未授权的听书网站索要版权费用，但大部分最终只能以网站删除相关作品了事。

赵云声诉单田芳侵犯其著作权一案是当时的一个典型案例。2006 年，中国国家话剧院一级编剧赵云声将著名评书表演家单田芳、北京鸿达以太文化发展有限公司等告上法庭。赵云声称，单田芳播讲的《千古功臣张学良》侵犯了其著作权，请求五名被告连带赔偿损失 40 万元，并要求赔偿精神损失费 5 万元。但由于评书艺术并非完全照本宣科，法院在审理此案

---

① 听书网. 走红了却没赚到钱 [N]. 青年报，2010 - 12 - 29.

的过程中详细对比了双方作品，认为评书在语言表达、整体内容和人物设置方面都与赵云声的小说存在较大区别，而在具体情节上，确实有部分大致相同，但具体场景、细节安排、表现方式和详略安排等又与小说存在较大差异，而且在绝对数量、所占比例以及重要程度上也不能构成作品的核心和主体内容，应属于创作过程中的适度借鉴。据此，法院驳回了原告的全部诉讼请求。① 而在另一案中，单田芳播讲的评书《十二金钱镖》则被判对原著作者宫白羽（已故）的子女宫以仁、宫稚羽构成侵权，并与鞍山市广播电视局共同赔偿原告 6 400 元。② 同为评书的有声内容播讲相同题材的文学作品的案例，在法律判法上却有不同结果，这反映出，有声读物对文学的源文本进行改编所涉及的知识产权问题存在困境。监管难、数量多、执行难，长期以来一直是解决有声内容版权问题的难点、痛点。2010 年 2 月修正的《中华人民共和国著作权法》明确提出了对口述作品和音频制品的著作权保护③，这为国内网络音频版权规范和保护提供了法律支撑和依据。自此，国内互联网版权环境向正规化、有序化不断发展，企业的版权意识也在逐步地提升，网络有声读物市场的版权乱象得到整治。

四、商业化进阶：从 B 端向 C 端的生态延展

大量听书网站自创立之初就带有鲜明的商业属性，其在 21 世纪的前十年对商业化的探索也积累了比网络电台更为丰厚的实践经验。听书网站

---

① 李松，黄洁．单田芳评书"适度借鉴"不侵权 [J]．共产党员（下半月），2009 (7)．
② 评书《十二金钱镖》侵权案宣判 单田芳输了 [EB/OL]．(2000 - 12 - 19) [2022 - 04 - 05]．http://ent.sina.com.cn/h/28120.html.
③ 中华人民共和国主席令（第二十六号）：全国人民代表大会常务委员会关于修改《中华人民共和国著作权法》的决定 [J]．中华人民共和国全国人民代表大会常务委员会公报，2010 (2)．

的商业运营模式更为多元，大量听书网站找到了生存方式并在顺应时代潮流的改版中获得生机。

其一是采用传统广告模式。听书网站根本上仍然是网站，在 2005 年前后的听书网站初创期，互联网的主要盈利模式是广告收入。但此时，大量网络广告质量堪忧，打擦边球的情况屡见不鲜，听书网站也很难单纯凭借广告实现大额盈利。

其二是开发会员付费制度。2006 年左右，一些优质听书网站上已经开始提供正版原创有声读物，建立向听众收费的会员付费制度，将原本仅向品牌方收取广告费用的盈利模式向消费者端扩张，"传媒的二次销售"模式在网络音频产业得到更好的运用。不过，由于这一阶段大量网络用户尚未养成为内容付费的习惯，同时盗版行为十分猖獗，用户不用花费很大力气就可以找到免费的盗版内容替代，因此会员付费的商业运营模式仅仅停留在探索试水阶段。

其三是探索平台化、集团化的运营模式，拓展内容生态。2008 年，天方听书网与文曲星、上海多果、正普软件等多家知名企业进行内容合作，网站有声小说突破 50 000 篇，这也使天方听书网在跨界合作的商业探索中成为彼时全国规模最大的听书网站。2010 年，天方听书网被坐拥红袖添香网、小说阅读网、榕树下、言情小说吧、潇湘书院等原创文学网站的盛大文学（后与腾讯文学合并成立阅文集团）收购，成为盛大文学生态版图中的重要组成部分，这也让天方听书网在此后能够更便捷地利用集团内部上下游的文学内容资源。

五、走向移动化：听书 App 的诞生

2008 年，第三代移动通信（3G）标准 TD 在我国正式商月。同年，

美国苹果公司正式发布 iPhone 3G 智能手机，其是有划时代意义的智能移动终端。2010 年，苹果首代平板电脑 iPad 正式问世。随着移动互联网时代的到来，大量听书网站开始进行移动端的布局。2009 年上线的"豆瓣FM"是较早的网络音频 App；之后，"蜻蜓 FM""懒人听书""喜马拉雅""考拉 FM""荔枝"等百余个网络音频 App 在 iOS、安卓等操作系统里相继上线，听书网站顺应时代的移动化变革逐步铺开。

这一阶段的听书类 App 仍然效仿听书网站门户，搬运大量有声读物供用户点播，各大平台尚未形成垄断的独家内容，版权意识也还较为薄弱。但移动终端的便捷性已经开始吸引更多用户使用听书 App 获取音频信息。

第四节　在线听歌：网络音乐的发端与成长

音乐一直是大众娱乐生活的重要组成部分。早在传统广播时代，音乐就已是广播节目中不可缺少的重要组成部分。20 世纪 80 年代至 90 年代，广播电台开始设立专门的音乐节目并广受欢迎。2002 年 12 月，中央人民广播电台推出国内第一家类型化音乐电台——音乐之声，主打流行音乐①，标志着音乐内容已经可以成为独立的类型支撑电台运营。1993 年，中央电视台推出大型杂志性栏目《东方时空》，其中设立的《东方时空·金曲榜》（后改版为《音乐电视》）子栏目风靡街巷，甚至出现了中学生为听电视中播放的流行音乐而上学迟到的现象，足见中国人听流行音乐的社会氛围在 20 世纪 90 年代已十分浓厚。

在这样的背景之下，互联网与音乐的嫁接和结合成了顺理成章之事，

---

① 覃信刚. 人民广播类型化改版改革回顾 [J]. 中国广播电视学刊，2021（1）.

互联网的逐步普及也为音乐传播提供了便利。中国互联网络信息中心在 2001 年 7 月发布的《第八次中国互联网络发展状况调查统计报告》显示，有 44.1% 的网络用户在互联网上获得休闲娱乐信息，包括体育、音乐、艺术等，这也是网络音乐首次被纳入该报告的记录范围。

一、数字音乐时代来了

全面进入数字化时代之前，以黑胶唱片和 CD 为代表的唱片是音乐的主要传播介质。唱片录制的是无损格式，虽然音质较高，但不便传输，每一张黑胶唱片能够存储的音乐数量也极为有限。1993 年，MP3 音频压缩技术诞生，在某种程度上解决了这一问题。MP3 音频压缩技术可以将一首 CD 音乐压缩到只有几个 MB 的容量，这使大量音乐制品可以通过 MP3 格式存储在个人计算机中，也可以被拷贝到 MP3 便携机中随身播放。随着这项技术传入中国以及中国互联网的初步发展，自 1999 年起，网上录音制品开始大批量采用 MP3 格式，既不大量占用服务器主机的存储空间，也便于音乐制品使用者上传与下载。数字音乐的时代到来了。

世纪之交的网络带宽有限，即使采用了 MP3 格式，音乐制品的互联网传输速度仍然很慢。P2P 技术为这个问题提供了替代性解决方案。这种下载方式去除了网络信息传输的"中间商"，由用户对用户直接传输，使用的人越多，传输速度就越快，大大提高了文件传输效率。音乐网站采用 P2P 技术后，用户下载歌曲的方式由"从网站数据库下载"变为"网友之间的相互交换"，这意味着用户可以从别人电脑的音乐文件库中搜寻和下载音乐，实现音乐文件的共享。

MP3 压缩技术和 P2P 下载技术为音乐作品登陆互联网奠定了技术基

础，音乐网站由此迎来大发展。1997 年，MP3.com 网站在美国开张，除了提供免费音乐下载和有关 MP3 发展的各项最新消息，其还为具有潜力的音乐家们提供作品发布等服务。在该网站正式上线的第一天，其访问人数就超过了 1 万。这是全球首个大型在线音乐门户网站，也为中国音乐网站的建设提供了借鉴。1999 年，九天音乐网等音乐网站成立，为国内网民提供免费的音乐在线试听和下载服务。同年，燕赵信息港开通了流行音乐站点——中国乐坛（www.musicremark.com），它成为国内第一家有歌曲版权的网上音乐站点。2000 年，国内第一个大型音乐专业网站"网蛙"（wanwa.com）正式开通，该网站最初包含新闻、原创、流行、摇滚、海外、古典、民乐、曲库、技术、音教、产业、商城、交流等 13 个频道。此后，国内又出现了 UBOX、Kuro、KuGoo 等一批 P2P 音乐网站，此类网站的共同特点是依靠用户实现音乐共享。如 Kuro 网站并不提供列表式的音乐下载功能，所有用户的音乐资源库都被共享，用户必须使用相应的 P2P 类传输软件，在软件中搜索所需的音乐内容，并通过软件下载。

数字技术为音乐传播赋能，技术的极大便利也让音乐创作、制作的门槛逐渐下降，越来越多的民间爱好者开始创作歌曲并通过网络发布，这也为网络音乐的内容发展铺展了道路。2003 年，郑立、王豫华等人创立音乐论坛 163888.com，用户可在其中上传自己演唱的歌曲。起初，用户上传的全都是翻唱歌曲，后来也出现了一些由网友原创的歌曲小样，这成为 UGC 式网络歌曲的雏形。日益强大的计算机技术为歌曲的制作带来便利，一些网站开始专门运营原创音乐作品。GenieSoft 公司出品的专业制谱软件 Overture 在 2000 年左右开始流行，通过该软件，使用者仅仅利用计算机读谱——而非乐器弹奏——就可以演奏出足以乱真的 midi 音乐。2003 年春，流行钢琴网利用这一软件积累了 50 首原创音乐作品后创立"原创音乐版"，吸引了越来越多钢琴、键盘爱好者用计算机技术制作音乐并上传。据 2004 年 6 月的统计，该网已存 300 首原创作品，一年增长约 250 首；2005 年 7 月统计时已达 700 首原创作品，一年增长约 400 首。尽管这些作品大多质量平平，但仍然不失为民间音乐制作力量在网络环境下的一种实践。

初代智能推荐技术也在这一阶段诞生。2009 年 11 月 4 日，豆瓣 FM 正式上线公测，其利用个性化推荐技术，从数量庞大的曲库中向用户推荐其可能喜欢的音乐，实现"让你和喜欢的音乐不期而遇"的效果。这也是最早用智能技术实现"猜你喜欢"功能的在线音乐平台。2010 年 5 月，虾米网发布基于 HTML 5 技术的电台服务 xiami. fm，后续还推出了桌面版等，致力于对标豆瓣 FM。随后，基于算法推荐的音乐电台随机播放功能开始被广大用户使用和喜爱。

二、网言网语，缤纷的网络"神曲"

2000 年前后，中国流行音乐正在迈上新台阶。梁静茹《勇气》、林忆莲《至少还有你》、陈奕迅《K 歌之王》、郑秀文《眉飞色舞》、李琛《窗外》、那英《出卖》、羽泉《冷酷到底》、刘德华《男人哭吧不是罪》、谢霆锋《因为爱所以爱》、陈慧琳《不如跳舞》、莫文蔚《盛夏的果实》、周杰伦《星晴》、任贤齐《春天花会开》、周传雄《黄昏》、蔡依林《你还爱我吗》等歌曲盛行一时，不仅在 KTV、酒吧等娱乐场所不绝于耳，在街头巷尾也常常听到传唱之声。但这些歌曲大多为成名歌手演唱，他们或是专业音乐学院科班出身，或是早已被经纪公司发掘包装，在专业度、曝光度上都与一般音乐爱好者存在本质区别。在互联网音乐门户网站诞生后，这类作品被迅速传播，成为名噪一时的热门音乐。

与此同时，大量极具青年个性与网感特征的民间音乐也开始在网络上流传。1997 年，计算机与音乐双料爱好者"白勺"（本名何迥的）在互联网上发布了原创音乐作品《惠多》，这也被时人视为中国第一首原创网络歌曲，不过并没有在网络上引起较多关注。2002 年，唐磊将其作词、编曲并演唱的歌曲《丁香花》上传至网络，以其唯美、悲凄的意蕴和情感基调迅速在互联网上得到关注和传唱。同年，163888 华人第一音乐社区签约香香（本名王瑾玫），也使其成为国内第一名网络签约歌手。2004 年，香香用女声翻唱杨臣刚原唱的《老鼠爱大米》，成为早期互联网中传唱度最高的网络歌曲之一。此后，较多的歌曲开始在网络上流行，如：花儿乐队《嘻唰唰》、庞龙《两只蝴蝶》《家在东北》、香香《猪之歌》、刀郎《2002 年的第一场雪》、王强《秋天不回来》、汤潮《狼爱上羊》、凤凰传奇《月亮之上》等。这一阶段的网络歌曲大多由非科班出身的音乐人创作。上述演唱者中，仅庞龙一人为音乐学院毕业，其余均为音乐爱好者，并未经过专业音乐训练。

相较于正规音乐唱片公司出版的音乐作品，网络歌曲的歌词具有十分鲜明的"口水化"特征。如《嘻唰唰》的歌词"请你拿了我的给我送回来，吃了我的给我吐出来"，《猪之歌》的歌词"猪，你的鼻子有两个孔"，《老鼠爱大米》的歌词"我爱你，爱着你，就像老鼠爱大米"等，都呈现出了这一特征。这种口水化的作词趋势以及低俗化的内容倾向开始受到批评。2006 年 6 月 2 日，中国互联网协会网络艺术家联盟在北京正式成立。该协会由音乐人郭峰发起，首批成员由网络媒体、知名音乐家、歌唱家、词曲作家、评论家、制作人等近百人自愿组成。联盟的成立旨在共同致力于推进网络文化艺术的健康发展与繁荣，显示出主流音乐界对网络音乐领域的关注，也在一定程度上起到了对网络音乐内容的规范和引导作用。2007 年，阎肃、谷建芬、徐沛东、李海鹰等音乐界人士在京召开座谈会，为网络音乐的健康发展出谋划策，并发出"抵制网络歌曲恶俗之风，倡导网络音乐健康发展"的倡议。① 倡议中肯定"近年来，我国音乐事业出现了大繁荣、大发展的生动局面"，但也专门指出："近一段时间，有些网络歌曲格调低俗、歌词怪异，甚至以打情色擦边球等做法来哗众取宠，在客观上败坏了社会风气，毒害了青少年心灵，玷污了音乐艺术，这是令我们痛心和不愿意看到的情况。"2009 年 8 月 18 日，《文化部关于加强和改进网络音乐内容审查工作的通知》下发，其中提到，网络音乐经营单位须建立内容自审制度，并对由网民自行编创和表演的网络音乐进行审查以确保所提供内容的合法性。② 这从政策层面对网络音乐内容做出规制。此后，网络音乐内容的低俗化倾向得到抑制。

网络歌曲与其他伴随互联网诞生的文化产品类似，都体现了较为明显的青年文化特征。其"口水化"的特征以某种离经叛道的方式对主流文化进行解构，虽然大多质量偏低、一些歌曲有"三俗"倾向，但整体上仍然不失为音乐市场的有益补充与开拓创新，并因此成为网络造就的大众文化的重要体现。

三、从下载收听到在线播放，工具与渠道逐渐融合

在流媒体技术普及之前，网络上的音乐大多不能在线播放，而只能通过迅雷、电驴等下载工具下载到电脑再进行本地播放。由于音乐内容的格式众多，且压缩比率不尽相同，因此，即使本地播放也需要使用专用播放器。早期主要的音乐播放器有千千静听、Winamp、Foobar2000 等。其中

---

① 刘琼. 网络音乐，如何走出低俗？（文化观察）[N]. 人民日报，2007 - 10 - 26.
② 文化部. 文化部关于加强和改进网络音乐内容审查工作的通知 [EB/OL]. （2009 - 08 - 18）[2022 - 11 - 13]. https://zwgk.mct.gov.cn/zfxxgkml/scgl/202012/t20201206 _ 918159. html.

2003 年上线的千千静听集播放、音效、转换、歌词、网络音乐等众多功能于一身，是早期颇受欢迎的一款音乐播放软件。[①] 千千静听在播放歌曲的同时，可以自动连接到歌词库服务器，下载相匹配的歌词，并且以卡拉 OK 式效果同步滚动显示；用户也可以自己制作或修改歌词，还可以将自己制作的歌词上传到服务器与他人共享。这些都是在互联网技术赋能下产生的新功能，但这一时期的千千静听还没有接入音乐下载与搜索功能。2004 年 2 月，酷狗音乐上线，是国内最早提供在线试听功能的音频播放软件。2005 年 2 月，腾讯公司推出在线音乐平台 QQ 音乐，也实现了在线播放与下载的一体化。其后，具备这一功能的酷我音乐、巨鲸音乐网、虾米网等相继上线。2006 年 7 月，千千静听被百度收购后也开始提供在线音乐播放服务。

2004 年酷狗音乐的上线可以被看作一个标志性事件。在此之后上线的互联网音乐客户端及网站都在技术上更为成熟，既支持本地音乐播放，也支持在线音乐搜索，同时提供在线试听服务，开始从单纯的播放工具向音乐传播渠道转变。每一款音乐播放器的发展史都体现着相关企业业务领域的不断拓宽，意图用一款软件满足网络用户对音乐的所有需求，打造看、听、玩、唱一体化的娱乐平台，从而获得在线音乐市场份额，这也是在线音乐供应商在产品设计和内容供给方面进行商业化探索的新方式。

四、版权的困局与破局

版权问题自网络音乐诞生之日起便已存在。与有声读物不同的是，音乐在登陆互联网之前已经有了十分完善的版权保护体系，唱片发行公司对于音乐作品的侵权使用也有较为明晰的追责办法。但互联网改变了原本的

---

① 音乐播放 乐在网上网下：Web 2.0 音乐播放工具推介 [J]. 电脑爱好者（普及版），2008（10）.

生态平衡，大量音乐网站的爆发式上线，带给了音乐版权方极大的追责成本和压力，使版权在网络音乐发展初期成了一个被无奈搁置的难题。

版权问题首先出现在音乐下载网站中。2004 年 4 月 25 日，北京市第一中级人民法院做出判决，国内排名第一的免费音乐网站"音乐极限网"因提供音乐下载，侵犯了原告正东唱片公司和新力唱片公司的版权，共需赔偿 16 万元。同年 5 月 10 日，由于著名文学网站"榕树下"网站上可以试听或者下载那英的《我不是天使》专辑——该专辑收录了那英演唱的《一笑而过》等 10 首歌曲，专辑版权方华纳音乐诉"榕树下"一案在上海市第二中级人民法院开审，最终"榕树下"被判败诉并向华纳音乐赔付 1.5 万元。[①] 音乐下载网站免费获取音乐资源供用户免费下载以获得商业利润，这是互联网早期野蛮生长阶段最为典型的知识产权侵权行为。据统计，截至 2004 年，我国有 7 200 家音乐下载网站，但仅有 10%左右的网站获得了唱片公司的授权或者缴纳了版税，这些网站的合作方均为国内唱片公司，而占音乐产品国际市场 80%以上的华纳、环球、正东、百代、BMG 等国际唱片公司则几乎没有音乐下载网站获得它们的授权。[②]

除直接提供音乐下载的网站之外，提供搜索引擎产品的互联网巨头也被卷入了版权风波。2002 年，百度 MP3 正式上线，提供在线音乐搜索功能，令大量音乐爱好者寻觅音乐的过程变得更为便捷，也在某种意义上成了众多中小在线音乐下载网站的集成网页。此后，雅虎中国、搜狗、爱问、中搜等 MP3 搜索引擎陆续上线，其搜索出的音乐作品也可通过众多音乐网站下载到本地。2007 年，百度 MP3 号称可以搜索到超 500 万首MP3 格式的音乐，雅虎中国则宣称其 MP3 搜索有 1 500 万首歌曲。[③]

---

① 未经许可提供歌曲免费下载 "榕树下"网站被判侵权 [N]. 文汇报，2004 - 05 - 11.

② 陈金国. 互联网成音乐不归路? 无线下载热潮即将爆发 [J]. 电脑知识与技术，2004（21）.

③ 蔡文清. 雅虎们的音乐麻烦 [J]. 中国市场，2007（24）.

海量可搜索到的音乐背后，暗藏着大量未知的版权隐患。2006 年 11 月 17 日，北京市第一中级人民法院对"七大唱片公司告百度 MP3 侵权案"做出一审判决，驳回了包括环球音乐公司、SONY-BMG 娱乐集团、百代唱片公司和华纳音乐集团这四大唱片公司旗下公司在内的七家唱片公司对百度公司的诉讼请求。法院在判决书中表示："搜索引擎的出现和发展是互联网发展的必然。原告指控被告侵犯其信息网络传播权的主张，缺乏法律依据，本院不予支持。"法院认为，搜索引擎服务旨在帮助网民在海量信息中迅速地定位并显示其所需要的信息，百度提供的 MP3 搜索服务并没有侵犯他人信息网络传播权的主观过错，原告指控百度侵权的主张缺乏法律依据，据此驳回唱片公司的全部诉讼请求。这是以搜索引擎为代表的互联网巨头与传统唱片公司的一次正面交锋，而这样的版权官司数不胜数。

2007 年 4 月 24 日，北京市第二中级人民法院审理、宣判了全球四大唱片集团公司旗下的 11 家国际知名唱片公司诉雅虎中国网站经营者阿里巴巴侵犯著作权纠纷一案。法院认为，雅虎中国提供的音乐搜索引擎服务，提供涉案歌曲的搜索链接，在权利人告知其音乐搜索服务产生的搜索链接结果含有侵权的内容后，雅虎中国仅删除了原告提供了具体地址的侵权搜索链接，怠于行使删除与涉案 229 首歌曲有关的其他侵权搜索链接的义务，放任涉案侵权结果的发生，其主观上具有过错，属于通过网络帮助他人实施侵权的行为，应当承担相应的侵权责任，因此判决雅虎中国删除涉案歌曲并赔偿 21 万余元。

与前述唱片公司与百度对簿公堂的结果不同，雅虎中国因收到唱片公司的书面提醒后仍然没能彻底删除有关侵权链接而被法院判输。在事后的解释中，雅虎中国表示，搜索引擎对搜索到的内容的合法性不具有预见性、识别性、控制性。这在某种程度上反映了搜索引擎的无奈——既要提供搜索服务，又难以保证音乐下载网站对版权问题的落实。

面对诸多逐步暴露的问题，政策面开始对网络音乐版权做出规范。

2005 年 9 月 3 日，《中国互联网网络版权自律公约》发布，这是我国互联网知识产权领域发布的第一个行业自律公约。其中写道：

> 第四条 公约成员应当积极采取有效的技术措施和管理措施，保护权利人的权利。
>
> 第五条 公约成员应该鼓励、支持、保护依法进行的公平、有序的竞争，反对不正当竞争。
>
> ⋯⋯⋯⋯⋯⋯
>
> 第八条 联盟负责组织公约成员学习网络版权管理的相关法律法规和政策，组织交流网络版权相关行业信息，代表公约成员与政府主管部门进行沟通，反映公约成员的意愿和要求，切实维护公约成员的正当权益，积极推动和实施互联网行业自律，并对成员遵守本公约的情况进行督促检查。
>
> 第九条 本公约成员违反公约的，任何单位和个人均有权向联盟进行检举，由联盟进行调查，并将调查结果向全体成员公布。公约成员违反本公约，造成不良影响，经查证属实的，由联盟视不同情况给予内部通报或取消公约成员资格的处理。

这一公约在指导精神层面号召成员遵守版权管理的相关法律法规政策，但并未明确提出保护网络版权的具体操作措施。同时，该公约的签署单位仅有中国网通、中国联通、中国铁通、中国卫通、中国网、人民网、新华网、光明网、中广网、央视国际网络、中国新闻网、新浪、搜狐、网易、百度、雷霆万钧等 40 家单位①，大量提供网络音视频下载服务的民间

---

① 40 家单位首批签署《中国互联网版权自律公约》[J].计算机安全，2005（10）.《中国互联网版权自律公约》准确的名称应为《中国互联网网络版权自律公约》。

网站仍然难以受到此公约的有效管理。

2006 年 7 月 1 日，《信息网络传播权保护条例》正式开始实施。该条例共有 27 条，明确提出："权利人享有的信息网络传播权受著作权法和本条例保护。除法律、行政法规另有规定的外，任何组织或者个人将他人的作品、表演、录音录像制品通过信息网络向公众提供，应当取得权利人许可，并支付报酬。"① 这是我国首个由官方公布的针对信息网络传播知识产权的政策文件。

2006 年 11 月 20 日，《文化部关于网络音乐发展和管理的若干意见》发布，这是国家主管部门首次下发针对网络音乐的管理意见。其中指出，"我国网络音乐市场仍然存在着不容忽视的问题，部分网络音乐产品格调不高，侵权盗版、非法链接、非法上传和下载等侵犯知识产权、破坏市场秩序的问题突出"。并针对网络音乐的侵权盗版问题提出："文化行政部门要积极联合有关部门共同打击侵权盗版音乐的违法行为。凡未经许可擅自经营或者经营违法违规内容的网站，要依照《规定》予以严厉查处，社会各界可以拨打 12318 举报电话举报。对未经著作权人许可，通过信息网络传播他人音乐作品，情节严重，构成犯罪的，由司法机关依据《中华人民共和国刑法》予以处罚。"②

2009 年 8 月 18 日，《文化部关于加强和改进网络音乐内容审查工作的通知》发布。在对这一通知的解释中，文化部文化市场司相关负责人强调："今后，搜索引擎公司提供的音乐链接必须是合法公司提供的合法音乐产品。"③ 这也对网络搜索引擎提出了有关知识产权方面的要求。

2010 年 2 月，新修正的《中华人民共和国著作权法》明确提出了音

---

① 信息网络传播权保护条例 [M]. 北京：法律出版社，2006.

② 文化部关于网络音乐发展和管理的若干意见 [EB/OL]. (2006 – 11 – 20) [2022 – 03 – 25]. https：//zwgk. mct. gov. cn/zfxxgkml/zcfg/gfxwj/202012/t20201204_906105. html.

③ 胡祥宝. 政策重拳治理下的网络音乐 [J]. 互联网天地，2009（10）.

频制品的著作权保护，为国内网络音频版权规范和保护提供了法律支撑和依据。

基于政策愈发严格的版权保护要求和规范，以及源源不断的版权官司，互联网内容提供商开始主动向唱片公司示好，探索版权问题的商业化解决方案。2006年，百度在背负大量网络音乐版权官司后，开始尝试与国内唱片公司组成联盟，帮助唱片公司进行推广，以此换取国内唱片公司歌曲的免费正版链接。同年，百度向环球、百代、华纳、索尼BMG这四大国际唱片公司提出了以"广告换和平"的方案，但这一计划并未获得极为重视版权收益的国外唱片公司的认可。[①] 2009年5月，百度负责人接受记者采访时表示，对于网民和唱片商普遍关注的歌曲下载版权问题，百度将尝试用广告分成模式予以解决。2009年3月30日，谷歌宣布与巨鲸音乐网联合推出谷歌音乐搜索，其曲库里包含35万首歌曲，其中包括7万首中文歌曲和28万首英文歌曲。巨鲸音乐网与四大国际唱片公司、140多家独立唱片公司、四大国际知名词曲出版商和中国音乐著作权协会建立合作关系，签约了110万首歌曲，并将其陆续纳入可被下载的巨鲸音乐数据库中。[②]

除了在商业模式上为版权问题提供解决方案之外，一些企业也在尝试通过技术遏制网络音乐的版权乱象。2004年，掌上灵通创始人吴峻和Channel V原中国区负责人李岱创立版权管理公司，并推出其数字版权保护品牌"源泉"，开发出一套监控线上盗版行为的系统，大型网站的侵权行为将受到这套监控系统的制约。这也是国内首家商业化第三方网络音乐版权监督机构。2007年4月，中国音乐著作权协会联手北京和声天空文化传媒有限公司推出数字音乐版权注册平台，以音乐著作权集体管理组织

---

① 林涛. 在线音乐：苹果何时掉下来？[J]. 中国企业家，2006（6）.
② 蔡玉梅. 互联网音乐服务再现高潮 [J]. 互联网天地，2009（6）.

的身份对网络音乐版权提供技术性管理方案。2003 年 4 月，苹果公司发布 iTunes 音乐商店，一并发布了苹果专有的 FairPlay DRM 版权保护机制。基于这一机制，用户可以将音乐刻录到光盘或者同步到 iPod 上，但是只有特定数量（3 台）的 Mac 电脑能够播放这些音乐。业界认为，这是苹果公司迫于国际唱片公司压力做出的商业化妥协。直到 2009 年苹果推出 DRM-free "iTunes Plus" 技术后，FairPlay DRM 技术停止使用。

21 世纪的前十年，网络音乐版权管理经历了从混乱向规范的转变。在搜索引擎也承担版权责任之后，网络音频的版权环境变得愈发清朗，这也为网络音乐的商业化探索营造了一个良好的经营环境。

五、商业模式进阶

比起其他网络音频内容，网络音乐显然拥有更强的大众属性，也因此拥有更为广阔的市场。据中国互联网络信息中心在 2006 年 1 月发布的《第十七次中国互联网络发展状况调查统计报告》，38.3% 的网民经常使用"在线音乐收听及下载"功能，这一比例高于"在线影视收看及下载"和"网上游戏"等其他娱乐内容的使用比例。在这一背景下，网络音乐服务提供商探索了大量基于音乐的商业模式。

（一）广告收入

广告是网络音乐最主要的营收路径。21 世纪的第一个十年，大部分网络音乐网站还未真正进入用户收费模式，各网站多采用以免费音乐资源聚集受众，进而吸引广告商的方式赚钱。数据显示，2006 年中国在线音乐市场规模约 1.13 亿元，其中，付费下载收入只有约 2 000 万元，80% 以上的收入来自广告。

1997 年，美国 MP3.com 音乐网站开张首日的用户数就突破 1 万人，不出一个月就有大量广告商上门寻求合作。2006 年，主打正版音乐的巨鲸音乐网上线，与谷歌联手在华推出音乐搜索服务，据称一年就产生了近千万元的广告营收。① 除了简单的"网站支付版税购买版权，再通过流量带动广告收入"的营收模式之外，也有唱片公司和在线音乐网站探索"广告收入合作分成"的营收模式。2007 年 1 月，唱片公司百代和百度签署了在数字音乐上的全面合作协议。根据双方协议，百代授权百度使用其所有华语歌曲，供网民在百度 MP3 上搜索和免费试听，而百代和百度将基于广告费用进行分成，双方还承诺进一步探索广告支持的免费音乐下载模式。根据双方的协议，百度 MP3 上设立百代音乐专区，而在专区的页面上将有广告商提供的广告内容。2007 年 7 月，百度与滚石唱片公司也达成了类似的协议。2007 年 3 月，索尼、华纳、百代、环球、滚石五大唱片公司与新浪结成战略联盟，推出"新浪乐库"频道。在该频道上，新浪网用户可以免费在线试听超过 30 万首正版歌曲，新浪与五大唱片公司则对由此带来的手机铃声、彩铃等无线增值业务收入以及网站广告收入进行分成。

基于互联网早期的免费习惯，用户对这类模式也比较买账。据艾瑞咨询《2007 年中国在线音乐研究报告》，用户点击在线音乐网站上的广告比例较高。其中认为会点击感兴趣的广告的占 29%；乐意点击认为有价值的广告的占 27%；点击过广告的占 16%；比较反感网络广告，从不点击的仅占 8%。

（二）付费下载与会员服务

除向 B 端收费的广告收入之外，一些大型音乐网站也开启了向用户收

---

① 吴怼怼. 中国数字音乐罗曼蒂克消亡史［EB/OL］.（2019 - 09 - 08）［2022 - 05 - 31］. https：//mp. weixin. qq. com/s/aDm_LiVmoxua_v2U62yF-A.

费的商业模式。早期代表性的付费音乐探索是苹果公司创立的"iPod+iTunes"模式。一方面，苹果公司研发、销售的 iPod 音乐播放器设备广受消费者青睐；另一方面，该设备仅支持从 iTunes 软件中导入音乐，而iTunes 则采用付费下载音乐模式。这种"捆绑"的数字音乐销售模式保障了音乐版权所有者的利益。

2005 年，类似模式开始在国内出现。爱国者数码音乐网于 2005 年 10月推出，A8 音乐超市于 2006 年 2 月 20 日开张，两家网站均为用户提供正版音乐的付费下载。除了可以为单首音乐付费下载之外，也有一些网站开通了会员服务，允许用户以包月形式随意下载正版音乐作品。2008 年 7月 22 日，QQ 音乐推出付费"QQ 音乐绿钻贵族"服务，资费 10 元/月，这也是国内首家开通包月会员服务的网络音乐内容供应商。

然而此时的付费音乐下载与会员包月服务都仅为网站的初步探索，受盗版和免费内容盛行的影响，以及用户付费意识和行为尚未普遍形成，此类模式在当时盈利十分艰难。据艾瑞咨询《2007 年中国在线音乐研究报告》，用户愿意为在线音乐支付的费用偏低。2007 年在线音乐付费用户中每月支付 5 元以下的用户比重最高，达 37.6%；其次是每月支付 5~15 元的用户，占 29.9%；每月支付费用在 20 元以上的用户比例较低；明确表示未来不会为在线音乐付费的用户比例高达 37.2%。

（三）彩铃业务的兴起

与颇具青年风格的网络音乐一同兴起的，还有可以随时随地彰显个性的彩铃。在手机走进千家万户的 2004 年前后，《老鼠爱大米》《嘻唰唰》《月亮之上》等歌曲纷纷被设置为手机的音乐铃声，大量移动通信运营商和网络音乐供应商也开始提供彩铃付费下载服务。

数据显示，在网络原创音乐获得蓬勃发展的 2005 年，我国的彩铃业务也发展迅猛。2004 年 1 月，我国的彩铃用户总规模为 105 万人，到 2005 年 3 月已超过 4 000 万人，普及率达到 18%。2005 年，手机彩铃总收入达到 20 多亿元，仅中国移动每月结算给唱片公司的彩铃信息费就高达 4 000 万元。[①] 另有数据显示，2007 年，周杰伦演唱的《迷迭香》在中国移动中央音乐平台上共被下载 1 215.7 万次，仅此一首歌周杰伦就可收入 200 万元左右。除此之外，该平台还提供周杰伦演唱的更加热门的单曲《菊花台》《千里之外》的彩铃下载服务，保守估计，仅此 3 首歌由就可以为周杰伦带来千万元左右的彩铃收入。[②]

（四）狂猛的在线音乐投资潮

看到在线音乐的广阔市场后，大量风险投资机构开始对相关互联网平台投资，走向资本市场也成了网络音乐商业化发展的重要一步。

2005 年，国内不少唱片公司和数字音乐网站获得了风险投资，一笔笔百万、千万美元级的资金如潮水般涌向音乐业，不到一年的时间里，中国数字音乐产业新增融资就超过 6 亿元。2005 年 5 月，163888.com 网站获得外资投资基金 IDG 投资；2005 年 11 月，华友世纪宣布以 6 000 万元收购民营唱片公司飞乐唱片 60% 的股份；2005 年 12 月 7 日，A8 音乐集团宣布其获得了来自 5 家国际著名投资机构的融资，而这还是 A8 音乐集团继 2004 年 10 月获得 IDG 投资以后的第 2 轮融资；2005 年 12 月 29 日，专注于大中国区数字音乐服务及版权分销渠道经营的滚石移动集团宣布获得来自 7 家海内外著名投资机构 3 000 万美元的融资……

数字音乐的广阔前景越来越被看好，以至于影响了传统唱片业的生存状况。《2007 年中国在线音乐研究报告》显示，全球唱片销量在这一时期

---

① 网络音乐的恶搞时代 [J]. 中国新通信，2007（16）.
② 音乐与互联网的爱与恨 [J]. 黄河之声，2007（18）.

出现了持续下滑，由 1997 年的 450 亿美元快速下滑至 2006 年的 271 亿美元；我国正版唱片的销售额也从 2004 年的 17.6 亿元下降至 2006 年的约 15.3 亿元。为此，音乐领域的内容提供商（Content Provider，CP）与在线服务提供商（Service Provider，SP）加快了融合脚步。这种战略融合大多通过投资和收购完成。如音乐网站 A8 于 2004 年年底启动音乐战略，推出 A8 音乐品牌，告别 SP 身份；北京无限艺能与京文唱片合并，组建艺能京文传媒控股集团；华友世纪收购广东飞乐唱片等。这些案例都反映了传统唱片公司对数字音乐时代的憧憬。

（五）初涉移动互联网

伴随着智能手机的出现和 3G 技术商用，在线音乐网站也开始布局移动音乐客户端，数字音乐初步踏入了移动互联网时代。在此之前，音乐几乎无法在移动终端上在线播放，音乐爱好者只能用读取光盘的随身听或在随身携带的 MP3 设备中播放下载好的音乐歌曲，而移动互联网的普及给在线音乐产业带来了新的爆发式增长点。

2008 年，酷狗音乐推出移动客户端 App，下载用户增长迅猛。2008 年 12 月，酷狗音乐 App 获评中国软件行业协会"优秀软件奖"和"手机客户端软件中国 50 强"。2010 年 5 月，多米音乐上线，推出业内首个安卓版和苹果版音乐客户端。不过，2010 年前的智能手机普及程度并不高，音乐平台提供手机客户端也大多仅仅为试验性质，真正的移动音乐大潮还未在此时掀起。

第四章 声音的魅力：网络音频行业的发展与成熟
（2011—　　）

　　进入 21 世纪的第二个十年，我国经济社会持续快速发展，居民收入水平和消费水平也随之上升，随着汽车、手机和网络的普及，广播的收听工具和收听环境也在不断变化，手机广播和网络广播开始成为听众的热门选择。在线音频行业也伴随技术发展开启了更多可能性。

第一节 行业格局初显（2011—2014）

　　2011 年至 2014 年，移动互联网迅猛发展，加速了广播等传统媒体向互联网延伸的速度，同时也带动了收听工具的多样化。虽然在此阶段全国听众收听广播的场景仍以居家为主，但该特征正逐年弱化，非居家收听比例开始明显增加。数据显示，2014 年，我国手机用户达 12.86 亿人，普及率达 94.5%；全国网民达到 6.49 亿人，网络普及率达

46.9%，其中网民的手机使用率达85.8%，新增网民以手机上网为主（64.1%）。① 2011年至2014年，移动用户结构加速优化，越来越多的移动电话用户开始使用3G和4G移动设备上网。2014年，3G和4G技术在移动电话用户中的渗透率分别达到37.7%和7.6%，且4G用户发展速度超过3G用户发展速度。②

随着移动终端设备和移动互联网的普及，用手机上网打游戏、接收信息、听音乐、看小说等已经走进越来越多人的日常生活。就广播而言，用户的收听终端变得多样化。数据显示，2013年广播收听市场的移动设备收听率达到了60.5%（见图4-1），传统收听设备出现负增长。具体而言，用户通常会使用手机（47.8%）、便携式收音机（38.3%）、车载收音系统（34.2%）等终端收听信息，呈现出越来越明显的智能化、移动化趋势。③

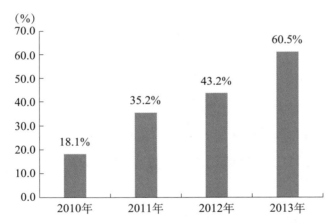

图4-1 2010—2013年广播收听市场的移动设备收听率变化

除了移动互联网和智能手机的普及，私家车数量的快速增长也是这一时期网络音频行业发展的重要推动因素。根据《2014年国民经济和社会

---

① 黄学平. 2015年中国广播收听市场年鉴 [M]. 北京：中国传媒大学出版社，2015：15.
② 工业和信息化部发布2014年通信运营业统计公报 [EB/OL]. (2015-01-29) [2022-06-20]. http://www.cac.gov.cn/2015-01/29/c_1114173169.htm.
③ 同①13.

发展统计公报》数据，截至 2014 年年底，全国机动车保有量达 2.38 亿辆，其中私家车保有量达到 2.02 亿辆。因为"有车一族"越来越多，在中国大中城市常态化"塞车"的情景下，收听广播成为司机获取路况信息、新闻资讯或休闲娱乐的主要途径。2013 年的一项研究显示，99% 的驾车人士接触过广播媒体，超过 90% 的驾车人士有在车上收听广播的习惯。私家车数量的迅速增长带来了听众收听习惯的改变。2010 年，仍有 52% 的听众最常在家中收听广播，仅有 20% 的听众经常在私家车上收听广播。[①] 而到了 2013 年，在私家车、公交车等交通工具上收听广播的听众比例分别为 28.1% 和 29.3%，9.7% 的听众会行走在路上收听广播。[②] 2014 年，在私家车、公交车等交通工具上收听广播的听众比例分别为 36.9% 和 23.4%，13.9% 的听众在街道或是路上收听广播，可见移动受众规模正迅速扩大。[③]

由此，在线音频行业迎来新的发展机遇。其一，传统广播继续推进互联网转型，结合自身资源优势在互联网平台提供多样的音频节目，与听众进行互动。其二，私家车保有量的提升刺激了听觉优先的车载娱乐产业，互联网上除了普通网民生产、上传的音频内容外，还涌现出了一批有音频专业化制作能力的高水平主播及运营团队，满足受众多样化的车载娱乐需求。其三，广播听众呈现出年轻化趋势。2014 年，广播的核心听众群年龄集中在 25 岁至 44 岁，占比超过 60%；55 岁及以上的听众仅占 9.2%，且有逐年下滑的趋势，广播的核心受众日益向年轻化迈进[④]，这也为在线音频行业提供了广阔的成长空间。此外，年轻化用户群体对网络音频产品的消费观念出现转变，越来越多的用户开始为获取优质内容付费，如愿意付费下载制作精良的有声书等，用户付费意愿和消费水平的提升也为内容

---

① 王兰柱. 2011 中国广播收听年鉴 [M]. 北京：中国传媒大学出版社，2011：12.
② 黄学平. 2014 年中国广播收听市场年鉴 [M]. 北京：中国传媒大学出版社，2014：4.
③ 同②12.
④ 同②5.

平台试水付费内容、打开营收空间提供了可能。

一、产业链初具规模

从产业角度来说，网络音频平台等运营主体将"创造内容"的生产者与"听内容"的用户连接起来，通过平台创造了更经济、更有效地满足用户需求的机会，这种连接人与人的方式带来了新的价值。[①] 这一时期，随着产业链的发展完善和移动互联网的普及、下沉，网络音频行业的发展呈现出了新特点。

首先是专业化。早在互联网时代来临之前，传统广播在专业化发展的道路上已进行了多年探索。20 世纪 80 年代，为适应市场化新形势下听众需求的变化，广播业务和运行模式开始转型。以 1986 年珠江经济广播电台的开播为标志，广播进入本地化和专门化的发展阶段，各种基于特定类型、特定范围受众的专门化频率纷纷出现。[②] 20 世纪 90 年代后，从中央到省市的各级广播电台纷纷开设新闻、经济、交通、音乐等专业频率，满足听众对广播内容的多元化、具体化需求。网络音频行业的发展沿袭了传统广播专业化发展的路径，同时将专业化模式发展得更为深入和全面。相比于传统广播，网络音频平台在内容、形式、播出等方面都更为灵活，在内容分类上也不用受到频道数量的限制，可以更好地回应用户多样化的内容需求。平台进一步细分内容，根据特定用户群体的需求，有针对性地安排内容，提供更为细分化、专业化的服务。一方面，在传统广播电台"网络化"的基础上，其专业化程度不断增强；另一方面，其他在线音频网站和平台在

---

① 贺嵩智，熊卫民．网络音频在中国的产生和发展 [J]．科学文化评论，2020（5）．
② 周勇，李昊凯．人民广播事业八十年：历史经验及其现实意义 [J]．现代传播（中国传媒大学学报），2022（2）．

内容逐渐充实的同时，也进一步细分"频道"进行不同主题的内容呈现。

其次是移动化。在网络音频出现之前，传统的广播也可以通过便携式收音设备实现移动化收听。在网络音频行业发展初期，由于用户上网设备大多是桌面电脑，网络音频的移动化收听受到一定制约。随着移动互联网的发展普及，网络音频行业迎来了移动化发展的契机。智能手机等移动终端的普及使用户收听网络音频节目更加方便快捷，行业内的内容方和平台方也纷纷展开布局，移动端成为业内争夺用户的重要战场，出现了一系列网络音频 App，今天用户耳熟能详的一些移动音频平台如懒人听书、喜马拉雅、蜻蜓 FM 等均萌生于这一阶段。移动化发展也改变了用户的使用习惯。传统广播媒体的内容具有连续性，用户收听时段较为完整，而移动端的用户收听时间更为灵活、碎片化。与之相应，网络音频的内容生产也呈现出碎片化的特点，例如用板块的形式集合相关内容，以专题的形式对较大体量的内容进行拆分等。用户需求转变催生了新的内容生产方式，而这种内容生产方式也反过来进一步影响了用户的收听习惯。

最后是社交化。传统广播大多采取线性传播形式，这就导致传统广播的互动性较弱，用户参与度不高。网络音频改变了这种单向的线性传播方式，用户既可以在平台上进行评论、点赞、分享等，也可以通过社交媒体对内容进行转发传播，从而增加了平台内容的社交属性。内容方和平台方也可根据用户的互动和反馈对内容的生产和营销方式做出有针对性的调整，更贴合用户的多元需求。值得注意的是，在差异化竞争的市场格局下，一些音频平台（如"荔枝"等）将"社交化"作为主打特色，大力培育音频主播和原创内容生产者，将平台内容生态建立在创作者与用户的社交联系之上，从而获取了一批早期核心用户。

随着传统广播"触网"经验的积累，一些媒体机构开始尝试新的用户增长路径。当时的网络广播往往需要用电脑进行收听，与早已普及的便携式收音机相比并不方便，而智能手机也尚未进入普及期，这就形成了一定的市场空白。北京广播电台在 2010 年推出了北京数字广播接收机"听立方"，在传统收音机功能的基础上，还支持收听北京人民广播电台的推送式广播服务，用户在信号良好的情况下开机一小时便可收到超过 600 分钟的音频节目，也可查看图文节目。同时，用户可以点播、收藏节目，形成个性化的广播节目库。然而，这种"点播"功能需要基于网络将节目预先下载，和电脑网页端的点播功能存在较大差别。同时，以"听立方"为代表的网络收音机价格在千元以上，相比传统收音机成本高出很多，在很大程度上限制了受众的增长。网络广播的移动化发展，还需要等待智能手机和移动互联网大规模普及。

这一时期，国家层面开始推动"三网融合"。2009 年 5 月，《关于2009 年深化经济体制改革工作的意见》要求："落实国家相关规定，实现广电和电信企业的双向进入，推动'三网融合'取得实质性进展。"① 2011 年，《中华人民共和国国民经济和社会发展第十二个五年规划纲要》提出要"以广电和电信业务双向进入为重点，建立健全法律法规和标准，实现电信网、广电网、互联网三网融合"②。"三网融合"给广电行业的生产和运营都带来了深刻变革，也使得传统广播媒体加快了从"触网"到"融合"的转型步伐。在中央级广电媒体中，中央电视台率先起步，于2009 年 12 月成立了"中国网络电视台"（CNTV），中央人民广播电台和中国国际广播电台也紧跟其后创办了各自的网络台。2010 年 8 月，中央人民广播电台获得国家广播电影电视总局批准建立"央广广播电视网络

---

① 国务院批转发展改革委关于 2009 年深化经济体制改革工作意见的通知（国发〔2009〕26 号）[EB/OL].（2009 - 05 - 25）[2022 - 06 - 08]. http://www.gov.cn/zwgk/2009 - 05/25/content_1323641.htm.

② 中华人民共和国国民经济和社会发展第十二个五年规划纲要 [EB/OL].（2011 - 03 - 16）[2022 - 06 - 08]. http://www.gov.cn/zhuanti/2011 - 03/16/content_26234284.htm.

台"（China National Broadcasting Network，简称 CNBN），依托中国广播网、你好台湾网、中国民族广播网、中国广播联盟和全球华语广播联盟成员台等优势资源，开办互联网广播电视、手机广播电视、车载信息娱乐门户等业务。[①] 同月，中国国际广播电台开办中国国际广播电视网络台（CIBN），以"中国立场、世界眼光、人类胸怀"为传播理念，发挥国际台 61 个语种人才优势，以视听互动、资源共享、语种集合为特色，大力发展互联网电视、手机广播电视、多媒体移动广播等各种新媒体业态。[②]

在此基础上，传统广播媒体先后推出了手机移动客户端。2012 年 3 月，中国国际广播电台正式在苹果公司软件商店（App Store）上线苹果版"知中国"客户端，iOS 用户可以下载日语或韩语版程序，获取中国国内综合信息和汉语教学等内容。[③] 2013 年 3 月 8 日，中央人民广播电台中国广播网"听天下"手机客户端正式登陆苹果商店。它依托中央人民广播电台、中国广播网的音频资源优势，借助中国广播联盟旗下各成员电台的支持，集成了丰富的音频产品资源。

二、成熟的音频平台出现

在 2010 年以前，网络音频行业基本处在以个人、松散、实验性为特征的播客时代。其时，在线音频产业尚未形成规模化制作及成熟的音频分享平台，互联网上传播的音频主要由个人或松散的小型团队完成，以兴趣

---

① 中央人民广播电台获批建立央广广播电视网络台［EB/OL］.（2010 - 08 - 31）［2022 - 06 - 08］. http：//news. sohu. com/20100831/n274613230. shtml.

② 中国国际广播电视网络台成立［EB/OL］.（2011 - 01 - 19）［2022 - 06 - 08］. https：//www. chinanews. com. cn/gn/2011/01 - 19/2796051. shtml.

③ 中国国际广播电台推出苹果版"知中国"客户端［EB/OL］.（2012 - 03 - 30）［2022 - 06 - 08］. http：//news. cntv. cn/20120330/122335. shtml.

爱好和交流互动为主要导向。由于网络技术局限和网站日常维护成本高，加上上网设备普及率低、网民数量少等原因，这些音频产品只能在小范围传播，商业价值低，变现能力差。

步入 2011 年后，随着智能手机的逐步普及，各类网络音频平台开始涌现，在线音频产业步入新阶段。成熟的在线音频平台的出现，降低了主播和制作人在节目制作和运营管理方面的难度和成本，刺激了节目数量、节目种类及主播人数的增长，专业的电台主播和制作团队开始大量进入互联网平台，提升了行业的整体水平。平台依靠节目变现的能力明显提升，在线音频的商业价值开始展现。

（一）蜻蜓 FM：音频直播领头羊

作为国内最早进入音频领域的移动应用之一，蜻蜓 FM 诞生于 2011年 9 月，创始人之一赵捷忻回忆："一开始就是三个人的创意，构建一个传统广播电台平台，就像 2006 年优酷、土豆这类视频公司出现的时点一样，觉得智能手机的音频应用会出彩，毕竟当时声音市场一片空白。"①

在市场"一片空白"的情况下，音频应用首先面临着技术瓶颈。彼时手机等移动终端的上网速率并不高，加之手机数据流量成本偏高，音频平台需要在保证内容质量稳定的同时，尽量压缩节目的流量消耗。蜻蜓 FM通过引入云服务器解决了这一技术问题：将电台直播的内容在云服务器上进行压缩转码。这不但增强了节目质量的稳定性，还大大降低了收听节目的带宽消耗。节目经过云服务器重新编码后，原本因为传输协议、配置、编码等问题导致的音质损耗被降低，收听电台直播的流量也从每小时 60～100M 减少到每小时 11M 左右。

---

① 韩璐，阿细. 蜻蜓 FM 的备战［J］. 21 世纪商业评论，2015（2）.

在蜻蜓联合创始人杨廷皓看来，蜻蜓 FM 并不是要做传统电台的"颠覆者"："我们希望把更多的互联网价值提供给电台，比如反哺电台的优质内容、提供数据支持。因为用户数量大、合作电台多，明星们会倾向于在蜻蜓 FM 的平台做访谈，我们再把这些内容输出给全国的电台；强大的后台数据分析也会开放给电台，便于他们做决策。"①

2013 年，蜻蜓 FM 加入了点播内容，从网络电台升级为广义的网络音频媒体，从接入电台直播延伸至 PGC（Professional Generated Content，专业生产内容）领域。除了收录全国 3 000 多个广播电台、1 000 多家高校电台，还新增了主播电台、有声读物、各类播客等点播内容，拓展为全品类的综合音频平台。截至 2014 年 10 月，蜻蜓 FM 注册用户达到 1.2 亿，日活跃用户达 600 万。

（二）喜马拉雅：深耕 UGC 模式

在蜻蜓开拓市场的同时，另一家音频平台也发现了移动音频市场的空白，这就是日后发展为业内头部平台的喜马拉雅。

喜马拉雅公司成立于 2012 年，创始人余建军刚刚经历了一轮创业失败，他和搭档陈小雨看到了网络音频领域的市场机遇，决定在移动音频领域开启新一轮创业。他认为，音频能够营造出一个"平行时空"以解放用户，用户获取信息的方式不再受限于单一的渠道和场景。"在移动互联网大爆发的时代，音频是最好的移动媒体，因为相对文字来说，声音能更好地传递情感，通过声音获取信息内容的成本更低。语音会成为下一代获取信息的方式，音频也更匹配移动互联和人工智能新时代。"②

---

① 韩璐，阿细. 蜻蜓 FM 的备战 [J]. 21 世纪商业评论，2015（2）.

② 喜马拉雅联席 CEO 余建军：借数字化技术掘金"耳朵经济"[EB/OL].（2019 - 01 - 15）[2022 - 06 - 15]. https://baijiahao.baidu.com/s?id=1622736328725290857&wfr=spider&for=pc.

2013 年，喜马拉雅 iOS 版 App 和安卓版 App 陆续上线。喜马拉雅第一批种子用户是网络主播和他们的粉丝，相比于音乐行业以月计算的创作周期，网络音频主播的内容生产明显要快得多，甚至可以每天不间断地生产内容。形式上，喜马拉雅选择了点播，相比直播而言，用户在点播节目时可以摆脱时间和空间的限制，极大地提升了收听体验。主播只需在录制节目之后上传至平台，经平台的审核团队筛选、处理之后即可上线。[①] 在种子用户的带动下，喜马拉雅的用户数量迅速增长，2013 年年底达到 1 000 万，到 2014 年年底已经突破 1 亿大关。

（三）荔枝："音频社交"先行者

创办于 2013 年的荔枝（原荔枝 FM）选择了 UGC 内容输出模式，以"音频社交"作为最大的特点。与蜻蜓 FM 侧重网络电台、喜马拉雅聚焦头部内容不同，荔枝的发展模式基于"播客"的创作模式，具有较强的社交化、定制化特点。

荔枝的创始人赖奕龙是广东人，之所以取名为荔枝，"一是因为在广州创业，具有岭南特色。二是觉得荔枝朗朗上口，容易被记住，而且荔枝外壳一个一个的小颗粒，有点类似我们平台散落的一个一个播客"。在创立之初，荔枝基于方兴未艾的微信公众号运营，精选了数百个人气播客放到其微信公众号上，用户在与公众号互动后可以收到推送节目。依靠这种模式，荔枝在三个月内就吸引了 100 多万微信用户，这批用户后来也成了荔枝 App 的种子用户。

2013 年 10 月，荔枝 App 1.0 版本上线移动平台，提出了"人人都是主播"的口号，用户在手机上就能注册播客账户，制作和上传节目。2014

[①] 陈曦，肖南. 喜马拉雅如何玩转音频自媒体［J］. 中国企业家，2015（2）.

年2月，荔枝App的用户数量突破了100万，而到了同年10月，用户数量就迅速突破了1 000万。

"荔枝的用户基本是90后，他们几乎不知道收音机，使用习惯是纯粹的移动互联网化，我们用户与传统电台用户的重叠度非常低。"① 赖奕龙接受采访时表示，荔枝的用户社群化特征明显，在使用习惯上，不同于其他平台碎片化的收听，荔枝用户的使用高峰期是夜晚，且多是睡前时间，用户以女性为主，这也与荔枝的内容生产方式密切相关。荔枝选择的UGC生产模式使内容非常多元化，赖奕龙认为："很多人说电台的同质化现象，我恰恰觉得荔枝人人来做播客的方式避免了同质化。"荔枝平台上的电台节目主题五花八门，既有英语、音乐、电影、读诗、旅游、教育等传统主题，也有很多小众主题。比如几个专业飞行师开设了"飞行师电台"，专门讲述与飞行有关的话题；还有"交警电台"，在春节期间播放关于春运的轶事；甚至北京五道口的街道居委会都开设了一个电台频道，教社区的人如何防盗防骗。

三、音乐平台：移动化、多元化、平台化发展

早在2008年，酷狗音乐就研发出酷狗音乐移动客户端App，下载用户增长迅猛。不过，2010年前的智能手机普及程度并不高，音乐平台提供手机客户端也大多仅仅为试验性质，真正的移动音乐时代还未在此时爆发。2010年5月，多米音乐上线，抓住智能手机市场向安卓转型的先机，推出业内首个安卓和苹果版音乐客户端，填补了行业空缺。2012年年初，多米音乐以55.1%的手机音乐客户端市场占有率位居市场榜首。多米音

---

① 移动网络电台下一个金矿在哪？[EB/OL].（2015-04-20）[2022-06-10]. http://it.people.com.cn/n/2015/0420/c1009-26872869.html.

乐的成功建立在网络音乐行业迅速发展的大背景下。

2011年6月，由网络音乐运营企业、唱片公司、第三方机构参加的网络音乐行业发展联盟成立，在联盟框架内，网络音乐产业链中内容方、渠道方、运营方等各参与方加强合作，共同推进网络音乐市场的自律和健康发展。

根据文化部发布的《2011 中国网络音乐市场年度报告》，2011年年底，我国网络音乐总体市场规模达到了 27.8 亿元，较 2010 年增长 20.8%。在市场环境逐步改善、创新应用增加、应用形式多样和跨领域融合等多方因素的推动下，网络音乐用户体验得以提升，在线音乐用户规模达到 3.8 亿，较 2010 年增长了 6.5%，无线音乐用户规模达到 7 亿，在移动用户中的使用渗透率为 45.7%。[①] 截至 2012 年年底，我国拥有网络音乐经营资质的企业为 575 家。[②]

2013年，阿里巴巴收购天天动听，虾米音乐布局数字娱乐，网易推出网易云音乐，在线音乐行业的竞争开始逐步加剧。由于 PC 端的音乐用户趋于饱和，而移动用户数量还在迅速增长，市场竞争的焦点转移到了移动端的市场争夺上，酷狗、酷我、QQ 音乐、百度音乐等巨头都在 2013 年发力角逐，凭借其在 PC 端的用户优势和品牌优势，快速在手机音乐市场上获得了主导权。除此之外，以音悦 Tai 为代表的部分老牌网络音乐服务商也开始整合唱片公司、演艺公司资源，与歌迷通过线下活动进行深度互动。同时，各平台之间也加大了对优质内容的争夺力度，突出表现在一些优秀专辑的独家授权和热门音乐综艺节目（如《我是歌手》等）的表演歌曲的独家授权上。内容资源竞争的加剧一方面促进了音乐内容生产商与

---

① 文化部发布《2011 中国网络音乐市场年度报告》[EB/OL]. (2012 - 03 - 28) [2022 - 06 - 10]. http://www.gov.cn/gzdt/2012 - 03/28/content_2101907.htm.

② 《2012 中国网络音乐市场年度报告》摘要 [EB/OL]. (2013 - 04 - 23) [2022 - 06 - 10]. https://www.mct.gov.cn/whzx/bnsj/whscs/201304/t20130423_751514.htm.

网络音乐服务提供商的合作关系，有助于行业企业对网络音乐知识产权的认知；另一方面也可能因版权问题而引发矛盾，引发行业的恶性竞争。①

　　在网络音乐市场快速发展的背景下，各大平台纷纷开始发力。2012年10月，百度把首页的"MP3"标签改成了"音乐"，正式宣布将旗下百度MP3、百度 ting、千千静听等音乐产品整合到新的"百度音乐"平台，与环球、华纳、索尼、滚石、百代、中国音乐著作权协会等多家音乐内容版权方签署版权合作协议，强化云端音乐服务。

　　2013年4月，网易云音乐上线。与当时市场上的头部平台发展思路不同，网易云放弃了"曲库"架构，而是使用 UGC 的"歌单"作为底层架构，并且用算法将歌单个性化推荐给用户。这一模式虽然在当时并没有取得很大的市场反响，却开启了音乐 UGC 社区时代，成为其日后发展的核心要素。

四、商业模式的进一步探索

　　回望网络音频发展脉络，有声书或许是最早展现出商业模式雏形的网络音频服务。如前所述，早期的网络音频因为种种原因未能展现出足够的商业价值。2011年后，随着越来越多成熟的互联网平台出现，网络音频的商业价值开始显现并迅速提升。2011年至2014年，网络音频的商业模式主要表现为两个方面。

（一）会员付费服务

　　在此阶段，音频行业不断尝试探索付费模式，音频付费逐渐成为行业

---

① 周志军．文化部发布《2013 中国网络音乐市场年度报告》［N］．中国文化报，2014 - 04 - 11.

发展趋势。2011 年 3 月，韩寒、贾平凹等多位知名作家声讨百度文库盗版使用其著作；随后，中国音像协会唱片工作委员会也开始公开声援文学界对知识产权的维护。知识付费这一概念逐步为人们所熟知。国内图书和音像领域关于网络知识产权的侵权纠纷与维权行动接连不断，一次次冲突带来的不仅是行业的不断规范，也使普通大众渐渐意识到保护网络知识产权的必要性，越来越多的用户开始愿意为获取优质内容付费，网络音频产品的消费观念出现转变。2012 年 12 月，罗振宇与《罗辑思维》（Logic Show）节目秉承着"在有种有料有趣的知识中寻找见识"这一理念走入网民视野，每个月 5 期节目，主要提供经济贸易、历史文化、社会政策等领域的知识类脱口秀内容。2014 年 5 月，国内首档财经脱口秀节目《吴晓波频道》正式在爱奇艺上线，其商业故事类脱口秀音频登陆多个网络平台。这些节目拥有大量稳定的订阅用户，为之后形成会员付费的商业模式打下了基础。

部分音频节目开始实行会员模式，即根据一定的时间周期向听众收取会员费用，会员有获取独家资源、抽奖等专属福利，会员模式下各类节目的变现能力明显提升。腾讯公司下属的 QQ 音乐是中国数字音乐服务提供商的典型代表之一，主要采取"会员付费＋互联网巨头依托"这一模式。2008 年 7 月 22 日，QQ 音乐推出付费"QQ 音乐绿钻贵族"服务，资费 10 元/月，成为 QQ 钻石贵族服务的新成员。由于腾讯公司自身涉及诸多业务，尤其是 QQ 聊天工具、QQ 游戏等热门软件，QQ 音乐会员服务与公司的其他业务紧密相连，如开通会员后 QQ 空间音乐可以免费使用，会员可以免费点歌，甚至开通后显示绿钻会员身份标志都会成为用户的购买动因之一。除此之外，绿钻会员权益还包括享有 QQ 音乐播放器优质正版音乐下载权限、聆听高音质音乐、参与各种形式的歌手演唱会等。

（二）社区化运营

除了热门音频节目形成自己的"粉丝群"，让订阅同一节目的用户可以相互交流，社交平台的兴起也促进了网络音频的社区化运营。2009 年，微博作为一种新兴的、基于用户关系的信息传播与分享平台出现。2011 年 5 月，新浪微博联动中国国际广播电台、北京文艺广播、北京交通广播、上海交通广播等 13 个国内主流调频电台，正式推出"微电台"。用户可直接访问微电台首页，或是点击微博个人首页的"应用菜单"进入微电台服务，也可以在微博搜索框输入感兴趣的电台名称、栏目名称或是主持人姓名等进入相关的电台节目。微电台刚刚在线一小时，互动微博数便超过一万条。

"微电台"的最大特色是定期让主持人与听众粉丝"边听边聊"，实现"边听边互动"的效果，一定程度上弥补了传统广播节目单向传播的不足，利用网络平台的互动功能改变了传统广播的互动方式、传播范围和效果。另外，"微电台"也有自己的官方微博，各电台可以通过私信或者在微博中"@微电台"等方式，为微电台提供最新节目预告和各地新闻信息，微电台官方微博由此又成为一个最新信息的发布平台。例如，微电台在"7·23 甬温线特大铁路交通事故"发生后第一时间在微博中邀请网友关注"浙江交通之声"带来的前方最新消息，迅速了解事故的处理情况、人员伤势等内容；同时，网友可以点赞、转发事故相关微博内容，帮助扩散信息，让更多人听到电台内容和发表评论。截至 2011 年 11 月底，微电台官方微博粉丝超过 50 万，拥有 260 家电台、3 000 个 DJ（播音员）、5 000 多档电台节目，突破了传统广播地域和终端的限制，更好地满足了网络用户的个性化需求。①

① 赵敏，杜淑霞. 微电台：全媒体时代广播的创新传播［J］. 中国广播电视学刊，2012（3）.

五、政策法规保障机制不断完善

随着网络音频技术的发展，越来越多的内容生产者和传播者走向互联网平台，网络音频市场竞争也愈发激烈，内容质量、版权等问题频频引发争议，急需相应的法律法规引导产业走向正规化和有序化。

2009年8月18日，《文化部关于加强和改进网络音乐内容审查工作的通知》下发，规定"经营单位经营网络音乐产品，须报文化部进行内容审查或备案"。2010年2月，新修正的《中华人民共和国著作权法》明确提出对口述作品和音频制品的著作权保护，正式以法律形式为国内互联网音频的版权及其保护提供支撑与依据。2011年1月，最高人民法院、最高人民检察院、公安部和司法部联合发布《关于办理侵犯知识产权刑事案件适用法律若干问题的意见》，根据依法惩治侵犯知识产权犯罪活动，明确了管辖问题、效力问题、取证和委托鉴定问题、证据收集问题、认定问题、定罪问题等。[①] 2011年8月19日，中国网络视听节目服务协会（CNSA）成立，直至今日依然是网络视听领域唯一的国家级行业组织（一级协会）、我国互联网领域规模最大的行业协会之一。该协会设有音频工作委员会、网络视听节目版权保护工作委员会等，旨在积极发挥行业服务和自律功能：引领网络视听作品创作方向，促进网络传播秩序规范；推动版权保护，打击盗版盗链等违法侵权行为。

2011年6月8日，百度宣布将全部删除其提供搜索的盗版音乐链接，并成立自己的正版音乐平台，引起了业界极大的震动。2011年8月，文化部办公厅决定进一步清理违规网络音乐产品，并公布了"第三批未经内

---

① 关于办理侵犯知识产权刑事案件适用法律若干问题的意见 [EB/OL]. (2011 - 01 - 12) [2022 - 06 - 25]. http://www.gov.cn/gzdt/2011 - 01/12/content_1783042.htm.

容审查或备案的网络音乐产品名单"，要求各搜索引擎、门户网站、行业网站、娱乐网站以及企业或个人网站，即刻开展自查自纠，立即删除未经内容审查或备案的音乐产品。

另外，国家开始出台政策鼓励包括主流媒体在内的传播主体更好地适应互联网及移动通信网，积极发展新时期的视听产业。2013 年 1 月 4 日，国家广播电影电视总局公布《关于促进主流媒体发展网络广播电视台的意见》，意见中涉及网络广播电视台的发展定位、总体要求、重点任务和保障措施，鼓励各个电台、电视台借助互联网和移动通信网等新兴媒介发展视听产业。2014 年 2 月，《国务院关于推进文化创意和设计服务与相关产业融合发展的若干意见》出台，标志着文化创意和设计服务与相关产业融合发展正式成为国家战略，互联网音频作为一种新媒介产业形态开始有了更多想象空间。

第二节　平台的多样化发展（2015—　）

2014 年后，在激烈的竞争环境和媒体转型趋势下，在线音频步入泛媒体传播时代。随着智能手机的普及和众多音频平台的涌现，在线音频产业用户规模不断扩大、商业模式日趋成熟。同时，行业内精品内容涌现，用户付费意愿提升，行业生态总体趋于稳定向好。

一、移动互联网与智能技术带来行业发展新机遇

移动互联网技术与智能技术的发展带给整个音频行业新的发展契机。通过技术的迭代升级，不同设备之间的协同作用和联动效应得到提升——音频接收速度、搭载终端、交互性、语音识别能力等都有了明显改善，网络音频在软硬件技术的加持下进入全面发展阶段，带给用户更流畅、更优

质、更沉浸的声音体验。

2013 年 12 月 4 日，工业和信息化部向中国移动、中国电信和中国联通三大运营商发放了 TD-LTE 4G 牌照。2014 年起，我国的 4G 网络开始大规模铺开，移动互联网正式步入发展轨道。2015 年 5 月 16 日，《国务院办公厅关于加快高速宽带网络建设推进网络提速降费的指导意见》发布，主要围绕提高网络速率、降低网络资费、完善配套支持政策三个核心点提出有针对性的政策措施。2019 年 6 月 6 日，工业和信息化部正式向中国移动、中国电信、中国联通和中国广电发放 5G 商用牌照，标志着我国 5G 商用步入实质性阶段。据《中国移动互联网发展报告（2021）》，2020 年我国 4G 用户总数达到 12.89 亿户，5G 终端连接数突破 2 亿户，手机网民规模已达 9.86 亿，占整体网民的 99.7％。移动互联网的迅猛发展为在线音频行业建立了稳固的生态基础，提供了更加多元化的发展空间。

与之相应，随着平板电脑、智能音箱、可穿戴设备等电子产品的不断发展，网络音频用户的移动收听设备也越发丰富，使用场景进一步拓展。从网络音频硬件发展来看，基于场景的车载智能音频设备、音响、智能家居等逐渐成为承载声音的新兴平台。2014 年 11 月，亚马逊推出智能音箱 Echo 与语音虚拟助手 Alexa，可以通过语音唤醒实现智能控制、语音传输等功能；2016 年 9 月，搭载蜻蜓 FM 的美的智能冰箱亮相；2018 年，BAT（百度、阿里巴巴、腾讯）、小米、华为等纷纷布局智能音箱——小米的小爱音箱 mini、百度的小度在家和小度智能音箱、腾讯听听音箱、华为 AI 音箱、天猫精灵方糖音箱等新品接连亮相；喜马拉雅则从 2016 年开始推出降噪耳机、AI 音箱等，以音频硬件设备连通内容和场景，并绑定销售 VIP 会员，用闭环式的会员增值服务提升用户黏性。[①] 随着物联网在

---

① 陈昌凤."耳朵经济"：知识与资讯消费新形态 [J]. 人民论坛，2020（5）.

智能家居、可穿戴设备等产品中的应用普及，网络音频获得了更多的硬件终端与场景入口，也进一步培养了用户的声音交互习惯。据艾瑞咨询《2018年中国网络音频全场景发展研究案例报告》，无论是在睡前（60.3%）、通勤途中（59.5%）等日常活动场景中，还是在游戏（18.6%）、美容（18.5%）等休闲场景中，都会有用户使用音频 App。

接收终端的丰富化使得音频设备可以嵌入用户日常生活的任意场景，实现了对用户随时随地的伴随，在不同的使用场景中与用户达成深层次交互。其中，汽车成为最具规模的经典应用场景。数据显示，2021 年，全国民用汽车保有量达到 3.02 亿辆、智能汽车数量突破千万辆。汽车市场的稳步发展拓展了音频的消费需求，音频成为驾驶过程中陪伴与娱乐的刚需形式。随着车载系统不断向数字化方向发展，越来越多的汽车品牌开始与在线音频平台合作，网络音频与车联网系统开始全方位融合，车载环境成为用户获取声音服务的主要场景之一。2014 年，苹果发布 Carplay 车载系统，用户可以通过 iPhone 连接汽车，使用"电话""音乐""地图"等应用程序，并可通过语音助手 Siri 启用相关功能；2016 年年初，酷我音乐成立车联网事业部，同年 9 月，其合作的首款前装车型上市；2020 年，蜻蜓 FM 先后与百度 Apollo 智能车联、斑马智行、高德地图等平台合作，开展车联网生态布局。总体来看，收听场景的多元化带动了在线音频硬件设备的市场布局——以生活场景为锚点，将传统广播以润物细无声的方式嵌入音响、家居、汽车中，实现场景覆盖与应用延展。智能硬件设备与平台的结合打造了互动沉浸式的音频场景体验，以内容的场景化播放助力网络音频向用户日常生活的渗透，为网络音频提供扎根土壤。

如果说硬件设备是提供音频应用的基础，智能语音技术则打开了"机器的听觉系统"，让用户能够与机器进行交流，实现双向互动。智能语音是人工智能技术的重要组成部分，包括语音识别、语义理解、自然语言处理、语音交互等，其中最基础和核心的当数语音识别技术。语音识别技术基于人机交互，利用机器程序接收、识别声音，或理解和执行口头命令。语音识别技术早在 20 世纪中期就被研发问世，并于 20 世纪 80 年代进入我国市场，但此时的语音识别算法模型较为简单，识别速度十分缓慢，无法满足市场需求。2009 年，随着深度学习（DL）技术与深度神经网络（DNN）技术的发展，语音识别的精确度大大提升，Siri、Google Assistant 等语音助手基本都在这个时期进入市场。2015 年，亚马逊推出的 Echo 智能音箱以其远场语音交互（30cm～5m 范围内的语音交互）阶段性技术突破和近千万的美国销量让大众对语音识别技术刮目相看，也让市场意识到在线音频所蕴含的巨大潜能。与此同时，中国在智能语音领域也开始迅猛发展，科大讯飞、百度语音、京东语音识别等企业平台都推出了大规模商业应用的智能语音技术产品。到 2020 年，国内智能语音市场格局基本形成，主要参与者分为两大类：一是智能语音科技企业，以科大讯飞为代表的大型智能语音科技企业凭借技术和产品创新在智能语音产业中占据一极；二是互联网企业，以阿里、百度等为代表，凭借较强的 C 端产品经验及用户大数据驱动产品发展。[1]

随着数字产业基础设施日趋完善、智能语音技术日渐成熟，音频服务由传统单一的传播方向、固定的娱乐模式和局限的应用场景转变为可交互可定制、多样态多模块、场景化沉浸化的形式。据《2020—2021 中国智能语言产业发展白皮书》，2020 年我国智能语音市场规模为 217 亿元，较前一年增长 31%。在万物互联的趋势下，软、硬件技术的迭代升级使得音频被系统性和创新性地应用于各行各业，将声音的力量再一次带回到人们的生活中。

---

① 2021 年中国智能语音产业发展现状及未来发展趋势分析 [EB/OL]. (2022-02-14) [2022-06-01]. https://www.163.com/dy/article/GVRDFRBT0552YGNW.html.

二、产业环境驱动平台化格局凸显

平台化是互联网发展的阶段性特征，平台为数据信息的互动分享、资源的汇聚整合、用户的开放共享提供了场域。随着智能设备的普及与音频平台的涌现，在线音频行业从小众迈向大众，内容迅速增加，场景进一步细分，市场竞争的加剧使平台化格局逐渐凸显。

（一）资本流入助力内容生产

这一时期，在资产、内容、用户积累的基础上，各大网络音频企业纷纷进入资本市场。截至 2015 年，蜻蜓 FM 已完成 C 轮融资；考拉 FM 完成 2 亿元融资；喜马拉雅在 B 轮融资后估值达到 12 亿美元；荔枝完成小米领投的 2 000 万美元 C 轮融资；多听 FM 完成了 1 000 万美元的 B 轮融资……资本热潮将网络音频产业发展推到一个新的阶段。

借助资本的力量，移动互联网企业开始尝试多重探索，进入车联网、可穿戴设备等领域，并不断开拓新的音频业务，越来越多的精品节目开始出现，内容种类也愈加丰富，推动用户付费收入大幅增长。此外，音频内容的呈现模式和互动方式也越发多样，音频直播模式的优化发展更是将用户打赏这一商业模式与音频行业更好地结合起来，为之持续赋能。全场景生态的深化发展为行业带来更多想象空间，推动市场规模进一步扩大。①大量的融资进入网络音频行业，一方面可以帮助平台进行优质内容的开发生产，促进音频内容生态的建设；另一方面也促使平台明确自身的市场定位，积累优质且独特的音频内容，提升平台竞争力。

---

① 2019 年中国网络音频行业市场规模、用户付费情况及产业趋势［EB/OL］.（2020 - 05 - 29）［2022 - 06 - 01］. https：//www. chyxx. com/industry/202005/868548. html.

（二）版权之争引导行业洗牌

移动互联网时代在促进国内在线音频产业大发展的同时，也加剧了行业内的竞争。2011 年，蜻蜓 FM 上线，作为国内首家网络音频平台，蜻蜓 FM 一直保有品类齐全的综合性内容；2012 年，主打有声读物、听书功能的懒人听书上线，被盛大文学收购后将平台内容调整为以出版物的主播配音为主；2013 年，喜马拉雅、荔枝、考拉 FM 等音频平台上线。至此，主流在线音频平台的市场格局初见雏形。2015 年前后，各大音频平台在用户增长、版权采购等方面展开了激烈竞争。① 2015 年 4 月，国家版权局印发《关于规范网络转载版权秩序的通知》，试图规范网络转载版权秩序，推动版权保护与交易。同时，在相关部门联合开展常态化的打击网络侵权盗版专项治理"剑网行动"中，未经授权的及盗用的有声书成为打击的重点对象。国家层面的规制使得国内版权环境得到一定程度的改善，也为各大平台开展新一轮市场洗牌提供机会。

2015 年 4 月 17 日，荔枝与多听 FM 被苹果应用商店下架，并与喜马拉雅互指版权侵权。然而该事件并未止步于版权争夺，在 App 被下架当天，荔枝发布微博称：某竞争同行在歪曲事实的情况下向苹果应用商店对荔枝进行非法恶意投诉，导致荔枝在无侵权事实的情况下被下架。② 次日，多听 FM 也发布了《关于恶意投诉致多听 FM 被下架一事的公告》。同时，考拉 FM 与蜻蜓 FM 也因《二货一箩筐》《野史三国》等节目的版权问题出现纷争。

版权问题归根结底是资源争夺。视频平台早期也展开过激烈的"版权

---

① 整改、洗牌、新趋势……慢热的音频内容曙光何在？[EB/OL].（2019－07－12）[2022－06－01]. https：//baijiahao. baidu. com/s?id=1638832954936919568&wfr=spider&for=pc.

② 荔枝 FM、多听 FM 被 App Store 下架，UGC 模式下的版权漏洞 [EB/OL].（2015－04－30）[2022－12－01]. https：//www. tmtpost. com/229092. html/feed.

大战"，而后通过资本消耗、优胜劣汰、合并整合，最终剩下优酷土豆、爱奇艺等几大平台。与此类似，音频平台的版权风波一方面引领行业内部肃清问题，但另一方面也在一定程度上激化了平台之间的竞争。在经过版权正规化洗礼后，早期的流媒体电台搭上"互联网＋"的顺风车，步入应用场景多样化、内容服务多元化的发展时期，通过开创新的"耳朵经济"，其中一些佼佼者成长为能够左右互联网音频产业格局的大型媒体平台。

三、平台化格局下的差异化发展

2015—2020 年，伴随着移动互联网的快速发展，网络音频行业平台生态日趋完善，主体运营良好，盈利手段多元，市场融资"钱"景向好，用户增长稳步上升，付费习惯逐步养成。声音的伴随属性使得平行空间、折叠时间得以充分利用，"耳朵经济"价值被最大限度地唤醒。各大头部音频企业平台化格局凸显，开始关注下沉市场，精准开发垂直类内容，差异化走势明朗。2018 年后，智能化、全场景化开发成为行业亮点，平台开始以用户 ID 为中心实现跨设备联动，提升了用户的收听体验。

（一）泛媒体平台差异化发展

2015 年，网络音频平台通过整合上下游资源进一步推动了音乐生态链的完善。酷狗音乐、QQ 音乐、虾米音乐等平台一方面通过与音乐人、音乐公司和音乐综艺开展合作购买音乐版权，另一方面开展独立音乐人招募、培养和合作计划，开始培育网红和自制内容。面向 UGC 的酷狗 KTV、全民 K 歌等在线 K 歌平台受到用户热捧，一度引发全民参与的热潮。各类 live、演出形式缤纷呈现，为网络音频用户创造了更多样的视听感受，打破了传统音频平台的内容局限。在移动网络技术帮助拓宽音频使用场景的同时，各类辅助性硬件产品（降噪与收集）与轻量化剪辑等软件技术的升级使用户能够更为便捷地制作、上传音频作品，推动了用户的参与热潮。社交网络平台的兴起，催动了网络趣缘社区文化的成熟，使得音频易分享、易交流/传播和情感化表达的特性被充分挖掘，从而促成了用户群体的进一步细分和 UGC 音频内容的井喷。① 2015 年，我国网络音频行业移动端与 PC 端用户规模均超 2 亿人，其中移动端超越 PC 端成为用户最主要的使用渠道，移动端用户成为在线音频行业日均覆盖人数的主要增长来源。②

2016 年，网络音频用户的增长趋于平缓，行业平台间的竞争开始从扩大平台声量、树立品牌知名度与增加用户基数转变为对已有用户注意力的争夺。平台在产业链逐步完善的基础上，开始向个性化服务和专业化内容制作转变，差异化发展思路显现。知识付费音频内容的井喷带动了网络音频用户付费习惯的养成，移动音频 App 的月活跃设备数达到 1 亿台以上。③ 除综合性音频平台外，专业性有声内容制作机构或自媒体运营平台（如"罗辑思维"团队的"得到"App）的内容制作相对标准化与细分化。总体分为三类：其一是瞄准特定用户群体，聚焦寻求具体问题解决方法的内容，例如教授职场新人如何处理职场人际关系、如何投资等。其二是以精英意见领袖分享个人人生经验和见解为售卖点的道理类内容，名人创办的音频栏目为平台带来了更多的商业价值。其三是诉诸情感类的内容产品。这些人群细分后的内容产品，场景化意识增强，娱乐化表达风格显著，能够满足听众的个性化需求。④

---

① 艾瑞咨询. 2016 年中国在线音频行业研究报告［EB/OL］.（2016-12-13）［2022-06-01］. https：//report. iresearch. cn/report_pdf. aspx?id=2685.

② 艾瑞咨询. 2015 年中国在线音乐行业研究报告［EB/OL］.（2015-12-10）［2022-06-01］. https：//report. iresearch. cn/report_pdf. aspx?id=2497.

③ 同①.

④ 王宇，龚捷，刘婷婷. 2017 年网络音频行业发展报告［M］//陈鹏. 网络视听蓝皮书：中国互联网视听行业发展报告：2018. 北京：社会科学文献出版社，2018：294.

　　进入 2017 年，知识付费和有声书的发展进一步刺激了网络音频行业用户的快速增长，用户规模达到 2.6 亿。[①] 2017—2018 年，音频行业融资"钱"景良好，成为资本与市场的宠儿，行业规模不断壮大，头部平台内容生产向差异化发展。2017 年 9 月 28 日，蜻蜓 FM 获得 10 亿元融资，投资方包括 BAT、头部文化资金和国家财政部门出资基金。有研究者指出，音频媒体将接力成为新一代资本与市场宠儿。[②] 2018 年，行业融资现象密集，喜马拉雅、蜻蜓 FM、懒人听书都在这一年获得超亿元资金投入。2020 年 1 月 17 日，荔枝在美国纳斯达克挂牌上市，成为中国"在线音频行业第一股"。资本市场的青睐，为平台型机构和内容制作团队持续增加内容投入提供了资金保障。2018 年，头部平台合力推进 VIP 用户订阅付费模式。喜马拉雅"12·3 知识狂欢节"的销售额达到 4.35 亿元，是 2016 年的 8.5 倍。海量的内容池离不开平台对主播矩阵的长期涵养。在喜马拉雅的主播矩阵中，有高校知名学者、业界专家等深度专业人士，他们通过平台向观众传播自己的思想和独到见解，满足了用户对知识获取的需求；有娱乐明星和网红达人，通过音频渠道满足粉丝交流互动的兴趣；还有 UGC 主播通过个性化的表达和分享，为用户提供情感陪伴。[③] 蜻蜓 FM 在 2016 年赶上了网络音频直播的红利期，在 2018 年广泛与智能音箱和智能手表等硬件厂商开展合作，致力于全场景分发渠道建设和内容矩阵主播生态建设。在用户触达和用户黏性提升的基础上，增加平台用户忠诚度。懒人听书通过与阅文集团、时代出版、中信出版集团等有声书版权方的合作，深耕有声书领域，通过加强有声书内容开发与有声书品控来留住

---

　　① 艾瑞咨询. 2018 年中国网络音频行业研究报告 [EB/OL]. (2018-12-12) [2022-06-01]. https://report.iresearch.cn/report_pdf.aspx?id=3308.

　　② 王宇，龚捷，刘婷婷. 2017 年网络音频行业发展报告 [M]//陈鹏. 网络视听蓝皮书：中国互联网视听行业发展报告：2018. 北京：社会科学文献出版社，2018：294.

　　③ 同①.

用户。荔枝则将丰富的 UGC 音频节目作为平台特色，通过音频节目与音频直播联动的方式，打造和巩固主播粉丝经济。①

（二）智能音频全场景化演进

在综合性音频平台内容生态与主播矩阵日渐完善、各自寻求差异化发展的同时，我国智能音箱、智能手表、蓝牙耳机、车载智能硬件等市场快速崛起。2019 年，网络音频行业开始借力智能终端向全场景化推进。这种全场景是由具有联网和音频播放功能的智能硬件生产方、具有语音交互和音频内容入口的智能操作系统开发方与各音频内容生产方共同构建的，是为满足以用户 ID 为中心的、以个人的音频收听习惯和喜好为基础的、通过不同设备进行衔接的、融合不同场景的收听行为和需求而构建的音频场景生态。② 全场景发展的基础是用户对音频收听需求的不断攀升，用户持续的收听行为、移动网络技术支持合力推动了网络音频场景化发展。

2019 年，随着 5G 技术的全面商用和人工智能、大数据、物联网技术的发展，各市场主体的跨界融合走向深化。网络音频行业为满足用户场景化需求，步入了智能化时代：喜马拉雅与宝马、奥迪等汽车企业深入合作，推出了小雅 AI 音箱、小雅 Nano 音箱、小布儿童音箱等自有智能音箱；蜻蜓 FM 与华为、小米等企业合作，内置智能家居及可穿戴设备 3 700 万台、汽车 800 万辆，让内容触达人们生活的各个场景；荔枝与百度旗下人工智能硬件小度达成合作，首次实现了智能音箱音频内容实时互动，形成人与人、人与音频内容的连接。③ 行业内容主体在多年

---

① 艾瑞咨询．2018 年中国网络音频行业研究报告［EB/OL］．（2018 - 12 - 12）［2022 - 06 - 01］．https：//report. iresearch. cn/report_pdf. aspx?id=3308.

② 艾瑞咨询．2018 年中国网络音频全场景发展研究案例报告［EB/OL］．（2018 - 09 - 21）［2022 - 06 - 01］．https：//www. iresearch. com. cn/Detail/report?id=3272&isfree=0.

③ 殷乐，郑夏育．2019 年中国网络音频发展报告［M］//唐绪军，黄楚新，吴信训．新媒体蓝皮书：中国新媒体发展报告 No.11：2020. 北京：社会科学文献出版社，2020：200 - 214.

的市场与用户争夺中开始寻找自有平台的精准定位，以综合性头部音频平台喜马拉雅、蜻蜓 FM 与荔枝为例，在提供全类型音频内容的基础上，喜马拉雅构建全类型生态系统，蜻蜓 FM 建设 PUGC (Professional User Generated Content，专业用户生产内容) 品质内容，荔枝则专注于 UGC 内容生态。这一阶段，头部平台与中小平台的差距进一步扩大，马太效应显现。

四、广告营销日趋成熟，会员制与用户付费成为常态

从 2011 年开始，音频平台的涌现和智能手机的普及不断降低播客时代团队运营的难度和维护成本。2015 年，音频行业在互联网基础技术的突破下，进一步破除了图文、视频媒体形态之间的壁垒，内容运营方式更为开放与多元。明星网红 IP 陆续加盟各商业音频平台，平台通过整合上下游资源成为音频生态中的核心环节，广告营销方式进一步走向成熟。由于在线音频用户基数的稳步增长、在线支付尤其是移动支付的普及、国家政策大幅推进音乐行业正版化相关举措的施行，以及在线音频市场的繁荣等复合因素的作用，在线音频用户付费成为常态。由于用户付费习惯逐步养成，在线音乐变现的方式除了提供与音乐相关的会员服务、音乐购买、订阅服务、去除广告等基本付费功能外，还衍生了 O2O 服务、线上演唱会、主播互动付费、其他周边产品等内容消费点。

2016 年，亚马逊推出的 "Channels" 是付费会员模式的先驱，用户每月只要支付 4.95 美元便可收听该平台上的各类音频。两年后，喜马拉雅、蜻蜓 FM、懒人听书等音频平台开始大力推广 VIP 用户订阅的付费模式。从外部环境看，2018 年网络视频平台的会员模式已相对成熟，网络视听用户对于在网络上消费视听产品已有一定的认知习惯和接受基础。与此同

时，行业内部条件业已成熟，现象级知识付费音频内容的井喷带动了用户付费习惯的养成，经过接近两年时间对于原创或独播音频内容的沉淀，各平台均已掌握了丰富的内容资源。到 2018 年，各头部音频平台都相继拥有了千万数量级的月活跃用户，庞大的用户基础为其提供了可供转化为付费用户的用户池。①

2016 年，在知识付费的风口下，行业迎来了内容付费的红利期，各大平台均通过爆款节目内容，成功获得可观营收。多个行业内有影响力的平台推出知识付费项目，因而 2016 年被业界称为"知识付费元年"。知识类社区知乎推出实时问答互动产品"知乎 live"，致力于解决原有知识共享平台在信息泛滥环境中的信息真实性缺失问题。喜马拉雅依托自身平台，整合了 850 名知识网红和 2 000 余个精品课程，在推出"12·3 知识狂欢节"当天便入账 5 088 万元。2017 年，豆瓣网上线付费产品"豆瓣时间"；微信公众号推进付费订阅；蜻蜓 FM 联合 20 多位创业者制作完成《第一个 1 000 万》的精品内容，专业化的知识和独特的个人故事成为驱动用户付费、聚合趣缘群体的主要动力；喜马拉雅在 2016 年与马东团队联合推出爆款付费产品《好好说话》的基础上，联合 2 000 多位名人整合上线付费内容资源超十万。② 得到 App 的创始人罗振宇是将个人 IP 价值最大化的典型代表，该平台通过李笑来等名人打造知识解读的封闭社区，利用粉丝经济推动名人效应实现变现。知识付费在知识共享、网生内容、社群电商和移动音频、移动直播等产业交织的环境下产生，在此背景下，喜马拉雅、得到等内容供给方积极探索内容变现、试水内容付费，让"耳朵经济"焕发新的生机。

① 艾瑞咨询. 2018 年中国网络音频行业研究报告 [EB/OL]. (2018 - 12 - 12) [2022 - 06 - 05]. https：//report. iresearch. cn/report_pdf. aspx?id＝3308.
② 王宇，龚捷，刘婷婷. 2017 年网络音频行业发展报告 [M]//陈鹏. 网络视听蓝皮书：中国互联网视听行业发展报告：2018. 北京：社会科学文献出版社，2018：295.

2017 年，移动音频加速商业化，荔枝通过语音直播形式开辟内容变现渠道，验证打赏经济逻辑。① 当年 6 月 6 日，喜马拉雅开启首个"6·6 会员日"，其间召集 342 万名会员，共产生知识消费 6 114 万元。12 月，喜马拉雅第二届"12·3 知识狂欢节"内容消费总额达 1.96 亿元，几乎是上一届的 4 倍。据统计，这一年我国网络音频行业市场规模中，广告占 36.2%，用户付费占 35.3%，是行业主要的收入来源；用户打赏占 21%，硬件收入占 7.5%。② 在相当长的一段时间内，内容付费、粉丝经济、硬件售卖、版权与传统广告成为音频平台最重要的营收模式。

值得一提的是，"耳朵经济"以声音对用户注意力资源的有限争夺而构建了自身特殊的商业属性，即"社会效率要求越高，用户对音频的需求越大"③。音频适用于都市年轻人在同一时空进行多任务处理的生活方式，实现了时空延展与折叠。而智能化、场景化的发展趋势，对于网络音频行业主体能否在巨大的市场需求下提供差异化、有品质的内容提出了更高要求。而高质量内容的产出，往往需要巨大的资金投入，但彼时的现实情况是，行业缺少更为稳定可持续的盈利模式，致使中国在线音频行业第一股荔枝在 2019 年前三季度的亏损额已远超 2018 年的全年亏损额。在走向差异化、全场景化和智能化的新阶段，行业的营收是摆在各平台面前的共同的考题。2020 年，荔枝通过增加相声曲艺、健康等细分内容尝试进一步扩大原有内容池，吸引中老年群体；推出荔枝播客等子品牌，挖掘年轻用户需求；通过专题活动等方式加强平台社交属性、活跃社区氛围，从而激

①　王宇，龚捷，刘婷婷．2017 年网络音频行业发展报告［M］//陈鹏．网络视听蓝皮书：中国互联网视听行业发展报告：2018．北京：社会科学文献出版社，2018：290.

②　艾瑞咨询．2018 年中国网络音频行业研究报告［EB/OL］.（2018-12-12）［2022-06-01］. https://report.iresearch.cn/report_pdf.aspx?id=3308.

③　殷乐，郑夏育．2019 年中国网络音频发展报告［M］//唐绪军，黄楚新．新媒体蓝皮书：中国新媒体发展报告 No.11：2020．北京：社会科学文献出版社，2020：200-214.

活内容创作和粉丝流量，保持营收增长。蜻蜓 FM 结合自身优势推出"会员全站畅听"项目，从用户视角出发，重构内容付费，激活存量用户。喜马拉雅、荔枝、蜻蜓 FM 均通过会员日、狂欢节、年度盛典等促销节日促进用户消费行为。艾媒报告显示，2020 年，近四成用户认为平台的促销节日对其有显著影响。[①]

第三节　内容格局创新重构

21 世纪的第一个十年过后，我国互联网进入大发展时期。在网络音频领域，随时代风云而变的不只是平台的逐步丰富、产业模式的逐步成熟，网络音频内容本身也因时代情绪、社会议题的变化而悄然更迭。一方面，原有的音频内容形式在内容风格上出现变化，如在线音乐、网络播客等；另一方面，一些新兴内容形式在"耳朵经济"赛道发力，开创了新的内容产业，如语音直播、知识付费等。

一、网络音乐：当"在线"成为媒介

音乐始终是网络音频最重要的细分市场。2010 年开始，网络音乐经过十余年的积累发展，具有平民特征的网络音乐已经成为一种独立的风格流派，在此后的几年中还不断以各式各样的"神曲"激荡起大范围的传播和共振。这一阶段，"在线"本身已经成为重要的媒介形态，音乐由于"在线"而扩大了传播范围，也依托"在线"发展出了新的特征和样式，在其赋能下成就了一批音乐人才与优秀作品。

---

① 艾媒研究院. 2020—2021 年中国在线音频行业研究报告［EB/OL］.（2021-04-22）［2022-06-11］. https://baijiahao.baidu.com/s?id=1695917816776381187&wfr=spider&for=pc.

（一）从"草根"走向"主流"

1. "草根"的崛起

互联网技术赋予个人用户创作的机会和能力，网络音乐呈现出极强的"草根"特征。与职业歌手不同，大部分个人音乐创作者出于爱好而自发创作歌曲，其中很多人并没有受过正规音乐训练，更遑论经纪公司的培训与包装，因而其创作就形成了与彼时主流乐坛精英风格迥异的"草根"风格。

从内容上看，这种风格表现为频频出现的"神曲"。前文提到，2004年后出现大批"口水歌"，这种曲风在 2010 年之后仍然得到保留，并成为众人口中传唱的"神曲"。比如刚刚出道时被称作"乡村重金属组合"的凤凰传奇凭借一首《最炫民族风》火遍大江南北："什么样的节奏是最呀最摇摆，什么样的歌声才是最开怀……"又如艺名约瑟翰·庞麦郎的庞明涛，凭借歌曲《我的滑板鞋》获得广泛关注，该曲的旋律并不复杂，节奏也不足够明晰，但歌词简单有趣："我的滑板鞋时尚时尚最时尚，回家的路上我情不自禁，摩擦摩擦，在这光滑的地上摩擦。"还比如筷子兄弟组合在 2014 年发布的单曲《小苹果》，也因其动感的旋律和简单的歌词在大街小巷传唱。

这些"神曲"内容大多取材于日常生活，本质上源于创作者的"草根"属性。某种意义上，对于这一代"草根"创作者而言，在线已经不只是一种媒介和平台，反而更像是一种生活方式。他们在网络上吸收各种信息，并以契合网络情绪和网络语态的方式进行创作。这种去精英化的歌词和曲风获得了大量年轻网民的关注与青睐，网络音乐创作者用歌声彰显个性，成了时代情绪的代言人。同时，网络的可及性为"神曲"的传播提供了更加便利的条件。许多网络音乐作品配有"魔性"的 MV，用过于花哨甚至炫目的画面带给受众更多感官刺激，这是传统唱片、磁带时代的音乐无法比拟的传播优势。

有趣的是，这些"草根化"的网络音乐凭借极强的传播力，打破了以明星为代表的精英话语对华语乐坛的垄断，并获得了主流文化的认可。2015年，凤凰传奇和筷子兄弟共同登上中央电视台春晚舞台，以串烧改编的形式演唱了《最炫民族风》和《小苹果》这两首年度最热门"神曲"的改编版《最炫小苹果》，这也成为主流场域接纳网络音乐的最好例证。从抵制到接纳，主流音乐界对于网络音乐态度的转变，实际上也是互联网技术为大众赋权的一种体现。

值得一提的是，网络音乐创作往往紧跟时代热点，以其灵活、快速的创作特性，极具时效地反映着社会情绪态度，这也是常规音乐作品难以比拟的优势。比如2012年面对日本右翼分子"购买钓鱼岛"的闹剧，我国人民"保钓"情绪高涨。网络歌手王蓉、老猫创作《我们的钓鱼岛》，其中歌词唱道："如果你是朋友，我们有好酒；如果你是豺狼，给你大拳头；如果你很友好，我们握握手；如果你要侵犯，炮弹轰你走。"这首民间创作的网络歌曲切中彼时网民高涨的爱国情绪，在互联网上获得了大量传播。由此，网络音乐也成为代表社情民意的一种重要民间文艺形式，成为"草根"的代名词。

2. "造星"与音乐生产的再结构化

2011年后，网络音乐大行其道，一批红遍大江南北的网络音乐新星冉冉升起。网络音乐虽然带有"草根"特征，但也因其内容简单、传唱度高，造就了一大批音乐明星，帮助他们完成了从市井走向主流的音乐地位转换。

2009年，原创音乐人许嵩发布了自己的首张专辑《自定义》，词曲创作皆为许嵩一人包办。这张专辑甫一发出，并未激起很大反响，却在后来频频为人称道。在随后的几年中，许嵩创作的《断桥残雪》《清明雨上》《有何不可》等歌曲在网络上成为热门流行歌，并在青年群体中传唱。这位一度成为青年口中"国民歌手"的许嵩在 2008 年刚从安徽一所医科大学毕业，在音乐方面是不折不扣的"非科班出身"。2011 年，许嵩正式与海蝶音乐签约，从一名在个人网站上发布原创歌曲的音乐爱好者转变为职业音乐人。除了许嵩之外，汪苏泷、徐良等活跃在大众媒体上的歌手，也都由网络音乐发迹。他们的成长之路与许嵩大体相同：个人创作或表演的作品在网络上被经纪公司发现后，由专业团队进行包装宣传，最终成为职业音乐人。除了成为明星，也有网络音乐人彻底走进了主流音乐体制。《两只蝴蝶》的创作者庞龙在走红后被聘为浙江音乐学院流行音乐系教师①，《丁香花》的创作者唐磊受聘于济南大学音乐学院②。这两首歌曲都采用传统唱片形式发行，但均在网络上获得了较高知名度，网络为创作者带来高人气的同时，也让他们实现了身份的转变。

网络音乐作为"草根"文化一度对主流音乐文化造成了影响与冲击。其起初带有的与精英式主流音乐相对抗的气质、平民化的叙事方式获得了大众的青睐。但随着一批网络歌手人气越发高涨，顺利签约经纪公司或走进体制后，他们创作的作品反而转向沉寂。比如庞龙与唐磊，以及创作过网络名曲《老鼠爱大米》的杨臣刚，其后鲜见新的代表作品。网络歌手成为明星，这个过程让原本以"草根"文化、人人都有发声机会而著称的互联网被再结构化，网络歌手被主流体系收编，其作品也开始逐渐远离"口水化"的"草根"创作风格，这也为网络音乐此后重新被主流精英式音乐流派占领埋下了伏笔。

---

① "新杭州人"庞龙：想为这座城市写首全中国都知道的歌［EB/OL］.（2022 - 07 - 07）［2022 - 12 - 12］. http://www.chinanews.com.cn/cul/2022/07 - 07/9798122.shtml.

② 李睿.专访《丁香花》唐磊：不想当网红的歌手亦是一名好老师［EB/OL］.（2021 - 10 - 10）［2022 - 12 - 12］. https://baijiahao.baidu.com/s?id＝17132188566964420103&wfr＝spider&for＝pc.

（二）海外音乐的网上传播

如果不只是将网络音乐视作狭义的"草根"音乐，而是在更广泛的意义上将网络上传播的各种音乐都囊括在内的话，就不得不提到海外流行音乐在国内借助互联网实现的爆发式传播。这些海外金曲成为一代中国人的集体记忆，也在某种意义上形塑着中国当代流行乐坛的歌曲风格。

2012—2013 年前后，以贾斯汀·比伯、Lady Gaga、艾薇儿·拉维尼、泰勒·斯威夫特等为代表人物的欧美流行音乐开始风靡全球，中国境内也掀起了一波"追星热潮"。这一时期的欧美流行音乐大量杂糅电子音乐，部分流行、乡村风格的音乐还在宣推过程中被制作成了"重新混音版"。随着中国青少年英语水平的提高，更多新生代年轻人获得了"读懂世界"的能力，这也给欧美音乐在国内流行提供了条件。

有趣的是，很多欧美明星与金曲的诞生也与互联网密不可分。生于 1994 年的贾斯汀·比伯翻唱经典歌曲的视频被其母发布到视频网站，获得了亚特兰大资深音乐经纪人斯库特·布朗（Scooter Braun）的赏识，从此开启了他的巨星之路。互联网"造星"的范围并不局限于中国"草根"群体，新生代的海外明星也有很多是因互联网走红的。许多欧美金曲在中国凭借各大在线音乐网站不断翻红，获得了指数级增长的下载量，引发传播风潮。除了欧美流行音乐，韩国偶像团体的音乐也是在中国青少年群体中流行的海外网络音乐品类。2012 年，韩国偶像男团 EXO 正式出道，迅速获得全球歌迷青睐。有数据显示，截至 2020 年 1 月，EXO 音频在中国（不含港澳台）音频平台总播放量超 73 亿，音乐流总数高达 97 亿。[①] 同在 2012 年，韩国音乐人朴载相发布 K-Pop 单曲《江南 style》，成为全球互联

---

① 内地当之无愧韩流 NO1！EXO 数据来说话 [EB/OL]. (2020 - 01 - 08) [2022 - 12 - 01]. https://www.sohu.com/a/365395589_267454.

网历史上第一个点击量超过 10 亿次的视频。这首歌曲与国内同时期正当红的一系列"神曲"异曲同工，凭借简单重复的歌词、动感的旋律、有力的节奏以及魔性的 MV 舞蹈成为风靡全球互联网的"神曲"。这些海外作品的内容和表演形式在从文化上影响国内年轻人的同时，也以先进的制作技术和创作思路为彼时的中国音乐创作提供借鉴。

（三）来自电视的助力

1. 电视音乐综艺的"大生产"时期

2012 年，电视综艺《中国好声音》在浙江卫视首播，带领国产电视综艺走入大制作时代，也开启了音乐选秀综艺的新纪元。2013 年年初，湖南卫视从韩国引进音乐竞技节目《我是歌手》，将音乐竞演节目推向了新的高潮。伴随着这股音乐综艺潮，中国音乐开始进入史无前例的"大生产"时期。每一期节目都有 5～6 首歌曲被录制下来，最多时，每周有数档音乐综艺节目同时播出，这意味着大批歌手演唱的现场版歌曲被传至网络上，这是唱片时代难以想象的生产效率和传播方式。

彼时，作为全国最热门的音乐综艺节目之一，《中国好声音》产生的音乐版权资源成为各大网络音乐平台争抢的目标。比如百度音乐获得《中国好声音》第二季的全部现场录音制品和后期制作录音制品在中国境内的网络传播权[1]，阿里数娱旗下虾米音乐和天天动听独家享有《中国好声音》第三季的音乐版权[2]，QQ 音乐获得《中国好声音》第四季独家版权[3]……电

---

[1]　"中国好声音"版权明朗　百度音乐享全网独家 [EB/OL]. (2013 - 07 - 15) [2022 - 12 - 01]. http://yue.ifeng.com/news/detail_2013_07/15/27516154_0.shtml? _from_ralated.

[2]　虾米音乐获得《中国好声音》独家音乐版权　显平台优势 [EB/OL]. (2014 - 06 - 30) [2022 - 12 - 01]. https://yue.ifeng.com/neidiliuxing/detail_2014_06/30/37092553_0.shtml.

[3]　QQ 音乐获《中国好声音》第四季独家版权 [EB/OL]. (2015 - 04 - 01) [2022 - 12 - 01]. https://www.sohu.com/a/8900751_125449.

视音乐综艺原声极大地补充了网络音乐平台的曲库，并推动其曲库内容结构的转型。在此之前，音乐平台大多从唱片公司获取版权，唱片公司大多是在录音棚中灌制的专业无杂声的音乐唱片。节目现场录制音乐与之不同的是，现场观众的欢呼、掌声甚至嘉宾的即兴评价都被录入音频文件中，这让歌曲听起来具有演唱会般的现场感。

在来自专业音乐人的高效生产的支持下，网络音乐再度呈现出精英化特征。占领各大音乐平台飙升榜、金曲榜、热度榜等榜单的音乐作品，有不少都来源于音乐综艺节目，以及因音乐节目而翻红的音乐人过往作品。2010—2017年前后，国内文娱产业迎来飞速发展时期。除上述提到的音乐综艺录制的现场音乐作品之外，还有大量电视剧片头片尾曲、电视综艺片头曲、电影原声、游戏配乐等音乐被上传至网络平台。比如湖南卫视综艺节目《爸爸去哪儿》就制作了同名原创主题曲，腾讯公司旗下的游戏《御龙在天》《逆战》等都邀请著名歌星演唱主题曲和插曲，在网络上引起了不俗的反响，《逆战》等音乐还成了歌手本人的代表作。"草根"生产的UGC音乐作品成为爆款的机会似乎越来越少。尽管互联网为每个人提供了发声的机会，但是在再结构化作用的影响下，并非每个发声主体都能获得同样的声量，网络音乐内容在电视的支援下开始重返精英化的曲风和范式。

2. 大众传媒带火的小众音乐

在以《中国好声音》《我是歌手》为代表的电视节目将音乐综艺推向新高度后，国内电视荧屏和网络视听平台上的音乐节目开始进行题材细分，说唱、乐队、音乐剧等此前小众的音乐形式被赋予更广泛的传播属性。互联网技术使得小众音乐进入大众视野，原本垂直的细分音乐领域也开始在网络上获得较快发展。

2017年，爱奇艺综艺《中国有嘻哈》播出，挖掘出多位原创说唱歌手，随着类似节目的接连举办，越来越多说唱歌手获得曝光机会，原本被称作"地下音乐"的说唱音乐也逐渐走到台前。大众传媒为小众音乐赋予了新位置，引发更多人关注说唱音乐，很多高校在校生成立说唱社团，并将作品上传到网易云音乐等音乐平台。

2019 年，爱奇艺综艺《乐队的夏天》首播，摇滚乐再度翻红，甚至直接带火了国内的音乐节市场。节目的热播也带动大量青年对乐队产生兴趣，不少青年开始学习吉他、贝斯、打击乐等乐器，并试图自己组建乐队。与新生代说唱歌手类似，乐队也将作品首先上传到网络而非发行专辑。

值得注意的是，在这一阶段，在由大众媒体播出音乐节目而引发的网络音乐创作潮中，尽管大部分创作者仍然并非科班出身的专业音乐人，但他们创作的音乐水平已经与 2010 年前后出现的"神曲"存在较大区别。一方面，制作网络音乐的创作者多为高校学生，有较强的知识获取能力，即便并非音乐专业出身也在爱好的驱动下学习了大量相关知识，成为较为专业的"票友"。另一方面，技术的进步也为这种专业化普及提供了便利，无论是高保真音质的电子乐器和麦克风等硬件设备，还是在电脑上单人即可方便操作的非线性编辑和混音软件，都让音乐作品能够获得更好的听觉效果。更重要的是，这一时期的音乐创作者获得了相较"乡村重金属"时期更精英式的审美旨趣，这是让网络音乐重返精英化创作的最重要原因。

进入 21 世纪的第二个十年，我国网络音乐在内容上已经有了相当大的发展变化。互联网作为一种大众媒介，拥有比唱片时代更丰富的存储手段、更便捷的传播途径、更强大的"造星"能力。大众传媒的提供信息功能、地位赋予功能、娱乐功能等都在网络音乐的传播过程中得到充分体现。网络音乐也从一种草根式的、最初带有反精英性质的通俗音乐形式，逐步被收编进入主流音乐场域。

二、翻红的播客：重回口语时代

播客并非 2010 年出现的新鲜事物。在商业化网络电台早期的发展中，播客作为网络电台的一个变种形式就已经出现。随着视频时代的到来，以及苹果播客在中国使用受限等，播客一度陷入沉寂。直到 2015 年后，随着各类音频 App 的勃兴，涌现出了"故事 FM""看理想电台""果壳电台""贝望录""无业游民"等一批有特色的播客，播客开始重回主流视野。2020 年 3 月，第一款独立播客 App"小宇宙"正式上线，吸引大批用户注册成为一名"播主"，这一年也被业界称为"播客元年"。继承 21 世纪初播客的特征，新一轮的播客音频仍然主要由爱好者自制上传，内容也涵盖了社会生活的众多方面，"音乐/影视/文学/艺术""个人成长故事/生活经验分享""社会科学"成为最受欢迎的三类内容。①

起初，大部分播客制作者仅仅是因为感兴趣、有分享表达的欲望而约上三五好友畅聊生活中的琐碎故事。比如，播客"1983 毁三观"由几名爱聊天的女生联手主持，虽然声音纷乱跳跃、讨论经常跑题，但神聊海侃间却总是津津有味，透着"不是科普向，不是安利向，我们是高兴向"的随心所欲。② 也有一些播客节目更趋严肃，在生活的议题之下试图获得理论性思考。比如播客"随机波动"会讲解"何为自我"③、"什么是文学"④ 等泛文化类严肃议题，三位女性主持人往往借由与嘉宾对谈的

① 高贵武，王彪. 从广播到播客：声音媒体的嵌入式生存与社交化发展 [J]. 新闻与写作，2022（7）.

② 许苗苗. 播客：声音里的情感共同体 [J]. 首都师范大学学报（社会科学版），2021（3）.

③ 随机波动. 深吸，深感，深描：为知自我的一百种努力 [EB/OL].（2022 - 10 - 05）[2022 - 12 - 01]. https：//www.stovol.club/caron.

④ 随机波动. 王梆 x 张天翼：什么是文学，是末日危机，是鞋中砂砾 [EB/OL].（2022 - 10 - 19）[2022 - 12 - 01]. https：//www.stovol.club/101.

方式，阐述自己对当下生活的理解，这与 21 世纪初播客诞生时"胖大海"等脱口秀对社会热点的针砭异曲同工。

尽管重新回潮，但播客本质上还是一种相对小众的网络音频形式。数据显示，2020 年中国的播客听众达 6 840 万人①，其中有相当大的一部分是知识分子。播客自世纪之交诞生以来就一直保持着小众、精英的特征，其内容也并不像广播电台播出的新闻和娱乐节目一样适合大众收听。这种风格气质，也成为播客主动筛选听众的方式，无论是播客的听众还是创作者都隐隐带有"品位较高"的自我认同。

播客在短视频时代重新走红，在某种意义上代表着部分大众对口语媒介的认同和需求。播客以声音为传播介质，不论是严肃认真的单人阐述、轻松诙谐的双人对话，还是围绕一个话题发散的多人访谈，与其他媒介相比，播客都更接近于原始的口语传播。以口语形式进行节目内容的编排，让播客更便于收听和理解，使其既拥有了广泛的受众基础，又满足了当下的媒介使用习惯。② 口语化的内容形式可以营造轻松的收听氛围，既不同于广播电台标准的播音腔，也不同于有声艺术刻意的表演，播客用这种形式带来轻松的陪伴感，让大众在互联网的作用下重回口语时代。

三、知识付费：打破大学围墙的"终身教育"

从我国古代的私塾，到西方近现代的私立大学，为知识付费有着久远的传统。互联网时代，技术的发展为传播带来极大便利，信息数量呈现指数级增长，成体系的知识却在某种程度上成了信息爆炸时代的稀缺资源。

---

① 艾瑞咨询. 2021 年中国网络音频产业报告 [EB/OL]. (2021 - 12 - 29) [2022 - 11 - 13]. https: //report. iresearch. cn/report _ pdf. aspx?id=3909.
② 沈佳暄. 播客，何以闯出新赛道？ [J]. 视听界，2022（2）.

在"耳朵经济"崛起的背景之下，以声音媒介进行类似课堂教学的形式逐渐诞生，为用户提供有偿的知识服务。2016年，知乎live、喜马拉雅、分答等知识付费平台纷纷上线，知识付费体系逐渐正规化，这一年也被研究者称作我国"线上知识付费元年"。①

音频知识付费如同"知识性播客"，与其说是一种新形式，毋宁说是播客的一个垂直品类。其比一般播客在话语上更严肃，但形式如出一辙，即用大多数人能接受的、轻松的讲述方式提供知识。知识付费的大部分课程不同于大学课堂中纯粹理性的学术讨论，更像是一种通识性的知识科普。比如得到App上经济学教授薛兆丰的《薛兆丰的经济学课》、华东师范大学政治学系教授刘擎的《西方现代思想40讲》等，都在试图用讲述历史故事、引用实际生活中的案例的方式为大众普及知识。

知识付费的走红，一方面缘于越来越成熟的社会和市场，需要越来越系统的知识与之相应；另一方面也缘于在一个充斥着焦虑和失控感的时代，人们迫切需要一个把控变动不居的生活和世界的"知识抓手"。② 对于缺乏知识的恐惧成了当代年轻人的普遍焦虑，走出校园后较少获得系统的学习机会让身处强竞争环境中的人们试图用"为知识而付费"来获得心理安慰。某种程度上，音频知识付费打破了大学象牙塔的围墙，破除了属于知识分子的"知识垄断"。但这种打破毕竟是有限的。事实上，并不是所有的知识都能形成知识付费产品。知识付费所提供和分享的知识主要包括"低频度使用的知识""跨界度高的知识"，以及"降低或减省人们获得知识的时间付出、精力付出以及增强人们理解力的知识"和"有借鉴意义的个体体验性内容、个性化量身定制的知识"。③ 尽管如此，在市场的诱

① 卢春天，马溯川，孔芸. 知识付费：特征、成因与影响 [J]. 中国青年研究，2020 (10).
② 喻国明. 知识付费何以成势？[J]. 新闻记者，2017 (7).
③ 喻国明，郭超凯. 线上知识付费：主要类型、形态架构与发展模式 [J]. 编辑学刊，2017 (5).

惑下，知识付费制作者们仍然试图无所不包地开发各类课程，除了上述经济学、哲学等学术性知识外，还有"企业创业案例""如何三十五岁不被裁员"等实用性、情感性课程。各类课程令知识付费市场良莠不齐，突出表现在知识的庸俗化、娱乐化和简单化方面。为了迎合用户的口味需求，更好地面向大众进行传播，知识付费机构不得不对知识进行精简转化、通俗表达等包装处理，知识的准确性、逻辑性、专业性可能会被牺牲掉。如一些知识付费机构所宣称的——"每天半小时，搞懂一本书"，知识付费成为典型的快餐式消费，虽能果腹充饥，但营养价值也将大打折扣。①

大多数知识付费用户不是为了获得文凭，而是着眼于职业发展、家庭幸福以及个体成长等需求。在一定意义上，知识付费可以成为终身教育的一种形式，而且蕴含着未来教育的雏形。知识付费方兴未艾，不仅体现了人们对于知识价值的关注和尊重，体现了知识经济时代知识生产传播的内在规律和要求，更反映出在移动互联网、人工智能等新技术支持下，人们的学习方式正在发生根本性变革：教育和学习正在变得无处不在、随手可得。

四、语音直播：专业性普及与情感性陪伴

2010 年前，我国网络电台大多由各级主流媒体的广播电台创立，其中地市级以上广播电台所占比例最大。随着带宽网速的不断提升和平台规模的扩大，创办网络电台的成本逐步下降，部分非专业生产者也加入了网络电台的队伍之中。

网络电台的直播出现在 2012 年，当时主要是同步转播传统广播电台正在播出的节目。较早进行此类尝试的是蜻蜓 FM。自 2011 年 9 月份正式

---

① 陈昌凤，李凌. 知识付费的多重属性与本质特征 [J]. 人民论坛，2019（23）.

上线以来，蜻蜓 FM 陆续收录了全国 3 000 多个广播电台、1 000 多家高校电台，供不同地区的听众随意选择。① 其中，高校电台的上网尤为具有网络时代的特色。此前，高校电台只能在各校的校园中通过有线广播供师生收听，上网后则可以面向广大社会公众。高校广播站成为小规模、准专业化电台上网的代表，表明这一时期的网络电台内容变得更加多元丰富。

其后，网络电台的内容和形式进一步丰富。除了对传统广播内容的转播，网络电台还可以在网络技术支持下直播传统广播无暇顾及的内容。部分传统广播电台通过网络直播大型现场活动，没有固定的播出时间和类型，允许听众提前预约收听。这些活动包括会议、体育赛事、科技新品发布会等多种类型，大大拓展了传统广播的报道空间。可以说，网络电台这一阶段在直播领域的探索体现了网络为传统广播的深度赋能，PGC 内容越发丰富，也为后来包括民办网络电台在内的网络语音直播的进一步发展打下了基础。

与准专业的网络广播电台相对应，大量网络音频平台也为个人语音直播提供了便利。比起专业广播电台，个人语音直播较少聚焦严肃议题，主要是在直播间内表演、分享、聊天，形成了不同的运营风格。比如，克拉克拉（KilaKila，原"红豆 Live"）将虚拟偶像的配音者从幕后请向台前，开辟声优偶像直播，并以"有趣很重要"为传播目的，主攻二次元文化娱乐；荔枝语音直播主打文艺、情感类内容；陌陌则在保持社交娱乐特质的同时开通语音直播功能，拓宽使用场景、开发优质内容。纵观各大语音直播平台，内容主要包括情感、二次元、交友和音乐。此外，专注型的信息接收方式为心理咨询、英语学习、读书会等较为专业的内容提供了传播环境。②

---

① 郭嘉 . 蜻蜓 FM：做最好的网络收音机［J］. 传媒评论，2016（7）.
② 申启武，李颖彦 . 网络语音直播：情感商业化逻辑下的声音表演［J］. 现代传播（中国传媒大学学报），2019（2）.

网络的强互动性也通过个人语音直播体现出来。一方面是"连麦"的聊天方式，平台帮助主播与普通用户搭建互动桥梁，以一种类似"热线电话"的方式呈现，由此甚至催生出大量网聊的娱乐频道；另一方面，部分用户也开始在网络上进行唱歌直播，在满足自己的展示欲望的同时，也获得了一定的用户关注度，"唱吧""全民 K 歌"等在线 K 歌软件得以流行，一批来自民间的音乐主播由此出现。网络语音直播强化各自的社交属性，语音直播间的"连麦"功能逐渐从"一对多"的交流转变成"一对一"或"多对多"的、去中心化的社交方式。

第四节　产业模式走向成熟

我国网络音频的发展大致可以划分为 2G 影响下零散的网页音频时代、3G 影响下的播客时代（2005—2011）、4G 影响下的移动时代（2012—2016）和 5G 影响下的全场景时代（2017 年至今）。初始阶段，随着互联网接入的普及与上网设备价格的下降，传统广播电台开始向网络平台转移，网络音频平台依托从传统广播脱胎而来的播客、有声书等内容正式登上互联网舞台。其后，数次互联网风潮——如移动互联网的崛起、知识付费的火爆与网络直播的风口等——为网络音频平台的发展注入了持续动力。近年来，新技术赋能下的智能手机、车载终端、智能音响等设备针对个人音频收听偏好构建音频场景生态，开始为用户提供全场景覆盖的差异化收听体验。纵观历史，随着内容产品不断升级演化，网络音频行业已形成类型多样的商业模式，产业发展逐渐走向成熟。

一、产业链条与商业模式

据《2023 中国网络视听发展研究报告》，截至 2022 年年底，互联网音频市场（含音乐）的用户规模约为 6.9 亿人，人均每日使用量已达 114 分钟。① 市场分析人士认为，目前我国网络音频行业市场规模仍然处于高速增长期，行业的快速发展主要是由于付费用户规模的持续高速增长，收听场景不断拓宽。就产业链而言，主要集中了内容提供、传播平台、技术支持及用户四大角色，在较为完整的产业链条基础上，网络音频的商业模式得以不断丰富，已经形成了较为稳定的信息流、服务流和现金流（见图 4 - 2）。

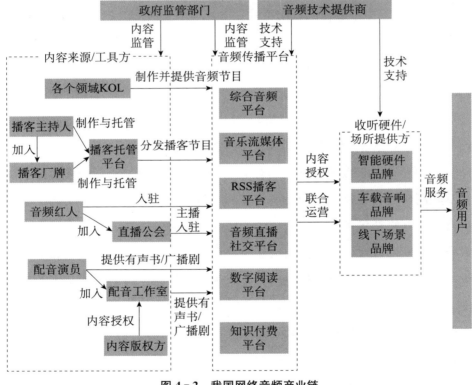

图 4 - 2　我国网络音频产业链

资料来源：艾瑞咨询. 2021 年中国网络音频产业报告 [EB/OL]. （2021 - 12 - 29）[2022 - 11 - 13]. https：//report. iresearch. cn/report _ pdf. aspx?id＝3909.

---

① 《2023 中国网络视听发展研究报告》在成都发布 [EB/OL]. （2023 - 03 - 29）[2023 - 05 - 13]. http：//zw. china. com. cn/2023 - 03/29/content _ 85199750. html.

（一）"一超多强"的平台发展格局

网络音频平台以类似传统广播电台的音频节目制作与传播为核心功能而起步，目前主要分为三类：一是包罗万象的聚合型平台，如喜马拉雅、蜻蜓 FM 等；二是小众窄播的专业型平台，如聚焦"高效知识服务"的得到、瞄准二次元市场的猫耳 FM 和专注有声书的懒人听书等；三是以直播互动为核心业务的音频直播平台，如荔枝、KilaKila 等。整体格局大致为：以掌控内容资源为主线，头部平台（如喜马拉雅、荔枝、蜻蜓 FM、酷我畅听、企鹅 FM、懒人听书、猫耳 FM 等）力推综合化发展，其余平台则探索差异化优势。

从整体数据来看，国内网络音频平台格局呈现"一超多强"态势。喜马拉雅凭借综合性音频内容占据第一梯队，是目前体量最大的在线音频平台。据统计，截至 2021 年，喜马拉雅 App 平均月活跃用户数达到 2.68 亿，其中包括移动端平均月活跃用户 1.16 亿，物联网及其他开放平台服务平均月活跃用户 1.52 亿；移动端用户合计收听时长达 17 441 亿分钟，约占国内所有在线音频平台移动端收听总时长的 68.3％。[1] 在内容方面，喜马拉雅注重 UGC、PUGC、PGC 内容的全方位创作，连接上下游内容生产者和分发者，打造一体化生态链。荔枝、蜻蜓 FM 则分别依靠社交娱乐、PGC 内容位居第二梯队。第三梯队为猫耳 FM、企鹅 FM、酷我畅听等。

对于这些头部平台来说，吸引资本入局成为其发展扩张的重要渠道。蜻蜓 FM 和喜马拉雅凭借数亿级的估值获得数轮融资；2020 年 1 月，荔

---

[1]　未来智库.数字音频行业深度研究报告：数字音频平台的增长引擎是什么？[EB/OL].（2022-07-11）[2023-05-18]. https://baijiahao.baidu.com/s?id=1738034498129263030&wfr=spider&for=pc.

枝正式登陆纳斯达克股票交易所，成为中国网络音频市场中第一家上市的公司。随着音频业务的深入发展，整个网络音频行业也迈入资本集中操作的密集期。①

（二）商业模式与盈利机制

经过多年发展，网络音频行业已打造出较为成熟和稳定的商业模式，盈利机制更趋多元化（见表4-1）。

表 4-1 网络音频行业主要盈利机制

广告营销	指音频平台/主播凭借用户数量和平台流量为广告主和品牌方提供相关广告营销服务，从而获取一定的广告收入，是主播和音频平台变现的重要方式
内容付费	包含一次性买断和会员订阅两种模式。一次性买断为用户购买特定优质内容；会员订阅则为用户在一段时间内持续提供优质内容的同时，让会员享受一系列会员特权
社交打赏	用户对优质内容或者喜爱的主播进行付费外的额外打赏，通常表现为在平台上充值以获得各种打赏礼物的赠送权益，可被视为粉丝经济的一种表现
设备盈利	通过销售音频硬件产品获得收入，硬件终端除了可以为用户提供优质用户体验、增强用户黏性外，也丰富了音频行业的商业模式

广告营销是网络音频平台最为基本且最为主要的收入来源，优质内容与用户流量是吸引广告主进行投放的主要资源。这一商业模式发展较为成熟且形式多样，除内置页面广告、音频广告，赞助优质内容及内容生产者等基本形式外，广告主建立专属品牌电台或定制生产音频节目进行直接营销也成为新型广告形式。如惠普与喜马拉雅共同打造的专属品牌电台"惠普用星说"，喜马拉雅联合欧诗漫打造的定制IP"富察皇后的人生智慧"等，此类形式来源于以广告主需求为核心的创新增值。

---

① 陈昌凤."耳朵经济"：知识与资讯消费新形态［J］.人民论坛，2020（5）.

内容付费是网络音频平台增长最为迅速的商业模式，其基本实现方式包括会员制、单品付费与版权分销等，近年来增长较为快速。以喜马拉雅的会员制为例，其于 2018 年 4 月正式上线会员系统，仅一年后付费会员数就突破了 400 万。单品付费则是更为普遍的盈利方式，音频付费课程、有声书等在各大平台已广泛存在，喜马拉雅"12·3 知识狂欢节"的成功更是为这一模式注入了强心剂。版权分销是较为传统的企业协作创造的价值增值活动，通过对版权的再次售卖，网络音频平台可获得一定利润。

社交打赏是网络音频平台的新型商业模式，主要依托用户打赏分成和社群电商等实现营收。这一模式与视频直播类似，平台主要通过对用户为主播购买的增值服务的分成获得收入。社群电商是通过社交互动实现盈利的另一种方式，但这一盈利方式尚未成熟和稳定，荔枝等网络音频平台的尝试效果目前并不理想。

设备盈利是尚处在探索中的商业模式，目前主流方式之一是网络音频平台为智能设备提供内容，获得收入分成或吸引广告赞助。如蜻蜓 FM 与百度合作，为 Car Play 等车联网设备、小度智能音箱等提供音频内容；企鹅 FM 入驻京东叮咚音箱等。而在智能设备生产方面，网络音频平台目前涉足不多，较具代表性的有喜马拉雅等。2017 年，喜马拉雅推出小雅 AI 智能音箱，开始拓展音频内容的收听场景，其后进一步在该设备上绑定会员精品内容，进而扩大用户规模。

二、政策规制：监管与保护并行

（一）内容乱象的强监管

随着网络音频行业的火热，网络音频平台也成为容易滋生色情低俗内容的土壤。2018 年 6 月 8 日，全国"扫黄打非"办公室约谈网易云音乐、百度网盘、B 站（哔哩哔哩）、猫耳 FM、蜻蜓 FM 等多家网络平台负责人，要求各平台大力清理涉色情低俗问题的内容，加强对相关内容的监管和审核。与图文、视频等内容形式相比，音频对人工监控的依赖度较高，审查起来具有一定难度，目前很多平台还没有建立起成熟的内容监管体系。此前，国家层面对互联网视听内容的监管主要放在了视频方面，随着网络音频产业的发展以及相关法律法规的完善，网络音频所涉及的违法违规行为日益成为相关部门的监管重点。

2018 年 7 月至 11 月，国家版权局、工业和信息化部、公安部、国家互联网信息办公室在联合开展的第 14 次打击网络侵权盗版专项治理"剑网行动"中将有声读物作为着重规范的领域。2019 年 6 月，国家互联网信息办公室会同有关部门开展针对网络音频乱象的专项整治行动。对 26 个传播历史虚无主义、淫秽色情内容的违法违规音频平台分别采取了约谈、下架、关停服务等处罚。2019 年 11 月，国家互联网信息办公室、文化和旅游部、国家广播电视总局联合印发了《网络音视频信息服务管理规定》（以下简称《规定》），自 2020 年 1 月 1 日起施行。[①]《规定》明确，网络音视频信息服务提供者应当依法取得法律、行政法规规定的相关资质；应当建立健全用户注册、信息发布审核、信息安全管理等制度；网络音视频信息服务提供者应当加强对网络音视频信息服务使用者发布的音视频信息的管理，建立健全辟谣机制等。《规定》进一步压实了信息内容安全管理主体责任。

强监管模式正在倒逼平台企业把关内容，如喜马拉雅组成 24 小时值班的审核队伍，采用"三审＋抽审"制度严格审核平台内容，并与语音智

① 中华人民共和国国家互联网信息办公室. 关于印发《网络音视频信息服务管理规定》的通知[EB/OL]. (2019-11-29) [2022-12-12]. http://www.cac.gov.cn/2019-11/29/c_1576561820967678.htm.

能识别公司合作，以技术审核和人工审核相结合的方式保护内容版权；荔枝则成立内容安全中心，利用语音 AI 识别技术加强平台内容审核。① 面对侵犯版权、涉黄、虚假信息等问题，互联网音频平台需要与内容监管技术研发企业、监管部门通力合作，探索建立可复制推广的成本更低、效率更高的智能监管系统等。

（二）版权保护的规范化

除了内容质量，版权保护也是促进网络音频市场健康发展的重要任务。

当下，网络音频平台内容主要包括 UGC、PGC、PUGC 以及独家版权这四大块。虽然近年来综合性网络平台都在追求内容精品化，但是在内容庞杂、数量巨大的平台内容中，PGC、PUGC 和独家版权内容只占少部分，UGC 仍然是平台挖掘优质内容、吸引流量的重要依托。鱼龙混杂的UGC 内容也逐渐暴露出两个突出的问题：除前述的内容涉及色情低俗问题外，另一个是存在侵犯知识产权的风险。网络音频涉及的版权内容众多，授权过程复杂，所涉及的版权包括原著作者的著作权、朗读者的表演者权，如果有背景音乐，还涉及音乐作品的著作权等。复杂的授权过程和相关主体版权意识的缺乏让 UGC 成为网络音频内容侵权的重灾区。早在2007 年年底，我国政府即颁布了《互联网视听节目服务管理规定》，强调了互联网视听节目服务单位进行版权保护的必要性。此后，音频版权保护的流程不断规范化。2015 年 7 月，有"最严版权令"之称的《关于责令网络音乐服务商停止未经授权传播音乐作品的通知》发布，要求各网络音乐服务商全部下线未经授权传播的音乐作品。继考拉 FM 与蜻蜓 FM 对簿

---

① 陈昌凤．"耳朵经济"：知识与资讯消费新形态［J］．人民论坛，2020（5）．

公堂，荔枝、多听 FM 被苹果应用商店多次下架等风波之后，这一规定有效规范了中国音乐版权市场秩序。2021 年 2 月，国家广播电视总局组织研究建立了视音频内容分发数字版权管理标准体系，进一步推动版权标准化建设。

随着国家加大对版权的保护，以及人们版权意识的提升，版权保护已成为网络音频行业绕不过去的问题。以喜马拉雅为例，其与中国出版集团、阅文集团等多个国内出版机构结成深度战略合作伙伴关系，据称已获得市场 70％畅销书的有声版权、85％网络文学的有声改编权、超 6 600 部英文原版畅销有声书。2018 年，喜马拉雅和腾讯视频联合推出双 VIP 活动进行 IP 合作运营。蜻蜓 FM 则拿下金庸小说等文学版权，并加入美国有声读物出版商协会（APA），致力于引进对方旗下的优质作品。对网络音频平台而言，如何避免版权纠纷并建构起自己的版权壁垒已成为提升内容竞争力的关键。

三、用户变迁：“耳朵经济”与全民共创

移动互联时代互联网音频呈现出碎片化、社交化、移动化、跨终端、产品化特点，并兼具与传统广播相似的伴随性、互动性、低成本、易制播的共性。[①] 有研究发现，相比移动视频和传统电台，移动音频的用户黏性更强。作为网络音频产业链的重要一环，用户始终是牵动产业发展的关键力量。

（一）用户付费从无到有

对于人们依靠听觉进行信息消费而引发的经济现象，市场赋予了一个

---

① 王宇 . 互联网音频时代传统广播如何培养受众［J］. 中国广播，2017（3）.

形象的称谓——"耳朵经济"。网络音频行业中，用户付费是耳朵经济的重要体现，但这一习惯的养成却非朝夕之功。

时间回溯到 2013 年，"音乐付费"还是坊间争议性的传说。自 2014 年开始，互联网音乐频频出现版权纠纷。2015 年 7 月，国家版权局发布《关于责令网络音乐服务商停止未经授权传播音乐作品的通知》，用户付费已隐隐显现趋势。版权问题不仅在互联网音乐平台引起硝烟，互联网电台的语言类节目也受到侵权影响，同样于 2015 年起迈出了探索用户付费的步伐。与用户付费紧密相连的是版权"护城河"的构筑。2015 年 7 月，喜马拉雅与全球最大的中文数字阅读平台阅文集团签署排他性的版权合作协议，获得阅文集团旗下海量网络文学作品的有声改编权，此后又与中信出版集团等出版商达成战略合作。蜻蜓 FM 则获得中文在线旗下部分数字作品授权，拓展自身内容库。版权屏障的构筑进一步激发了用户对内容付费的动力。

2016 年被称作互联网音频付费的元年。这一年，喜马拉雅推出付费精品区，主打财经、历史等方面的内容。此外，其发起的首届"12·3 知识狂欢节"以秒杀、体验、优惠等方式推销平台旗下的付费音频课程、节目和有声书，最终销售额突破 5 000 万元，成为引发热议的社会现象。以互联网音频平台自身优质内容如《罗辑思维》《每天听见吴晓波》等拥有大规模订阅用户的现象级播客节目为基础，加之互联网音乐、互联网视频对用户付费习惯的培养，内容付费逐渐成为互联网音频平台的主要变现模式。据艾瑞咨询《2020 年中国网络音频行业研究报告》，2019 年，76.0% 的用户在网络音频平台产生付费行为，用户年均花费 202.3 元，用户付费意愿实现了从无到有再到普遍化的跨越发展。

互联网音频平台用户付费模式的形成，使用户从信息接收者的单一身份转变为受传者、消费者的双重身份。用户角色的转变意味着用户地位的进一步提升，各互联网音频平台开始探索以版权为核心的个性化、差异化服务模式。行业普遍认识到，优质内容的生产是核心资源，用户的付费意愿来自平台对于内容质量和内容占有的把控。这也进一步激发了内容创制者的创作热情，使其更加注重内容口碑和内容质量。在巩固自身的优质内容优势之外，各平台持续深入挖掘垂直领域的内容布局，实现内容品类的细分和拓展，满足千人千面的内容需求，成为互联网音频着力发展的重要方向。

（二）用户参与度的提升

互联网音频尤其是移动音频的出现和普及，重新界定了声音媒介与受众之间的关系。传统意义上的受众转变为用户，单向的信息接收者已悄然退场，取而代之的是"接收—创造—传播"三位一体的传播主体。使用者角色的转变反映了互联网音频技术发展下使用者参与度的极大提升。

首先，用户行动能够直接影响互联网音频平台的内容生产。传统广播平台的受众反馈主要来自听众来信，直到"珠江模式"开创，广播电台开启了与听众之间的即时双向互动，这种方式至今仍然是传统广播受众最普遍的参与方式。然而这种直播交流的形式之下，受众的参与范围非常有限，需要经过一定的遴选机制方能进入，参与形式为点对点对话，难以形成日常化与规模化的受众参与。而移动音频平台与其他社交平台的联结及其搭建的虚拟社区、直播弹幕等互动模块，开辟了更多形式、更加便捷、更具体验感的用户参与通道。用户的参与数据能够被音频作者、主播等即时捕捉，从而快速做出反应，即时调整内容。

其次，互联网音频平台还为更具参与积极性的用户提供了进行内容生产与传播的场域。传播者与受传者、消费者与生产者之间的壁垒被打破。在信息传播的链条中，互联网音频用户可以自主动手制作音频节目上传至平台，实现由链条末端向前端的跃升。移动网络的发展、音频软件的开发、硬件的迭代升级共同推动了"人人皆可主播"时代的来临。用户的内容生产行动按照深入程度可以分为两类：一是内容整合式生产，这是对现有内容资源的再生产，属于用户浅层的内容创作行动。或由用户有意识地对互联网音频平台所提供的海量资源进行整合重组、重新排布，或由平台技术主导为用户整合私人电台听单，受众的收听偏好和习惯成为潜在内容生产要素。二是内容创制，其强调对新内容的创造性生产，用户参与的能动性程度更高。用户内容创制的积极性受到移动设备和互联网音频平台可用性、易用性提升的影响。早期录制播客节目的操作过程较为烦琐，但随着移动互联网音频平台的发展，录音、编辑和上传等创作步骤被极大简化，背景音乐、混音、降噪等也能够在一台移动设备上轻松完成，内容生产门槛的降低提升了用户参与内容创制的意愿。此外，互联网音频平台也主动寻求各种方式鼓励 UGC 生产。如 UGC 模式的代表荔枝推出"年度声典颁奖晚会""播客扶持季""回声计划"等，通过流量、资金等多方激发用户参与热情，在满足用户参与内容创制心理的同时，也迎合了新媒体时代用户多元、多变的内容期待。

（三）用户需求的多样化

有学者提出，"耳朵经济"时代为受众提供了身体通感、空间感、时间感、自我感、精神快感。[①] 首先，互联网音频满足了受众的社交需求。移动网络音频的平台化进程，使用户身处一种社交化场域。社交化媒体产品既可以为用户提供社交圈的启动机制，也可以持续为用户提供社交圈的扩展作用。[②] 美国学者桑德拉·鲍尔-洛基奇（Sandra Ball-Rokeach）等提

---

① 王紫钰. 耳朵经济繁荣时代的受众心理 [J]. 青年记者，2019 (17).
② 郭光华，余思乔. 用户体验：移动网络音频传播效果研究 [J]. 新闻爱好者，2018 (2).

出的"电子对话"概念，被列为大众传播的"独白式"、人际传播的"对话式"之外的以信息技术为传播手段的传播方式之一。互联网媒介为用户提供了相遇和对话的中介平台，"新媒介即关系"已成为普遍认识。① 就互联网音频而言，用户通过点赞、评论、分享等方式与其他用户相遇、对话并产生关系。虽然听觉文化具有垂直化、私有化特质②，但在移动互联网平台的激活下，其社交属性已成为满足用户需求的一个重要方面。艾媒咨询发布的 2021 年中国在线音频用户通过音频平台认识同好朋友意愿调查数据显示，超过七成（77.5%）用户愿意通过在线音频认识有相同爱好的朋友。同好社交已经成为新生代群体的重要社交诉求，如荔枝等社交属性强的在线音频社区已成为"在线音频＋同好社交"的重要平台。③

其次，互联网音频为受众提供了一种群体归属和情感满足。情感属性是音频的媒介特性之一。④ 基于马斯洛需要层次论，情感属于社交需要，是人较高层次的需要。归属感为个体提供了多种心理满足，如"享受他人提供的精神鼓舞，获得他人赞扬带来的自尊感，拥有社会比较、了解自我、他人同情的资源"⑤。德国社会学家滕尼斯（Ferdinand Tönnies）所提出的"共同体"概念反映了移动音频平台所构建的社交模式，即"亲密、秘密、单纯的共同生活"而非"机械的聚合"。⑥ 在情感满足方面，传统大众传播模式下的广播音频已经能够通过提供超越物理空间限制的陪伴感

---

① 陈先红. 论新媒介即关系 [J]. 现代传播（中国传媒大学学报），2006（3）.
② 穆童，战迪. 全媒体时代视听文本的听觉文化转向及其表意实践 [J]. 未来传播，2020（3）.
③ 音频产品带来"悦耳"生活 [EB/OL].（2022－04－11）[2022－07－23]. https：//m. gmw. cn/baijia/2022－04/11/35649457. html.
④ 艾瑞咨询. 2018 年中国网络音频行业研究报告 [EB/OL].（2018－12－12）[2021－12－01]. https：//report. iresearch. cn/report _ pdf. aspx?id=3308.
⑤ 乔伊森. 网络行为心理学：虚拟世界与真实生活 [M]. 任衍具，魏玲，译. 北京：商务印书馆，2010：175.
⑥ 滕尼斯. 共同体与社会：纯粹社会学的基本概念 [M]. 林荣远，译. 北京：北京大学出版社，2010.

和准社会交往来建构用户的情感满足。但在移动互联网技术发展之下，线性的时间与三维的空间被深度分割打破，人与人之间的交互更加即时、直接而丰富，由此带给受众虚拟的在场感。优质声音内容跨越了代际与职业的界限，通过"讲故事"的方式为人们提供了治愈力和慰藉。[①] 在"陪伴感"的作用下，基于场景的消费成为网络音频内容发展的重点。随着用户收听习惯的逐渐养成和应用场景的不断丰富，在线音频越来越受到人们的青睐，经济价值凸显。听觉内容形态在长短视频之外有效扩展了人们的内容消费场景，如通勤、助眠和亲子陪伴等，逐渐展现出不可小觑的商业潜力。调查显示，78%的用户选择在通勤时收听音频内容，开车和运动期间也是在线用户使用音频的常见场景。

最后，互联网音频为参与水平较高的用户提供了自我呈现的渠道。"任何个体行为都处于被他人围观的情境中，个体期待行动之后获得他人评价。如果获得充足认可或较高的评价，个体就会获得较高的成就感和满足感，增强个体自信心。"[②] 在互联网数据的生产逻辑下，用户的每一个信息使用行为都使其成为潜在的信息数据生产者。看似稀松平常的评论、转发、回复，以及一键即可完成的分享，悄然成为用户在社群平台建构个体形象、进行自我呈现的手段。即便在移动音乐平台所关联的个人化收听场景中，用户也可以通过设置个性化歌单，在个人主页内分享歌曲、抒写心情、整理关注列表等方式完成对他人的自我呈现。比如，2018 年 1 月，网易云音乐首次发布了用户年度听歌报告，通过回溯用户的听歌"足迹"，帮助其传递情感共鸣，强化身份认同。众多用户在其社交主页刷屏分享，借此向他人展示和表达自我的日常习惯、品味偏好和情感体验。

---

① 暨者. 嘿，你有在听吗?：音频市场，"耳朵"里的新经济 [EB/OL]. (2022 - 07 - 08) [2022 - 07 - 23]. https://m.thepaper.cn/newsDetail_forward_18917854.

② 戈夫曼. 日常生活中的自我呈现 [M]. 黄爱华，冯钢，译. 杭州：浙江人民出版社，1989：58 - 71.

第五章 一种新的大众文化：互联网视听传播的兴起与流行（1994—2005）

1994年到2005年是我国网络视听行业的孕育期。一方面，传统媒体将互联网视作补充手段，寄希望于利用新兴平台扩大自身传播力；另一方面，网络为普通大众提供了交流与分享的空间，令人会心一笑的"草根"和"恶搞"视频在内容取向上形成了对主流文化的补充，一种全新的网络大众文化开始出现。

第一节 孕育中的"乌托邦"

步入21世纪，我国的综合实力稳步上升，国家社会的发展也在个体身上得到体现，人们开始渴望一个能够进行自由表达、沟通意见、达成共识的社会生活领域。随着技术的高速革新，互联网丰富了人们获取信息的方式，满足了人们日趋多元化、专业化和个性化的需求。

一、社会变迁与文化产业发展

自 1978 年改革开放以来，我国的经济总量迅速增长。从 1979 年到 2005 年，国内生产总值年均实际增长 9.6%，约为同期世界经济年均增速的 3 倍。20 世纪 90 年代中期，中国社会掀起了名为"消费革命"的浪潮。1992 年，邓小平南下视察，并发表"南方谈话"；同年，中共十四大明确提出要建立社会主义市场经济体制。这标志着中国改革开放进入新的发展阶段。随后几年，中国在国有企业私有化和承包机制、财政税收体制、社会保障制度、收入分配体制、教育、住房等领域开展了一系列配套改革措施。新的改革促成中国经济的新一轮腾飞，国民经济的大幅发展切实提高了城镇居民的生活水平，人均可支配收入逐年高速增长。2001 年，中国加入世界贸易组织（WTO），推动中国经济迎来"世纪增长"。2005 年，我国国内生产总值已超过英国，居世界第四位，仅次于美国、日本和德国，人均国内生产总值由 1952 年的 119 元上升到 14 040 元①，实际增长约 117 倍。

在市场经济的改革浪潮下，国内媒体面临着前所未有的改革与机遇。20 世纪 80 年代改革开放初期，许多曾经完全由国家资金支持的国有媒体和文化单位被迫自力更生，广告、赞助和其他形式的商业运作成为其重要的资金来源。此时，国有媒体正逐步取消政府补贴，并尝试合理地引入市场关系，旨在保证政府宣传职能的同时，提高生产力和受众吸引力。以电视事业为例，1982 年前，我国电视事业为"二级办电视"的格局，即只有中央台和省台；1983 年第十一次全国广播电视工作会议后，政府放开

---

① 中华人民共和国国家统计局. 2006 中国统计年鉴［M/OL］.［2021 - 08 - 01］. http://www. stats. gov. cn/sj/ndsj/2006/indexch. htm.

允许市级和县级政府建立电视台，在"四级办电视"的结构下，电视在国内逐渐成为真正意义上的大众媒介，中国开始成为"电视大国"。①

与之相应，改革开放使中国社会结构发生巨大变迁，人们开始期待更多自由交流的公共空间，社会文化开始呈现出官方与非官方文化共存的二元性。社会的变迁促成了文化体制改革。2003 年 6 月，北京召开全国文化体制改革试点工作会议，确认在 9 个省市和 35 个宣传文化单位进行改革试点，标志着文化体制改革进入实质性阶段。在广播电视方面，大量媒体虽以公共利益为导向，但其业务运营、电视剧、广告等内容已出现国家持控股权同时吸收国内外民营资本的模式。随后，国家广播电影电视总局发布《关于促进广播影视产业发展的意见》，正式允许外资和国内资本参与非新闻电视节目和电影的制作。2004 年，国家广播电影电视总局和商务部联合发布《中外合资、合作广播电视节目制作经营企业管理暂行规定》，进一步将参与范围扩大到私营媒体组织。

虽然广播电视的内容生产机制越发多样，但其由少数精英机构垄断的特征仍未改变。相比之下，互联网去中心化的传播方式带来的平等性和交互性，为视听传播打开了一扇新大门。此时的中国互联网用户渴望信息。一方面，他们从各类网站中大量汲取新闻、技术等信息；另一方面，他们在聊天室、论坛等场所表达个人见解、开展人际交往，网络空间充满对各类话题的热烈讨论。互联网信息传播的多样化和控制的复杂化，让不少人将网络视为"重新赋权"后的"乌托邦"。这也在一定程度上激发互联网用户大胆表态，批评社会现象，甚至开始出现一些与主流叙事不同的声音。就行业大环境而言，市场经济体制对媒体行业的影响也开始体现在传播内容方面。市场对信息资源的配置力度空前加大，传统媒体上出现了大

---

① 徐帆. 1983："电视大国"的起点 [EB/OL]. (2009-09-01) [2021-09-01]. http://ww2.usc.cuhk.edu.hk/PaperCollection/Details.aspx?id=7270.

量娱乐新闻和娱乐节目，为受众提供更多感官享受，信息与娱乐的结合呈现出一种明显的娱乐化和大众化倾向。① 不少媒体开始使用大众化的口语、俗语甚至方言讲述新闻故事，采取灵活多样的叙事修辞渲染情绪，以期吸引更多受众。

经济的高速发展同样为网络视频业奠定了物质基础，消费主义成为大众文化的显著特征。一方面，普通人的经济条件得到改善，笔记本电脑、手机、平板电脑及各种摄像器材等上网设备走进千家万户。截至 2005 年年底，城镇居民家庭平均每百户拥有移动电话 137 部，拥有家用计算机 41.5 台。② 这意味着越来越多的普通人拥有上网设备，能随时随地观看网络视频，甚至自行策划、录制并上传视频到互联网平台。另一方面，政府对文化产业的高度重视也是网络视频发展的重要支撑。2000 年，中共中央十五届五中全会通过《中共中央关于制定国民经济和社会发展第十个五年计划的建议》，提出"推动信息产业与有关文化产业结合"，要"推动有关文化产业发展"③。2001 年，这一建议正式被纳入"十五"规划纲要，自此文化产业成为中国当代文化建设的重要领域。此时，虽然互联网进入中国时间尚短，但上网计算机和网络用户数量快速增长，已在国内形成一定影响力，互联网文化逐渐成为主流文化的重要构成部分。2002 年，十六大报告清晰指明，要"完善文化产业政策，支持文化产业发展"，"互联网站要成为传播先进文化的重要阵地"④。

---

① 秦志希，刘敏. 新闻传媒的消费主义倾向［J］. 现代传播，2002（1）.

② 国家统计局."十五"时期全国城镇居民收支保持较快增长［EB/OL］.（2006-03-20）［2021-08-01］. http://www.stats.gov.cn/zt＿18555/ztfx/15cj/202303/t20230301＿1920485.html.

③ 中华人民共和国中央人民政府. 中共中央关于制定国民经济和社会发展第十个五年计划的建议［EB/OL］.（2000-10-11）［2021-08-01］. http://www.gov.cn/gongbao/content/2000/content_60538.htm.

④ 江泽民. 全面建设小康社会 开创中国特色社会主义事业新局面：在中国共产党第十六次全国代表大会上的报告［M］. 北京：人民出版社，2002：41，39.

二、走向多媒体：互联网传播条件的改善

早期的互联网首先面向国防、高校、科研机构，以完成不同计算机间的信息传输和资源共享为目的。此后，互联网进入商业化应用阶段。万维网实现了文字、图像、声音等多媒体信息的传送，且在信息之间运用超链接进行关联，由此互联网逐步发展成一种世界通用又惠及全球的大众传播媒介。

计算机上的图片、声音及动态图像均需通过数码表达。21 世纪之前，绝大多数家用计算机的数据处理能力和网络传输带宽都不具有处理复杂音视频文件的能力，有限的存储空间和计算能力仅能支持文本信息的传输。计算机作为一个综合体，需要兼顾信号制作、传输和接收，处理文字、图像、声音等不同编码格式的文件，且计算机与人的互动形式极为丰富多样。因此，网络视频这一功能迟迟未能进入人们的视野。[1] 20 世纪 90 年代末，随着一系列视频协议、音频协议和压缩协议的提出，声画协同技术和文件压缩技术逐步走向民用领域，计算机步入了多媒体时代。多媒体技术让文字、图像、声音在一种文件格式下多重组合，形成具有意义的动态图像。然而，网络视频诞生之初，中国国内未普及宽带互联网，不少用户仍使用电话拨号上网，传输速度极低，且那时的计算机磁盘空间有限，线上观赏网络视频和下载视频是一件耗时耗力的事，因而鲜少有用户会经常使用视频服务。

这一时期，视频点播（Video On Demand，VOD）开始在国外兴起，随后被引入中国。这是一套可以根据观众需求播放视频的技术，人们借助互联网选择自己想看的节目，VOD 系统用流媒体[2]进行实时播放，人们也

---

[1]　陆地，靳戈. 中国网络视频史 [M]. 北京：中国广播影视出版社，2017.
[2]　流媒体，即让多媒体文件在网络上如流水般不断流动的技术，能在实时播放视频的同时有效缩短加载时间，节省计算机存储空间。

可将内容完全下载到本地之后再进行播放。随着我国互联网应用规模的扩
大和基础带宽条件的改善，流媒体技术开始得到越来越多的应用。自
1994 年正式接入国际互联网以来，我国上网计算机量、用户量、域名注
册量及分布、互联网络国际出口带宽等指标均显示出互联网的快速发展。
据统计，从 2000 年 6 月到 2005 年 12 月，全国上网计算机量从 650 万台
增加到 4 950 万台，全国上网用户量从 1 690 万人增长至 11 100 万人；
2005 年，中国网民数量首次破亿（见图 5－1）。①

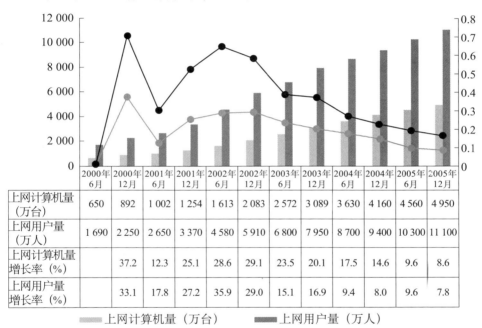

	2000年6月	2000年12月	2001年6月	2001年12月	2002年6月	2002年12月	2003年6月	2003年12月	2004年6月	2004年12月	2005年6月	2005年12月
上网计算机量（万台）	650	892	1 002	1 254	1 613	2 083	2 572	3 089	3 630	4 160	4 560	4 950
上网用户量（万人）	1 690	2 250	2 650	3 370	4 580	5 910	6 800	7 950	8 700	9 400	10 300	11 100
上网计算机量增长率（%）		37.2	12.3	25.1	28.6	29.1	23.5	20.1	17.5	14.6	9.6	8.6
上网用户量增长率（%）		33.1	17.8	27.2	35.9	29.0	15.1	16.9	9.4	8.0	9.6	7.8

　　▨ 上网计算机量（万台）　　　　▨ 上网用户量（万人）
　　━●━ 上网计算机量增长率（%）　　　━●━ 上网用户量增长率（%）

图 5－1　2000 年 6 月至 2005 年 12 月中国上网计算机量和用户量增长趋势
资料来源：根据历次《中国互联网络发展状况调查统计报告》整理得出。

与此同时，随着互联网带宽的增加，互联网传输效率显著提升。1998
年，中国公用计算机互联网骨干网二期工程启动，扩充主干网带宽至

---

① 数据来源于中国互联网络信息中心发布的《第六次中国互联网络发展状况调查统计报告》和
《第十七次中国互联网络发展状况调查统计报告》。

155Mbps。2000 年，北京国家级互联网交换中心开通，使中国主要互联网网间互通带宽提升至 100Mbps。2002 年，作为国家"十五"规划的信息化子规划，《国民经济和社会发展第十个五年计划　信息化发展重点专项规划》明确提出大力发展高速信息网，提高信息网络传输能力，满足社会日益增长的带宽需求。在国家政策的支持下，中国国际出口带宽总容量由 2000 年的 2 799M 快速增至 2005 年的 136 106M，增长率达 4 762.7%，为网络视频发展提供了良好的技术条件。①

2000 年至 2005 年，网民以男多女少、未婚、年轻（18～24 岁）、文化程度为大专及以上为主要特征。在此阶段，浏览新闻、搜索引擎和收发邮件是中国网民最常用的三种互联网服务，此外还有即时通信、论坛、娱乐服务等。随着网络服务类型增多，传统网络服务（如电子邮件收发）占网民网络生活的比例逐年减少，在线音乐和影视收看及下载等新兴内容消费的比例稳定上升。互联网、多媒体、流媒体和宽带等技术的革新为网络视频传输奠定了坚实基础，也为网络视频服务进一步发展提供了基本条件。2001 年 12 月，中国互联网络信息中心正式将多媒体娱乐（VOD 点播、MP3、FLASH 欣赏等）纳入中国用户常用的网络服务；随后，该条目逐渐细化为 VOD 点播、网上直播、多媒体娱乐（MP3、FLASH 欣赏），并于 2005 年 12 月调整为在线影视收看及下载（含在线电视）服务。2005 年 12 月的统计显示，近 37.1% 的受访者认为这项服务是其常用网络服务之一。

第二节　"恶搞"与"山寨"：视听内容的新延伸

2000 年，台湾春水堂科技娱乐公司利用压缩技术和 Flash 软件制作了

---

① 中国互联网络信息中心. 第十七次中国互联网络发展状况调查统计报告［R/OL］. （2006 - 01 - 18）［2021 - 07 - 30］. https：//www.cnnic.net.cn/NMediaFile/old _ attach/P020120612484933207194. pdf.

一部网络电影《175度色盲》，影片时长约20分钟，文件大小仅2MB，虽然画面清晰程度欠佳，却适合在当时网络带宽有限的情况下传播。同年，吉林大学学生董一萌以自己的高中生活为原型，与团队成功制作了中国第一部网剧《原色》，作品一经发布便吸引了新华社、央视、新浪等两百多家媒体的关注报道。可以说，这些画面模糊、制作粗糙的"草根"短片拉开了中国网络视频的序幕。

"任何媒介（即人的任何延伸）对个人和社会的任何影响，都是由于新的尺度产生的；我们的任何一种延伸（或任何一种新的技术），都是在我们的事物中引进一种新的尺度。"[1]互联网这一新兴媒体形态为影像的生产提供了一种新的延伸方向，催生了新的视觉文化形态——网络视频。

一、官方媒体网络视听传播的早期尝试

由于技术、资金、设备等优势，官方媒体成为入驻互联网的主要用户，也是较早进行网络视听传播探索的主体。

20世纪90年代初，我国新闻媒体开始尝试电子化传播。国内第一个试刊报纸电子版的是《杭州日报》；1995年《神州学人》杂志和《中国贸易报》先后上网，被视为新闻媒体走上网络的开端。1997年除夕，《华声报》电子版主页首次尝试运用网络视频展示时任国务院侨办主任郭东坡对全球华人的新年贺词。1999年年底，全国范围内已建立独立域名的新闻宣传单位达到700家。时任国务院新闻办公室主任赵启正曾表示："我们要充分利用互联网这一传播手段，……使其真正成为思想政治工作的新阵

---

① 麦克卢汉. 麦克卢汉精粹［M］. 何道宽，译. 南京：南京大学出版社，2000：227.

地，对外积极全面地介绍中国，使其成为有效的新渠道。既然是个新阵地、新渠道，就要尽快地占领，充分地利用。"① 在互联网发展初期，主流媒体特别是电视媒体借助资源优势和政策支持，逐步向电子化、网络化迈进，提供网上视频点播、视听新闻等内容，成为早期互联网视听传播的重要力量。

(一) 网上点播电视节目

作为 20 世纪最具影响力的大众传播媒介，电视长期以来占据视听传播的垄断地位。进入互联网时代，电视台在互联网上开设视频点播和直播功能，扩展传播阵地，成为早期网络视听内容的主要提供者。

1996 年，中央电视台建立官方网站。随后，各地方电视台纷纷申请域名，为网络用户提供视频点播服务。2000 年年底，中央电视台旗下的央视国际网络（简称"央视国际网"）正式建立，致力于服务央视的传播框架，利用央视视听资源，"做好重点宣传"，"传播先进文化"②。

1998 年 12 月的最后一天，上海电视台与中央电视台合作举办《五洲风——99 中英文双语元旦晚会》，这场晚会在网络平台实时播映，开创网上视频直播先河。1999 年，中央电视台联合中国电信及联通公司，开始在网上直播春节联欢晚会。中央电视台同时公布了五个直播网址，并在海内外多家站点、多个网段同时提供直播业务，最终晚会期间上网人数达50 万，收看直播人数达 15 万。截至 1999 年 7 月，中央电视台网站已在新闻、体育、文艺等栏目提供约 10G 的网络视频信息播放业务。

上海电视台、湖南电视台等是较早发展互联网业务的地方媒体。2003

---

① 赵启正. 进一步做大做强 抢占互联网新闻宣传的制高点 [J]. 新闻战线，2001 (6).
② 国家广播电影电视总局，《中国广播电视年鉴》编辑委员会. 中国广播电视年鉴：2002 [M]. 北京：中国广播电视年鉴社，2002：324.

年，上海文广新闻传媒集团（SMG）建立"东方宽频网"，并与中国电信、中国网通建立合作关系，旨在更高效地向受众提供视频节目点播服务。2005 年 5 月，上海文广新闻传媒集团获得了从事 IPTV[①]业务的运营商牌照，业务包括自办播放和节目集成，用户可以在互联网电视平台上点播上海电视台或其他机构开办的广播电视节目。作为湖南卫视旗下新媒体平台，金鹰网创建于 2004 年，其致力于打造集合综艺、电视、电影、音乐等专业性频道的一站式网络娱乐资讯平台。金鹰网整合了湖南卫视及湖南广电频道群的核心娱乐资源，并以此为依托，陆续推出如《快乐大本营》《超级女声》《快乐男声》等影响海内外的大型活动或电视品牌节目的线上点播和直播功能。截至 2005 年年底，除青海省以外的国内省级电视台均设立了自己的网站。

除电视台的网络视听业务外，民间力量也开始介入这一领域，整合电视节目资源上网。2004 年，华中科技大学学生姚欣创办视频点播平台 PPLive，并于 2005 年成立上海聚力传媒技术有限公司。PPLive 平台让网络用户观看点播视频变得更加容易，曾有超 50 万人通过 PPLive 平台在线收看当年热门电视节目《超级女声》总决赛。此时，以 PPLive 为代表的视频网站呈现出"重技术、轻内容"的特点，其业务以视频点播和直播为主，内容则主要来自对互联网已有视频资源的整合。

（二）走上网络的视听新闻报道

受带宽和资金限制，早期的网络新闻常常以文字和图片为主。进入 21 世纪后，由于网络宽带、流媒体等技术不断成熟，网络新闻中逐渐融

---

① IPTV 是网络视频的近亲，是一种利用宽带网、采用流媒体技术，通过互联网协议来提供包括视频节目在内的多媒体交互业务，旨在实现电视网络化播出，其终端可以是"机顶盒＋电视机"模式，也可以是计算机和手机等设备。

合 Flash 动画、音频、视频等多媒体表达手段，大大增强了新闻报道的表现力。比如，与静态图片不同，利用 Flash 技术制作的动画不仅能有效降低阅读理解难度，还可增强新闻的趣味性和互动性。2003 年伊拉克战争期间，凤凰卫视网站曾发布"海湾战争"这一动画模拟视频，观众点击播放键即可进行"美英军事部署""美英进攻模拟""伊拉克攻防模拟"，海湾地图和各方军事动态一目了然。①

步入 21 世纪，新闻媒体网站开始在视听内容方面发力，不仅是从事视听业务的广播电视台，还包括报纸、通讯社等其他主流媒体。以《人民日报》网络版为例，其在此时已确立了 24 小时滚动发布新闻的机制，提供视频、音频新闻，利用各大论坛发挥交互功能，致力于打造以发布新闻信息为主的综合信息服务平台。1999 年，当以美国为首的北约组织袭击中国驻南斯拉夫大使馆时，《人民日报》驻南斯拉夫记者吕岩松率先在网站上发布大使馆被炸的目击记录和现场新闻照片。事发第二天，《人民日报》网络版便开设了"强烈抗议北约暴行 BBS 论坛"（之后更名为"强国论坛"），为网络用户提供交流和表达爱国思想的平台。围绕这一事件的报道让中国新闻媒体真切感受到了互联网的巨大力量。

如前文所述，流媒体技术成为这一时期网络视听传播兴起的重要推手。在网络视听新闻报道领域，这一技术的应用使用户获得了与传统广播电视新闻不一样的体验：可以在收看新闻过程中随意调整播放进度，自主选择想要收看的内容。2000 年年初，新华网、东方网等主流网络新闻媒体便已应用流媒体技术进行报道。2000 年年底，央视国际网开发视听在线频道，每天提供 3 小时的直播节目和 4 小时的录播节目，相关视频点击量居高不下。② 如图 5-2 和图 5-3 所示，央视国际网已有"直播中国"

---

① 徐萍. 广播电视上网和网站跨媒体发展思考 [J]. 新闻实践，2003 (7).
② 徐世平. 网络新闻实用技巧 [M]. 上海：文汇出版社，2002：35-37.

"直播时刻"等板块供网络用户在线收看直播节目，其中"精彩瞬间"包括"趣味直播""现场直击""古风古韵"等内容。2000 年中央电视台多媒体频道的简介（见图 5-4）显示，该站点提供视频直播和点播服务，每日直播时间为 19：00—19：30（《新闻联播》）和 21：00—21：20（《现在播报》），其余时间用户可以点播往日新闻的视频，用户仅需下载 Real-Player 播放软件便可体验。和中央电视台一样，一些地方电视台也在本台新闻节目直播服务的基础上开设视频新闻专栏，如东方网多媒体实验室开设新闻与娱乐音视频点播。

图 5-2　2000 年 12 月中国中央电视台
央视国际网首页

图 5-3　2000 年 12 月央视国际网
"直播时刻"主页

　　图片是新华社早期开展网络新闻报道的优势所在。其依托中国最大的图片档案馆和新闻摄影部，在官方网站建立"图片中心"，设有"国内图片""国际图片""华夏掠影""佳作欣赏""数码时代"等专栏，同时还会制作图文并茂的多媒体新闻专题报道。互联网的多媒体技术特点使这些不以视频见长的媒体有了进入视听领域的可能。新华网旗下的新华电视频道负责播发新华社《国际专题电讯》《社会时政》等新闻节目。网络用户可

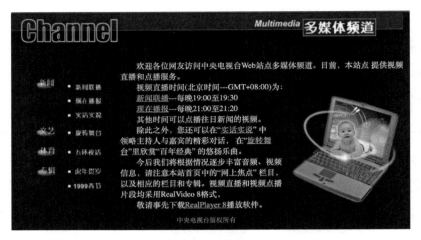

图 5 - 4　2000 年中央电视台多媒体频道简介

以在新华网查看最新照片，还能观看重大新闻事件的现场直播，如北京老山汉墓发掘、悉尼奥运会等。这一时期，《人民日报》、新华社、中新社等主流新闻媒体纷纷发力视听内容，与以中央电视台为代表的广播电视机构共同构成了国内互联网视听传播的主体阵列。

在 21 世纪初期，主流新闻媒体向网络延伸的最大挑战是如何使新闻适应互联网传播规律和特性。这一问题至今仍是许多媒体在不断思考的问题。当时，一些网站开始积极尝试脱离原有的媒体形态，在新闻内容、排版和形式上做出改变。部分媒体网站不再将自己称为"某报网络版"，而是根据网络特点重新命名门户网站。如《广州日报》门户网站的名称是"大洋网"、《浙江日报》对应的网站是"浙江在线"。然而，在此阶段，国内约有 70％的新闻网站内容更新速度仍与原媒体保持同步，少数媒体网站更新速度甚至比原媒体更慢，只有 9％的网站信息更新速度快于原媒体①；多数媒体网站上发布的内容仅是原媒体的翻版，鲜少结合互联网特点对信息进行重组和处理。在此阶段，普通网络用户开始越来越多地在互

---

① 赵启正. 中国网络新闻事业发展现状和趋势［J］. 新闻战线，2000（2）.

联网平台上发布视频，在一定程度上影响了主流媒体的议程设置。在官方话语外，民间话语初步显示出影响舆论的力量，这也在此后日益影响着互联网视听文化的气质。

二、网络大众文化的崛起

在主流媒体纷纷进军互联网之际，由广大用户组成的民间力量开始崛起，逐渐成为互联网视听传播格局的重要一极。在此阶段，由网民和非专业机构生产的"恶搞"视频和"山寨"剧集成为网络大众文化的代表。

（一）"恶搞"视频

"恶搞"，即恶意搞笑。"恶搞"视频，多为改编视频，指那些使用已有视听资料（如新闻图片、影视作品）以幽默调侃的方式进行二次创作，改变了原有素材的格调和意涵的视频。有研究者认为，"恶搞"一词最初来自日本游戏界，后被华语地区引进，进而形成了互联网独有的"恶搞"文化。与之相类似的"无厘头搞笑"这一概念最早可以追溯到 1995 年，由周星驰制作的电影《大话西游》基于对经典文学作品《西游记》的改编创作，常被奉为"恶搞圣经"。

"恶搞"视频文化的崛起离不开当时热播的影视作品。除《大话西游》等喜剧电影外，热播电视剧（如穿越剧）也打开了人们的想象空间，拓展了视频的叙事模式和对白风格。中国穿越剧的早期代表是 2001 年 10 月播出的《寻秦记》，其是一部由香港公司制作的古装穿越类科幻电视剧。剧本改编自我国香港作家黄易的同名网络小说，将武侠和科幻结合，在枯燥的历史故事中融入现代元素，为观众带来了耳目一新的观赏体验。2002年，国内第一部穿越爱情喜剧《穿越时空的爱恋》正式播出。该剧以喜剧为主线，讲述两名现代人一起穿越到明朝，分别与朱允炆、朱棣相恋的故事。历史题材与搞笑元素的叠加吸引了全国民众的关注，该剧播出时收获了超过 10.0% 的收视率，在网络论坛上也被大规模讨论。

为严肃内容增加搞笑元素作为一种新的创作方式激起了网民极大的创作热情，越来越多的网络"恶搞"视频出现，掀起网络"恶搞"热潮，而"恶搞"的对象往往与彼时的热点话题相关。在看似戏谑的表达背后，往往有着针砭社会问题和现象的深意。

2002 年，黑冰传播与小宝映象联合出品的"恶搞"视频《大史记》三部曲——《粮食》《分家在十月》《大史记》火爆互联网，三部时长均在 20 分钟内。该系列视频主要通过对《鬼子来了》《茶馆》《有话好好说》《智取威虎山》《霸王别姬》等经典电影进行重新剪辑和配音，模仿央视《百姓故事》《实话实说》等节目风格，以调侃的语气讲述时下热点新闻。随后，越来越多的"草根"网民加入创作"恶搞"视频的潮流中。2004 年年底，《网络视频惊魂之移动大战联通》得到了网民的热烈追捧，该视频聚焦现代人的手机业务，模仿《唐伯虎点秋香》、《无间道》、《我的野蛮女友》、《黑客帝国》、《手机》、"007 系列"等经典影片片段，用喜剧化的表现手法讽刺其时的手机服务。

2005 年年底，一位名为胡戈的自由职业者以"恶搞"的方式将电影《无极》和中央电视台社会与法频道栏目《中国法治报道》内容进行重新剪辑，创作恶搞短片《一个馒头引发的血案》（以下简称《馒头》），视频于 2006 年年初火爆全网，引发社会各界的强烈反响。《馒头》在 20 分钟内对这部高投资的电影的剧情和台词大加调侃，引得导演怒斥"人不能无耻到这种地步"[①]。当时有媒体在评论这场"恶搞"风波时模仿导演的口

① 人不能无耻到这种地步：评陈凯歌状告胡戈事件 [EB/OL]. (2006 - 02 - 13) [2021 - 10 - 30]. http://blog.sina.com.cn/s/blog_48205c390100023t.html.

吻写道"人不能无趣到这样的地步"，认为"一个巨大的鸿沟长期以来一直存在于观众和艺术家之间"①，"一个血馒头砸翻了伪崇高的满汉全席"，砸开了网络民主空间的大门②。

2006 年 7 月，一部名为《中国队勇夺世界杯》的"恶搞"短片火爆网络。其讲述了中国国家足球队意外参加 2006 年德国世界杯并最终夺冠的虚构故事，短片时长约 18 分钟，在发布后半个月便收获了百万点击量。短片视频素材来自《阿甘正传》《人鬼情未了》《城市猎人》等经典电影，《新闻联播》《豪门盛宴》《天气预报》等央视节目，以及李宇春的演唱片段、雪花啤酒广告等视听内容。短片在开篇便借用经典电影《教父》中的片段，讲述塞尔维亚和黑山突然宣布分裂，国际足联开会决定让"世界上球迷最多的国家"中国进军世界杯。于是，一支由各行各业的成员组成的中国足球队——"梦游之队"横空出世，凭借其独创的"10 - 0 - 0"死守球门队形惊艳世界。短片中，中国队与日本队在半决赛交锋的片段借用《地道战》等抗日战争影视素材，提及中国队上下一心战胜日本而多年后日本不承认失败的情景。彼时正值日本首相小泉纯一郎屡次参拜靖国神社并多次为其行为辩护，引起中韩两国的强烈不满，片中这一场景对此进行了讽刺。在决赛中，中国队迎战强敌巴西队，某球员因体力不支倒在禁区内为中国队换来点球，短片解说道："伟大的中国队球员，他继承了中国病秧子的优秀传统，林黛玉、贾宝玉、方世玉在这一刻灵魂附体……他一个人代表了中国足球悠久的历史和传统。"2014 年，有机构以"中国队勇闯巴西世界杯"为主题制作了同名"恶搞"短片，同样获得了较大反响。

---

①　人不能无趣到这样的地步［EB/OL］.（2006 - 02 - 15）［2021 - 10 - 30］. https：//yule. sohu. com/20060215/n227759657. shtml.

②　张晓舟：一个人怎么能无极到这种地步［EB/OL］.（2006 - 02 - 16）［2021 - 10 - 30］. http：// ent. sina. com. cn/r/m/2006 - 02 - 16/1200987627. html.

随后几年，这种基于二次剪辑加工的"恶搞"短片接连问世，成为一时爆款。由于缺乏专业摄影设备和足够的创作经费，加之网络传输条件十分有限，此时的网民倾向于用已有的视频素材进行剪辑创作。此阶段，大量"恶搞"视频呈现出解构"经典影视作品"的叙事模式，同时受到穿越剧等当红影视剧影响，网友自制视频中也展现出了叙事路径的革新。

总体来看，"恶搞"视频诞生于民间，长期由"草根"网民主导，充满了个性和解构色彩，并借由网民力量呈现出一种民间话语走向主流的趋势。"恶搞"视频流行的背后，是 20 世纪 90 年代以来大众文化对精英话语的祛魅。这些视频大量关注现实社会生活，体现了民间大众群体的价值取向和理想追求，某种程度上起到了帮助民众及时排解不良情绪的解压阀作用。① 可以说，"恶搞"视频是网络用户通过改编创造性或反抗性地使用主流意识形态的文化产品，构筑自己的"意义地图"的结果。②

（二）"山寨"剧

与"恶搞"视频同时期诞生的还有各类"山寨"剧。"山寨"剧是由普通用户导演制作的，内容以模仿主流影视文化作品为主的小成本网络视频。"山寨"剧表面上看有颠覆和抵抗主流内容的意味，实际上却与主流文化并不矛盾。③ 此时的"山寨"剧具有低成本、快速性、平民化、创新性等优点，但内容往往粗糙简陋，并未完全展现出商业价值，更像是平民导演与演员的创作狂欢。

由于 2005 年之前的互联网视频尚处在探索阶段，视频网站还未形成完整的内容提供和营销策划的产业链，网络视频发展呈现零星且无序的状

---

① 芦何秋，徐琳. 网络"恶搞"视频的文化考量 [J]. 电影艺术，2008（1）.
② 刘琼. 网络大众的影像书写：中国网络微视频生产研究 [M]. 北京：华中师范大学出版社，2014：61.
③ 沈卉. 互联网时代下"山寨"视频短剧考析 [D]. 福州：福州师范大学，2010：35.

态，只有小部分网络用户可以真正享受网络视频服务。2004 年，专业的视频网站开始萌芽。2004 年 11 月，我国第一家专业视频网站——乐视网正式上线，这可以视作中国网络视频发展的重要节点。此后，土豆网、56 网、激动网、PPTV 等相继上线，这些专业网站的出现，为网络视频高速发展提供了稳定的传播平台。2005 年后，随着各类专业视频网站兴起，平台吸收并改良"山寨"剧，在某种程度上为之后的网络自制剧打下了基础。

值得注意的是，"山寨"与"盗版"不能画上等号。"山寨"剧属于网络用户自行制作上传的视听内容，虽然或多或少面临侵权争议，但与盗版产品存在本质区别：前者通常具有反权威、反主流动机，带有狂欢性、解构性的特点，可以看作一种为表达而主动创作的社会亚文化现象；而后者强调对某一作品进行复制和再分发，鲜少有"再创作"的过程，且有明显的牟利动机。从 20 世纪 90 年代中期开始，盗版电影、电视剧和动漫等一度以低廉的价格在国内流行，早期的网络视频服务亦不能幸免，不少视频来自未经授权的电视台节目或盗版 VCD/DVD。网络视频的版权问题显示了彼时国内网络视听传播行业发展的一大隐患：对于部分网络用户或平台私自传播有版权的视听内容，或对其进行重新剪辑、复制与传播的行为，司法层面因缺少对网络侵权行为的明确界定而力所不逮。

2006 年 5 月，国务院颁布实施《信息网络传播权保护条例》（以下简称《条例》）。《条例》对权利人、网络服务提供者和作品使用者之间的关系做出明确规定。其中，第十八条规定，涉及网络侵权最高判罚 10 万元的侵权行为包括①：

---

① 中华人民共和国中央人民政府. 中华人民共和国国务院令（第 468 号）：信息网络传播权保护条例 [EB/OL]. (2006 – 05 – 29) [2022 – 03 – 25]. http：//www. gov. cn/zwgk/2006 – 05/29/content_294000. htm.

（1）通过信息网络擅自向公众提供他人的作品、表演、录音录像制品的；

（2）故意避开或者破坏技术措施的；

（3）故意删除或者改变通过信息网络向公众提供的作品、表演、录音录像制品的权利管理电子信息，或者通过信息网络向公众提供明知或者应知未经权利人许可而被删除或者改变权利管理电子信息的作品、表演、录音录像制品的；

（4）为扶助贫困通过信息网络向农村地区提供作品、表演、录音录像制品超过规定范围，或者未按照公告的标准支付报酬，或者在权利人不同意提供其作品、表演、录音录像制品后未立即删除的；

（5）通过信息网络提供他人的作品、表演、录音录像制品，未指明作品、表演、录音录像制品的名称或者作者、表演者、录音录像制作者的姓名（名称），或者未支付报酬，或者未按照本条例规定采取技术措施防止服务对象以外的其他人获得他人的作品、表演、录音录像制品，或者未防止服务对象的复制行为对权利人利益造成实质性损害的。

《条例》为保护信息网络平台上权利人的权益，还规定了如下措施①：（1）保护信息网络传播权；（2）保护为保护权利人信息网络传播权采取的技术措施；（3）保护用来说明权利归属或者使用条件的权利管理电子信息；（4）建立处理侵权纠纷的"通知与删除"简便程序。总体而言，《条例》的颁布完善了互联网传播侵权等问题的解决方案，是对世界知识产权

---

① 中华人民共和国中央人民政府．国务院法制办负责人就《信息网络传播权保护条例》有关问题答中国政府网记者问［EB/OL］．（2006－05－29）［2022－03－25］．http：//www.gov.cn/zwhd/2006－05/29/content_294127.htm.

组织于 1996 年 12 月通过的《世界知识产权组织版权条约》和《世界知识产权组织表演和录音制品条约》（又称"互联网条约"）的有力回应，为此后互联网视听传播的健康发展构筑了一道"护城河"。

第三节　面向"后现代性"：互联网兴起背景下的视听用户与早期互联网文化

网络视频作为一种成本较低、制作便利、创作空间较大的文化形式，打破过去以精英为中心的生产方式，为网民提供了情绪宣泄和争夺话语权的机遇。"草根"可以在互联网平台自由调侃社会现象，通过上传视频挪揄精英叙事。互联网自带平等、去中心化的特性，网民以个人方式或作为自发社区的一部分创作内容、上传文件，"不用通过任何传统官僚机构或组织"便能将信息传向全球①，这意味着传统的"把关人"（gatekeeper）面临角色淡化、功能弱化的挑战。在去中心化的网络结构中，信息传播主体、传播模式、传播层级、传播路径都不同于现实社会中可控可管的模式，网络视频数量的增多和内容的丰富远超以广播电视为生产主体的传统时代，难以按照传统模式对其进行过滤与审核。

初期的互联网文化主要以论坛、博客为代表。国内论坛文化兴起于20 世纪末。彼时，网络论坛又称为 BBS，即电子布告栏系统（Bulletin Board System），BBS 站台提供布告栏、分类论坛、新闻阅读、软件下载与上传、游戏、与其他用户在线对话讨论等功能。1995 年，国内较早引起人们广泛关注的互联网论坛"水木清华"正式成立，随后大大小小的论坛与日俱增，具有小众、访问自由、观点自由、平等的特点。在互联网这

---

① 弗里德曼.世界是平的［M］.何帆，肖莹莹，郝正非，译.长沙：湖南科学技术出版社，2006：73.

一新兴媒介上，网络论坛可被看作公共空间，大众的话语权在此得以释放。人们在专题式、综合式或专业式论坛上，谈论休闲娱乐、体育、科技、教育、经济、艺术、文学、政治、新闻等话题，以"网络公众"的身份向传统媒介中的"精英"发起挑战。

博客的出现稍晚于论坛。其虽在20世纪末出现，但直到2005年才真正在网民中流行，成为用户在互联网上记录日常生活、发布个人所思所想的渠道，其他用户还可阅读博文并与博主互动讨论。博客最初以文字和图片组成，随后视听形式被引入博客之中，以音视频为主要表现形式的播客由此诞生，如前文所提及的《大史记》系列视频等以其风趣幽默的制作风格在不少年轻网民中形成了一股新潮流。无论是论坛还是博客，乃至之后出现的微博，都具有公众多元意见表达、思想活跃的特点，这也构成了早期互联网文化最突出的气质。

由于网络带宽及计算机技术的原因，早期网络视频需要用户将视频压缩到较小规格后才能上传，这使得视频画面的清晰度大幅降低，观赏效果远不如人意。但是，这依然鼓励了一批又一批的网民从事网络视频生产，主要原因如下：

首先，网民希望借助互联网平台表达情感。互联网发展之初，用户在自制视频时缺少专业设备和技能，其拍摄目的多为分享情绪而非谋取商业利益。重新剪辑编排影视作品或上传个人录制的原创作品，皆是网络用户向其他个体表达情感、分享价值立场的方式。此时的网络视频多保留了民间原汁原味的生活状态，尚未经过商业化改造和严格的内容审查，一批又一批的创作者勾勒出了一幅朴素却又鲜活的互联网大众文化图景。

其次是借助互联网开展人际交往。喜爱同一视频的用户可以在评论区彼此交流切磋，这有效延伸了用户在互联网的社群关系。对视频持相似态度的人还可以在交流中获得群体归属感，增强身份认同。一份2000年的中国互联网调查报告显示，在被调查的五个城市中，未使用互联网的用户主要依靠电视和报纸获取信息，鲜少有有效渠道进行人际交流和个人表达，而网络用户则将互联网视为表达观点和与他人交换意见的主要媒介。①

最后，网民希望借助网络视频诉说公民权益，参与公共事务。早在网络视频崛起之前，网络论坛便已催生出一种新型的"在线辩论"模式，即网友在论坛上讨论时事和社会问题时各抒己见、传播相关信息，以让更多人了解并参与到社会事务中。网络空间的重要功能之一是"问题表达"，如哈贝马斯所强调的"公共领域的交流与私人生活领域以某种方式联系在一起"，人们能更好地发现和识别新的问题。② 在互联网诞生前，普罗大众与精英人群之间存在信息、知识、权力和表达资源的不对等。互联网重新分配了社会现象和事件中的话语权，让网络平台成为一个多元化的权力博弈空间，让过去曾经处于边缘地带的群体也有机会站在第一线表达自己的看法，网络视频是普通网络用户参与公共事务的又一延伸。

虽然数据存储与互联网技术的检索能力让人们更容易获取信息，一定程度上刺激了人们参与到对社会现象的讨论中，但在 21 世纪初，国民在信息获取上的不平等和计算机操作知识的缺乏等问题，仍在很大程度上阻碍了此阶段互联网大众文化的进一步发展，也因而难以形成真正意义上的"公共空间"。

概要言之，初期的互联网文化表现出强烈的后现代性，即逐步弥合了精英和大众、高雅和通俗文化之间的差异。大众文化通俗易懂、形式简单的特性促使更多普通人成为文化的创作者和参与者，而非仅仅是接受者。

---

① YANG G B. The internet and civil society in China：a preliminary assessment ［J］. Journal of contemporary China，2003（12）.

② HABERMAS J. Between facts and norms ［M］. Cambridge，MA：MIT Press，1996：381.

互联网为受众提供了平等参与、自由互动的平台，日渐改变了长期由专业生产者和精英群体把持的单一叙事模式，民间话语的崛起预示着信息传播逻辑正在从"传者中心"向"受者中心"转变。随着互联网在全国范围内的普及，以通俗、消费性、平民化为特点的网络视频正逐步走向大众文化的中心，成为社会文化的主流。

第六章 林中的响箭：网络视频行业的快速发展 （2006—2013）

经过前期的积累，我国网络视频行业在 2006 年左右进入发展的快车道。国内互联网产业的不断探索为网络视频行业提供了必要的技术支撑和市场基础：持续提高的互联网普及率带来了更多潜在用户，不断增加的网络带宽和不断提升的服务质量助力突破技术瓶颈。随着中国互联网快步走向商业化和大众化，网络视频行业从无到有，并快速成长壮大，如林中的响箭呼啸而出，打破了原有的视听传播格局。

2006—2013 年，网络视频行业的发展以 2010 年为界，可分为两个阶段：2006—2009 年属于"萌芽期"的前半段，"快速成长"是行业发展的主题，在先行探索者的带领下，大小视频网站如雨后春笋般出现，其中包括活跃至今的几大视频平台；2010—2013 年属于"萌芽期"的后半段，"建立规制"是行业发展的主题，在经历快速发展之后，网络视频行业在这一阶段经历了"版权大战"、法规完善、上市并购热潮、行业协会建立等一系列重要事件，平台形态、盈利模式、生产方式、媒介融合、法律法规等逐步确立，为行业整体的有序规范发展奠定了基础。

第一节　风口之上：走进网络视频时代

随着网民数量的增长和相应的技术积累，中国网络视频行业在 2006 年左右迎来了快速发展期，行业内出现了首批"探路者"。

一、国内外的先行者

在千帆竞发的本轮周期即将启动之际，网络视频行业的一批先知先觉者率先启动，其中尤以国内的乐视网、土豆网和国外的 YouTube、Netflix为代表，这些先行者也成为后来网络视频行业执一方牛耳的重要力量。

（一）乐视网

乐视网成立于 2004 年年底，可以说是国内第一家专业视频网站。乐视网的成立并非"横空出世"，其早年间的技术和市场积累为其开展网络视频业务提供了重要基础。当时，电信业正经历从 2G 向 3G 过渡的革命，日本、韩国的手机流媒体开始风靡一时，流媒体可以让用户一边下载一边观看，不需要等待整个文件下载完毕，手机网络视频就是这一技术的典型应用。乐视网的前身是一家通信科技有限公司，其敏锐跟进了这项新技术，于 2003 年率先在国内推出了"3G 移动流媒体平台"这一颇为前卫的电信业务系统。2003 年年底，该公司成立"无线星空事业部"，专门承办流媒体业务。次年，该业务从原公司独立出来，设立了北京乐视星空信息技术有限公司［后更名为"乐视网信息技术（北京）股份有限公司"］，并成为中国联通推出的以视频浏览为特色的增值业务"视讯新干线"的最大内容供应商。2004 年年底，为与手机流媒体业务相互支持，乐视移动传媒推出了"乐视网"PC 视频网站，标志着我国第一家专业视频网站的出现。乐视网提供新闻、影视、MTV、体育、娱乐等各项服务内容，使国内消费者得以体验当时先进的手机视频功能。2005 年，乐视传媒投资拍摄的国内第一部专为手机打造的电视剧《约定》上线。很快，乐视网每月即可坐拥 50 万注册用户，为用户提供视频点播业务（VOD），由此产生每月几百万元的收入。①

与当时业内追寻自主知识产权流媒体技术研发以及无线流媒体平台建设这两类主攻方向不同，乐视坚持将资源和资本倾注在原创内容制作以及与版权商的合作上，这也使乐视在此后的"版权大战"中占据先机。经过多年探索，这一时期乐视逐步形成了"平台＋内容＋终端＋应用"的业务体系，在国内互联网视频平台的竞争中形成了自己的特色。

（二）土豆网

2005 年 4 月 15 日，土豆网正式上线，成为国内最早的视频网站之一，与海外同类型的 YouTube 差不多同时成立。土豆网的创始人王微回忆，他创立土豆的初衷源于对"播客"的使用。"Blog 给了我们大家文字的话语权，而有了类似播客的东西，我们就有了声音的话语权，我们给中国也开发这么个东西吧。"王微在他的博客里如是说。② 此后他的想法逐渐成形，他要做的不只是播客，而是要搭建一个播客的"剧场"，是为了

---

① 周斌. 解码乐视：从跨界颠覆到构建互联网生态圈 [M]. 北京：机械工业出版社，2016：8.
② 杨晓宇. 土豆网：播客的大剧场 [J]. 中国电子商务，2006 (1).

"让每个人都能够自由发出自己的声音，做出自己想做的节目"①。2004 年年底，王微投入土豆网的建设中。至于"土豆"名称的由来，他自称是受到了"沙发土豆"（couch potato）的启发，他希望以这一常见的蔬菜作为其创立的播客平台的代名词，这同时也体现了土豆网面向广大用户的开放心态。王微最初对土豆网的期望是："一个人可以在打开土豆（网）后，在第一页就能够看到所有他想看的节目。"创立之初，土豆网就提出了"每个人都是生活的导演"的口号，选择了类似播客的内容生产和传播模式，将用户上传的自制节目作为平台的主要内容（见图 6 - 1），这也成为国内网络视频平台发展初期较为普遍的一种模式。

图 6-1　土豆网首页（2006 年 4 月）

---

① 杨晓宇 . 土豆网：播客的大剧场 [J]. 中国电子商务，2006（1）.

在用户参与的热潮下，土豆网上线后迅速发展。截至 2005 年 8 月，注册用户已超过 5 万，每天有五六万浏览量、200 多个新上传节目和 400 多个新注册播客。到了 2005 年年底，该网站的注册用户已超过 15 万。[①] 土豆网也迅速吸引了社会关注，被媒体定义为 Web 2.0 网站的典型代表，成为美国《财富》杂志评出的"2005 年中国最酷的网站之一"，《三联生活周刊》也将其评为"2005 年最酷的网络工具"。

取得"开门红"之后，土豆网进入了快速发展的成长期。根据尼尔森发布的监测数据，2007 年 5 月至 8 月，土豆网一周视频播放量从 1.3 亿次跃升至 3.6 亿次，一周独立用户数从 1 149 万增长到 2 884 万，8 月份一周视频播放量和一周独立用户数分别是 5 月份的 2.71 倍和 2.51 倍。作为全球领先的互联网媒体及市场研究机构，一贯严谨的尼尔森在报告中用"跃升"来描述这一数据变化。[②]

除了创立时间较早之外，土豆网还为行业奠定了基本的发展模式（如 UGC 内容生产模式、平台化运营模式等），对我国网络视频行业的早期发展起到了重要的开创性作用。

（三）YouTube

几乎在土豆网筹备成立的同时，海外视频网站的先行者 YouTube 也登上了历史舞台。关于其成立时间，根据不同标准存在几种说法：以网站域名注册时间来看是 2005 年 2 月 15 日，以上传第一条视频内容的时间来看是 2005 年 4 月 23 日，以正式向用户开放的时间来看则为 2005 年 12 月。不过，无论以哪种标准来看，YouTube 都是海外视频网站的先行者。

---

① 杨琳桦. 融资冠军土豆网：始终坚持草根大剧场［EB/OL］. （2007 - 10 - 11）［2022 - 03 - 22］. https：//tech. sina. com. cn/i/2007 - 10 - 11/15011786950. shtml.

② Nielsen 公布土豆网流量 王微：增强广告主信心［EB/OL］. （2007 - 09 - 07）［2022 - 03 - 22］. https：//tech. sina. com. cn/i/2007 - 09 - 07/18301726362. shtml.

2005 年 2 月，PayPal 的三位前雇员查德·赫尔利（Chad Hurley）、陈士骏（Steve Chen）、贾维德·卡里姆（Jawed Karim）注册了 YouTube 的商标、Logo 以及域名。他们创办 YouTube 的初衷是为了方便用户分享和观看短片，同时模仿 Facebook（成立于 2004 年）的社交网站功能。2005 年 4 月 23 日，卡里姆在 YouTube 上传了第一部影片，长度只有 19 秒。影片中他站在加利福尼亚州圣迭戈动物园的大象前说："这些家伙有好长好长好长的鼻子，很酷。"这标志着 YouTube 作为视频网站的正式亮相。2005 年 5 月，YouTube 发布首个公共测试网站，提出了"在全球范围内上传、标记和共享您的视频！"（Upload，tag and share your videos worldwide!）的宣传语，三个核心功能上传（Upload）、观看（Watch）、分享（Share）的按钮被放在了最醒目的搜索框下方，而且在功能介绍中强调了其快捷性与便利性（见图 6-2）。2005 年 9 月，YouTube 历史上第一个播放量超过 100 万的视频出现，这段耐克的品牌宣传视频表现了巴西足球明星罗纳尔迪尼奥（Ronaldinho）领取"金靴"的场景。2005 年 12 月，YouTube 正式向用户开放。至 2006 年，YouTube 已有超过 4 000 万条短片，每天吸引 600 万人浏览，在成立后的短短 15 个月即成为当时全球浏览人数最多的网站。

2006 年 10 月 9 日，谷歌公司看中 YouTube 蕴含的巨大商业价值，以 16.5 亿美元将其收购。此后 YouTube 开展了进一步的商业化运作：2007 年 5 月推出"合作伙伴计划"，用户可以付费推广自己的内容；2007 年 8 月，谷歌开始在 YouTube 上投放"智能广告"，其以半透明条幅形式在视频窗口下方出现 10～15 秒，同时也开发了和视频制作者进行广告分成的合作模式。

（四）Netflix

Netflix 也称"网飞"，是一家会员订阅制的流媒体播放平台，由里

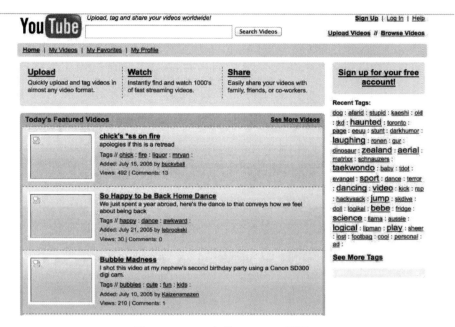

图 6-2　2005 年的 YouTube 界面

德・黑斯廷斯（Reed Hastings）于 1997 年创立，总部位于美国加利福尼亚州洛斯加托斯。Netflix 在创立之初曾经是一家在线 DVD 及蓝光租赁提供商，采用电子商务模式开展光盘租赁业务。Netflix 的订阅用户可以在网站的 DVD 库存中挑选需要的光盘，下单后平台会通过快递方式将光盘寄给用户，同时寄出的还有已经填好地址的信封，用户看完影片后只需将光盘放入信封寄回即可，不需承担往返邮费。与传统的录像带租赁公司相比，Netflix 把"线上订购"和"线下租赁"两种模式相结合，在费用和滞纳金等方面也更为优惠。[①] 同时，Netflix 还建立了用户社区供用户发表和查找影评，用户也可以在社区内展开互动，这些都是传统租赁模式不具

---

① Netflix 的租金每张光盘最初只需 50 美分。2000 年，Netflix 放弃了滞纳金和归还日期，转而采用 19.95 美元/月的订阅计划，同时不限用户归还日期。此后，Netflix 进一步下调订阅价格，在 2007 年推出网络视频服务后，整体订阅价格为 5.99 美元/月。

备的优势。截至 2006 年年底，Netflix 拥有 630 多万用户，并在当年实现了超过 8 000 万美元的盈利。

随着 YouTube 等在线视频网站的兴起，在线观看视频在美国网民群体中也流行开来。面对网络视频带来的冲击，Netflix 选择加入其中。尽管当年的 DVD 业务仍然增长迅速，但公司通过推出第一款流媒体产品"Watch Now"，开始了向网络视频进军的业务转型（见图 6 - 3）。Watch Now 推出时有 1 000 个在线视频，免费包含在 Netflix 每月 5.99 美元的实体 DVD 订阅计划中。此后，Netflix 不断扩充在线视频内容，于 2008 年和美国有线电视公司 Starz 建立合作关系，Starz 为 Netflix 用户提供了 2 500 多部电影和电视节目的访问权限。

图 6 - 3　Netflix 推出的"Watch Now"频道页面

与 YouTube 创立初期就确立 UGC 的模式不同，Netflix 选择了"媒体化"的发展路径。其凭借自身掌握的大量正版视频内容，以收看的便捷性和价格的比较优势获取了众多用户群体，成功完成了网络视频业务的转型。Netflix 的转型为其带来了新一轮的用户增长。从 2007 年推出"Watch Now"到 2011 年年底，Netflix 的用户数量从 600 万增加到 2 300 万，仅在四年内就增加了 283%。

二、互联网普及的春风

2006—2013 年，我国的互联网普及率有了显著提高，网民数量大幅增长。在此期间，网民与互联网的关系经历了多个方面的转变：一是获取信息的方式经历了从"线下到线上"的转变；二是上网方式经历了从"电脑"到"移动终端"的转变；三是上网习惯从单纯的"图文浏览"开始向"看视频"转变。这些转变都缘于互联网高速发展所带来的基础条件保障，包含技术提升、基础设施建设、上网成本降低等一系列因素，在这些因素的共同作用下，网络视频行业借互联网普及的春风得到了快速发展。

（一）互联网的下沉与普及

回顾这一时期的发展，可大致将其分为"上半场"（2006—2009）和"下半场"（2010—2013）两个阶段，它们同属互联网高速发展的时期，但在技术特征和时代背景上又存在一定差异。

1. 上半场（2006—2009）：互联网逐步普及

"上半场"的关键词是互联网逐步普及。在这一阶段，随着网民数量的迅速增长，互联网普及率得到了快速提高。根据罗杰斯的创新扩散理论，新事物的发展通常呈现"S 形"：当普及率在 10%～20% 时，扩散过程会有所加快，直至达到一定数量之后才会慢下来。对于中国的互联网而言，2006 年恰好处在这样的时间节点上（见图 6 - 4）。

图 6 - 4   2004 年年底至 2009 年年底中国网民数量及互联网普及率

《中国互联网络发展状况调查统计报告》的数据显示，我国互联网普及率在 2006 年之前不足 10%，互联网普及率在 2005 年和 2006 年分别仅增长 1.3% 和 2%。2006 年 12 月，我国互联网普及率首次突破 10%，达到了 10.5%，而这一数据在 2007 年 12 月迅速增至 16.0%。可以看出，中国的互联网普及在 2006 年进入了加速期，网民数量快速增长。到 2009 年年底，我国网民数量达到 3.84 亿人，互联网普及率达到 28.9%，相比 2005 年年底（网民数量 1.11 亿人，普及率 8.5%），在短短四年间大幅增长约 2.5 倍。互联网的普及是网络视频行业发展的先决条件，网民数量的增长为网络视频平台带来了数量可观的潜在增量。

除了网民数量的增长，网络视频的发展也离不开宽带的普及。这一阶段，我国网民的主要上网设备是家用电脑，上网方式主要包括拨号上网和宽带两类。拨号上网的速度、便捷性和稳定性都远不及宽带，无法满足用户流畅观看网络视频的要求。随着网络技术的发展和我国电信基础设施建设的推进，家用宽带在速度提升的同时资费逐年降低，推动了宽带走入千家万户，宽带上网人数和使用率有了很大提升。在 2004 年年底，使用宽带上网的网民尚不足 50%，而这一数据在 2008 年年底则迅速超过了 90%。2008 年下半年，90.6% 的中国网民使用宽带接入互联网（见图 6-5），即 2.7 亿中国网民使用宽带访问互联网，较 2007 年增长超过一个亿。

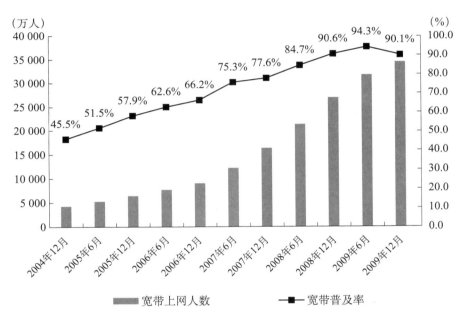

图 6-5　2004 年年底至 2009 年年底中国网民宽带上网人数及宽带普及率

宽带的普及打破了互联网视听内容产品和用户之间在传输层面的技术壁垒，使得普通网民在家用电脑上观看网络视频成为可能，同时也方便用户自制内容的上传与分享，网民上网习惯开始从单纯的"浏览图文"向"看视频"转变，促进了网络视频用户的快速增长。同时，宽带的普及和上网速率的提升也消除了技术对平台的局限，推动了各网络视频平台的快速发展。

2. 下半场 (2010—2013): 移动互联网的兴起

"下半场"的关键词是移动互联网的兴起。在这一阶段,互联网应用继续下沉,并出现了新的增长点——移动互联网,即使用手机等移动设备上网。《中国互联网络发展状况统计报告》的数据显示,中国的手机网民规模经历了 2008 年至 2010 年三年的高速增长,自 2008 年 12 月 (1.18亿) 至 2010 年 12 月 (3.03 亿),短短两年间手机网民数量净增 1.85 亿(见图 6-6)。

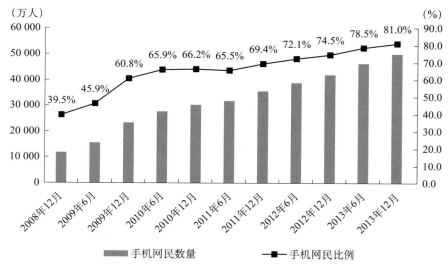

图 6-6 2008—2013 年我国手机网民数量及比例增长情况

手机网民数量的快速增长主要归功于新技术的推动。一方面,智能手机用户的不断增长使手机网民有了用户基础,手机上网资费的下调也让更多人有机会尝试这一新的上网方式。2009 年 1 月 7 日,工业和信息化部对中国移动发放自主研发的 TD-SCDMA 牌照,对中国联通发放 WCDMA牌照,对中国电信发放 CDMA2000 牌照,这标志着我国正式进入 3G 时代,手机的上网速率相比 2G 时代有了大幅提高,上网资费也进一步下降。与此同时,以智能手机为代表的移动上网终端在这一阶段也开始兴起，Wi-Fi 无线网络逐步覆盖公共场所和家用场景，移动互联网使用更为便捷，逐渐成为许多网民的首选上网方式。

在手机网民数量快速增长的大背景下，移动视频成为网络视频行业新的增长点。首先，庞大的手机网民规模为移动视频奠定了用户基础；其次，移动视频的使用环境逐步完善，智能手机的发展、Wi-Fi 使用率的提升及后来 4G 网络的落地，都成为移动视频增长的促进因素；最后，视频厂商在客户端的大力推广提升了网民对移动视频的认知，进而吸引更多网民使用移动视频。在智能手机等移动终端上网看视频使网络视频的传播方式由传统电脑"大屏"向手机"小屏"发展，更加融入普通用户的日常生活。

（二）产业迎来风口，生态尚不成熟

进入 21 世纪之后，全球互联网行业经历了从 Web 1.0 向 Web 2.0 的转变。Web 2.0 这一术语最早是由奥莱利（O'Reilly Media）公司的戴尔·多尔蒂（Dale Dougherty）在一次交流会上提出的，他认为"Web 正处于类似于'文艺复兴的时期'，规则在不断改变，商业模式也在持续演进中"①。彼时，业界和学界对 Web 2.0 的概念并没有统一明确的定义，相较于 Web 1.0 单纯通过网络浏览器浏览 html 网页的模式，Web 2.0 的内容更丰富、互动性更强、工具性更强。Web 2.0 使网络不再只是作为传递信息的媒体，而是推动形成一种新型的交往方式和社会模式。这个社会不再是一种"拟态社会"，而是成为与现实生活相互交融的一部分。②

这一时期，中国互联网行业也经历着这一转变，大量涌现的视频网站正是 Web 2.0 时代的产物。视频平台逐步确立了注重分享、用户参与、内容互动等特点，成为 Web 2.0 时代的重要开创者与实践者。同时，伴

① 孙茜 . Web 2.0 的含义、特征与应用研究［J］. 现代情报，2006（2）.
② 彭兰 . WEB 2.0 在中国的发展及其社会意义［J］. 国际新闻界，2007（10）.

随互联网业态的大转型，网络视频用户的规模快速增长。据统计，2005年中国网络视频用户为 3 200 万人，占全部网民的 29%；2006 年，这一数字翻了将近一番，达到 6 300 万，占全部网民的 47%。①

网络视频行业的巨大市场前景吸引了投资者的密切关注。2006 年，谷歌以 16.5 亿美元收购视频网站 YouTube，给全球网络视频行业带来不小冲击。这笔收购引起了行业内外的关注，资本对于网络视频行业的投资热情高涨。据不完全统计，红杉、凯电、SIG、DCM 等一批国际机构纷纷进入网络视频领域，投资总额达到 1 亿美元以上。在资本争相入局的推动下，我国民营视频网站如雨后春笋般出现。据统计，到 2006 年年底，我国境内有 16 家网络视频企业拿到风险投资。资本看到了国内市场的潜力，迅速增长的网民数量和规模庞大的潜在用户群体，对场内外的资本都十分具有吸引力。在资本热钱的推动下，国内民营视频网站到 2006 年年底增加到了 300 多家，视频网站在手握大把风投资金的同时，也将中国网络视频行业的发展带入了快速成长期。

（三）狂热增长下的隐忧

1. 内容质量参差不齐

在网络视频平台快速发展的初期，由于行业内缺乏统一标准和规范，官方层面的监管也存在一定程度的缺失，各平台在内容质量方面出现了各类问题。在视频制作层面，由于拍摄和制作设备的局限，早期由网友上传分享的自制内容整体质量一般，平台上少有制作精良的原创内容，这也在某种程度上导致了当时"恶搞"视频与盗版资源的火热。在内容呈现上，由于当时互联网带宽速度仍然有限，网络视频的码率普遍较低，一些网站

---

① 艾瑞市场咨询有限公司. 2006 年中国网络视频研究报告 [J]. 广告人，2007 (5).

由于服务器限制甚至连低码率的视频也难以保障流畅观看，严重影响了用户的观看体验。

与此同时，版权问题逐渐凸显。在平台快速发展阶段，用户上传盗版视频资源的行为未能得到有效监管，各视频网站之间相互盗版和"盗链"的行为也较为普遍。虽然2006年国家出台了《信息网络传播权保护条例》，但由于维权成本高、监管难度大等原因，这一问题并没有得到较好的解决，行业内版权意识的真正树立，主要是由于几年后"版权大战"的推动。

此外，由于缺乏行业内统一的内容审查标准和成熟的内容审查机制，视频平台的内容审查也存在隐忧，一些内容发布者为了制造热点，不惜打各种"擦边球"，发布涉丑、涉黄、涉暴、涉隐私等内容。由于监管、技术和资源投入等因素限制，对于这些违规内容的审查治理做得不尽如人意。直到2007年年底出台《互联网视听节目服务管理规定》后，随着相关政策的不断完善和一系列监管措施的加强，内容审查方面的状况才逐渐好转。

2. 相关政策待完善

在网络视频平台高速发展初期，相关政策尚待完善，有关平台准入规则、知识产权保护、非法内容监管等相关法规均需根据网络时代的新特点做出相应调整。

其一是平台准入问题。尽管国家广播电影电视总局在2003年就建立了《网上传播视听节目许可证》制度，但在行业快速发展的萌芽期，市场上涌现出大量视频网站与平台，对其监管仍显出不足之处。一些视频平台开展对电视台节目的转播和直播功能，还有平台存在自制的新闻、资讯类节目等，这些乱象都需要相关政策和监管的进一步细化。

其二是内容监管问题。在行业发展初期，用户增长和市场份额的扩张是平台最重视的问题，内容审查的重要性没有得到足够重视，无论是人员、技术还是资金的投入都不是重点。由此带来的各种内容层面的风险也成为行业继续发展的隐患，需要政策层面进一步完善。

其三是版权问题。这一时期的版权问题主要存在两个方面，一方面是存在大量用户上传的盗版内容，另一方面各平台之间也存在相互盗播、盗链等侵权行为。这需要官方监管和行业内部规范的共同努力。

第二节 欣欣向荣：行业发展日新月异

从 2005 年第一批"探路者"开始，国内视频网站的数量迅速增长，在 2006 年短短一年的时间里，数量就从 30 多家增长到了 300 多家。[①] 行业在快速发展的同时，也展开了对不同发展路径的探索。与此同时，一些影响行业发展的基本问题，比如发展路径、盈利模式、版权保护等在此阶段都有了更为深入的探索甚至是激烈的博弈。

一、雨后春笋：视频平台的兴起

这一时期，一系列日后具有代表性的网络视频平台纷纷创立。继土豆网之后，优酷网于 2006 年 6 月 21 日创建，12 月 21 日正式上线。优酷选择了与土豆基本一致的发展路线，强调用户生产内容模式，注重用户的分享与参与。2008 年，优酷网开始与各大电视台合作，邀请电视台在网站开设账号和频道，上传电视台的各类节目，这种"网络平台搭台，电视媒体唱戏"的模式，形成了"网台互动"合作的雏形，也启发了此后网络电视台的创办。

乐视网在成立之初就确立了以影视内容整合为主的发展策略，早年间

---

① 刘熠．浅谈视频分享网站的广告盈利模式创新［J］.新闻知识，2009（2）.

凭借着对影视资源版权采购的大力投入，以较低的价格收购了大量影视剧的互联网版权。随着 2009 年行业内"版权大战"的兴起和官方加大对互联网版权的保护力度，影视资源的互联网版权费用水涨船高，而乐视凭借早年间的大量采购积攒了数量可观的正版内容，并凭借版权分销合作等方式实现盈利。由此，乐视网也顺利在 2010 年成为国内视频内容领域首家上市公司。

不同于以上两种发展模式，以 PPLive 为代表的平台选择通过网络客户端开展电视直播业务。由于当时"三网融合"推进缓慢，通过网络观看电视直播对于很多网民来说具有很大的吸引力，特别是对于居住在集体宿舍的大学生等不便观看电视的群体来说，通过网络看电视是一种"刚需"。当时市场上出现了大量类似 PPLive 的 P2P 播放软件，为行业内其他的类型平台积累了一定的技术经验。

此外，行业内处于头部位置的门户网站如搜狐网、新浪网、腾讯网等也纷纷开始探索开展互联网视频业务。2004 年年底，伴随网络视频的兴起，新浪视频的前身"新浪宽频"成立。2005 年 9 月 8 日，新浪推出"新浪博客"2.0 版本。[①] 2006 年 12 月 20 日，新浪成立了视频分享平台"新浪播客"。新浪播客在成立之初包括拍客联盟、原创联盟、搞笑视频、猎奇视频、音乐视频、八卦视频等品牌频道，在成立当天还宣布开办"新浪播客大赛"，鼓励网友上传原创视频。[②] 2009 年 3 月，经过两年多的发展和壮大，新浪播客与新浪宽频合并，成立了门户网站中第一个综合视频频道——新浪视频。

2004 年，搜狐也上线了"搜狐宽频"，并在 2006 年成立视频分享平

① 宋妍. 新浪博客 后来的先行者？[J]. 互联网周刊，2005（31）.
② 新浪播客上线新闻发布会实录 [EB/OL].（2006-12-20）[2022-03-20]. https：//tech.
sina. com. cn/i/2006-12-20/16561298205. shtml.

台"搜狐播客"。2009 年，搜狐上线了"高清影视剧"频道，独家首播千余部影视剧，提供正版高清电影、电视剧、综艺节目、纪录片等的在线观看服务，并实时直播各大卫视节目，提供免费无限的视频空间和视频分享服务，搜狐视频也在同年正式上线。此后，搜狐选择了平台化的发展策略，采购大量热门影视资源。

2010 年 1 月，网易也正式上线了网易视频频道。同时，网易宣布与互联网高清正版影视剧平台激动网合作，共同推出网易激动高清影视剧频道。新版的网易视频拥有新闻、娱乐、生活、纪实、影视和访谈等六类内容，定位为"互联网电视台"，汇集了全国 100 多家电视台的直播和点播信号，拥有一千余部高清正版电影和一万多集电视剧资源。[①] 自此，几大门户网站正式形成了以影视剧、电视节目为内容构架的互联网视频阵营。

（一）两种发展路径

伴随土豆、优酷、乐视等一系列代表性平台的兴起，我国网络视频行业逐步形成了内容集成（如以影视剧资源整合为主的乐视网等）和 UGC（如以用户上传内容为主的土豆网等）两种模式主导下的视频网站初期格局。[②] 两种差异明显的运营模式齐头并进，体现了业内对于"社区化"和"媒体化"这两条不同发展路径的探索，这种探索为之后的行业发展奠定了业务结构的基本模式。

1. 社区化

在网络视频时代来临之前，各类 BBS、论坛和网络社区曾在互联网上风靡一时，这些平台的成功均得益于社区化的发展模式。进入网络视频时

---

① 网易视频频道正式上线 定位互联网电视台 ［EB/OL］.（2010 - 01 - 04）［2022 - 03 - 25］. https：//www. 163. com/tech/article/5S66BLU8000915BF. html.

② 周勇，何天平."互联网＋"背景下视听传播的竞合：2015 年我国视频内容发展综述与前瞻 ［J］. 新闻战线，2016（3）.

代，在社区化的发展思路下，一些视频平台将网站设计成网络社区，重视用户的作用，在运营策略上注重与用户的交流互动，提升用户的参与度。这一方面可以增强用户黏性，培养更多忠实用户；另一方面也增加了网站的访问流量，提高了平台的商业价值，为探索多样化的运营方式提供了更多选择。

土豆和优酷是社区化发展的代表。在创立初期，两家平台都选择了以用户分享内容为核心的运营策略，用户的内容生产和分享互动成为平台发展的重点。优酷还和多家电视台开展合作，邀请电视媒体在优酷注册官方账号并发布内容，从而将传统媒体"整合"进了优酷的内容社区，成为视频平台社区化内容的生产者。

2. 媒体化

在媒体化的发展思路下，视频网站向媒体方向发展，更重视平台方主动提供的内容资源。媒体化平台的用户与平台之间的连接相对松散，用户主要是为平台的内容资源本身（例如正版电影、电视剧、网剧等）所吸引，在平台上开展分享互动的行为并不多。

媒体化发展模式的代表是乐视网。乐视网自成立以来就重视影视资源的整合，在以土豆和优酷为代表的 UGC 平台兴起后，乐视网仍坚持原有的发展模式，并在行业版权问题严重之时坚持购买正版影视内容，这也为其在此后的"版权大战"中占得先机。经过多年的积累后，乐视通过版权交易、发展影视会员等方式寻找到了新的盈利增长点。在乐视之后，2010年成立的爱奇艺也选择了类似的发展模式，在影视资源采购方面不惜投入重金，成为新兴的媒体化网络视频平台。

（二）盈利模式探索

网络视频行业具有很高的资金要求，无论是网站的日常运营成本还是拓展市场成本，都需要大量资金的支撑。这一阶段，网络视频行业仍处于发展初期，各平台以风险投资提供的资金为主，在发展过程中不断需要新资金的注入。当然，资本回报的压力也使得各平台开始对盈利模式进行探索，并初步取得了一些成效。

广告营收构成了各平台收入的主体。相较传统电视媒体而言，网络视频平台的广告具有更多优势。其一，网络平台的广告更具灵活性，可以在视频播放前后、播放中、暂停时的各个时段出现，且有片头片尾广告、贴片广告、弹窗广告、叠加广告等多种形式，曝光度较电视广告更为充分；其二，网络平台的广告更有针对性，可以根据视频内容、观众特性进行精准投放，使广告投放具有更高的转化率；其三，网络平台的广告具有更好的反馈性，对于点击量、转化率等数据可以进行及时反馈，对广告投放方而言更有吸引力。因此，广告成为网络视频平台最重要的收入来源之一，而与之相关的用户数量、用户活跃度、市场规模占比则成为影响平台方在广告市场议价能力的重要因素。

与此同时，也有平台开始试水付费观看和会员制度。如，新浪网在2007年成为国内英超赛事网络视频直播的独家合作伙伴，其面向用户提供付费观看服务，用户可以选择包年、包月或单场点播的模式观看比赛。此后，乐视网也依托自身丰富的影视资源，探索了付费会员模式。然而，在当时的行业和社会背景下，这种付费的尝试并未能形成规模效应，这部分业务带来的收入对于平台的象征意义大于实际意义。

二、官方入场："国家队"来了

（一）官方媒体的融合转型

1. 传统媒体的新尝试

传统媒体之中，中央电视台在网络视频的探索方面走在了前列。中央电视台在 1996 年就建立了央视网（cctv.com），此后央视网作为中央重点新闻网站，成为新闻媒体网站的国家队和主力军。随着网络视频行业的发展，其他传统媒体也纷纷在这一领域开展探索，在内容和渠道方面进行融合尝试。

一方面，传统媒体的视频内容尝试与网络媒体合作。2007 年 1 月，央视春节联欢晚会向互联网机构伸出了"橄榄枝"，携手新浪、搜狐、百度、腾讯、网易等知名门户网站共同组建春晚网络联盟。该联盟以"百姓春晚　大家参与"为口号，以视听互动为主线，推出了资讯春晚、视频春晚、互动春晚、手机春晚、搜索春晚等颇具特色的网络内容产品，并提供作品征集、节目评选、数据反馈等诸多网络服务。对此，有网友评价称："传统春晚终于'下嫁'给网络了，这是一次平民化的回归，没有互动、没有参与就没有人气。"① 同时，传统媒体也开始尝试专门制作在网络视频平台播出的内容。2007 年，《人民日报》旗下的人民网在多媒体频道的基础上开办了"人民宽频频道"，其中的视频内容是传统纸媒所不具备的。人民网在 2008 年推出"人民播客"，2010 年 3 月开通"人民电视"，形成了以新闻类视频节目为主，囊括文化、娱乐、体育、生活、社会等各类综合内容的业务格局。

另一方面，网络视频内容也开始被传统媒体采用，并成为其重要的内容来源。例如，在汶川地震等事件的新闻报道中，传统媒体就采用了网民分享的现场视频。地震导致灾区道路、通信等设施受损，影响了传统电视新闻的制作播出。相比之下，网络视频平台的优势得以显现。在汶川地震发生后仅 1 个小时，新浪拍客就上传了第一个有关地震的视频，成为最早记录灾区场景的珍贵影像，这一段摇晃的画面只有几分钟，被中央电视台

---

① 传统春晚"下嫁"互联网 盈利模式尚待挖掘［EB/OL］.（2007 - 02 - 18）［2022 - 03 - 15］. https://www.163.com/tech/article/37KAT8N3000915BF.html.

等多家电视台引用。采用网络视频，不仅是对传统媒体内容来源的扩充，更是传统媒体发展模式的一种转变，体现了传统媒体积极拥抱网络视频并参与网络视频内容生产与传播的趋势。

2. "三网融合"的推进

在官方层面的媒体融合过程中，国家推动的"三网融合"发挥了重要作用。"三网融合"的"三网"指电视网、电信网、互联网，三网的"融合"并不是简单的技术端融合，而是业务应用层面的融合，使三套网络都可以实现电视信号、语音信号和数据信号的传输。

单纯从技术层面看，实现"三网融合"并不难，真正存在障碍的是行政层面——彼时我国的电视网由国家广播电影电视总局负责，电信网和互联网则由信息产业部（工业和信息化部前身）主管，"三网融合"的推进涉及不同部委之间的重新分工与协作，因此推进缓慢。甚至，在"三网融合"的早期实践中，部分地区还因竞争关系产生了矛盾。2005 年年底，福建泉州广电以一纸措辞严厉的《通告》叫停了上海文广和中国电信正在泉州推广的 IPTV 业务；2006 年 1 月 10 日，浙江广电也发出了类似通告，叫停了浙江省内的 IPTV 业务。[①] 由此可见，需要从更高层面协调行政层面存在的实际障碍，才能推动"三网融合"产生实质性进展。

2008 年 1 月 1 日，国家发展和改革委员会、科技部、财政部、信息产业部、国家税务总局和国家广播电影电视总局共同拟定了《关于鼓励数字电视产业发展的若干政策》，提出："以有线电视数字化为切入点，加快推广和普及数字电视广播，加强宽带通信网、数字电视网和下一代互联网等信息基础设施建设，推进'三网融合'。"[②] 2009 年 5 月，国务院批转发改

---

① 李晓艳. 广电总局专家：地方广电叫停 IPTV 可以理解 [EB/OL]. (2006－01－26) [2021－08－14]. https://tech. sina. com. cn/t/2006－01－26/1111830362. shtml.

② 国务院办公厅转发发展改革委等部门关于鼓励数字电视产业发展若干政策的通知 [J]. 辽宁省人民政府公报，2008 (4).

委《关于2009年深化经济体制改革工作的意见》，再次要求"落实国家相关规定，实现广电和电信企业的双向进入，推动'三网融合'取得实质性进展"①。

3. "许可证"与"牌照"

早在2003年的《互联网等信息网络传播视听节目管理办法》（国家广播电影电视总局令第15号）开始，国家广播电影电视总局就要求从事信息网络传播视听节目业务，必须取得《网上传播视听节目许可证》。该《许可证》由广电总局按照信息网络传播视听节目的业务类别、接收终端等项目分类核发，业务类别分为播放自办节目、转播节目和提供节目集成运营服务等，接收终端分为计算机、电视机、手机及其他各类电子设备。

2007年12月20日，国家广播电影电视总局和中华人民共和国信息产业部联合发布了《互联网视听节目服务管理规定》（以下简称《规定》）。相比于此前的相关规定，该规定的第八条对从事互联网视听节目服务的条件做出了严格限制，具体规定如下②：

> 申请从事互联网视听节目服务的，应当同时具备以下条件：
> （一）具备法人资格，为国有独资或国有控股单位，且在申请之日前三年内无违法违规记录；
> （二）有健全的节目安全传播管理制度和安全保护技术措施；
> （三）有与其业务相适应并符合国家规定的视听节目资源；
> （四）有与其业务相适应的技术能力、网络资源和资金，且资金来源合法；

---

① 国务院批转发展改革委关于2009年深化经济体制改革工作意见的通知［EB/OL］.（2009-05-25）［2021-08-16］. http://www.gov.cn/zwgk/2009-05/25/content_1323641.htm.
② 互联网视听节目服务管理规定［EB/OL］.（2007-12-29）［2021-08-16］. http://www.gov.cn/flfg/2007-12/29/content_847230.htm.

（五）有与其业务相适应的专业人员，且主要出资者和经营者在申请之日前三年内无违法违规记录；

（六）技术方案符合国家标准、行业标准和技术规范；

（七）符合国务院广播电影电视主管部门确定的互联网视听节目服务总体规划、布局和业务指导目录；

（八）符合法律、行政法规和国家有关规定的条件。

上述规定中，对行业影响最大的是"国有独资或国有控股单位"这一要求，优酷、土豆、酷6、乐视等网络视频企业均不符合此要求，这使得彼时市场上的大部分网络视频平台出现了"身份危机"。不过，该政策在实际执行过程中有所变通，国家广播电影电视总局在此后回应称："《规定》发布之前依法开办、无违法违规行为的，可重新登记并继续从业。《规定》发布之后申请从事互联网视听节目服务的，必须符合《规定》第八条所列的条件。"① 这意味着在《规定》出台前创办成立相关平台可以不受"国有独资或国有控股"的限制，当时的主流视频平台均顺利获得了《许可证》。

随着"三网融合"的推进和网络视频行业的发展，一些平台开始涉足互联网电视业务，通过 IPTV、电视盒子等终端将电视网与互联网融合。2009 年 8 月 11 日，《广电总局关于加强以电视机为接收终端的互联网视听节目服务管理有关问题的通知》正式下发，要求厂商如果通过互联网连接电视机或机顶盒等电子产品，向电视机终端用户提供视听节目服务，应当按照《互联网视听节目服务管理规定》和《互联网等信息网络传播视听节目管理办法》的有关规定，取得"以电视机为接收终端的视听节目集成

---

① 广电总局、信息产业部负责人就《互联网视听节目服务管理规定》答记者问 [EB/OL].（2008-02-03）[2021-07-19]. http://www.nrta.gov.cn/art/2008/2/3/art_166_42816.html.

运营服务"的《信息网络传播视听节目许可证》。^① 这类《许可证》被业
内称作"互联网电视牌照"，如果加以细分，可以分为"集成播控牌照"
和"内容服务牌照"，而业内对"牌照"的讨论一般指的是"集成播控牌
照"。"牌照"制度施行后，国家广播电影电视总局共分两批发放了 7 张牌
照（见表 6-1）。至此，互联网电视行业内形成了 7 家持牌平台的格局，
国家广播电影电视总局此后宣布"将不再发放集成播控牌照"。^②

表 6-1　国家广播电影电视总局发放的 7 张"集成播控牌照"详情

发牌时间	平台名称	类型	依托主体	运营主体
2010 年 3 月	中国网络电视台（CNTV）	中央	中央电视台	未来电视有限公司
2010 年 3 月	华数互联网电视	地方	浙江电视台和杭州广电	华数传媒网络有限公司
2010 年 7 月	东方网络电视/百视通（BesTV）	地方	上海广电	东方明珠新媒体股份有限公司
2011 年 3 月	云视听	地方	广东广电	广东南方新媒体股份有限公司
2011 年 5 月	芒果 TV	地方	湖南广电	湖南快乐阳光互动娱乐传媒有限公司
2011 年 6 月	CIBN 互联网电视	中央	中国国际广播电台	国广东方网络（北京）公司
2011 年 11 月	央广 TV	中央	中央人民广播电台	央广新媒体文化传媒（北京）有限公司

资料来源：刘瑞一. 中国网络视频的缘起与流变：1996—2020 [M]. 北京：人民日报出版社，
2021：63.

---

① 广电总局关于加强以电视机为接收终端的互联网视听节目服务管理有关问题的通知 [EB/
OL]. (2009-08-14) [2021-08-16]. http://www.gov.cn/zwgk/2009-08/14/content_1392083.
htm.

② 卢扬. 广电总局停发互联网集成电视牌照 [N]. 北京商报，2014-07-11.

互联网电视的"牌照"制度确立,重新规范了行业格局。终端厂商若要发展互联网电视和网络机顶盒产品,必须要与这7个持有互联网电视牌照的公司中的任意一家合作,才能获得进军互联网电视的"入场券"。没有内容牌照的互联网公司,也可选择以合作方式成为集成牌照的内容供应商。

2013 年年初,国家广播电影电视总局下发了《关于促进主流媒体发展网络广播电视台的意见》,提出要"将网络广播电视台提升到与电台电视台发展同等重要的地位"[①]。经历了"三网融合"的快速发展后,网络电视台迎来了新的发展机遇期。

(二) 网络电视台的兴起

1. 中国网络电视台 (CNTV)

在国家层面推动"三网融合"战略的大背景下,中央电视台率先改革试点,打响了成立网络电视台的第一枪。2009 年 12 月底,中央电视台在原央视网的基础上成立了中国网络电视台 (China Network Television,CNTV)。在创立之初,中国网络电视台主要分为新闻、体育、综艺、搜视、博客五个板块。不同于商业视频平台以板块命名的方式(如"搜狐体育""优酷娱乐"等),中国网络电视台的板块选择以"台"命名:新闻台、体育台、综艺台、搜视台(爱布谷)、博客台(爱西柚)(见图 6-7)。同时,"爱布谷"搜视台提供全国 50 多个电视频道的高清直播和点播回看功能。

2010 年 7 月 1 日,中国网络电视台进行改版,推出了全球首页和全新中文版首页,央视网与中国网络电视台也同时实现了业务归并,两家网

---

① 广电总局:加快网络广播电视台建设 [J]. 中国广播,2013 (4).

图 6 - 7　中国网络电视台开通初期的页面（2009 年 12 月）

站原有域名（www. cctv. com 和 www. cntv. cn）共同指向中国网络电视台首页。此后，中国网络电视台的频道数量和规模快速增长，2010 年增设了财经台、电影台、教育台、民族台、探索台、电视剧台、动漫台、游戏台、台海台、亚太台等 10 个专业台，2011 年增设了音乐台、旅游台、健康台、购物台、欧洲台、俄语台等 10 个专业台。

　　不难发现，中国网络电视台在发展初期基本沿用了传统电视台的运营思路：一方面以"台"对频道板块进行区分；另一方面以中央电视台的节目为核心内容，自制节目较少，多为对电视节目内容的"再加工"。这在当时的大环境下是其独特的优势所在——背靠中央电视台这座"资源富矿"，中国网络电视台可以说拥有丰富的内容资源，在提供节目内容的同时还可以对节目内容进行加工创作，不用顾忌版权层面的问题，这是商业视频网站难以企及的。同时，作为国内最具影响力的电视媒体，中央电视台的节目本身对观众具有较强的吸引力，中国网络电视台在无形中省去了宣传推广方面的大量工作。借助中国网络电视台这一平台，观众可以更为自主和便捷地观看自己喜欢的节目，这种"台网互补"的格局进一步稳固了其收视群体。

2. 各省网络电视台

有了"三网融合"的技术基础、"许可证"和"牌照"的政策框架及中国网络电视台成立的带动,建立各省的网络电视台已经具备条件。2009年,湖南广电从金鹰网中将芒果网络电视独立出来,以独立品牌形式进行运营。同年,上海网络电视台、江苏网络电视台、安徽网络电视台纷纷开播,这是较早开通的一批省级网络电视台。

2010年5月,国家广播电影电视总局下发了《关于开办网络电台、电视台有关问题的通知》,将网络电视台界定为党和政府重要的视听新媒体,要求各级广播电视行政部门积极创造条件,推动广播电视播出机构加快网络广播电视台建设。此外还明确规定申请设立网络电台、电视台的必须为各地广播电视播出机构,并在具备申请条件的基础上由广电总局审批;未经批准,不得使用网络电台和网络电视台作为机构名称、网站名称(包括频道名称)、呼号等开展业务。① 这一规定不但进一步规范了网络广播电视台的发展,也为各省级电视台开办网络电视台明确了政策导向与界定。

2013年年初,国家广播电影电视总局下发《关于促进主流媒体发展网络广播电视台的意见》,进一步提出要"将网络广播电视台提升到与电台电视台发展同等重要的地位",并要求经过三至五年努力,形成一批导向正确、内容丰富、业态新颖、技术先进、影响广泛、综合实力强的网络广播电视台,确立网络广播电视台在新媒体传播格局中的主流地位。② 网络广播电视台的重要性进一步提升。经过几年建设,全国各地省一级的网络广播电视台基本都已成立。

---

① 谢晓萍. 广电总局出台网络电视台申请通知 [EB/OL]. (2010 - 05 - 28) [2021 - 07 - 19]. https://www.asiaott.net/h/54303.

② 广电总局:加快网络广播电视台建设 [J]. 中国广播,2013 (4).

三、硝烟四起：网络视频陷入版权风波

（一）"天价剧"现象

随着网络视频行业竞争态势不断加剧，用户和流量成为各大平台的必争之地。处于扩张期的视频网站为了争夺不断增加的新用户，对于优质节目的投入力度不断加大。而以电视剧为代表的影视作品对观众有很强的吸引力，此类型的优质内容开始被各大平台追逐。为了争夺影视作品的网络播放权，各大视频网站不惜投入重金，导致电视剧和电影的网络传播权的获取费用"水涨船高"，在短短几年之内飞速增长。

在 2010 年之前，电视剧的网络传播权售价还是"白菜价"。2006 年，大火的《武林外传》的网络传播权售价总计 10 万元，平均到 80 集的总量下，单集价格仅 1 250 元。同期的《金婚》《士兵突击》等大热剧的网络传播权售价也不过 3 000 元/集。搜狐视频版权营销中心负责人在接受媒体采访时表示："2009 年我们以 2 万元/集的价格买了赵宝刚的《我的青春谁做主》，在当时已经算天价。"①

到了 2011 年，各家视频网站则需拿出两三千万元甚至更高的价钱购买一部"独播剧"——"独播"意味着买断了其网络传播权，这部影视作品只能在一个平台放映，观众无法从其他网站和平台上观看。2011 年 11 月，腾讯视频以每集 185 万元的价格购入还未在电视台播出的《宫锁珠帘》的网络传播权，同年乐视网在网络版权上的投入累计超过 2.45 亿元。为争抢网络版权，视频网站下的功夫越来越多。据报道，在 2010 年之前，视频网站一般要等到看完全片或者半剪辑版本之后才会考虑购买，但是

---

① 视频网站天价买剧背后：频繁砸钱却不赚钱［N］.南方都市报，2011-12-31.

2010 年之后，有的网站在知道了主创团队、主演之后就会跟制片方签合同。签合同的时间越来越早，签合同的方式越来越大胆——《男人帮》定了主创就卖掉了网络传播权，蒋雯丽主演的《女人帮》也是定了郑晓龙、蒋雯丽的班底就卖掉了网络传播权。

这一时期的"天价剧"现象一方面是由于各大视频网站对用户和流量大规模"圈地运动"而挑起"军备竞赛"，另一方面也有资本入场参与行业竞争、上市热潮推动、版权意识与立法推进等因素的影响。总体而言，本轮"天价剧"事件的参与者并没有靠电视剧本身盈利，而主要是为了将用户吸引至自身平台，从而增加用户数量、提高市场占有率。到了 2012 年，随着各大平台顺利上市、成立相关行业联盟开展合作、主动压低采购价格等，影视剧的网售价格终于"退烧"，"天价剧"现象有所减少，本轮影视剧价格猛涨的趋势暂时告一段落。

（二）行业组织与联盟

各大网络视频平台在发展初期将用户的视频分享作为重要的内容来源，其本质是提供网络信息存储空间，实现内容资源的共享。然而随着视频平台的发展壮大，很多平台都出现了用户上传的盗版影视资源。起初平台方面并未对这种存在版权风险的内容加以重视，造成了一定时期内网络视频平台盗版泛滥。这不仅引起了影视资源版权方（影视公司、电视媒体等）的不满，也引发了拥有版权的平台与提供盗版资源的平台之间的摩擦，以及各大平台之间围绕版权的争夺战。日益凸显的版权问题扰乱了网络视频市场的秩序，行业内部需要进行有效协商与治理。2009 年开始，一些行业内的主要成员开始组成版权联盟或相应行业组织，以抱团的形式集体应对版权纠纷、共享版权资源。其中，网络视频版权保护联盟和中国网络视频反盗版联盟最具代表性。

1. 网络视频版权保护联盟

2009 年 8 月 19 日，由央视网、凤凰网牵头发起的网络视频版权保护联盟在北京举行启动仪式。该联盟具有较为明显的"国家队"特点，其成员包括北京电视台、上海文广东方宽频、湖南金鹰网等电视媒体及其网站，国家版权局、国家广播电影电视总局、工业和信息化部、国务院新闻办公室等国家部委单位也到场参与了启动仪式，体现了官方层面的大力支持。联盟成员在启动仪式现场共同签署了《2009 年版权保护宣言》，其中指出该联盟成员之间将"加强正规渠道版权内容合作和交易工作，促进版权市场健康多方向发展，建立更加成熟有效的商业模式和运营模式"；同时呼吁"政府主管部门和司法机构加大版权保护力度，为视频新媒体产业的健康发展营造良好的环境"①。

网络视频版权保护联盟作为"国家队"打响了网络视频行业版权保护第一枪。尽管在启动仪式之后联盟并没有太多推动版权保护的实际行动，但其意义不容忽视，这代表了传统电视媒体向网络视频行业的盗版现象正式"开战"，在行业发展过程中具有较强的象征意义，也对行业内部其他联盟的成立起到了引领和带动作用。

2. 中国网络视频反盗版联盟

在"国家队"发起成立网络视频版权保护联盟后不到一个月，2009年 9 月 15 日，由搜狐视频、优朋普乐、激动网三家平台发起的中国网络视频反盗版联盟在北京成立。除了三家发起单位外，还有互联网版权保护协会、首都广播电视节目制作业协会、中国电影版权保护协会、中国外商投资企业协会品牌保护委员会、国际版权交易中心五家协办单位。联盟旨在共同抵制网络侵权盗版行为，维护网络视频市场的正常秩序，推进网络

---

① 央视网凤凰网携手建立"网络视频版权保护联盟"［EB/OL］.（2009 - 08 - 20）［2021 - 07 - 23］. http：//www. cctv. com/cctvsurvey/special/03/20090820/103007. shtml.

视频正版化进程。①

与前述"国家队"不同,该联盟成员均为非官方性质的相关企业和平台,其中包含61家有影响力的国内外影视版权方、中国4A广告联盟旗下41家广告公司和CR尼尔森、艾瑞、DCCI等第三方调研公司和法律专家。2013年11月,联盟成员发生了较大变动,完成合并之后的优酷土豆集团正式加入联盟,腾讯视频、乐视网、万达影业、光线传媒等平台企业和中国电影著作权协会(CFCA)、美国电影协会(MPAA)等行业协会也成为联盟的新成员。

联盟成立之后,在版权保护和反盗版方面采取了一系列行动,积极通过诉讼等法律手段在行业内开展"版权争夺战"。在2009年至2013年间,由联盟共同发起或由主要成员发起,针对行业内部的盗版内容问题掀起了多轮"版权大战",在客观上起到了推动行业良性发展、促进版权保护的建设性作用。

3. 行业内的其他组织

(1)国际影视版权联合采购基金。

2009年12月22日,搜狐网和酷6网各出资500万美元联合建立"国际影视版权联合采购基金"。这是国内首个用于联合采购国际影视版权的专项基金,通过共同购买影视版权、共享用户流量、协同投放广告内容等方式实现企业合作。搜狐公司董事局主席兼首席执行官张朝阳表示,该基金主要用于购买美国好莱坞电影及电视剧版权,包括搜狐、酷6两家的平台播放权,同时也欢迎其他的同行加入该基金,提高视频网站购买版权的议价能力。②

---

① 100多家权利方创建中国网络视频反盗版联盟[EB/OL].(2009-09-16)[2021-07-28]. http://media.sohu.com/20090916/n266762647.shtml.

② 谢晓萍.视频网站启动新一轮融资 酷6搜狐联建首个"买片基金"[EB/OL].(2009-12-23)[2021-07-29].http://www.nbd.com.cn/articles/2009-12-23/259641.html.

（2）新媒体数字院线发行平台。

2011 年 1 月 20 日，电影网联合新浪网、搜狐网、优酷网、土豆网、酷 6 网、激动网、百视通等多家网络媒体成立了"新媒体数字院线发行平台"。作为电影频道的直属网站，电影网具有得天独厚的内容资源优势。早在 2009 年，电影网就联合其他 16 家视频网站牵头成立了"电影网络版权营销平台"。电影网购买最新影片的网络版权之后，在自身承担购片成本 50% 的前提下，再以低于独家播映的价格分销给平台里的其他成员，但在上映时间上会有所区别。而"新媒体数字院线发行平台"则实现了电影在各视频网站的同时排播，电影在影院上映 8 周后开始在各网站付费点播，持续 4 周，价格约为电影票价的 1 折左右，再过 4 周之后用户可免费观看。①

（3）电影网络院线发行联盟。

2011 年 3 月 17 日，乐视、腾讯、激动、迅雷、暴风影音、PPTV、PPS 七家平台联合成立了电影网络院线发行联盟，提出了统一上线时间、统一播放品质、统一资费的"三个统一"理念，旨在助推互联网成为传统电影院线之外的第二院线，同时为大量无法进入传统院线的中小成本影片提供更宽广的数字发行渠道。联盟内各网站在购买到影片独家版权后，通过分销形式第一时间与其他盟友共享，同时将影片在各自的付费平台进行首轮放映，并统一资费标准（每部电影的点播费用将限制在 3～10 元）。②而未加入联盟的其他网站，则只能在第二轮的免费放映中获得影片的放映权。2011 年 4 月 22 日，优酷网和凤凰视频两家平台宣布加入，联盟成员发展为九家。

（4）视频内容合作组织。

2012 年 4 月 24 日，搜狐视频、腾讯视频、爱奇艺三家平台联合成立

---

① 彭侃. 中国电影网络付费点播发行的现状与展望 [J]. 电影艺术，2011 (6).
② 刘阳. 付费看片，你准备好了吗？[N]. 人民日报，2011 - 03 - 22.

了"视频内容合作组织"（Video Content Cooperation，VCC）。该组织致力于在版权和播出领域展开深度合作，以实现资源互通。合作方将对共同认可的优质视频内容进行联合采购，并在内部均摊版权采购费，同时会按需置换易购影视作品版权，除国产影视剧外，受欢迎的美剧等国外内容也被纳入了购买范围。在广告营销方面，三方也将拿出自身优质营销资源进行共同营销。腾讯公司负责人表示，此次合作将形成强大的整合优势，不仅可以最大化各方内容资源，还将有效维护网络视频内容版权的市场体系，在充分市场化的情况下，保持价格体系健康有序发展。[①]

（三）版权大战

在网络视频平台发展初期，很多平台选择了基于用户上传分享内容的发展模式。虽然用户贡献了大量原创音视频内容，但也包含了大量盗版影视内容，如热播电视剧、电影、电视节目等，网络视频平台的盗版问题日益严峻，影视资源版权方与视频网站之间的矛盾也随之产生。2006 年 7 月 1 日，《信息网络传播权保护条例》正式施行[②]，给网络领域版权保护提供了法律保障，也标志着网络视频行业的内容版权保护进入新阶段。条例施行后，行业内出现了一些针对盗版视频的维权案例，比较有代表性的案例有 2007 年电影《疯狂的石头》版权方新传在线状告土豆网侵权案[③]、2008 年电影《无间道》版权方优朋普乐起诉酷 6 网和优酷网侵权案[④]等。

---

① 腾讯搜狐爱奇艺三家共推视频内容合作组织 [EB/OL]. (2012 - 04 - 24) [2021 - 07 - 31]. https：//tech. qq. com/a/20120424/000259. htm.
② 信息网络传播权保护条例（中华人民共和国国务院令第 468 号）[EB/OL]. (2006 - 05 - 29) [2021 - 08 - 01]. http：//www. gov. cn/zwgk/2006 - 05/29/content_294000. htm.
③ 陈轶珺.《疯狂的石头》告土豆网在线播放侵权 索赔 15 万 [EB/OL]. (2007 - 07 - 03) [2021 - 08 - 01]. http：//news. sohu. com/20070703/n250880368. shtml.
④ 优酷、酷 6 再陷版权官司 因播《无间道》被起诉 [EB/OL]. (2008 - 09 - 19) [2021 - 08 - 01]. https：//it. sohu. com/20080919/n259647300. shtml.

随着 2009 年中国网络视频反盗版联盟（以下简称"联盟"）的正式成立，网络视频行业内的"版权大战"进一步升温，短短数年内，联盟及其成员开展了两轮声势浩大的维权诉讼，在行业内外产生了较大影响。

1. 第一轮行动（2009—2010）

（1）第一次集体行动。

联盟在启动仪式当日即宣布将对优酷侵权的 503 部国内影视剧开展诉讼，其中包括《喜羊羊与灰太狼》《麦兜三部曲》《王贵与安娜》等国内热播影视作品，索赔 1 亿元①，直接点燃了"版权大战"的战火。

优朋普乐作为联盟发起单位首先起诉优酷，并连带起诉在侵权视频上投放广告的相关公司。两个月后，北京市海淀区人民法院一审判决优酷败诉，需赔偿总计 45 万元。② 但在此后的诉讼中，法院没有支持优朋普乐对投放广告的相关公司的连带诉讼请求。随后，搜狐也对优酷发起了诉讼，法院审理认为，优酷在《气喘吁吁》《麦兜响当当》《麦兜故事》《麦兜菠萝油王子》等影片中存在盗版行为，判决优酷向搜狐赔偿 10.5 万元。③ 此外，联盟成员激动网、酷 6 网等视频网站也纷纷跟进，就版权问题向优酷发起诉讼。

作为反击，2009 年 9 月 17 日，优酷网宣布起诉搜狐网侵犯其名誉权，并称"搜狐网对外发布的文章和言论被多家媒体和网络机构引用，给优酷网造成极大负面影响，甚至造成广告合同无法续签"。此案经历了一年多的审理之后才落下帷幕，北京市海淀区人民法院于 2010 年 12 月做出判决：优酷网胜诉，搜狐网侵犯优酷网名誉权事实成立，需向优酷网赔礼

---

① 赵明. 优酷起诉搜狐 较量针锋相对［N］. 中国经济时报，2008 - 09 - 18.

② 优朋普乐诉优酷案一审判决：优酷被判赔偿 45 万［EB/OL］.（2009 - 11 - 27）［2021 - 08 - 02］. https://www.163.com/tech/article/5P3BM6IQ000915BF.html.

③ 搜狐起诉优酷侵权：法院判优酷赔偿 10.5 万元［EB/OL］.（2009 - 12 - 16）［2021 - 08 - 02］. http://www.techweb.com.cn/news/2009 - 12 - 16/498238.shtml.

道歉 3 天，并删除涉案新闻。[①] 同时，优酷网也针对自身存在的侵权问题做出了整改，于 2010 年 1 月推出"视频版权合作管理系统"，表示将在大规模购买与合作的基础上，以严密的技术监管体系促进视频版权治理，"全面屏蔽用户上传的侵犯第三方版权的视频内容"[②]。这也标志着联盟的维权起到了一定效果。

联盟与优酷的纷争很快就变成了两个阵营之间的对垒。2010 年 2 月 3 日，优酷网和土豆网宣布开始战略合作，推出"网络视频联播模式"，共享各自的视频独播剧。[③] 优酷网和土豆网开展合作之后，"版权大战"随即演变为联盟与优酷土豆两个阵营之间的对抗，双方抓住对方存在的视频内容侵权问题相互展开了一系列连环诉讼。这种"混战"状态一直持续到了 2010 年年底，其中包括酷 6 网起诉土豆网侵权《包青天》等 5 部视频索赔 50 万元，优酷网和土豆网分别起诉酷 6 网侵权作为回击等。

（2）第二次集体行动。

与优酷网和土豆网的混战稍有平息后，联盟又开始了第二次集体行动。本次行动将矛头指向了迅雷公司。与优酷网、土豆网、搜狐网等基于用户视频分享模式的平台不同，迅雷通过提供搜索服务，可以让用户通过在线搜索查找到影视资源并下载观看，而这些资源多是盗版内容，存储于"非迅雷"服务器上。相比于用户上传分享内容，这种模式的隐蔽性更强，也增加了版权方的维权难度。

2010 年 10 月 28 日，以搜狐网、优朋普乐、激动网三家为代表的联盟

① 优酷告搜狐侵犯名誉权胜诉 搜狐被判道歉 3 天 [EB/OL]. (2010 - 12 - 30) [2021 - 08 - 02]. https://tech.qq.com/a/20101230/000261.htm.

② 优酷推版权合作系统：全面屏蔽用户上传侵权内容 [EB/OL]. (2010 - 01 - 20) [2021 - 08 - 02]. https://tech.sina.com.cn/i/2010 - 01 - 20/12463789058.shtml.

③ 陆敏. 土豆优酷冤家牵手 共建视频"联播"模式 [EB/OL]. (2010 - 02 - 04) [2021 - 08 - 04]. http://china.cnr.cn/yaowen/201002/t20100204_505985929.shtml? tdsourcetag = s_pcqq_ai-omsg.

成员奔赴迅雷深圳总部召开发布会，宣布开启反盗版联盟"第二届联合行动"，发起对迅雷网站长期盗版权利人作品行为的法律诉讼。联盟表示，目前一共取证盗版侵权影片 369 部，包括《逃学威龙》《唐伯虎点秋香》《九品芝麻官》《喜剧之王》《男儿本色》等影片，截至 10 月 27 日，首批送交案件诉讼 100 部已经正式在深圳南山法院立案。①

作为回应，迅雷公司当天在同一酒店同时举行了"揭露搜狐、优朋普乐'虚假联盟'"新闻发布会。迅雷公司当场发布《十问搜狐、优朋普乐"虚假联盟"》一文，指责联盟维权动机不纯，是"以维权之名行围剿之实""迫害行业的健康发展"。同时迅雷自称"是国内目前最大的正版视频内容提供商，版权影视内容是搜狐的 10 倍，是优朋普乐的 5 倍"②。

在本次集体行动中，双方争论的焦点不只局限于版权问题本身，还将争端提升到商业竞争层面，从而引发了更多的社会关注。迅雷认为，联盟的此番举动是以反盗版的旗号进行不正当竞争，质疑联盟成员"以版权裁判自居""使用双重标准""监守自盗"。③ 行业内外对于视频版权问题的认识也更为成熟全面，从法律诉讼角度的"分对错"延伸到探讨其背后的原因与动机。中央电视台推出题为《口水战升级　反盗版联盟遭质疑》的报道，中国互联网协会副理事长高卢麟在采访中认为，不同网站之间存在不同的竞争策略，但各方需要加强自律，"不能利用保护版权作为策略，来壮大自己，削弱别人"④。

---

① 证券日报：中国网络视频反盗版联盟第二轮联合行动［EB/OL］．（2009 - 10 - 29）［2021 - 08 - 04］．https：//yule. sohu. com/20091029/n268659557. shtml．

② 国内互联网视频业进入"战国时代"［EB/OL］．（2009 - 11 - 09）［2021 - 08 - 04］．https：//www. chinanews. com/it/news/2009/11 - 09/1954647. shtml．

③ 版权乱战之迅雷：怒斥搜狐优朋普乐十宗罪［EB/OL］．（2009 - 10 - 29）［2021 - 08 - 05］．https：//lmtw. com/mzw/content/detail/id/52738/keyword _ id/-1.

④ 口水战升级 反盗版联盟遭质疑［EB/OL］．（2009 - 11 - 09）［2021 - 08 - 05］．https：//tv. cctv. com/2009/11/28/VIDEEs2Er6BXU44O1e78yZsr091128. shtml．

2009 年至 2010 年，联盟通过两次大规模的集体行动，掀起了行业内部第一次"版权大战"的高潮，同时也进一步推动了各大视频平台对版权问题的重视以及对优质影视内容版权的争夺，一定程度上催生了前文介绍的"天价剧"现象。

2. 第二轮行动（2013 年）

在第一轮行动的风波平息两年之后，联盟再次出手，于 2013 年 11 月 13 日宣布启动"中国网络视频反盗版联合行动"，成员单位联合发布《中国网络视频反盗版联合行动宣言》，呼吁视频行业、版权方、影视从业者、社会各界和用户共同携手抵制盗版，并呼吁相关管理部门和行业协会维护行业的正常竞争秩序，打击侵权、盗版等不正当竞争行为。联盟同时表示将联合对抗百度、快播等日益严重的网络视频盗版和盗链行为。①

相比于两年前，新版的联盟成员有了较大变化。两年前因为版权问题对簿公堂的优酷土豆集团摇身一变，从联盟的对手变为联盟的新成员，腾讯视频、乐视网、万达影业、光线传媒、乐视影业、中国电影著作权协会、美国电影协会、日本内容产品海外流通促进机构（CODA）等也正式加入联盟。

此次联合行动主要针对百度和快播两家企业。联盟在启动仪式上宣布，已向法院起诉百度、快播的盗版侵权案件共立案百余起，涉及百度盗链、盗播移动视频版权的影视作品逾万部，并向百度索赔由此带来的损失 3 亿元。本次联盟打击盗版的重点是百度旗下的百度视频搜索、百度影音、百度视频 App 和百度影棒四款产品，参与方将联合对视频盗版、盗链采取技术反制，从当日起全面禁止百度视频爬虫访问。②

---

① 中国网络视频反盗版联合行动宣言 [EB/OL].（2013 - 11 - 13）[2021 - 08 - 05]. https://yule. sohu. com/20131113/n390081338. shtml.

② 腾讯搜狐优酷等成立反盗版联盟：诉百度索赔 3 亿 [EB/OL].（2013 - 11 - 13）[2021 - 08 - 06]. http：//tech. sina. com. cn/i/2013 - 11 - 13/14228909893. shtml.

面对声势浩大的声讨，百度公司当日发布声明做出回应，称其在打击盗版视频内容方面已经采取了四大举措：开发出盗版视频自动过滤系统、开辟绿色投诉通道、主动引导正版视频、搜索断开盗版视频网站链接。2013 年 11 月 29 日，北京市海淀区人民法院对此案进行宣判，认为百度侵权事实成立，应立即停止侵权行为，判决总金额达 49.1 万元罚款。此后，百度影音宣布全面下架盗版片源，发布公告称将转型"打造原创正版内容"的娱乐平台，同时继续通过多项技术创新实现对版权视频内容的保护，大力扶持正版，打击盗版。①

本次声势浩大的"版权大战"得到了监管部门的重视与支持。在陆续接到优酷、腾讯、搜狐、乐视等对百度和快播侵犯其视频作品的投诉后，国家版权局于 2013 年 11 月 19 日正式立案。经过调查认定，百度和快播的盗版、盗链行为已构成侵犯信息网络传播权，且损害了公共利益。2013 年 12 月 27 日，国家版权局分别对两个公司做出责令停止侵权行为、罚款人民币 25 万元的行政处罚。② 此案也被国家版权局作为 2013 年打击网络侵权盗版专项治理"剑网行动"的重要成果，列入当年"十大网络侵权案件"。

（四）落幕与评价

中国网络视频反盗版联盟在经历了两轮"版权大战"后完成了其历史使命，并没有进一步发展成正式的行业协会。作为联盟的发起人和主要领导者，搜狐公司董事局主席张朝阳表示联盟的使命"已经完结"，在联盟的推动下，网络视频领域从 2009 年到 2013 年总共发动了两次反盗版"战争"，前一次让所有的视频网站"改邪归正"，后一次使百度和快播对电影

---

① 百度影音全面下架盗版内容 转型娱乐平台［EB/OL］．（2013 - 12 - 30）［2021 - 08 - 06］．https：//tech. qq. com/a/20131230/002912. htm.

② 百度、快播被行政处罚 25 万 国家版权局将公布预警名单［EB/OL］．（2013 - 12 - 30）［2021 - 08 - 06］．https：//www. yicai. com/news/3295682. html.

的盗版形式在网上消失。"通过反盗版，中国的影像内容的版权市场神奇地走在了世界的前列，这是非常完美的结局。"① 然而，这场"版权大战"产生的深远影响并不止于此。

一方面，联盟及其发起、主导的"版权大战"推动了行业内版权意识的觉醒。在行业发展初期，各大平台的版权保护意识普遍较为薄弱，对于视频网站发布的内容，其他平台往往会通过盗链的方式在自己的平台进行同步。而相关监管政策的补齐与中国网络视频版权保护联盟、网络视频反盗版联盟的成立，加速了中国网络视频行业版权保护的进程。尤其是中国网络视频反盗版联盟掀起的多轮"版权大战"更是让版权问题引起了社会关注，推动了行业内部版权意识的觉醒，从客观结果的角度来看，联盟和"版权大战"对于网络视频行业的持续健康发展具有很大的正面意义。

另一方面，参与方发起"版权大战"初始动机并非单纯为了打击盗版、推动行业良性发展，而是经济利益推动下的维权之举。联盟成员都在正版视频内容上投入了大量资源，其他平台的盗版行为使得其前期的版权投入大受损失，这也是其发起诉讼进行维权的直接动机。"版权大战"也为"天价剧"现象添了一把火，各平台对版权采购的重金投入导致影视剧网络播出权价格猛涨，给行业的进一步发展带来了不确定因素。从这个角度来说，"版权大战"是各平台争夺市场和用户的一种方式。在中国网络视频反盗版联盟炮轰百度后，有业内人士分析称，联盟表面上看是打击盗版，但真实意图是围绕版权做文章，与百度争夺未来的网络视频入口控制权。② 这一阶段的网络视频平台尚在探索运营和盈利模式，用户和流量作为平台运营的基础数据是各平台首先要争取的战略资源。"版权大战"本

---

① 张朝阳：网络视频反盗版联盟的使命已经完成［EB/OL］.（2014-07-28）［2021-08-06］. https://people.techweb.com.cn/2014-07-28/2059612.shtml.

② 四大网站诉百度盗版索赔3亿［EB/OL］.（2013-11-30）［2022-03-16］. http://sdby. dzwww.com/jyygl/201311/t20131130_9273209.html.

质上是行业内部的市场与用户之争，中国网络视频反盗版联盟也在某种程度上变成了平台之间的竞争工具，却没有继续发展为规范化的行业协会，发挥制定行业规范、解决实际问题、规范行业行为的作用。此外，联盟并未兼顾行业内部每个平台的利益，甚至在某种程度上加剧了行业内部的纷争。由此可见，由企业自行发起的组织无法有效承担起带领行业良性发展的重任，网络视频行业需要一个更为正式的行业协会，起到协调行业成员、维护行业秩序、推动行业健康发展的作用。

四、新的探索：内容自制与整合

（一）从购买到自制

经历了"版权大战"和"天价剧"风波后，行业内部对于内容资源的争夺相较此前更加激烈。在版权价格居高不下、行业竞争不断加剧的背景下，平台纷纷开始探索内容自制，试图另辟蹊径获取优质内容。

在内容自制方面，乐视网较早进行了探索，以参与出品和发行的方式进军内容端。2011 年，乐视影业成立，提出了成为"互联网时代的电影公司"的概念。2012 年，乐视影业共出品和发行了 6 部影片，市场份额列 5 大民营公司第 4 位。其中乐视影业出品的《消失的子弹》获台湾电影金马奖最佳影片等 4 项提名，香港电影金像奖最佳影片等 13 项提名。乐视影业参与出品并负责中国市场发行的美国影片《敢死队 2》，在中国市场取得了 5 400 万美元的票房，占影片全球市场份额的 18.5%。①

与此同时，优酷、搜狐等视频平台也开始了对自制内容的探索。2011

① 张艺谋签约乐视影业 开启新的"二张"时代 [EB/OL]．（2013 - 05 - 29）［2021 - 10 - 16］．http：//www．mnw．cn/news/ent/417855．html．

年，搜狐推出了《钱多多嫁人记》《疯狂办公室》等多部自制剧，并提出了"门户剧"的概念，这一概念及其推广营销模式给了广告方信心，也保证了最终的营销效果。① 2012 年 10 月，搜狐出品了网络系列剧《屌丝男士》，第一集上线后单集播放量就突破千万，全 6 集点击破亿，成为当时网络上的热门剧集，热度甚至超过了之前在搜狐热播的《轩辕剑》《夫妻那些事》等热门电视剧。②

2013 年 8 月，优酷与万合天宜合作推出网络系列剧《万万没想到》，以夸张幽默的方式描绘了主人公王大锤意想不到的传奇故事。该剧的故事设定涉及搞笑、穿越、职场等热门元素，剧情内容包罗万象，从当时的热门话题到经典历史故事改编，王大锤每天的生活都多彩而变幻莫测，在戳人笑点的同时引起了观众的情感共鸣。《万万没想到》上线后旋即火爆全网，播放量迅速突破 2 亿次③，并于 2014 年获得金鹏奖"最佳网络短片"奖④。此后《万万没想到》陆续推出了第二季、第三季等一系列续作，同名大电影《万万没想到》也于 2015 年 12 月在院线上映。

《万万没想到》的火爆掀起了网络自制剧的热潮，此后腾讯、乐视、爱奇艺等平台纷纷入场出品自制剧。在自制短剧的基础上，还在网络电影、网络电视剧和网络综艺等节目类型上多点开花，开启了网络视频行业新时代的大幕。此后，各大平台进一步加大了对自制内容的投入，除传统的自制形式之外，还选择了更为灵活的方式参与影视节目的内容制作，不仅活跃了内容市场，也形成了差异化特色，为付费内容、会员制、广告等

---

① 穆磊. 搜狐视频：用品质"玩转"门户剧 [J]. 中国广告，2011 (7).
② 《屌丝男士》第一季完结 第二季有更多明星加入 [EB/OL]. (2012 - 11 - 15) [2021 - 12 - 12]. https：//yule. sohu. com/20121115/n357672096. shtml.
③ 优酷出品《万万没想到》播放量破 2 亿 [EB/OL]. (2013 - 10 - 24) [2021 - 10 - 09]. https：//tech. huanqiu. com/article/9CaKrnJCP99.
④ 《万万没想到》人气旺 斩获金鹏奖最佳网络短片 [EB/OL]. (2014 - 05 - 15) [2021 - 10 - 10]. https：//ent. qq. com/a/20140515/028866. htm.

营收方式的探索打下了坚实基础。

（二）"客厅争夺战"：加强内容整合

随着行业的进一步发展，网络视频行业产业链进一步整合，产业链上下游之间的主体均尝试参与内容整合。其中比较有代表性的是互联网电视和电视盒子等终端平台。根据相关政策对互联网电视"牌照"的要求，互联网电视和电视盒子等终端厂商如果想发展互联网电视业务，就必须选择与七家持有"集成播控牌照"的牌照方进行合作。除作为播放内容的终端，有厂商也开始考虑参与内容整合，通过盒子和电视的方式参与到"客厅争夺战"之中。

2012 年 12 月，乐视发布了乐视盒子 C1，在行业内首尝"0＋399 元"的价格策略，定价 399 元的盒子免费赠送，用户可终生免费观看全网视频，同时仅收一年的乐视网 TV 版独家内容服务费 399 元（第二年起用户可自主选择是否付费），乐视网 TV 版与 CNTV 集成平台对接，所有内容均在 CNTV 的集成播控平台上，实现可管可控。有业内人士认为，"0 元赠机策略或将掀起家庭普及风暴，引发客厅革命"①。

除乐视外，小米也在 2012 年发布了小米盒子。2013 年，乐视和小米分别发布了各自的互联网电视产品，这标志着互联网电视的终端方开始大踏步涉足内容整合领域，也开启了互联网视频行业推动"客厅革命"的大幕。

第三节　勾勒方圆：行业格局初步显现

伴随着行业的快速发展，网络视频行业在大竞逐的过程中不断整合、

---

① 乐视盒子 C1 发布 仅售"0＋399 元"[EB/OL].（2012 - 12 - 19）[2021 - 09 - 09]. http：//roll. sohu. com/20121219/n360939008. shtml.

规范，行业格局初步显现。

一、群雄逐鹿：资本参与行业重整

（一）探索运营模式（2010 年之前）

在 2010 年之前，网络视频行业处于发展初期，各大平台和网站都在探索运营模式和盈利模式。这一阶段，各大视频平台尚处于草创阶段，迅速扩张、抢占市场份额是其首要任务。随着用户规模的不断增长，服务器等运营成本不断增加，行业内的竞争也增加了购买内容资源的版权成本，平台运营压力不断增长。网络视频行业具有很高的资金要求，无论是日常运营成本还是拓展市场的获客成本，都需要大量资金的支撑。由于没有上市融资，各平台在发展初期均以风险投资为主，并在发展过程中不断寻求新资金的注入。

在营收方面，广告业务是各平台的主要手段。对于广告投放方而言，各大视频平台庞大的用户群体是优质的潜在客户，用户数量越多、视频播放量越大，对广告方的吸引力就越强。因此，平台方主要通过提升市场占有率、扩大用户规模来增强自身在广告市场的议价能力，从而提升广告营收。与此同时，也有平台在付费观看和付费会员制方面进行了探索，但当时的行业环境存在"内容付费尚未形成习惯""支付渠道不顺畅""盗版内容泛滥"等因素[①]，阻碍了平台在付费模式上的探索。因此，付费观看和会员制在当时并没有形成规模效应，对平台实际营收的增长没有太大贡献。

总体而言，在网络视频行业发展的初期，各平台普遍未能实现盈利，

---

① 朱旭光，等. 网络视频产业的业态融合与行业治理 [M]. 北京：中国广播电视出版社，2014：82.

不断增长的运营成本和较少的营收点增加了平台方的压力。这就促使各大平台进行新的探索，既然运营成本的"节流"不好实现，"开源"以寻求新的资金支持便成了重点方向。

（二）开启上市热潮（2010—2011）

2010 年被称为中国视频网站的"上市元年"。经历了五年左右的发展，一些头部视频平台积累了一定的用户体量与市场规模，但随着平台规模日益扩大，运营成本、内容成本、人力成本也日益增长，平台的进一步发展面临资金压力。在这种背景下，视频网站头部平台谋求上市，面向公众和资本市场公开发行股票是其较为理想的融资方式。

首先完成上市动作的是酷 6 网，其于 2010 年通过"借壳"方式在美国纳斯达克上市。2009 年 11 月 27 日，盛大旗下上市公司华友世纪宣布和酷 6 网进行股权合并，合并后酷 6 网成为华友控股集团全资子公司并继续保留其品牌。[①] 2010 年 8 月 17 日，酷 6 网正式在美国纳斯达克挂牌交易，成为全球首家上市的视频网站。

酷 6 网赴美上市让国内其他头部视频网站看到了希望，也带动了国内视频网站第一轮上市热潮。2010 年 8 月 12 日，乐视网在深圳证券交易所创业板挂牌上市，成为 A 股上市的首家网络视频公司；2010 年 12 月 8日，优酷在纽约证券交易所挂牌上市；紧随其后的土豆网于 2011 年 8 月17 日登陆纳斯达克市场。在此之后，迅雷于 2014 年 6 月在纳斯达克上市，播放器厂商暴风科技于 2015 年 3 月 24 日在 A 股创业板上市。

视频网站之所以选择在 2010 年前后争相上市，主要推动力是资本因素。一方面，上市可以为公司筹集更多资金，以应对日益增长的服务器带

---

① 华友集团宣布与酷 6 网股权合并 [J]. 互联网天地，2009（12）.

宽、版权费用、内容分发成本等一系列高昂的运营成本，同时也增强公司面对危机时的抗风险能力（2008 年金融危机的影响仍然存在）。另一方面，上市也是为满足投资方的要求。在平台初创期以风险投资等方式进场的资本，面对 5～7 年后公司的发展壮大，有离场实现盈利的切实需求，而公开上市是投资界公认的最佳渠道，各平台的上市顺应了背后投资方的需求。

在市场选择上，视频网站选择境外上市的数量多于在境内上市，这也与当时国内外市场的上市环境差异有关。2008 年国际金融危机以来，欧美市场对中国资本的需求更加迫切，中国公司在世界各大证券交易所的上市门槛相对较低，审核周期较短，这对急于上市的视频网站平台而言有足够大的吸引力。相比之下，境内上市的门槛较境外更高，当时相关规定要求企业必须实现连续三年盈利方可在 A 股上市，且上市流程较为烦琐。

上述视频网站在上市之后，普遍迎来了一段时间的上市红利期，股价在资本市场的热捧下走势强劲。酷 6 网在上市当年的年底实现了超过 250％的股价增长；优酷首日收盘价 33.44 美元，较发行价上涨了 161％；乐视网发行价 20.24 元，开盘价达到 49.44 元，此后经历短期调整后一路走高，并在当年年底创出 69 元新高；暴风科技在上市之初股价迎来暴涨，在 41 个交易日内收获 37 个涨停，股价最高达到 327 元。

然而，上市所带来的红利期毕竟有限。在视频网站掀起上市热潮的同时，业界的质疑与忧虑之声也随之而来。尽管成功上市，但盈利模式单一、侵权问题严重、运营成本较高、监管风险较大等问题并没有得到实质解决，一旦上市的红利期过去，将会面临资本市场的真正考验，而发展仍不够成熟的视频网站能否面对这一系列潜在危机，也是市场普遍担忧之处。在度过上市初期之后，各家公司基本都遭遇了资本市场的考验：酷 6 网在被纳斯达克多次"摘牌"警告后接受了盛大集团的私有化；优酷土豆在合并之后被阿里巴巴收购，从纽交所退市；在 A 股上市的乐视网和暴风科技则一步步跌落神坛，最终也难逃退市的命运。

（三）资本并购重组（2012—2013）

1. 优酷土豆合并

2012 年 3 月 12 日，优酷网和土豆网宣布将以换股的方式进行合并，成为行业内的爆炸性新闻——此前两家平台明争暗斗多年，还在前不久的"版权大战"中因版权问题大打出手，昔日冤家突然联手成为一家人，是很多业内人士始料未及的。

2012 年 8 月 20 日，优酷网与土豆网股权合并方案获准通过，两者以 100％股权交换的方式联合，共同成立优酷土豆集团公司。同时，合并后优酷网和土豆网继续拥有各自品牌和独立平台，原有网站和 App 也继续独立运营。

回过头看，本次收购并非毫无预兆，土豆网的经营压力则是两者合并的主要推动力。自成立以来，土豆网始终未能实现盈利，而"版权大战"推高的运营成本进一步提高了土豆网经营的压力。据公开财报内容显示，土豆网在 2009—2011 年分别净亏损 8.12 亿美元、5.27 亿美元和 2.12 亿美元。在 2011 年 11 月赴美上市之后，土豆网的股价一路走低，短短半年间由发行价 29 美元跌至 15 美元附近。运营的压力，加之资本市场的不顺，使土豆网不得不尝试寻找新的合作伙伴。在经历了与百度、腾讯、新浪网和优酷网的接触后，优酷网的优厚条件最终打动了土豆网，促成两者最终成功联手。对于优酷网而言，与土豆网合并也是一笔合适的交易。当时虽然优酷网仍处于视频网站市场份额的领先位置，但面临主流网络视频平台（腾讯、百度等）和传统媒体（CNTV 等）迅速发展的冲击。优酷网与土豆网合并后，一方面可以巩固优酷网在行业内头把交椅的位置，同时共享两者的影视版权、服务器和技术资源；另一方面也可以借助合并后的庞大体量在市场内拥有更大的议价能力，在影视资源采购、广告分成等方面更有主动权。

优酷土豆合并后，继续保持了行业内第一的位置，并成功吸引了资本市场进一步的大动作。2015年10月，阿里巴巴宣布全面收购优酷土豆集团。2016年4月初，优酷土豆正式成为阿里巴巴旗下的子公司，并于当日从纽交所正式退市。

2. 百度与苏宁入场

优酷网和土豆网的合并加速了行业内的洗牌重整，引发了新一轮的资本入场运作。2013年5月7日，百度宣布以3.7亿美元收购PPS，并将其与旗下爱奇艺进行合并，PPS将作为爱奇艺的子品牌继续保留。作为彼时中国互联网企业BAT三巨头之一，百度有较为丰富的投资经验与资本运作能力。PPS在被百度收购后与爱奇艺合并，成为优酷土豆之外的另一个行业内头部平台。

在百度收购PPS之后，资本市场开始物色下一个有价值的平台，此时的PPTV平台由于长期积累的直播和移动端优势得到了资本市场的认可。早在2011年，PPTV就从软银集团获得了2.5亿美元的融资，但上市之路迟迟未成，平台方也需要寻找新的投资方加入。在这样的背景下，2013年10月28日，苏宁宣布联合弘毅资本投资PPTV 4.2亿美元，成为其第一大股东，而苏宁也作为行业外的资本成功进入网络视频市场。

3. 行业迎来寡头时代

经历了一系列收购与兼并之后，网络视频行业内部完成了又一次的洗牌与重整，在此后的发展中逐步形成了优酷土豆（阿里巴巴）、百度、腾讯"三足鼎立"的格局，与互联网行业BAT三巨头的格局一致。行业发展初期"百花齐放"的盛况不再，网络视频行业迎来了"寡头时代"。

资本参与行业重整，有利于形成规模效应、提升行业的整体水平。资本兼并形成的规模越大，越容易形成垄断，从而形成规模效应，降低成本的同时将效益最大化。例如"版权大战"之初催生"天价剧"现象，但在优酷土豆合并等一系列事件的影响下，版权市场有所降温，电视剧的采购价格向合理水平回落。优酷土豆集团负责人向媒体透露："合并将有效降低双方的成本，也提升了与版权方的议价能力。以往一部剧最高能炒到180万一集，但到今年最高也就在50万左右。"[①] 在先入场的资本取得一定效益后，阿里、百度、腾讯等互联网头部企业纷纷入场，对网络视频这一赛道投入了更多资源，从而提升了行业的整体水平。

然而，资本运作对于行业而言同样也存在隐忧。与传统媒体时代的媒介环境不同，商业资本参与下的内容生产与传播必然受到其背后资本的影响。例如，在行业发展之初曾普遍存在的版权问题、内容审查问题、准入门槛问题等，都是在缺乏有效监管的背景下产生的。在行业形成"寡头时代"之后，尽管已经建立起基本的监管制度体系，但在内容生产和传播环节的相应监管仍不轻松。

二、建立规制：政策监管不断完善

（一）相关政策法规逐步完善

1. 《中华人民共和国著作权法》

我国的著作权立法保护工作起步较晚。1990年9月7日，第七届全国人民代表大会常务委员会第十五次会议通过了《中华人民共和国著作权

---

① 优酷土豆合并初显成本效应：一部剧价格180万降至50万［EB/OL］.（2012-08-21）［2021-09-09］. https://www.yicai.com/news/2006135.html.

法》（以下简称《著作权法》）。由于当时我国互联网发展尚未起步，因此此版《著作权法》并没有涉及网络版权保护的相关内容。

进入 21 世纪，面对我国互联网行业的快速发展，当时的《著作权法》已经不能处理网络行业内的版权纠纷问题，急需对其进行修正以适应网络传播环境。2001 年，全国人大完成了对《著作权法》的第一次修正，其中正式确立了"信息网络传播权"的定义：

> 第十条　著作权包括下列人身权和财产权
> ············
> （十二）信息网络传播权，即以有线或者无线方式向公众提供作品，使公众可以在其个人选定的时间和地点获得作品的权利。①

这是我国首次以法律方式确立"信息网络传播权"这一民事权利。但是，对于信息网络传播权的具体保护方式，《著作权法》表示要"由国务院另行规定"。2010 年，《著作权法》进行了第二次修正，主要增加了第四条"国家对作品的出版、传播依法进行监督管理"的要求，同时增加了有关著作权质押的相关规定。

2.《信息网络传播权保护条例》

2006 年 7 月 1 日，《信息网络传播权保护条例》（以下简称《条例》）正式施行。②《条例》共 27 条，包括合理使用、法定许可、"避风港"原则、版权管理技术等一系列内容，更好地区分了著作权人、图书馆、网络服务商、读者各自可以享受的权益，网络传播和使用都有法可依。《条例》

---

① 中华人民共和国著作权法 2001 [M]. 北京：知识产权出版社，2001.
② 信息网络传播权保护条例（中华人民共和国国务院令第 468 号）[EB/OL]. (2006 - 05 - 29) [2021 - 08 - 19]. http://www.gov.cn/zwgk/2006 - 05/29/content_294000.htm.

的出台，是对《著作权法》中信息网络传播权的保护办法"由国务院另行规定"的补充，也弥补了信息网络传播权保护上的不足，给网络领域版权保护提供了法律上的保障，也标志着网络视频行业的内容版权保护进入了新阶段。

同时，《条例》制定了与"避风港"原则①相关的规定，为行业内部盗版内容的监管治理提供了明确的参考。《条例》中的"避风港"原则主要在第十四条、第十五条和第二十二条的内容中体现：

第十四条　对提供信息存储空间或者提供搜索、链接服务的网络服务提供者，权利人认为其服务所涉及的作品、表演、录音录像制品，侵犯自己的信息网络传播权或者被删除、改变了自己的权利管理电子信息的，可以向该网络服务提供者提交书面通知，要求网络服务提供者删除该作品、表演、录音录像制品，或者断开与该作品、表演、录音录像制品的链接。通知书应当包含下列内容：

（一）权利人的姓名（名称）、联系方式和地址；

（二）要求删除或者断开链接的侵权作品、表演、录音录像制品的名称和网络地址；

（三）构成侵权的初步证明材料。

权利人应当对通知书的真实性负责。

第十五条　网络服务提供者接到权利人的通知书后，应当立即删除涉嫌侵权的作品、表演、录音录像制品，或者断开与涉嫌侵权的作品、表演、录音录像制品的链接，并同时将通知书转送提供作品、表

---

① "避风港"原则最早出现在美国1998年制定的《美国数字千年版权法》（DMCA），具体而言是指网络服务提供商（ISP）只提供空间服务，并不制作网页内容时，若其链接、存储的相关内容涉嫌侵权，如果ISP能在接到告知后及时删除侵权链接或者内容，则不用承担赔偿责任，反之才构成侵权，因此该原则又被称为"通知—删除"原则。

演、录音录像制品的服务对象；服务对象网络地址不明、无法转送的，应当将通知书的内容同时在信息网络上公告。

....

第二十二条　网络服务提供者为服务对象提供信息存储空间，供服务对象通过信息网络向公众提供作品、表演、录音录像制品，并具备下列条件的，不承担赔偿责任：

....

（五）在接到权利人的通知书后，根据本条例规定删除权利人认为侵权的作品、表演、录音录像制品。

"避风港"原则的设置适应了网络时代发展的要求，有助于网络平台上的信息传播和共享，同时平衡保护网络服务提供者、知识产权权利人、网络用户三方的权利。

2013年1月，国务院对《条例》进行了修订[1]，主要对第十八条、第十九条中的罚款金额进一步细化，从而进一步强化了执行的处罚力度。

3.《互联网视听节目服务管理规定》

2007年12月，国家广播电影电视总局在原有相关规定的基础上，与信息产业部联合发布了《互联网视听节目服务管理规定》（以下简称《规定》）。[2]《规定》明确了"许可证"准入制度，并对条件做出了严格限制。

第七条　从事互联网视听节目服务，应当依照本规定取得广播电影电视主管部门颁发的《信息网络传播视听节目许可证》（以下简称

---

① 国务院关于修改《信息网络传播权保护条例》的决定 [EB/OL]. (2013-02-08) [2021-08-18]. http://www.gov.cn/zhengce/content/2013-02/08/content_3325.htm.

② 互联网视听节目服务管理规定 [EB/OL]. (2007-12-29) [2021-08-21]. http://www.gov.cn/flfg/2007-12/29/content_847230.htm.

《许可证》）或履行备案手续。

未按照本规定取得广播电影电视主管部门颁发的《许可证》或履行备案手续，任何单位和个人不得从事互联网视听节目服务。

如前文所述，其中对行业影响最大的是提出了"国有独资或国有控股单位"这一要求，此后这一政策在实际执行过程中有所变通，广电总局在此后回应称《规定》出台前创办成立的视频网站可以不受"国有独资或国有控股"的限制，如此一来诸多主流视频平台就顺利获得了《许可证》。《规定》同时对与广播电视节目有关的网络视听节目平台的合规性进行了进一步规定：

第九条　从事广播电台、电视台形态服务和时政类视听新闻服务的，除符合本规定第八条规定外，还应当持有广播电视播出机构许可证或互联网新闻信息服务许可证。其中，以自办频道方式播放视听节目的，由地（市）级以上广播电台、电视台、中央新闻单位提出申请。

从事主持、访谈、报道类视听服务的，除符合本规定第八条规定外，还应当持有广播电视节目制作经营许可证和互联网新闻信息服务许可证；从事自办网络剧（片）类服务的，还应当持有广播电视节目制作经营许可证。

未经批准，任何组织和个人不得在互联网上使用广播电视专有名称开展业务。

整体来看，《规定》按照业务全程管理的思路，明确了广电部门的主管责任和电信部门的配合监管责任，设立了事前的许可和备案相结合、业务分类许可的市场准入机制，建立了事中的业务运行监管机制，明确了事后的违规处罚手段，以规范互联网视听节目服务秩序。

2010 年 3 月，国家广播电影电视总局又发布了《互联网视听节目服务业务分类目录（试行）》，将互联网视听节目服务分为四大类（不含 IP 电视、互联网电视、手机电视业务），按照服务形态不同实施分类管理。具体分类如下①：

一、第一类互联网视听节目服务（广播电台、电视台形态的互联网视听节目服务）

（一）时政类视听新闻节目首发服务

（二）时政和社会类视听节目的主持、访谈、评论服务

（三）自办新闻、综合视听节目频道服务

（四）自办专业视听节目频道服务

（五）重大政治、军事、经济、社会、文化、体育等活动、事件的实况视音频直播服务

二、第二类互联网视听节目服务

（一）时政类视听新闻节目转载服务

（二）文艺、娱乐、科技、财经、体育、教育等专业类视听节目的主持、访谈、报道、评论服务

（三）文艺、娱乐、科技、财经、体育、教育等专业类视听节目的制作（不含采访）、播出服务

（四）网络剧（片）的制作、播出服务

（五）电影、电视剧、动画片类视听节目的汇集、播出服务

---

① 广电总局关于发布《互联网视听节目服务业务分类目录（试行）》的通告 [EB/OL]. （2010 - 03 - 17）[2021 - 08 - 23]. http://www.gov.cn/gongbao/content/2010/content_1694237.htm.

（六）文艺、娱乐、科技、财经、体育、教育等专业类视听节目的汇集、播出服务

（七）一般社会团体文化活动、体育赛事等组织活动的实况视音频直播服务

三、第三类互联网视听节目服务

（一）聚合网上视听节目的服务

（二）转发网民上传视听节目的服务

四、第四类互联网视听节目服务（互联网视听节目转播类服务）

（一）转播广播电视节目频道的服务

（二）转播互联网视听节目频道的服务

（三）转播网上实况直播的视听节目的服务

注：IP电视（IPTV）、手机电视、互联网电视的集成播控、内容服务属于广播电台、电视台形态的网络视听节目服务。IP电视（IPTV）、手机电视、互联网电视的集成播控、内容服务和传输、分发服务的业务分类目录另行制定。

（二）行业治理走向规范

1. 加强规范治理

随着互联网视频行业的新发展，原有的规章制度需要进一步细化规范。在《互联网视听节目服务管理规定》的基础上，相关管理部门先后制定下发《关于加强互联网视听节目内容管理的通知》《关于加强互联网传播新闻类视听节目管理的通知》《关于进一步加强网络剧、微电影等网络视听节目管理的通知》等一系列通知规定。

2009年3月，国家广播电影电视总局针对清理整治有害视听节目发布了《关于加强互联网视听节目内容管理的通知》，对网络低俗视听节目

标准进行了具体界定，随后又向相关单位印发了《互联网视听节目内容审查参考手册》，从历史、国家形象、民族等 14 个方面列举了 63 条节目审核要求，提供了更加具体的审核参考标准。

2011 年 6 月，针对一些没有播放新闻节目资质的网站擅自设立"资讯""新闻"等新闻栏目板块，播出大量新闻报道、评论类视听节目的现象，国家广播电影电视总局发布了《关于加强互联网传播新闻类视听节目管理的通知》，对《互联网视听节目服务管理规定》和《互联网视听节目服务业务分类目录（试行）》有关规定加以重申，强调从事新闻类网络视听节目的自采、自制、转载等业务须持有《互联网视听节目服务业务分类目录（试行）》中规定的相应业务许可证。

2012 年 7 月，针对网络上兴起的网络剧、微电影等新的节目形态，国家广播电影电视总局和国家互联网信息办公室联合出台《关于进一步加强网络剧、微电影等网络视听节目管理的通知》（以下简称《通知》）。一方面，《通知》明确了网络剧、微电影等网络视听节目在视听节目建设中的地位和作用，鼓励电视台、网络广播电视台、互联网视听节目服务单位、影视节目制作单位等各类"广播电视节目制作经营许可证"持有机构生产制作健康向上的网络剧、微电影等网络视听节目；另一方面，《通知》明确了各单位自审自播的权限和责任，相关节目必须"先审后播"，同时明确了审核要求，各单位应配备经过培训考核合格的审核人员。同时，《通知》还对网络剧、微电影等网络视听节目播出机构准入、退出以及网络剧、微电影等网络视听节目监管提出了具体要求。

2. 成立行业协会

经过"版权大战"之后，行业内部的版权意识不断增强，对版权保护的需求更加迫切。"版权大战"期间，冲锋在前的中国网络视频反盗版联盟属于民间性质，未能起到协调全行业发展的作用。

在此背景下，2010 年 1 月 20 日，《中国互联网行业版权自律宣言》（以下简称《宣言》）① 正式发布，该《宣言》由搜狐、优酷等多家网站自愿发起，在国家版权局、北京市版权局的大力支持和引导下，经中国版权协会组织协调而形成。《宣言》共 10 条，除了明确互联网企业应当承担起相应的社会责任、认真遵守国家版权法律及相关政策，还提出将加强对网络用户上传作品的监督管理：提示用户不得上传他人作品，并采取技术措施限制用户上传处于公映档期、热播期间的影视作品。另外，《宣言》还承诺认真处理权利人的通知，保证在 24 小时内删除或屏蔽相关侵权内容。

随着中国网络视频反盗版联盟使命的结束，一系列行业内组织与联盟也纷纷开始建立。然而非官方的各类联盟并不是长久之计，中国网络视频行业的进一步规范发展迫切需要官方层面的规范与支持。

2011 年 8 月 19 日，中国网络视听节目服务协会（China Netcasting Services Association，CNSA）在北京成立。协会章程中对其性质的定义是"由境内从事网络视听节目服务相关的企事业单位和个人，以及有志于推动中国网络视听节目服务发展的有关单位和个人自愿结成的全国性、行业性、非营利性社会组织"，其宗旨包括"参与网络综合治理体系建设""发挥桥梁纽带作用和服务作用""强化行业自律功能""积极推动本行业的产业发展和技术进步""提高我国网络视听节目服务水平"等。协会章程中对其业务范围界定如下②：

（一）宣传、贯彻国家有关法律、法规和规章，及时传达关于网

---

① 王大庆. 百家网站签署版权自律宣言［N］. 光明日报，2010 - 01 - 23.
② 中国网络视听节目服务协会. 协会章程［EB/OL］.［2022 - 03 - 28］. http：//www. cnsa. cn/col/col1498/index. html.

络视听领域管理和发展的有关政策要求，并组织贯彻落实；

（二）向党和政府有关部门反映行业和会员的意见建议和要求，维护行业和会员的合法权益；

（三）开展行业自律相关工作，加强行风建设，建立健全行规行约，构建行业自律体系，倡导版权保护，共同抵制盗版；

（四）组织本行业从业人员开展法规教育、业务技术培训工作，开展学术研究与业务交流，提高从业人员的综合素质；

（五）经政府有关部门批准，加强与国外相关行业的业务交流，增进理解，促进合作；

（六）协调本行业各企事业单位之间的业务关系，调解纠纷，避免恶性竞争，促进本行业的共同发展；

（七）开展行业内的节目及技术交流活动，根据业务发展需要或受政府部门委托，组织开展国内外网络视听产品、技术、内容展览，为会员单位开拓国内外市场渠道；

（八）对行业发展中的重要事件、热点问题进行研究，提出有针对性的建设性建议，向有关部门机构提供信息服务；

（九）组织举办有关网络视听节目服务研讨会、市场推广活动及市场调研活动；

（十）承担政府有关部门交办的其他任务。

中国网络视听节目服务协会成立后，在制定行业规范、开展业内交流、组织相关培训等方面采取了一系列举措，对网络视频行业的规范发展起到了推动作用。

协会首先致力于推动行业自律，着手制定行业规范。2012 年 5 月 17 日，协会通过了《关于抵制色情暴力等有害视听节目的倡议书》，呼吁网络视听节目服务单位自觉传播优秀文化，抵制有害节目，加强行业自律，营造健康文明的网络环境。[①] 2012 年 7 月，协会通过了《中国网络视听节目服务自律公约》（以下简称《公约》），旨在"促进我国网络视听节目服务业可持续发展，繁荣网络文化，维护健康有序的行业秩序"，在遵守法律法规、承担社会责任、加强内部管理、规范内容生产、加强交流协作、保护用户权益等方面制定了一系列规范。[②]《公约》在行业管理方面对国家层面的法律法规进行了有效补充，发挥了行业协会对于行业治理应有的作用。其次，协会还组建了网络视听节目专家评议委员会，承担网络视听节目的评议工作。委员会成员来自多个行业，目的是对网络视听节目进行最大限度的客观评议，在会员单位间建立可信的、权威的视听节目把关标准和争议复核机制。最后，协会还组织开展了一系列促进和引导行业发展的活动，包括举办网络视听节目审核人员系列培训、开展优秀网络视听作品推选活动等。

三、上网看视频：网络视频时代的用户养成

网络视频行业从无到有的快速发展，带来了网民从"读"到"看"的转变，也标志着我国互联网开始进入视听时代。

（一）分享与围观：互联网文化加速普及

1. 分享：创新传播模式

早在诞生之初，互联网视频领域就带有"分享"的属性，无论是国内

---

①　关于抵制色情暴力等有害视听节目的倡议书［EB/OL］.（2012 - 05 - 24）［2021 - 11 - 13］. https：//www. chinacourt. org/article/detail/2012/05/id/519076. shtml.

②　中国网络视听节目服务自律公约［EB/OL］.（2012 - 07 - 19）［2022 - 03 - 30］. http：//www. nrta. gov. cn/art/2012/7/19/art_110_4630. html.

的土豆网还是国外的 YouTube，在创立之初都选择了内容分享平台的发展模式，用户除了观看网络视频之外，还可以上传分享自制的各类视频内容，平台自然也乐享其成：一方面其可以带来用户流量，另一方面也丰富了平台内容。

相比于传统的视频媒体电视台，网络视频带来了生产和传播方式的创新，正如土豆网最初提出的"每个人都是生活的导演"这一口号，让每个普通网民都有机会成为网络视频内容的创作者。与此同时，传统视频媒体传播的单向、线性模式被打破，用户可以脱离视频内容传播原有的时空限制，在时间、地点和内容的选择上都有了更多的自主性，这也是网络视频对传统电视媒体的主要冲击。

2. 围观：重构公众领域

"围观"在网络时代有了新的含义，通常指的是网友关注某一事件或人物的态度。"围观"并不是网络视频带来的新鲜事物，但网络视频时代的"围观"却有了新的内涵，在某种程度上重构了网络空间的公众领域。

一方面，网络视频时代的"围观"带来了匿名性的消减。前网络视频时代的"围观"多为文字形式或图文形式，在所谓"无图无真相"的年代里，这种"围观"事件的真实性往往无法确认，甚至会因为没有图片或视频留存而无法明确当事人的情况。因此，这一时期"围观"的对象具有较强的匿名性。而进入网络视频时代之后，面对不仅"有图"更有"视频"的真相，网友所"围观"的事件更真切地展现在面前，进一步消减了匿名性，增强了对围观者的吸引力与冲击力。

另一方面，网络视频时代的"围观"带来了更多的用户参与，重构了公众领域的社会表达。随着互联网的发展与下沉，其对社会的影响力逐渐扩大，有网友开始在网络上讲述故事经历、表达观点诉求，以吸引网友"围观"的方式扩大事件本身的影响力。相比于文字时代而言，网络视频时代的网友发起一场"围观"的门槛更低，只需要随手拍摄一段视频，甚至不需要多加文字说明。因此在掌握了拍摄和分享视频的方法之后，每个人都可以作为一场"围观"的发起者，向网络舆论场添加新的话题。而对于某个正在发生的公共事件而言，网络上对同一话题的围观则形成了规模效应。由此，网络视频时代"围观"的发起与讨论更具有参与性，舆论场上的社会表达更加活跃，从而对网络社会的公众领域进行了重构。

3. 哔哩哔哩：特定文化群体

在互联网文化加速普及的过程中，正如 Web 1.0 时代风靡的各类BBS论坛和网络社区，作为 Web 2.0 时代的网络视频也催生了特定的网络文化群体，其中最有代表性的就是哔哩哔哩（bilibili）。

哔哩哔哩成立于 2009 年 6 月，起初名字为"Mikufans"，早期是一个ACG（动画、漫画、游戏）内容创作与分享的视频网站。当时，创始人徐逸还是个在校大学生，作为爱好"二次元"文化的人，他是当时"A站"（AcFun）的粉丝。由于当时 AcFun 网站在运行时不稳定，Mikufans建站的初衷是为用户提供一个稳定的弹幕视频分享网站。2010 年 1 月，Mikufans 更名为"bilibili"，之后被粉丝们亲切地称为"B站"。2010 年 2月，哔哩哔哩组织了 40 位创作者（UP 主[①]）制作了首届春节视频节目（后改称"拜年纪"），吸引了众多网友前来观看，聚集了相当的人气。

在内容构成上，B 站视频主要由专业用户自制视频（Prcfessional User Generated Video，PUGV）组成，即 UP 主的原创视频。在逐步发展的过程中，基本涵盖了动画、番剧、游戏、音乐、舞蹈、知识、生活等各门类的内容，并吸引了大量忠实用户，这些用户在 B 站形成了特定的文化群体，除了在各自类别内容下交流之外，还共同创造了许多基于兴趣爱

---

① UP 主（Uploader），上传者，网络流行词。指在视频网站、论坛、FTP 站点上传视频音频文件的人。

好的趣缘社群。

B 站的另一个鲜明特点是"弹幕文化"。"弹幕"最早源自日本弹幕视频分享网站 Niconico，指的是在网络上观看视频时同步弹出的评论性字幕，国内最早由 A 站引入，并通过 B 站为人所熟知。用户在观看视频时可以实时将自己的想法以弹幕的形式发送，弹幕文字则会在视频页面上飘过，和视频内容形成某种意义上的互动。当发送弹幕的网友足够多时，就会形成"弹幕刷屏"效应，这也捧红了很多视频。网友在参与弹幕互动的同时，也参与了视频内容的再创作。可以说，在 B 站造就弹幕文化的同时，弹幕也成就了 B 站。弹幕功能在 B 站大获成功之后也被其他视频平台效仿，在丰富观看方式的同时大大增强了用户的互动性。

（二）从受众到用户：观看与参与的养成

1. 从受众到用户

随着网络视频时代的到来，网民的身份开始从"受众"向"用户"转变。对于网民而言，"受众"侧重于"受"的特征，强调在信息传播中的接受地位。在传统媒体时代，由于大众传媒的单向传播特性，受众往往只能处于被动接受的位置。在前网络视频时代，"受众"的角色虽然有所转变，但大部分网民在互联网上仍主要是接收信息，除了以网络论坛形式参与讨论外，并没有与信息发布方进行互动反馈的渠道。

网络视频时代的到来推动了网民向"用户"的转变。一方面，网络视频的分享特性使网民不仅可以浏览观看视频，还可以参与到视频内容的创作和分享过程中，由"接受者"变成了"发布者"。另一方面，网络视频平台的用户作为平台方的重要资源，关系到平台的用户规模、内容质量、广告收入等方方面面，平台不能以传统的对待"受众"的态度对待之，而需要以"用户"的思维对平台的发展进行考量。这种转变并非一蹴而就。

在网络视频行业的下一个发展阶段中，随着直播、网络购物、短视频等新形态内容的兴起与火爆，网民的"用户"属性得以进一步加强。

2. 用户习惯养成

在网民从"受众"向"用户"转变的过程中，还伴随着用户习惯的养成。首先是观看习惯的养成。一方面，网络视频时代改变了用户的上网习惯，上网观看视频成为越来越多网民的选择，实现了从"浏览图文"到"观看视频"的习惯养成。另一方面，在网络视频平台的发展过程中，各平台为争夺用户资源，采取了相对差异化的发展策略，例如提供电视台直播功能、买断热门影视资源、打造特色内容平台、开发自制内容等。由于单一用户观看视频的精力有限，因此，一旦用户养成对某一平台的观看习惯，就意味着竞争对手的用户相应减少。由此，平台方也通过各种方式维持用户黏性，培养用户在本平台的观看习惯。

此外还有用户参与习惯的养成。随着网络视频平台的发展，用户的能动性被激发出来，用户不只是"观看"视频，更有对视频的点赞、评论和转发分享，还可以作为创作者进行内容创作。随着用户在视频平台的参与增多，平台也进行了付费观看和会员制的尝试，以进一步维持用户参与的黏性。

第七章　日臻成熟（上）：平台化、产业化、生态化与规范化（2014—2018）

2014年4月20日，湖南广电旗下互联网视频平台芒果TV正式上线，全站当日播放量200万次，成为湖南卫视互联网化进程的里程碑事件。在电视媒体加速转向网络平台的同时，网络视听媒体也开始加速构建数据生产、汇集、共享的"平台化"媒体。在经历了前一阶段的快速扩张和激烈搏杀之后，2014年至2018年的网络视听市场进入一个相对平静的阶段，平台成为市场格局的主体，构建健康的产业模式、良好的生态体系和规范的市场环境成为这一时期的主旋律。平静之下暗流涌动，各方正在为下一轮发展积极蓄力。

第一节　平台化：平台基建与平台开放并举

Platisher一词由乔纳森·格利克（Jonathan Glick）首创，被译为

"平台型媒体"，业内人士将平台型媒体定义为"既拥有媒体的专业编辑权威性，又拥有面向用户平台所特有开放性的数字内容实体"①。平台化体现了网络视听媒体从单纯的内容生产传播者向媒体和技术平台综合转向的趋势，平台为数据信息的互动分享、资源的汇聚整合、用户的开放共享提供了场域。2014 年 8 月 18 日，经中央全面深化改革领导小组审议通过的《关于推动传统媒体和新兴媒体融合发展的指导意见》出台后，传统媒体进一步向网络平台转化。这一阶段，网络视听领域的平台化进程呈现出平台基建和平台开放并行的特点。

纵观互联网发展历程，百度从成立之初仅仅为门户网站提供搜索服务，直至推出竞价排名的商业模式，并扩展百度知道、百度贴吧等系列衍生产品和服务，成功打造了一个搜索平台；淘宝经过多年探索，打造了一个从开店、购物到电子支付的网购一条龙电子商务平台。互联网的发展逐渐由网站间的相互竞争转为平台间的相互促进。在互联网视听领域，于用户而言，平台化不仅保障了优质内容的供给，还涵盖了一系列与优质内容相匹配的服务；于机构而言，平台化帮助其更好地留存用户，挖掘价值，创新商业模式。

一、平台基建：内容技术双驱动

2020 年 3 月，第十九届中共中央政治局常务委员会召开会议提出，加快 5G 网络、数据中心等新型基础设施建设进度。事实上，"数字基础设施"在作为国家治理体系和治理能力现代化的助力被摆到重要位置之前，就已经在网络视听传播领域的平台化方面发挥了基础性作用。2014

---

① 杰罗姆. 平台型新媒体（Platisher）是有效的商业模式吗？[J]. 中国传媒科技，2014（23）.

至 2018 年，我国网络视听行业开始形成系统的行业规范以改变此前的无序竞争局面，着力搭建起一个集合更全面内容及更优质服务的开放性平台。在此过程中，内容和技术的基础设施建设起到了筑牢根基的作用。

互联网视听平台的基础设施建设首先表现在数据规范方面。为保障数据监测的标准化、规模化，优酷土豆于 2014 年通过 In-App 广告 API 监测标准以及 In-App 广告 SDK 监测标准。2018 年 9 月，为改变行业"唯数据竞赛"的现状，爱奇艺宣布关闭前台播放量显示，取而代之以综合用户讨论度、互动量、多维度播放类指标的内容热度，试图更科学、更客观地评估内容受欢迎程度。数据资源的共享视频网站也开始与更多的第三方数据监测平台和研究平台合作，利用大数据优化产品体验、指导广告营销。2017 年，爱奇艺网络大电影生态全面接入开放平台，将网大排片和票房数据接入猫眼电影下影视行业大数据专业应用工具"猫眼专业版"，利用大数据、人工智能更精准连接内容和用户，帮助创作者把握影片市场走势，预判热点选题。可以看到，网络视听的平台化进程正在延伸到对于内容评价标准的再思考，以此引领行业系统性创新。

其次，平台基础设施建设着力于在画质与带宽之间寻求突破。2014 年 3 月，爱奇艺正式推出 4K 超高清视频服务，并上线近 400 部 4K 清晰度视频内容。2015 年，阿里云基于网络传输受限的问题研发高清视频体验技术，提出"窄带高清"概念，2016 年正式推出窄带高清技术品牌并进行产品化。2016 年，优酷土豆与华为共同推出"4K 联合实验室"，并联合索尼、北京电视台等发布"4K 花园"内容服务平台，腾讯视频针对电视大屏在 TV 端打造"云视听极光"电视 App，开辟 4K 影视专区。2018 年年底，热播剧《知否知否应是绿肥红瘦》同时在爱优腾播出，优酷凭借 HDR 模式高动态图像处理技术提高像素质量，同时通过云端渲染适合的视频流，使得不同承载能力的终端都能实现最佳画质观看；腾讯视频也通过对视频编码算法进行深度优化和设计、开发分布式转码系统，提高算法性能和转码速度，此外还通过转换算法、引入杜比视界技术等手段来将 SDR 视频提升至 HDR 品质，从分辨率、对比度、色深和色域等方面对画质进行全方位的提升。① 2018 年 3 月，主题为"超清视界，智享未来"的中国超高清视频（4K）产业发展大会召开，中国超高清视频产业联盟（CUVA）正式成立，进一步推动了超高清视频行业标准的制定实施和超高清视频在各行业的融合应用，超高清视频的技术更新和落地成为平台基建的重要方向。

再次，数据推荐作为数据资源共享的技术通道被互联网视听平台广泛采用。如爱奇艺上线的"绿镜"技术，表面上只是影片剪辑，但实际上则是大数据＋人工智能组合的深度技术，可通过用户观影行为的数据反推用户需求和心理偏好，将内容进行人工智能剪辑，最终呈现"浓缩精华版"。芒果 TV 于 2015 年、2016 年先后推出新产品"灵犀""易植"。"灵犀"可以使用户通过点击屏幕展开相关的广告信息，"易植"可以将产品、海报、三维图形通过后期处理到正片中，利用视频资源实现品牌塑造和销售促进。2015 年，爱奇艺推出全球首个刷脸看广告技术"Figure out"，通过人脸识别技术识别影片中的演员进行明星定位，继而为该影片推荐适合的品牌广告，助力广告曝光单位价值的提升。2016 年起，爱奇艺根据大数据和人工智能技术形成"去中心化分发机制"的个性化推荐模式，并在此基础上推出"意图识别"技术，根据用户搜索内容为用户推荐大量实时动态的精准内容，同时推出"爱奇艺号"，内容方得以将营销内容精准送达用户。优酷技术团队在 2017 年构建了泛内容大数据智能预测平台"鱼脑"，在内容投资制作、营销运营、广告商业化全链路进行深度赋能，提

---

① 腾讯视频发力 4K 技术与内容 助推极致视觉体验进一步普及 [EB/OL]. (2018 - 03 - 30) [2022 - 04 - 05]. https://baijiahao.baidu.com/s?id=1596343243167864506&wfr=spider&for=pc.

高平台整体转化效率。随着技术迭代，人工智能、大数据和云计算成为平台化的重要驱动，了解用户，通过收集用户的搜索和播放习惯、消费习惯以及互动情况，通过意图识别、行为模型、机器学习等，得出舆情分析、用户分析和个性化推荐成为平台化发展的主流趋势。

最后，互联网视听平台基建还体现在对硬件终端的积极布局方面。优酷土豆于 2014 年 12 月成立云娱乐 BU，以视频为中心将内容扩展至游戏，并通过一系列智能终端连接多屏娱乐，其推出的优酷盒子、优酷路由宝和土豆派三款智能终端作为智能硬件强化屏与屏的互动，拓展终端边界。2016 年，爱奇艺推出"电视果"，实现了电视盒子的可移动化，并通过加入手机投影功能实现电视与手机的"合体"。2016 年 8 月，芒果 TV 宣布全面进军智能电视系统和硬件领域，发布以"轻交互，重观看"为设计理念的智能电视系统 MUI。

这一时期，网络视听平台在硬件终端产品领域全面进军，"软硬一体"成为提升用户体验、打造智能设备生态的重要模式。通过对硬件终端的基础设施建设，视频网站得以建构自身的多终端生态系统，把握移动多屏时代契机，抢占用户注意力，增加传播广度。平台化包括了内容、终端、应用的生态布局，形成了客厅大屏与移动小屏并重的"多屏互动、一云多屏"的发展模式。在技术上建立大数据和云服务平台，制定行业规范，优化产品体验，发展多样形态，并聚焦于流媒体、大数据、云计算、信息安全等领域的前沿技术进行进一步优化和革新。

二、平台开放：作为信息社会"基础设施"的势能释放

随着技术门槛的降低和自媒体的繁荣发展，网络生产内容的数量超越传统内容是必然趋势，无论是爱好者、媒体从业者还是创业者，都可以成

为网生内容的生产者。平台作为一个界面、一种中介，提供了不同主体进行互动、交流、合作的场域，组织起包括个人、企业以及公共机构之间的交互。在开放的平台当中，信息化技术提供基础性的信息和协作支持，使平台拥有了信息社会中"基础设施"的地位。

平台开放首先体现在内容方面。脱离内容，平台就是空中楼阁。2014年起，网络视频行业一改热门内容"单点突围"的局面，着力形成外购节目、自制节目、合作节目（PGC）及用户原创（UGC）共同发力的格局。随着网络视听由 PC 端拓展到移动端、OTT 大屏端，优质内容成为各平台争夺用户的发力点，并逐渐形成"自制为主，版权为辅"的格局，独播内容时代已然到来。爱奇艺在其"开启全新视界"2014年营销分享会上透露，将把加大优质内容独播版权的投入作为战略发展方向，购入湖南卫视《爸爸去哪儿》《快乐大本营》《天天向上》等当年度六大热门综艺节目、韩国 19 档热门综艺节目的全部独家网络版权，并与韩国电视机构建立全年独家合作关系；在 2014 年 12 月召开的"中国网络视听产业论坛"上，爱奇艺独家引进的《来自星星的你》获得年度最佳海外合作营销案例奖。腾讯视频方面，不仅以 2.5 亿元获得《中国好声音》的独家网络版权，而且以 5 亿美元巨资拿下自 2015 年起未来 5 个赛季的 NBA 网络独家直播权；2016 年年底，腾讯视频独家播出的《鬼吹灯之精绝古域》上线不到一天播放量就达到 1.7 亿次。独播战略对于网络视频的版权规范起到了相当大的促进作用，但版权费用也在竞争中水涨船高，使得几大网络视频机构呈现连年亏损的状态。因此，高质量的自制依然是网络视听平台化发展的重要战略，视听网站积极发展优质 PGC 内容，吸引大量 UGC 内容，使之形成源源不断的内容输出格局。2014 年，优酷推出视频创收平台，陆续推出"粉丝赞助""视频认领""边看边买"三大产品，改变了过度依赖"广告收入"的单一分成模式，激励原创者提升视频创作水平、个人品牌影响力和经济收益。根据优酷土豆 2014 年财报，在 PGC 和 UGC 领域，优酷土豆的内容生态系统已拥有 500 家内容合伙人、1 000 个项目、20 000 集作品、100 亿播放量，每天产生播放时间长达 190 年。2016 年，腾讯视频设立 10 亿"嗨基金"扶植网生综艺发展。2017 年，爱奇艺发布针对网剧人才的扶持项目"海豚计划""幼虎计划""天鹅计划"，分别针对网剧合作方、制片人、艺人进行扶持。随着网络视听网站在内容生产方面的持续发力，自制剧、版权剧、网综、网络大电影等一系列网络视听内容依托于平台在资金、技术、发展战略上的开放举措激发出更强的活力和生命力，以"人无我有，人有我优"为竞争点促进行业健康发展。

其次，技术开放是视频网站平台化迈向更深层次的具体体现。除了以培育和扶助内容创作人才为目的的一系列改革之外，视频网站也试图在技术上为内容创作提供支持。其一是数据层面的开放。2016 年，腾讯发布了基于移动浏览行为的数据分析工具"腾讯浏览指数"（TBI），基于腾讯系产品的用户浏览数据提供热点分类排行、浏览指数查询、浏览热度及趋势、人群画像、关联浏览、专题报告及定制化洞察报告等。在"'新生·共荣'2017 爱奇艺世界·大会"上，爱奇艺正式推出了基于爱奇艺号的开放平台，开放包括用户画像、平台数据、多方面平台合作资源和分成收入等各个方面的资源。数据的开放共享是视频网站向平台化迈进的重要一步，标志着视频网站不再仅仅是内容的供应方，而更是体现内容生产逻辑和内容传播效果的决策提供方，帮助内容实现品质上的良性循环以及更多创新。同年的"2017 上海网络视听季暨第九届中国网络视听产业论坛"上，爱奇艺宣布通过公开上线"爱奇艺网络大电影票房排行榜"数据，将日票房分账数据进一步精细化、透明化。随着 2014 年到 2018 年大数据成为互联网行业的主要发展方向之一，视频网站向第三方提供的数据支持进一步促进了平台的开放和共享，从而实现不同主体之间的资源优化配置，以精准化、精细化的信息对接和满足不同主体需求，共同实现互联网视听内容生态的优化，提升各方使用者的体验。其二，技术的即时更新产向第三方开放也渗透到了内容制作阶段，"人机共创"成为网络视听内容生产的新趋势。2018年，"AI选角"作为一个热词在行业内出现，将技术服务内容推向了新阶段。2018年的爱奇艺世界·大会宣布，AI算法的使用已经贯穿于剧本创作、选角、流量预测、审核、编码、剪辑、运营、搜索、推荐、宣发、热点预测等多个环节，从而在更大程度上激活IP的商业化潜力，使平台更懂娱乐、更懂用户、更懂内容与合作伙伴。[①] AI在内容端辅助视频创作，在用户端提供创新应用和个性化服务，在提升效率的同时激发科技与艺术人文融合的价值。此外，爱奇艺还将自身技术开放给开发者，通过建立爱奇艺开放云，使开发者能够获得视频托管、高清码流、宽带加速等服务。视频网站在平台化过程中的技术开放标志着视频网站的功能型转变：不仅提供内容信息，还提供相关的信息服务支持。

最后，平台开放还体现在形态的开放。其一，视听内容样态的开放。随着对用户偏好、内容生产和内容分发把控度的提升，互联网视听平台打开思路，开始在内容样态上进一步拓展。2016年，移动端直播平台如雨后春笋般出现，被称为"网络直播元年"；2017年，随着移动视频门槛的降低，短视频行业迎来爆发性增长，短视频与直播等多元化的内容结合更加适用于手机端的竖屏格式，体现了视频网站迎合时代潮流的开放态度。其二，播出形态的开放，走向台网联动。2014年3月，优酷网自制户外真人秀节目《侣行》剧场版在央视一套播出，成为首部输出到央视的网络自制节目。2015年1月，优酷与安徽卫视联合主办的"放——2014全视频之夜"在北京水立方举办，对2014年传统影视、综艺节目、网络自制

① 2018爱奇艺世界·大会开幕 龚宇在会上说了什么 [EB/OL]. (2018 - 05 - 17) [2022 - 04 - 05]. http：//tech. cnr. cn/techgd/20180517/t20180517＿524237075. shtml.

节目、网络剧等"全品类"内容进行盘点，也反映了视频网站与传统电视媒体的联合联动。2015 年，爱奇艺付费独播电视剧《蜀山战纪》率先试水"先网后台"，打破了网站跟播电视台的行业惯例。"先网后台"的模式起于 2015 年 1 月 1 日起实行的"一剧两星"政策，电视台购买剧集成本上升，电视剧频道资源受限，从而转投网络平台。此外，网络平台首播后，基于互联网用户反馈及时的特点，制作方依据观众建议修改出上星版本，往往能够得到更好的播出效果。同年，搜狐自制剧《他来了，请闭眼》在搜狐视频和东方卫视同步播出，成为国内首部由视频网站反向输出到一线卫视的网络剧。此后，湖南卫视、浙江卫视、安徽卫视、江苏卫视等纷纷向爱奇艺、腾讯视频、优酷视频等抛出橄榄枝，以求共赢。"台网联动"在互联网与传统媒体相互开放的举措下，体现出了二者优势互补的优越性。其三，走向泛娱乐形态，自制内容边界不断拓展。2014 年被业内称为"网络自制剧元年"，当年网络自制剧数量超过了之前数年累积数量的总和。2015 年，爱奇艺提出"纯网综艺"概念，网综市场迅速经历了喷薄式发展；同年，"中日合制"国漫的概念开始在视频网站盛行，并着力实现真人影视化，深挖泛三次元 IP 价值。2017 年，爱奇艺发布"爱奇艺文学开放平台"，利用影视生态培育以网络文学付费和版权交易为组合的新商业模式。2018 年 1 月，由爱奇艺出品的偶像竞演养成类真人秀《偶像练习生》首播，同年 4 月，由腾讯视频、腾讯音乐娱乐集团联合出品的女团青春成长节目《创造 101》在腾讯视频首播，标志着视频网站开始竞争娱乐选秀领域。随着视听节目表现形态及自制内容品类的丰富，视频网站开始布局以多样化的视听内容形态为依托的文学、漫画、影视、游戏等娱乐内容新生态，创新的"互联网＋文化娱乐"业态展现出巨大的商业价值。

视频网站的平台化最终是其数据化和商品化。数据化指数据和算法将平台中的社会和经济行为转变为可量化的信息，从而影响到相关内容、服务的可见和可用。商品化指将在线内容、行为、关系等转变为可货币化的商品，形成品牌效应，并赋予这些内容、行为和关系可再生产为新内容的能力。平台化让视频网站由单纯的内容供应方成为网络视听生态中的重要集散节点，在视听传播乃至社会生活中获得了举足轻重的地位。

第二节　产业化：探寻新商业模式

相对于 PC 时代的产业模式，移动互联网的发展、4G＋和大屏智能手机的普及、UGC 与 PGC 结合下的网生内容的崛起，加之专业电视媒体人向网络视频领域的转型，种种因素令视频网站进入强劲增长的新阶段。这一时期，视频网站争相在 IP 的数量与质量、国际化程度、创新度等方向上加速，在内容、用户的基础之上与成本的促逼之下，视频网站开始探寻创新的商业发展模式。

文化产业（Culture Industry）一词被首次提出是在法兰克福学派的阿多诺（Theodor Adorno）和霍克海默尔（Max Horkheimer）于 1947 年出版的《启蒙的辩证法》一书中。创意产业（Creative Industry）作为一个专有名词正式出现在文献中最早可追溯到英国文化媒体体育部 1998 年 11 月发布的《创意产业图录报告》（*Creative Industries Mapping Documents*，CIMD），此报告正式提出并界定了"创意产业"的概念和具体的产业部门。① 2014 年以来，文化产业在我国得到持续重视和政策支持。2014 年 9 月，财政部发布《2014 年度文化产业发展专项资金拟支持项目公示》以及《关于编报 2015 年中央文化企业国有资本经营预算支出项目

---

① 厉无畏，王慧敏．创意产业促进经济增长方式转变：机理·模式·路径 [J]．中国工业经济，2006（11）．

计划的通知》，财政部资金支持项目达 800 余项，积极推动文化与科技融合创新，推动文化走出去。政策利好，加之国民文化娱乐需求的增长，文化娱乐产业发展迈入快车道。有关数据显示，2014 年起文娱行业投资数量急剧增长，2014 年和 2015 年分别是 2013 年的 3.1 倍和 4.9 倍。

数据显示，2013 年中国网络视频行业市场规模突破百亿元[①]，这一数据在 2018 年达到 1 871.3 亿[②]，显示这一阶段进入高速增长期。2015 年 1 月 28 日，艾瑞咨询发布的中国互联网经济数据显示，2014 年整体网络广告市场规模达到 1 540 亿元。[③] 在用户规模方面，截至 2018 年 12 月，网络视频用户规模达 6.12 亿，占网民总体规模的 73.9%。[④] 可以看到，2013 年到 2018 年期间，网络视频行业市场规模迅速扩张，产业化特点显著。2013 年 5 月，百度以 3.7 亿美元收购 PPS，将其与旗下爱奇艺合并。2015 年 11 月，优酷土豆正式被阿里以 46.7 亿美元全资收购，并于次年 4 月完成私有化。其他视频网站如 PPTV、酷 6 网、56 网、六间房等也纷纷被非视频网站企业收购。[⑤] 大资本运作在一定程度上规避了版权成本不断提高、盈利困难、资源重合度高等一系列问题，同行间通过横向并购实现优势资源的共享，开发运营成本降低，从而产生规模经济收益。但优酷土豆 2016 年的退市也反映出视频网站的融资并购仍然存在着阻碍其发展的

---

① 前瞻产业研究院．2019 年中国网络视频行业市场现状及发展趋势分析 实现集约化、良性化发展迫在眉睫 [EB/OL]．(2019 - 09 - 25) [2022 - 04 - 05]．https：//bg. qianzhan. com/report/detail/300/190925 - 8da85688. html.

② 国家广电智库．《2019 中国网络视听发展研究报告》解析行业发展大势趋势 [EB/OL]．(2019 - 05 - 27) [2022 - 04 - 05]．https：//baijiahao. baidu. com/s?id=1634698467448812925&wfr=spider&for=pc.

③ 艾瑞：2014 网络广告营收超 1 500 亿同比增长 40% [EB/OL]．(2015 - 01 - 29) [2022 - 04 - 05]．http：//tech. cnr. cn/techhlw/20150129/t20150129 _ 517565936. shtml.

④ 第 43 次《中国互联网络发展状况统计报告》（全文）[EB/OL]．(2019 - 02 - 28) [2022 - 04 - 05]．http：//www. cac. gov. cn/2019 - 02/28/c_1124175677. htm.

⑤ 廖秉宜，姜佳妮．中国网络视频产业组织优化与规制政策研究 [J]．新闻与传播评论，2019 (3).

消极因素，如业务模式重叠、片面追求盈利等，探寻新的商业模式仍然是视频网站实现可持续发展的必由路径。

一、建构内容资源

IP（Intellectual Property）即知识产权，在互联网界指有待于整体开发的、具有衍生品和衍生产业开发可能性的项目。在以流量为核心的"跑马圈地"热潮退却后，优质内容依然是视频行业最为核心的竞争驱动，储备并打造优质 IP 成为这一阶段视频网站发展的着力点，网生内容由此呈现类型化、精品化特征。以开启 IP 元年的《花千骨》为例，作为改编自热门网络小说的电视剧，第一轮版权被湖南卫视、爱奇艺以总计 1.68 亿元购买，同名手游月流水超 2 亿元，独家授权在爱奇艺商城发售衍生周边收入超百万元，相关网络剧版权由爱奇艺耗资 2 600 万元购入，被视为大 IP 产业链转化的典型案例，爱奇艺也借此引来了数以亿计的巨大流量。爱奇艺相关负责人 2015 年接受专访时表示："优质影视 IP 经过挖掘过后，其所产生的效应是单纯影视播出的 4 倍。"① 另一个典型代表则是《盗墓笔记》，以其小说文本拥有的千万级粉丝成为"超级 IP"，这群书送自然而然就成了小说衍生视听产品的观众。原著的巨大影响力和粉丝效应让互联网内容生产的试错成本直线降低。文化产业链各环节都存在着相互衍生的可能，而 IP 恰好"有融合打通全媒体的天然优势"，其跨媒介叙事能力能实现"叙事的连续性、体验的泛在性以及受众参与的广泛性"，这顺应了当下体验经济时代的需求。对于背靠网络巨头的视听网站来说，垄断版权资源并培育、开发，就像是栽种一棵树苗，待其扎根生长、绿叶戒荫、根

---

① 专访爱奇艺联席总裁徐伟峰：与 IP 拥有者和游戏开发者共同打造泛娱乐 IP 产业链［EB/OL］.（2015－05－27）［2022－04－05］. http：//mt. sohu. com/20150527/n413867727. shtml.

系茂盛，支撑的就是与其相关的一整套内容生态——书籍、影视作品、综艺节目、游戏甚至旅行等。传统影视行业也加入对 IP 的争夺之中，尤其是各类"超级 IP"，市场追捧水涨船高，一时风头无两。

大 IP 时代全面到来虽然催生了很多精品剧集，但也不乏资本市场汹涌残杀的乱象。2016 年网络剧前 50 名中，由 IP 改编的剧作数量为 21 部，占比 42%。2017 年，各大视频网站公布的 135 部自制剧中，IP 剧 91 部，占比约 67%。新鲜原创的题材能否在诸多已有 IP 中突围，没有资本加持的平台和制作团队如何拥有竞争力，这些似乎都成为市场的隐忧。如何积极发掘自生自产的原生资源价值、建构内容原创能力成为各大平台发展的着力点。

在内容资源的建构上，视频网站的一个重要举措就是积极吸纳优质内容创作团队。如，爱奇艺与米未工作室联合打造《奇葩说》，实现了语言类综艺的突围，延续多季仍保持较高热度。陈晓卿加盟腾讯视频后，依托现象级纪录片《舌尖上的中国》制作班底和叙事模式打造美食纪录片《风味人间》，并实践了 IP 从研发、制作、播出、授权到落地的全过程：通过口播片头、中插广告等形式联合合作品牌进行 IP 营销，随后推出"风味食谱"，并于线下门店、线上电商、O2O 平台上架"风味食材"，形成线上线下打通的销售闭环，实现"制播"与"售卖"的结合，同时《风味实验室》作为"风味"系列的美食脱口秀实现了 IP 内容的拓展共建。一系列举措使《风味人间》成为纪录片 IP 化的典型代表。

此外，在文学、动漫、游戏等方面进行平台扩展和推出扶持计划，选取优质内容进行开发和加工也是打造 IP 的渠道之一。优酷于 2014 年推出"亿元动漫创投计划"，于 2016 年推出动漫"创计划"，计划每年投入 5 亿元扶持国产动漫精品内容。2017 年年底，腾讯视频播出大型实景真人秀节目《王者出击》，基于腾讯系游戏《王者荣耀》的超级 IP，在手办、电影等系列衍生品之后，创新性地进行"游改综"的尝试，既延续了原IP影响力，又有助于在日渐同质化的综艺节目阵营中实现突围。爱奇艺在其"'新生·共荣'2017爱奇艺世界·大会"上颁布首届爱奇艺文学奖，力图牢牢把握IP产业链的上游，并发布"17计划"扶持青年电影人才。同年的"起风了——优酷网络电影开放合作大会"宣布，优酷携手阿里文学、阿里影业投入10亿元资源，为网络电影内容生产者提供包含开放的平台、开放的IP、开放的资源在内的一站式服务。即使在技术、形态等风云变幻的互联网时代，"内容为王"也一直是视频网站发展不变的核心驱动，以内容资源为基础，视频网站通过开拓盈利模式、建构全产业链的方式探索出一条适合自身的产业发展路径。

二、开拓内容盈利模式

独家版权虽然是吸引用户的重要手段，但版权费用的水涨船高使各大视频网站多处于亏损状态，需要开源内容盈利模式以实现经济收益的最大化。这一时期，视频网站依托内容资源积极开拓盈利模式，主要在广告、电商、付费会员业务三种模式上实现开源创新。

广告方面，除贴片、暂停广告等传统模式之外，视频网站在这一时期还开发了多元化的新型广告模式，如压屏条、后期植入、弹幕广告、快进快退广告、口播＋标板、摇一摇广告等，以及基于大数据分析的定向广告，实现广告的精准投放。

电商盈利模式方面则呈现出"电商文娱化、文娱电商化"的发展趋势。2014年，东方卫视《女神的新衣》作为一档主打电视电商的节目开启了人们对于"视听节目＋电商"的想象。2015年4月，爱奇艺宣布旗下视频电商"爱奇艺商城"正式上线，用户在观看视频节目时可购买视频中出现的相关产品，比如，其真人秀节目《爱上超模》由京东独家冠名并出售节目中出现的 1 000 余套服装饰品。2015 年年末，优酷土豆宣布战略投资视觉搜索技术服务公司"衣+"，运用人工智能技术实现了在剧集中实时搜索"同款"，在 2016 年实现无缝对接淘宝天猫卖家的数亿商品库。业内评价，这种"规模化边看边买"的方式能够将用户的购买冲动瞬间转化为购买行为。2018 年，腾讯、京东和电视厂商形成三方合作，推出智能语音控制下边看边买的电视产品，激活"客厅经济"。此外，视频网站还与电商平台推出"联合会员制"。2018 年 4 月，京东宣布爱奇艺 VIP 加入 PLUS 权益，而爱奇艺 VIP 用户亦可获得京东 PLUS 资格；腾讯和唯品会推出 198 元联合会员；此外，优酷加入阿里巴巴集团"88VIP"会员权益，哔哩哔哩与饿了么、腾讯体育与网易考拉的联合等都以绑定营销的方式获得用户留存。视频电商的创新形式将用户注意转化为购买行为，是视频网站盈利模式的一大创新。

会员付费在这一时期也取得了长足进展。2010 年，各大视频网站开始试水付费服务，但由于版权库不够完善、线上支付技术不够成熟等原因增长缓慢。随着国家打击盗版的力度不断加大，视频行业付费会员的快速增长拥有了一个良好的环境。[1] 与此同时，网络大电影、自制剧等提供了大量片源，移动支付环境优化，这些积极因素促使内容付费模式得到快速发展，成为视频网站的主要收入来源之一。2015 年，爱奇艺自制网剧《盗墓笔记》推出"提前付费看剧"模式，在全集上线的 5 分钟内，这部剧的播放请求就达到了 1.6 亿次，开通会员的订单请求超过 260 万次，超过其过去 5 年累积会员总数的一半。[2] 该剧热播当月，月度付费 VIP 会员

① 肖琳文. 中国网络视频产业结构的文化生产分析：2004—2018 [J]. 中华文化与传播研究，2019（2）.

② 网剧 2.0 时代：影视大佬的跑马圈地 [EB/OL].（2015 - 08 - 13）[2022 - 04 - 05]. http：//ent. sina. com. cn/v/m/2015 - 08 - 13/doc-ifxfxrav2051253. shtml.

数超过 500 万，按 20 元的月卡费计算，仅此一项便为爱奇艺带来 1 亿元的进账。2016 年年底，腾讯视频独家播出《鬼吹灯之精绝古城》，这部网剧属于 VIP 资源，须成为腾讯会员才能观看，得益于原著 IP 和精良制作，该剧上线不到一天即达到 1.7 亿次播放量。同年爱奇艺播出的 VIP 会员剧《太阳的后裔》，同样只有会员可以与韩国同步观看最新剧集，非会员观看需延后一星期。据报道，这部剧使爱奇艺付费会员骤增 50%，光会员费一项就增加了约 1.9 亿元的收入。[①]

图 7-1 对比了 2014—2018 年中国版权网络视频行业各项业务营收的占比情况。

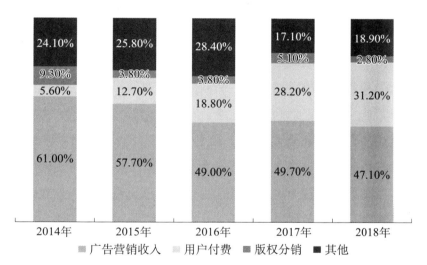

图 7-1 2014—2018 年中国版权网络视频行业各项业务营收占比

资料来源：艾瑞咨询．2019 年中国网络视频版权保护研究报告 ［EB/OL］．（2019-03-08）［2022-04-05］．https：//www.sgpjbg.com/info/14301.html.

内容付费极大地拉动了视频网站的会员量增长，但在实际操作中也并非一帆风顺。2015 年 10 月，乐视宣布将为乐视 TV 用户带来全新会员增

---

① 徐晶卉．视频网站付费会员制全新起步 ［EB/OL］．（2016-04-16）［2022-04-05］．http：//www.whb.cn/zhuzhan/kandian/20160416/54583.html.

值服务"大片超前点映",将国产动作片《消失的凶手》比院线上映时间提前一天推送至乐视超级电视屏幕上,并承诺每年提供8~10部提前点映电影给会员用户。但这一仅面向数万会员的举措却遭到了院线联合抵制,乐视不得不取消电视点映。这一次网络院线与传统院线的争端也反映出两个值得思考的问题:其一,视频网站的内容付费模式需要在行业规则内进行创新,形成良性竞争;其二,丰富的内容资源才是盈利模式创新的先行条件。

三、建构全产业链

内容 IP 可以将游戏、电商、电影票线上售卖等更多服务联结起来,从而衍生出多种样态的商业模式,然而 IP 内容通常已经具有大规模的用户基础,受到各平台的竞相争夺,高额的版权费使得这一时期视频行业巨头的业务营业额虽然已达到百亿量级,却依然无法实现盈利。视频网站的盈利模式相似、用户重合度较高、盈利空间相对狭窄等问题限制了其发展,必须在衍生服务方面寻找差异化优势。随着超级 IP 时代的来临,文影视游多点联动成为行业发展趋势,视频网站不再将着眼点放在某一档节目,而是着眼于全产业链布局,打造"一条龙"式的 IP 产业链,"IP 培育—IP 运营—IP 变现"的链条开始被很多视频网站采用。

(一) IP 产业链中上游的打通

以往视频网站多扮演播出渠道的角色,其产业规模的扩张多倚赖于横向的整合并购,而进入产业链建构阶段,网络视频产业开始进入"平台—内容—终端—应用"纵向发展时期。

1. 孵化原创 IP 成为网络视频平台布局的新空间

2016 年 5 月 6 日,爱奇艺文学发布会暨中国好故事文学大赛启动仪式上，爱奇艺宣布将正式启动原创文学计划，并举办中国好故事文学大赛，让优质IP成为可再生资源。网络文学由此被赋予生态价值的核心地位，获得在IP产业链中的源头意义——优质内容将成为培育IP产业的肥沃土壤，原创IP也将获得网剧、动漫、电影、游戏等多种展现形式和多重商业价值的开发机会。2017年，爱奇艺先后发布"云腾计划""苍穹计划"，鼓励将文学、漫画内容进行影视化改编，通过"海豚计划""幼虎计划""天鹅计划"三大计划扶持影视内容和人才培育。同年，优酷与阿里影业合资成立艺人经纪公司，为双方影视及相关内容合作提供人才资源，随后与上海戏剧学院联合发起"互联网＋高校"人才互通培养计划，优酷利用其资源为学生提供实践平台，并设立专项奖学金鼓励校园原创IP和人才，体现出布局产业链上游的积极行动。

2. 从"拥有优质内容"到"拥有生产优质内容的能力"

视频网站开始将精品自制能力上升到与精品采购能力并重的位置。早在2013年10月，乐视收购长期合作伙伴花儿影视，被视作国内视频网站中较早将触角伸向产业链上游的并购案例。花儿影视公司会集了知名编辑、导演等优秀的制作团队，曾摄制过《幸福像花儿一样》《甄嬛传》等现象级电视剧。对花儿影视的收购为乐视上游的影视剧供应、自制内容等提供了巨大助力。其后，视频网站涉足上游产业链渐成行业趋势。2014年8月，优酷土豆宣布成立电影公司"合一影业"，爱奇艺联合华策影视共同创办华策爱奇艺影视公司，在自制影视剧向高成本、精细化制作的转型趋势之下，视频网站通过发挥自身在大数据、营销方面的优势，主动寻求与制作公司联合以增强制作能力，从而赢得更大的内容自主权。

（二）IP产业链的中下游联结

以爱奇艺为例，其通过"影游互动""漫游互动""综游互动"等IP

开发模式，建构 IP 运营与变现之间的通路。在线上，爱奇艺文学、爱奇艺漫画、爱奇艺 VR、奇秀直播、爱奇艺动画屋（儿童动画）、爱奇艺纳逗（短视频平台）等应用独立上线，爱奇艺泡泡社区作为联结节点；在线下，除了粉丝嘉年华，和各个模块对应的夏日青春漾、爱奇艺尖叫之夜、线下观影会、明星见面会、影视发布会等一系列活动共同致力于 IP 影响力的提升与落地。腾讯视频则着力于拓展 IP 授权，建立专业授权团队，通过推介会、线下展示会等提供全面授权服务，并不断优化授权模式：全品类开放，授权期限灵活，线上线下全面打通。此外，一些视频网站还布局 OTT 业务，发展"大屏＋"客厅经济，实现多元化终端的触达。

正如爱奇艺逐渐形成的"一鱼多吃"的"生态型"商业模式，其他视频网站也在这一时期逐渐探索形成了以 IP 为品牌核心，涵盖文学、动漫、影视、游戏和衍生品的完整产业链。在构建泛娱乐产业链的进程中，视频网站的视界已不再仅仅是内容播放，而是通过与外部世界形成多维互动，实现贯穿全产业链的联动共赢。

第三节　生态化：构建联通共融的视听传播格局

2016 年 12 月 21 日是优酷成立十周年，在十岁生日之际，优酷通过启用全新 Logo 和宣传标语实现品牌更新，优酷总裁杨伟东在给全体员工的信中分享了未来的战略思考："站在第二个十年的起点上，在线视频行业告别了孩童时代步入少年时代。第二个十年的竞争将是平台和生态的较量，优酷将引领行业发展进入一个全新的里程，迎接平台生态时代的到来……不同于过去视频公司之间的单打独斗，真正的竞争已经演变为平台生态之间的角力。"事实上，这段话既是一家行业代表性企业的思考，也反映了网络视频行业发展到这一阶段的典型特征，"生态"成为一个在业内被频频提及的词语。

截至 2018 年 12 月，我国网民规模达 8.29 亿，普及率达 59.6%。其中，手机网民规模达 8.17 亿，网民通过手机接入互联网的比例高达 98.6%。在 2013—2018 年的五年中，中国网络视频用户规模从 2013 年 12 月的 4.28 亿增加到 2018 年 12 月的 6.12 亿，增长了约 43%；手机网络视频用户规模从 2013 年 12 月的 2.47 亿增加到 2018 年 12 月的 5.9 亿，增长了约 1.4 倍；在线视频市场规模从 2013 年的 135.9 亿元增长到 2018 年的 2 016.8 亿元，增长了约 13.8 倍，网络视频已成为网络娱乐产业的核心支柱。随着 4G 的流行，智能手机作为个人网络视频服务中最重要一环的使用率在高位的基础上不断提升，手机网络视频用户在整体网络视频用户中的占比大幅增加。网络视频付费用户从几十万人增加到近亿人，是增速最快的文化消费领域之一。网络视听服务平台已经成为人民群众文化信息消费的重要平台，网络视听产业已经成为实施创新驱动战略、培育新经济的重要引擎。① 而逐渐走向成熟的网络视听行业也在生态构建、内容生产、文化景观和行业融通等方向呈现出新的特点。

一、生态建构：走向结构化、融合化

网络视频的兴起依托于人与信息的联结。作为一种高度整合的媒介形态，其正日益改变着传统的信息传播模式与人们的思维方式，借助数据和算法进一步整合以人为中心的关系架构，形塑了一个万物互联的社会化网络，并以此开启了媒介环境变迁的序幕。② 互联网视听平台内部各模块以及行业大系统间的相互作用和共生，如同自然环境中的生物群体具有自身

---

① 注：国家新闻出版广电总局副局长田进在 2017 年第五届中国网络视听大会上的发言。
② 黄艳. 我国网络视频平台化演进中的媒介环境生成 [J]. 新闻爱好者，2019（12）.

独特的生命样态和居住群落，相互联结又存有差异，具有扩张的生命力同时也受到其他因素的制衡，共同作用于整个传播生态、媒介生态、社会生态的再造。2015年，"中国中小企业互联网＋全国普及工程"启动仪式在北京举行，首次提出"互联网生态圈"概念，关系性、整体性和系统性被认为是互联网视听生态的标志。在技术迭代和理念更新的过程中，互联网视听平台开始由关注单一的产品或产业链转而将视野放宽到内容生产、传播、消费及用户、数据、硬件、合作伙伴等更多元的体系之中。

根据价值链理论，产品的生产和消费流程被视为群体共同作用下的制造过程，并在过程中通过创新为顾客创造价值。这一思想强调了价值产生并不限于产品本身的物质转换，而是通过在价值链系统中各个经济活动单元的协同创造价值。进入数字化时代，价值链演化为价值网，将相互独立的模块联结起来，共同为消费者创造产品和服务，对消费者负责。互联网视频网站通过平台化的整合与发展，开始逐步建立起一张价值网络，将用户与体系内多元化的模块和服务商紧密衔接在一起。相比业务板块简单叠加的初期发展模式，作为生态的互联网视听平台是多元化战略、横向的行业整合以及传统媒体融合转型作用下的结果。经历了优酷网与土豆网、爱奇艺与PPS的合并，以及中小企业的整合和动荡期，互联网视听产业开始通过构建结构化的生态网络寻求并走向有序发展。

2012年，乐视网宣布将推出乐视TV·超级电视，正式进军电视机市场。从此，"平台＋内容＋终端＋应用"的生态营销概念伴随着视频网站、电视、汽车、金融、企业云等的生态布局似乎成为互联网公司的新标杆。2014年1月，乐视方面表示，基于视频产业和智能终端的"平台＋内容＋终端＋应用"完整生态系统已初具规模，并正在发挥越来越强的协同效应和聚变效应，2014年要初步完成从平台型公司向生态型公司的进化。2016年1月，乐视公司将"乐视TV"更名为"乐视生态"，其后逐步形成由汽车、体育、内容、大屏、手机、互联网金融、互联网与云生态的七大生态以及"平台—内容—终端—应用"四层生态架构组合而成的生态图谱。

与乐视一样，爱奇艺也将构建生态作为发展方向。2018 年，爱奇艺提出"科技创新助力构建共赢生态"，标志着爱奇艺从"单一"走向"生态"的转型。[①] 通过布局影视、综艺、游戏、漫画、文学、电商及直播等多个业务，爱奇艺由最初的仅有爱奇艺、爱奇艺 PPS 两大主 App 形成了涵盖爱奇艺主站、大屏终端奇异果、VR 终端奇遇 VR、儿童服务奇巴布、二次元叭嗒等的"超级 App 矩阵"（见图 7 - 2）。

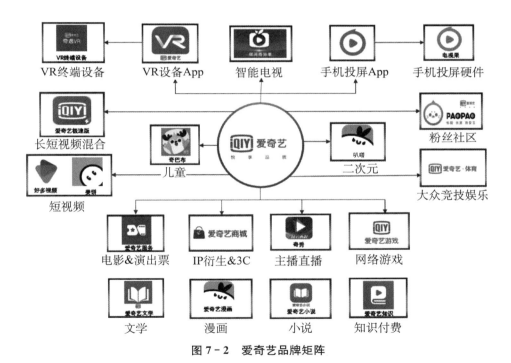

图 7 - 2　爱奇艺品牌矩阵

① 读娱. 从苹果树到苹果园：合作共赢驱动下的爱奇艺生态进化之道 ［EB/OL］. （2018 - 05 - 18）［2022 - 04 - 05］. https：//baijiahao. baidu. com/s?id=1600812761612003351&wfr=spider&for= pc.

相对于乐视、爱奇艺等平台以互联网视频起家，腾讯视频本身就依托于其大生态系统，在内容开发、IP 运营、产品分发和变现方面依托腾讯在各领域所建构的生态子系统得以实现持续的价值创造，视频子系统通过对文学、动漫、游戏等领域进行内容的协同建构实现互促共融的良性循环。正如公司负责人马化腾所说："如果我们过去的梦想是希望建立一个一站式的在线生活平台，那么今天，我想把这个梦想往前推进一步，那就是打造一个没有疆界、开放共享的互联网新生态。"他提出通过开放共享"再造一个腾讯"，从而让整个互联网生态圈实现蓬勃发展、共生共荣，并于 2011 年起每年召开"腾讯全球合作伙伴大会"。

除了互联网视听平台自身积极进行的生态化布局之外，各级传统媒体也在通过媒体融合探索新生态的建设。2013 年，爱奇艺以两亿元的价格购买了湖南卫视生产的内容《爸爸去哪儿 2》等热门节目。就在业界对这样的高价版权购入持观望态度之时，视频网站已经收获了惊人的播放量数据和经济收益。这让传统媒体开始重新思考自制内容版权的重要性，开始在融合转型方面着手布局。2014 年，湖南卫视决定取消自有节目的分销，转而全力打造芒果 TV 独播战略。2018 年，快乐购以发行股份购买资产的方式收购快乐阳光、芒果互娱、天娱传媒、芒果影视和芒果娱乐 5 家公司重组上市并更名为芒果超媒，使芒果 TV 成为中国 A 股市场唯一的国有互联网视频平台，并在 2018 年盈利近 7 亿元，成为国内为数不多实现盈利的视频网络媒体。[①] 2014 年 8 月，中央全面深化改革领导小组第四次会议审议通过了《关于推动传统媒体和新兴媒体融合发展的指导意见》，对新形势下如何推动媒体融合发展做出明确要求和具体部署。此后，推进媒体融合发展进入快车道。在此大背景下，上海、浙江等地的传统广播电

---

① 江鸭先知. 芒果在新媒体时代的发展史 [EB/OL]. (2020 - 06 - 30) [2022 - 04 - 05]. https://www.bilibili.com/read/cv6593022/.

视媒体也开始迎头赶上，发挥"端、网、微、视"的合力，构筑起多元化内容、多元化渠道、多元化用户、多元化收入的生态架构。

但生态化进程中也暴露出一些问题，突出表现在：所涉及的模块数量多、内容庞杂，容易走入过分扩张的歧路，且对资金要求很高。以乐视为例，在2016年出现资金链危机导致停牌，到2018年孙宏斌卸任乐视网董事长一职并承认投资乐视网失败，再到乐视官宣2017—2019年累积亏损292亿元，再到2020年正式退市，乐视生态帝国的迅速崩塌反映了在生态化过程中理念、管理、经营等存在的诸多问题，互联网视听产业的生态化需要行稳才能致远。

二、内容生态：高成本精品自制成为常态

2013年起，各大视频网站开始大力发展自制内容，增加自身的竞争自主权，将"大力发展自制内容"上升到与购买独家版权同等重要的"两条腿"战略之一。一批大投资、大制作的自制内容开始登录各大视频网站，点击量迭创新高，不亚于传统影视内容影响力的纯网络自制内容开始频频成为全网的流行爆款，网络自制内容的制作、发行也开始走上产业化、规模化发展道路。2014年至2018年这一阶段，内容自制成为视频网站的发展主流。

2013年以前，大部分网络自制影视作品在网民眼里或多或少都是"粗制滥造"的代名词。2014年起，一系列大制作大投入专业化的网络自制内容横空出世，逐渐扭转了用户的刻板印象。2014年，优酷土豆自制方面投入资金超过3亿元，共自制50档综艺访谈节目、17部周播自制剧、20部微电影；爱奇艺当年自制剧15部，包括《盗墓笔记》《鬼吹灯》《心理罪》《活着再见》《皮囊游戏》五部被列为"超级网剧"的重点项目，

自制综艺娱乐访谈等节目 30 余档。由于各方面资源的保障，这些网络自制节目水平与传统专业机构制作的节目相比也不遑多让。以网剧《暗黑者》为例，单集制作成本 73 万元已接近当年一部传统电视剧的制作水平，一改网剧粗制滥造的面貌，一经推出便以精品网剧的形象获得了播放量和口碑的双丰收，收官时全剧播放量突破 4 亿次，覆盖 2 100 万用户，甚至超出了当年许多卫视播出的重量级电视剧。《盗墓笔记》根据同名畅销小说改编，2014 年以网剧史上创纪录的单集 500 万元投入制作成本。该剧在 2015 年 6 月上线并开启收费模式，5 分钟内收到了 1.6 亿次的播放请求和超过 260 万次的会员开通请求。5 个月后，爱奇艺宣布当年会员数量翻倍，突破至千万。《盗墓笔记》成为震惊全行业的一次成功的盈利尝试。搜狐视频对网剧《匆匆那年》的单集投入超出百万元，并首开先河运用了4K 技术，画面质感达到电影院线级别，这不仅是视频网站行业内首次运用 4K 技术，也是中国电视剧拍摄首次使用，搜狐视频对于自制剧品质的精益求精和重点投入的理念彰显无疑。《匆匆那年》收官时累计播放量近8 亿次。

总的来看，2014 年成为网络视频平台大力发展自制内容的风起之年，网剧、网综和网络大电影等自制内容的数量超过了此前数年的总和。网络自制内容动辄数亿次的点击量标志着我国网络自制内容突围战的初步胜利，网络自制内容正逐渐成为撬动亿万观众观看抉择的重要因素。

2015 年，爱奇艺推出了"超级网剧"战略布局，其中第一部作品《心理罪》在 5 月播出，单集制作成本达到 300 万元，上线 8 集流量破亿，微博话题阅读数近亿次，高品质的内容和高精尖制作水平最终形成了强大的影响力和吸引力。[①] 以网络剧为代表，口碑、流量、品质俱佳的超级自

---

① 《心理罪》上线八集流量破亿 "超级网剧"叫好叫座 [EB/OL]. (2015 - 06 - 02) [2022 - 06 - 18]. https://www.iqiyi.com/common/20150606/54bf35769687a15f.html.

制成为行业自制的发展主流方向。2015 年，爱奇艺自制的《盗墓笔记》在全行业开创了 VIP 会员全集观看的盈利模式，也成为此后各大视频网站排播的新思路。例如，《余罪》每周一至周三每天更新一集，会员可看全集；《最好的我们》每周更新两集，会员提前一周更新；《法医秦明》每周四更新两集，搜狐黄金会员可以抢先看 6 集。这种"会员优先""会员独享"的差异化服务思路培养了用户的付费习惯，也为日后的内容付费的路径探索打开了思路。

2015 年，各大视频网站平台共上线网络剧 379 部，是近几年最多的一次。此后数年，网络剧数量有所下降，但质量门槛却不断抬升。2015 年到 2018 年的四年间，平均每部网剧的前台播放量增长迅猛，分别为 0.72 亿次、2.56 亿次、5.53 亿次、7.18 亿次。到 2017 年，网络剧播放量 Top10 的门槛已达到 30 亿次播放量。流量逐步向头部、腰部剧集集中。在行业规范和市场大浪淘沙之下，各大视频网站越来越意识到："精品化"内容才是更具传播力和吸引注意力的有效武器。

三、文化生态：多元娱乐与圈层狂欢

（一）泛娱乐化成为网络文化生态底色

2014 年 11 月，由爱奇艺重点打造的大型脱口秀节目《奇葩说》第一季上线。节目采用言语犀利爆笑、观点另辟蹊径的辩论方式进行比赛，节目中出现的辩题包括"漂亮女人该拼事业还是拼男人""精神出轨和肉体出轨你更不能接受哪一个"等，这些极易引发网络热议的辩题让《奇葩说》一炮而红，以小人物"草根"气质、多姿多彩的网络风尚以及黑色幽默文化吸引了大量青年观众，并在社交媒体引发了持续的话题讨论。

2015 年 12 月 13 日，由乐视网打造的古装穿越网络剧《太子妃升职记》上线，此剧登陆时还悄无声息，到 16 日开始掀起波澜，继而迎头直上，创下了 27 亿次的点播量，覆盖人群 800 万人，并在新浪微博、知乎、豆瓣等各个社交平台引发热烈的话题讨论。① 这是一部搞笑穿越古装剧，讲述了一个现代花花公子因故穿越回古代，发现自己变身为太子妃，并在纠结和试探中与太子产生了情感纠葛，最终成为太后的故事。这样颠覆传统的剧情设计为此前少见，情节的荒诞和离经叛道之中充满着后现代的娱乐狂欢意味。2016 年 1 月 20 日，该剧下架整改，删减近 30% 剧情后才重新上线。

2018 年，由爱奇艺打造的《偶像练习生》和腾讯打造的《创造 101》等节目掀起偶像风暴，成为大众焦点，"Pick"成为网络流行语，"偶像"一词以前所未有的热度活跃在公众视野中。由 2005 年《超级女声》掀起的选秀类真人秀热潮走向网络空间，再一次让"偶像"从传统文化意义中的英雄形象幻化为网络中的一种明星泡影。观众对真人秀明星的崇拜在催生更多的注意力价值或可变现的付费价值的同时，也出现了过度娱乐化的倾向，偶像符号的另类解构产生了与正向的社会文化逻辑之间的冲突。对偶像的过度追捧也让网络空间中的"饭圈文化"逐渐繁衍兴盛。偶像经济的不断发展催生出围绕明星聚合而成的"迷"群体，他们自行成立饭圈组织，进行为偶像买周边（衍生产品）、租广告位做宣传、投票以及做慈善公益活动等多种"饭圈文化"行为。这一群体的主要成员为青少年，他们的追星由于缺乏规范和引导而带有一定的盲目性，内部狂欢与外部渗透的双重作用使明星与其粉丝所处的交际空间出现了一些畸形乱象，也为日后网络空间的清朗治理埋下了伏笔。

---

① 邵小艳.狂欢与反思：网络剧《太子妃升职记》从霸屏到下线现象分析［J］.传播与版权，2016（8）.

在各类的明星真人秀展演、各种另辟蹊径主题的影视作品的狂欢和各色价值观的交错中，泛娱乐化成为这一阶段最为突出的网络文化生态。

（二）受众分化，亚文化圈层林立

受众分化也成为网络视听传播的独特风景。大众传播阶段，因为口径渠道的一元权威，许多小众文化是难以在大众传播空间中出现的，但是网络的海量空间让诸多小众文化有了栖息地，诸如二次元作为网络亚文化的代表开始以网络视频作为表达方式进行聚集，由此诞生的弹幕视频网站从"奇怪"的存在逐步变为流行的"新奇"。

ACG（Animation，Comic，Game）这类弹幕视频起源于动漫领域，灵感来自日本 Niconico 动画网站。Niconico 首创了在视频画面上载入实时评论的功能，也就是弹幕，在日本获得巨大反响。引入中国后，这种交互式的用户体验被迅速接纳，逐渐发展出了 A 站（acfun. cn）和 B 站（bilibili. com）。目前，B 站已成为国内最具代表性的弹幕视频网站。

与商业类视频网站的生产原则不同，此类网站的核心就是用户，由UP 主（发布视频的用户）创作的内容占投稿数的 90%，用户既是内容的生产者、集体创作的参与者，同时又是内容的消费者和传播者。这些用户给自己贴上"二次元"的标签，主动将自己与主流文化区隔开来，形成圈地"自嗨"的格局。网站空间内还包括"动漫追剧""国创""音乐舞蹈""知识""鬼畜区"等各种相对独立的文化区，每个区域也有自己独特的准入机制与文化景观。不过，这个以青年为主体的视听平台并非完全脱离主流的小众灰色地带，也有与主流互动助力的可能。比如，2018 年中央电视台纪录片频道制作的《我在故宫修文物》播出一个月后在 B 站翻红，大量的年轻观众自发为视频发弹幕、转发，甚至对片中的文物和修复师做出了类似于为偶像应援的举动。因而，弹幕组虽身处亚文化框架中，但也并非只会对主流文化进行解构和抵抗，而是和主流大众文化有一个共通的合意区间。这也成为 B 站发展的新机遇，其推出的一系列自制节目、纪录片和跨年晚会将小众文化的偏好与大众文化的导向有机结合，实现了良好的传播效应。

（三）消费文化裹挟内容营销

包裹着消费文化气息的营销狂欢也是此阶段网络视听的一个显著文化生态，其中最具代表性的事件就是"双 11"晚会。

2009 年 11 月 11 日，阿里巴巴集团旗下的淘宝商城联合 27 个品牌商家以"光棍节"之名推出商品打折的活动。6 年之后，2015 年的"双 11"有这样一组数据：18 秒 1 亿元，72 秒 10 亿元，12 分 28 秒 100 亿元……全天的整体销售额超过了 900 亿元。更为特别的是，这样一个商业促销活动在当年办成了一台仪式意味十足的"双 11"晚会。2015 年 11 月 10 日晚 8 点 30 分，湖南卫视"2015 天猫双 11 狂欢夜"电视晚会在北京水立方正式上演。冯小刚作为总导演，诸多影视文艺明星加入，芒果 TV 和湖南卫视同步直播，大屏联动手机屏幕实现跨屏互动，将文化娱乐、明星游戏、移动购物、商业营销融合于综艺晚会包裹之中。娱乐和消费，商业资本逻辑链条下的双生花通过媒介运作被勾连起来。[①] 晚会让用户进行了一次"边看边玩边买"的参与式消费体验，它将人们的"休闲娱乐转化为观看商业广告的数字化劳动，制造出一种集体狂欢的表象，激发人们的非理性参与和消费，并将网民在社交网络中的信息分享商品化、劳动化，达到广告宣传效果的最大化和消费行为的实现"。一方面，"双 11 狂欢夜"成功地融合了好奇、游戏、娱乐、消费等激发网民参与的重要

---

① 吴鼎铭，林颖. 媒介融合营销与网民参与行为的三重劳动化：以 2015 年天猫"双十一狂欢夜"电视晚会为例 [J]. 新闻界，2016（14）.

元素，实现了商业资本的快速增值，开创了媒介融合背景下新型的广告营销模式；另一方面，用户在视听仪式营造的"景观"中的异化和沉迷，亦是值得警惕和思考的问题。

四、行业生态：台网融通与巨头垄断

在网络视听日渐兴起的阶段，从整体趋势来说，传统电视媒体的大环境是日趋严峻的。电视的开机率下降，受众向网络空间转移，电视行业的盈利能力大幅下滑，从业者感到行业危机并跳槽至网络媒体的事件也并不鲜见。从产业上来说，传统电视媒体的产业链相对单一，多年来的体制化生产、经营使得电视业面对日新月异的网络环境始终存在着难以有效突破的困局：要么是苦苦追赶网络视听的新趋势而不得，要么是难以放下传统电视的语态无法彻底拥抱网络文化生态，甚至有人用"高傲的电视，沉睡的巨人"来形容这一行业的尴尬境地。

事实上，电视与网络视频作为支撑起视听文化的两大力量并非一种零和博弈式的竞争，人为割裂电视与网络新媒体的发展其实是一种固化的区分思维，而通过产业改革来塑造新的媒体生态则是未来的行业方向与发展进路。因而，与其区分电视屏幕、网络屏幕、手机屏幕，不如将这些屏幕以及用户眼睛所到之处都考虑整合为一个"大视听"生态。以芒果TV为例，作为湖南广电旗下唯一的互联网视频平台，其带有明显的湖南卫视品牌基因。2014年5月起，芒果TV正式开启独播战略。自此，所有湖南卫视拥有完整知识产权的自制节目都由芒果TV独播，互联网版权一律不分销，以芒果自制优质内容为核心将这一平台推向网络视频网站的竞争版图之中。平台建设方面，芒果TV将视频网站、移动客户端、芒果互联网电视、湖南IPTV等多屏产业打通，探索多屏营销，形成了一套多屏多终端的复合体系。在资本运营上，芒果 TV 也积极在资本化、市场化运作方向试水，2015 年 6 月完成 A 轮融资，同年年底启动 B 轮融资，2018 年 6 月上市，成为国内 A 股首家国有控股的视频平台。作为台网融通的代表，芒果 TV 体现了互联网生态型媒体的典型特征：以互联网为基础架构，强化用户体验为王的互联网思维，强化跨屏互动、多屏互动的融合发展逻辑，形成超级 IP，是知识产权加超级粉丝加全产业链可持续发展的平台。[①]

在传统广电媒体加速向互联网阵地转移的同时，网络视频行业的巨头垄断也在这一时期不断加剧。2014 年起，在资本背景的加持之下，网络视听行业竞争之中，以"爱优腾"为代表的网络视频头部力量愈加拥有竞争优势。2015 年的网络视频行业仍然是资本大放异彩，其中最为突出的事件就是 11 月 6 日阿里巴巴集团与优酷土豆的并购。根据协议，阿里巴巴集团将收购优酷土豆全部流通股份，交易总金额约 46.7 亿美元，是当年互联网史上的"第一并购"。这项并购对二者来说可谓各得其所。优酷土豆的数字视频业务及其庞大的用户群体将会成为阿里数字娱乐战略的重要支柱，而阿里生态中的阿里影业、阿里音乐乃至阿里体育都与优酷土豆具有天然的融合基础，彼此之间的协同合作能够在短时间内产生聚合效应。从投资、制作、发行、渠道、终端到用户，收购优酷土豆令阿里数字娱乐板块形成了完整的链条，一个数字娱乐帝国的面貌已然展现。正如时任阿里巴巴首席执行官张勇所说："以视频为代表的数字产品是电商除实物商品外的重要组成部分，优酷土豆优质的视频内容将会成为未来阿里电商数字产品的中心组成部分。同时，优酷土豆与阿里营销、数字文娱等业务结合，也将发生更多化学反应。"[②]

---

① 赵树清. 中国电视媒体跨屏互动融合创新趋势 [R]. 北京：中国传媒大学，2015.

② 温婧. 阿里 45 亿美元要买优土 网购习惯可能改为边看边买 [EB/OL]. (2015 - 10 - 17) [2022 - 04 - 05]. http://media.people.com.cn/n/2015/1017/c40606 - 27708950.html.

至此，中国前三大视频网站完全 BAT 化，背后藏着的是几大互联网巨头的身影。以互联网公司巨头作为平台支持，网络视频行业的用户、内容、流量均向腾讯视频、爱奇艺、优酷三大平台集中，马太效应凸显。就用户规模而言，三大平台用户占整体网络视频用户近九成；就内容、流量而言，2018 年新上线的网络自制节目有八成左右在这三大平台独播，播放量占整体的八成以上。

根据《2018 中国网络视听发展研究报告》，2018 年综合视频服务平台整体格局呈现出如下面貌①：

第一梯队：腾讯视频、爱奇艺、优酷。

第二梯队：芒果 TV、哔哩哔哩、搜狐视频、咪咕视频、乐视视频。

第三梯队：风行视频、PP 视频、暴风影音、56 视频。

在此格局下，网络视频的用户、内容、流量均向几大平台集中。在报告发布的过去半年内，通过腾讯视频、爱奇艺、优酷三大平台收看过网络视频节目的用户占整体网络视频用户的 89.6%，第二、三梯队平台的用户使用率下降，市场格局进一步清晰。2018 年 3 月 29 日，爱奇艺在纳斯达克挂牌上市，使平台垄断的趋势进一步凸显。网络视频的群雄逐鹿正在成为往事，"爱优腾"三巨头鼎立的格局基本形成。

第四节　规范化：政策引导与法律规制的体系构建

2014 年以来，各种新的技术手段发展日新月异，移动互联网日益勃兴，新兴媒体不断渗透到社会生活的各个角落，新媒体各类应用广泛和现实生活连接，高度"卷入"中国社会，网络视听行业也在技术创新与文化

---

① 2018 年视频市场规模将超 2 000 亿，资本更看中［看重］天使轮［EB/OL］．（2018 - 11 - 29）［2022 - 04 - 05］．https：//www.sohu.com/a/278528563_115362.

生态的变迁之下大步走向新的发展阶段。对于整个国家社会发展而言，互联网已逐渐成为信息社会的基础设施，媒体融合成为国家战略，网络空间治理也成为国家社会治理的重要组成部分。

一、政策指引：自上而下的媒体融合布局

1978 年，麻省理工学院媒体实验室的创始人尼古拉斯·尼葛洛庞蒂（Nicholas Negroponte）首次提出了媒介融合（Media Convergence）的概念，用"广播和动画业、印刷业和出版业、电脑业"三个同心圆来说明媒介技术、媒介形式、媒介经营有汇聚、融合在一起的趋势。1983 年，美国麻省理工学院的伊契尔·索勒·普尔教授（Ithiel De Sola Pool）将 Convergence 引入了传播学领域，在其著作《自由的科技》（*Technologies of Freedom*）中提出了传播形态聚合（the convergence of modes）的概念，他将各种媒体的多种功能趋于一体化发展的态势阐释为 Media Convergence[①]，用以指各种媒介呈现出多功能一体化的趋势，并指出这是一种正在"模糊媒介间界限"的过程[②]。美国西北大学教授里奇·戈登（Rich Gordon）给予了"Convergence"一个较为精确和具体的解释。他将媒体融合的概念界定于 6 种类型，其中包括：媒体科技融合（Convergence in Media Technology）、媒体所有权融合（Convergence of Ownership）、媒体间战术性融合（Convergence of Media Tactics）、媒介组织结构性融合（Structural Convergence of Media Organization）、信息采集融合（Convergence of Information Gathering）以及新闻叙事形态融合（Convergence of

---

① 宋昭勋. 新闻传播学中 Convergence 一词溯源及内涵［J］. 现代传播（中国传媒大学学报），2006（1）.

② POOL I. Technologies of freedom［M］. Cambridge：Harvard University Press，1983.

News Story-telling)。[①] 国内学者中，蔡雯教授比较早地引入了媒体融合的概念。2005 年，她在《培养具有媒体融合技能的新闻人才——与美国密苏里新闻学院教授的对话》一文中正式介绍了"媒体融合"的概念。[②] 此后，随着互联网的大发展，"媒体融合""媒介融合"等逐渐成为行业关注的热词，进而在国家层面成为媒体创新发展的核心战略。

(一) 媒体融合：政策确立与实践拓展

2013 年 11 月 9 日至 12 日，中共十八届三中全会在北京召开，研究全面深化改革的若干重大问题。全会通过了《中共中央关于全面深化改革若干重大问题的决定》，共分为 16 个部分，在第 11 部分"推进文化体制机制创新"中，提出了"整合新闻媒体资源，推动传统媒体和新兴媒体融合发展"的要求。2014 年 8 月 18 日，中央全面深化改革领导小组审议通过了《关于推动传统媒体和新兴媒体融合发展的指导意见》，提出要"着力打造一批形态多样、手段先进、具有竞争力的新型主流媒体，建成几家拥有强大实力和传播力公信力影响力的新型媒体集团，形成立体多样、融合发展的现代传播体系"。在经过早期以传统媒体机构之间融合、打通为特征的自主探索阶段后，媒体融合正式上升为国家战略。在自上而下的政策指引下，"媒体融合"不再是简单的部门合并或是内容增减，而是体制机制、平台、内容、人才以及市场的多方面有机融合。2014 年也因此被相关研究称为"融合元年"。[③]

---

① GORDON R. The meanings and implications of convergence [M]//KAWAMOTO K. Digital journalism：emerging media and the changing horizons of journalism. Lanham，MD：Rowman & Littlefield Publishers，2003.

② 蔡雯. 培养具有媒体融合技能的新闻人才：与美国密苏里新闻学院教授的对话 [J]. 新闻战线，2005 (8).

③ 人民日报社. 融合元年：中国媒体融合发展年度报告：2014 [M]. 北京：人民日报出版社，2015.

政策引领的作用对网络视听行业的影响是非常显著的，其突出表现就是 2014 年以来传统媒体融合步伐的加快，进入探索媒体融合实践发展道路的新阶段。各级媒体机构纷纷制订新媒体发展计划，成立不同规模的新媒体事业部，引进和发展大数据、云计算等先进技术，并结合"两微一端"，推出大批"现象级"融媒体产品。在政策的激励之下，主流媒体迅速调整适应，将"融合"作为发展导向，开始从"自我觉醒"到"自觉行动"，进入"主动建设"的阶段。"采编流程的一体化，媒体组织架构一体化，新闻采编与运营一体化，重构媒体与用户的关系，借助技术和资本市场启动媒体融合"①，这一阶段的各级广播电视媒体也在融合进路的探索过程中收获了诸多闪光成果。

一方面，各级媒体依托政策和经济势能，主攻技术缺口，开发自有平台，在媒介形态迅速更迭演进的潮流中追逐迁徙的受众，力求深度融合，创新升级。利用主体资源优势，汇聚出更具传播力的账号矩阵、平台矩阵。在视听领域，以中央电视台为代表，各级电视媒体积极尝试网络端和移动端的搭建和运营。自 2017 年 2 月起，中央电视台大力建设央视新闻移动网，将 UGC 作为重要的内容来源，意在整合全国资源抗衡商业平台。2018 年 12 月，中央广播电视总台与三大电信运营商以及华为公司签署合作协议，共同建设了我国首个国家级的 5G 新媒体平台——中央广播电视总台央视频 5G 新媒体平台，同时设立了 5G 媒体应用实验室。2019 年 11 月 20 日，基于 5G＋4K/8K＋AI 等新技术的综合性视听新媒体旗舰平台"央视频"（China Media Group Mobile）正式上线。和中央媒体一样，地方广电媒体也全力响应融合趋势，结合地方资源实现全媒体融合发展。例如，湖北广电长江新媒体集团的"长江云"就是一个代表性案例。

---

① 陈力丹. 用互联网思维推进媒介融合 [J]. 当代传播，2014 (6).

2014 年 9 月 28 日，"长江云"微信公众号和客户端同步测试上线，实现了湖北广电频道和长江云资源的互通。该平台的特点是构筑了"新闻＋政务服务商务"模式。"长江云"系新媒体平台推出的"全省政务通"，汇聚全省政务微博、微信、App 等终端，致力于实现政务信息一键获取，政务微博微信一键关注，政务 App 一键下载，建立全面覆盖的政务服务平台入口，使之成为服务群众的便民"掌中宝"。长江云 App 整合湖北广电资源打造了 18 个垂直频道，健康、教育、文旅、乡村、出行、音乐、老友、就业等各频道积极围绕各自定位精准深耕垂直领域资源。①

　　另一方面，尽管媒介生态已然变化，媒介使用行为发生迁移，但优质内容仍然是主流媒体的立足基础和深度融合的核心动能，真正具有传播引爆能力和消费吸引能力的大都是稀缺的优质原创内容。随着互联网信息从稀缺走向丰富，公信力、权威性、引导力、品质性重回舞台中央，主流媒体传统优势被再次赋能。中央与地方传统主流媒体纷纷将发展的方向锚向"视频化"，大力发展视频化战略。《人民日报》依托自身强大且成熟的"中央厨房"，生产直播、微视频、H5 专题、日播视频节目、图文作品等全媒体产品。新华社"媒体大脑"通过文本分析、综合计算舆情分析等人工智能技术，将机器生产引入视频新闻生产领域。在向视频发力的过程中，一个个优质的现象级作品不断涌现，充分展现了主流媒体在新媒体场域中的传播势能。2016 年 6 月，新华社推出为中国共产党建党 95 周年而制作的微电影《红色气质》，上线 5 天时间就达到了 5 000 万次点击量，成为 2016 年极具影响力的短视频作品。在这部作品的创作中，传统上不以视频见长的新华社融合电影、电视、纪录片和动画、特效等多种传播手段，将传统新华文体推陈出新。作为专业视听生产机构的电视台更是抓住

　　① 张艳红，邓秀松 . 长江云：融媒时代"新闻＋政务服务商务"运营模式的思考与探索［J］.视听界，2021（5）.

机遇涅槃重生。2017 年 3 月，中央电视台移动新闻网推出三集网络短视频《初心》，这组时政微视频通过央视新闻客户端发布后迅速在各网络平台传播开来，24 小时内点击量突破 4 亿次，10 天全网总阅读量超 12.36 亿次，成为时政新闻报道在互联网环境下的一次成功创新。在网络上充斥低端粗糙视听作品的情况下，用户对于优质内容的需求和渴望是巨大的。依托资源保障和专业制作优势，借助新技术、新观念、新渠道，持续创新符合专业气质和大众需求的内容表达，是主流媒体在泛视听环境中的安身立命之本。

(二) 纵深推进：深化融合的系统建构

2018 年起，媒体融合逐渐走入"深水区"，从媒介技术融合、生产流程融合逐步深化为向媒体组织融合、产业结构转型和社会结构转型的渐变过程。一方面，中央媒体和省级媒体的融合实践进入加速期，开始向构建"新型主流媒体"和"全媒体传播体系"迈进；另一方面，媒体融合深入基层，逐渐成为基层社会治理的隐形力量，县级融媒体中心建设作为媒体融合的"最后一公里"开始发力。

2018 年 3 月，《深化党和国家机构改革方案》发布，在国家新闻出版广电总局广播电视管理职责的基础上组建国家广播电视总局，其职能之一就是推进广播电视领域的体制机制改革。随后，省级广播电视局相继成立，机构改革自上而下有序推进，广播电视媒体发展格局愈加清晰，媒体融合特别是基层媒体融合速度明显加快。另外，《深化党和国家机构改革方案》也要求整合中央电视台、中央人民广播电台、中国国际广播电台，组建中央广播电视总台，作为国务院直属事业单位，归口中央宣传部领导。三台合并搭建起一个新型主流视听媒体的旗舰式平台，一艘国家级现代传媒巨舰扬帆起航。

从高屋建瓴的"中央"到深入民间的"县级"全面布局，系统化的融合设计在这一时期全面铺开。2015 年以来，以"中央厨房"为主要模式的媒体融合改革方案在中央和省市级媒体逐步推广。仅在 2017 年，全国就有 18 个省市主流媒体建成"中央厨房"并投入使用。此时，"中央厨房"模式从中央到省市级已完成布局并初具规模。2018 年 8 月，全国宣传思想工作会议提出"要扎实抓好县级融媒体中心建设，更好引导群众、服务群众"。同年 9 月，中宣部做出部署，要求 2020 年年底基本实现县级融媒体中心在全国的全覆盖，而 2018 年要先行启动 600 个县级融媒体中心建设。随后，《关于加强县级融媒体中心建设的意见》、"县级融媒体中心建设的五项标准规范"相继问世并实施，为县级融媒体中心建设提供了强有力的政策指导。建设县级融媒体中心是打通基层"最后一公里"的重要举措，表明我国的媒体融合发展开始从省级以上层面转而向基层全面铺开，媒体融合的整体格局初步形成。

二、清朗空间：网络视听治理体系的完善

2014 年至 2018 年是网络视听行业整体日渐繁荣的阶段。作为一个蓬勃发展的新兴行业，发展之中也伴随着各种乱象的挑战。网络的开放性使其成为多种意见的集散地和多元价值观的呈现场所，而全新的视听技术、视听作品和传播现象不断涌现，使得网络视听空间充满复杂性与多元性。对于这些每天不断涌现、浩如烟海的内容，继续采取传统的"保姆"式管理方式，不仅使管理者疲于应对，而且难以奏效。[①] 因而，多个维度的行业治理手段的出台成为这一阶段网络视听空间激浊扬清的重要举措，对网

---

① 周勇. 尊重网络传播规律，促进网络健康发展［J］.新闻与传播研究，2016（6）.

络视听内容形成了正向积极的引导，对网络视听行业的发展方式进行了有效规范，也对整个行业起到了"定盘星"的作用。

2012年7月，国家广播电影电视总局和国家互联网信息办公室联合下发《关于进一步加强网络剧、微电影等网络视听节目管理的通知》，要求互联网视听节目服务单位按照"谁办网谁负责"的原则，对网络剧、微电影等网络视听节目实行先审后播管理制度。2014年2月，国家新闻出版广电总局印发《关于进一步完善网络剧、微电影等网络视听节目管理的补充通知》（以下简称《补充通知》），旨在进一步完善管理，防止内容低俗、格调低下、渲染暴力色情的网络视听节目对社会产生不良影响。[1]《补充通知》再次强调了网络视听生产的"准入机制"，从事生产制作网络剧、微电影等网络视听节目的机构，应依法取得广播影视行政部门颁发的《广播电视节目制作经营许可证》。

不过，这一阶段"自审自播"的监管机制和并不明晰的内容底线要求为主题形态各异的网络视听自制内容提供了相对宽松的空间，各大视频网站抓住了这种"差异利好"的契机。"奇幻灵异、犯罪推理、惊悚悬疑、时空穿越、玄幻修真、爆笑戏谑"等题材是无法过审登上电视大屏的，但是却源源不断地在网络视频平台播出。例如，灵异题材的《灵魂摆渡》、涉案推理题材的《暗黑者》、古墓探险题材的《盗墓笔记》，引发巨大讨论的《太子妃升职记》更是有"穿越"和"男女性别互换"两大充满噱头的故事背景，均成为当时最具传播力和热度的网播作品。这些题材和内容填补了传统影视屏幕的空缺，在一定程度上满足了网民的"猎奇"需求，帮助视频网站实现了"弯道超车"的可能。

---

① 网络视听节目管理司. 国家新闻出版广电总局印发关于进一步完善网络剧、微电影等网络视听节目管理的补充通知［EB/OL］.（2014 - 02 - 24）［2021 - 03 - 11］. http://www.cac.gov.cn/2014 - 02/24/c_126181685.htm.

与自制内容相配合，引进播出境外剧集也是视频网站迅速积累用户的一大赛道。2014 年，由爱奇艺独家首播的《来自星星的你》引起一轮观看狂潮，超高点击率、播放率让爱奇艺占据了当季度视频网站争夺战的首位。但并非所有互联网海外剧都是经过广电总局批准通过的"正式引进剧"。在庞大利润的背后，盗版与侵权情况屡屡发生，内容尺度与审核监管之间矛盾重重。[①] 在 2014 年 2 月的《补充通知》下发一个月后，正在播出的《生活大爆炸》《海军罪案调查处》《纸牌屋》等美剧全网下架。针对互联网上境外剧的引进和播出不够规范的问题，2014 年 9 月，《国家新闻出版广电总局关于进一步落实网上境外影视剧管理有关规定的通知》（以下简称《规范令》）发布，对于网上境外影视剧的引进播出明确要求"总量调控、内容审查、发放许可、统一登记"，2015 年 4 月 1 日起，未登记的境外影视剧不得上网播放。《规范令》的颁布让引进剧的数量受限，登记、许可、审核等因素也在一定程度上削弱了诸多境外剧的引进动能，进而激励各大视频网站更加发力自制、扶持原创内容。

2016 年是网络视频行业爆发性增长的一年，也是网络视频政策监管的"大年"。这一年，相关调控法规出台频率极高，对网络视频内容的生产创作有了更明确的指导和规范，相关政策和法规也与行业实践贴合得更为紧密。

2016 年 1 月 20 日，乐视视频《太子妃升职记》下架整改，重新上架后删减内容达三分之一，《心理罪》《无心法师》《盗墓笔记》《暗黑者》《探灵档案》五部网剧也遭下架，两部被永久停播、三部被勒令整改，问题包括剧情涉及血腥暴力、色情粗俗、封建迷信等。2016 年 10 月，热播网剧《余罪》《暗黑者 2》《灭罪师》等涉案题材剧集遭到下架。在网络大

---

① 陈洁. 国内视频网站海外剧引进模式分析［J］. 齐鲁艺苑，2016（3）.

电影和网络综艺等类别中，也有诸多大尺度、低俗化的内容被下架整改。

其实，以上下架整改的内容都涉及一个问题：网络视听内容监管的尺度到底是什么？这个多年来行业一直探讨的问题在2016年有了明确的答案。2016年2月27日，国家新闻出版广电总局网络视听节目管理司司长罗建辉在全国电视剧行业年会上发表关于"网络剧的发展和管理"的主题报告，明确提出广电总局要加强对网络剧和自制节目的管理，确立一系列举措，包括：网剧审查要线上线下统一标准；网站自审审核员要接受广电总局的培训；热播剧上架后由管理司专家团队审核；采用24小时监看模式；等等。其中，"电视不能播的，网络也不能播"为网络视听内容的创作标准一锤定音，确立了整体化的审核趋势。同年9月，罗建辉在第八届中国网络视听产业论坛上再次强调"营造清朗的网络视听空间"，所有网络视听内容都要"自审自播、先审后播、不审不播"，自制视听节目需要全流程管理，逐步规范网上境外影视剧的播出。2016年11月，国家新闻出版广电总局出台了《关于进一步加强网络原创视听节目规划建设和管理的通知》，对网络剧、网络电影及用于网络首发的影视类动画片、纪录片和文艺、娱乐、科技、财经、体育、教育等专业视听节目，从创作方向到具体的监管措施都进行了明确。其中，弘扬主旋律、传播社会主义先进文化是必须要遵循的主旨，坚持网上视听内容与电视播出内容管理标准一致是核心思路。通知规定各视频网站要主动对重点网络原创节目进行备案，以加强政府主管部门对重点原创节目的指导和规划。至此，网络视听重点节目的提前备案制度被正式落实。① 此外，文件中还提到"监看监管、内容抽查、行业组织自律、专家评议把关"等措施，都是旨在加强管理、促进提高网络视听内容的品质。这样的内容管理举措也延伸到了网络新

---

① 罗姣姣. 2016年网络视频政策：台网监管统一标准［M］//王晓江，曹晚红. 中国网络视频年度案例研究：2017. 北京：中国传媒大学出版社，2017.

闻节目领域。2016 年 8 月，《关于进一步加强社会类、娱乐类新闻节目管理的通知》下发，除了明确新闻类节目的制作主体和播出资质以外，还要求互联网视听节目服务机构不得超出许可证载明的业务范围制作和播出社会类、娱乐类新闻节目。只有取得《信息网络传播视听节目许可证》，且许可项目中含有相关资质的网站，才能首发或转载社会类、娱乐类新闻节目。[①] 一系列政策法规的出台显示，政府对网络视频内容创作和传播层面的具体监管力度在进一步加大，这给行业发展带来了深刻影响。

在营造清朗网络空间的整体要求之下，2017 年的网络视听内容监管对"线上线下统一标准"的核心思路做了进一步强化和落实，市场迎来了愈加严格的政策监管，一大批内容主题存在违规或"无证"的网剧遭遇下架处理。2017 年 6 月 30 日，中国网络视听节目服务协会发布《网络视听节目内容审核通则》，对网络视听节目内容审核的原则、要求、标准等进行了规定，为网络视听原创内容的生产创作划清底线、明确导向。2017 年 5 月 2 日，国家互联网信息办公室发布《网络产品和服务安全审查办法（试行）》《互联网新闻信息服务管理规定》《互联网信息内容管理行政执法程序规定》。网络新闻信息的生产与传播成为被调控和管理的重点领域，其中，网络视听新媒体的新闻传播被纳入互联网新闻信息服务管理规范之中，网络信息服务的主体资质、准入机制和禁止条款等都有明确的规定。受此政策影响，梨视频平台因违规提供时政新闻服务被要求全面整改，凤凰网在"两会"中因有网站从业者以新闻单位和记者名义进行时政采访报道并转载外电遭到处罚。

随着影视内容与新闻信息的网络生产传播同时被纳入政策监管，网

---

① 李蕾. 国家新闻出版广电总局新闻发言人就《关于进一步加强社会类、娱乐类新闻节目管理的通知》答记者问 [N]. 光明日报，2016 - 08 - 30.

络视听传播已经深度进入主流监管体之中，而不再是初始的洪荒灰色地带。

2018 年，随着《深化党和国家机构改革方案》出台，明确了由新组建的国家广播电视总局负责监督管理、审查网络视听节目的内容和质量。随着网络强国战略顶层设计和总体架构的越发清晰①，网络视频行业监管在法规规定和综合治理两个维度都持续提档升级，网络综合治理体系逐步完善，治网管网法规不断细化，管理措施的针对性和时效性更强，实现了组合拳效应。例如，《国家广播电视总局关于进一步加强广播电视和网络视听文艺节目管理的通知》之中就对网生内容的导向管理、内容管理、行业秩序管理提出了明确要求，严格控制偶像养成类节目，严格控制影视明星子女参加综艺娱乐和真人秀节目，严格控制片酬，坚决打击收视率点击率造假行为，这些条款应时而出，更为细化和严格。这一通知也对行业积弊施以重拳，针对"天价片酬、阴阳合同、偷税逃税"等违法违规行为，针对恶意炒作、过度娱乐化、收视率点击率造假等行业顽疾，都提出了明确的管理意见。同年，面对不断涌现的网络新兴节目类型与舆论生态变化，《国家新闻出版广电总局关于加强网络直播答题节目管理的通知》《国家广播电视总局办公厅关于做好暑期网络视听节目播出工作的通知》《国家广播电视总局关于学习宣传贯彻〈中华人民共和国英雄烈士保护法〉的意见》等一系列指导和规范性文件陆续出台，在规范网络内容导向方面及时且有针对性地发挥作用。

行业自律也是营造清朗网络空间的一个重要助力。2018 年 4 月，腾讯视频、优酷、爱奇艺三家联合发布《关于规范影视秩序及净化行业风气的倡议》，号召影视行业共同抵制不合理高片酬等现象。8 月，三家

---

① 王晓红，王芯蕊. 2018 年网络视频行业：生态融合与跨界赋能 [M]//王晓红，周结. 中国网络视频年度案例研究：2019. 北京：中国传媒大学出版社，2019.

视频网站联合同业发布《关于抑制不合理片酬，抵制行业不正之风的联合声明》。

　　从 2014 年到 2018 年，伴随着网络视听内容指数爆炸般生长的五年，网络视听行业的管理也始终在为"清朗"努力：一方面通过不断推出法律法规，对行业主体、从业行为等进行治理规范；另一方面则通过引导、鼓励、扶持等，使更多优质的网络视听作品得以诞生并发挥价值引导作用。"一手抓管理，一手抓繁荣"，在这样的思路之下，网络视听行业向更加有序、健康的生态前进。

第八章　日臻成熟（下）：新格局、新技术与新常态（2014—2018）

2014—2018 年，网络视听行业展现出蓬勃的生长力。这期间，以短视频为代表的新兴视听产业迅速增长，呈现出内容深耕、领域细分、生态成熟的全新格局。同时，大数据、虚拟现实、算法、智能硬件等新兴技术和终端也在不断更新换代，带动视听生产、传播、接收各层面全新升级，推动视听产业进入新常态。

第一节　新格局：视听产业由"增"转"存"

2007 年 1 月 9 日，时任苹果公司首席执行官史蒂夫·乔布斯（Steve Jobs）在旧金山推出了"全触屏控制"iPhone，这一代 iPhone 打破了传统手机小屏幕、固定程序、按键操控的使用模式，打开了用户与移动终端关系的新篇章。在 iPhone 的推动下，全球市场的移动手机开启了智能化的迭代发展。图 8 - 1 显示了 2011—2017 年中国智能手机出货量的变动情况。

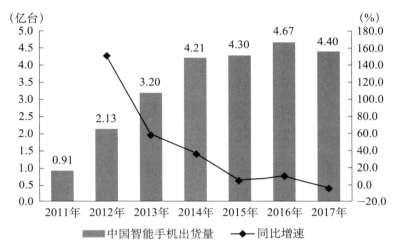

图 8 - 1　2011—2017 年中国智能手机出货量的变动情况

资料来源：智研咨询发布的《2018—2024 年中国智能手机行业市场竞争格局及未来发展趋势报告》。

　　智能终端的普及所带来的最大影响是将整个视听生态从"PC 互联时代"推向了"移动互联时代"，移动通信技术和互联网技术的完美结合使得视听产业和视听服务转型升级。与之前的 PC 互联时代相比，移动互联时代的传播已由"流量之争"转变为"场景之争"，由"时空消失"的"速度至上"转变为"时空一体"的适时体验，由"注意力经济"转向"意向经济"。① 人类与通信设备之间的关系也发生了根本性的转变——以往作为通信工具的手机成为人们进入各个智能场景的入口，只要随身携带着智能手机，人们便可以进行联系通信、听音乐、拍摄照片视频、使用社交软件等多种日常活动。在网络和移动通信技术的支撑下，传播发生了巨大的改变，从追求时效速度的量变转化为追求个性化体验的质变，场景成为继内容、形式、社交之后媒体的另一种核心要素②，也为中国未来数年

① 梁旭艳. 场景传播：移动互联网时代的传播新变革 [J]. 出版发行研究，2015 (7).
② 彭兰. 场景：移动时代媒体的新要素 [J]. 新闻记者，2015 (3).

的视听产业发展刷新了基础理念和传播意识。

在智能终端普及的同时，网络基础建设在这一时期也日趋完善。宽带
网络是国家战略性公共基础设施，为推动"互联网＋"产业的发展提供了
有力支撑。2014 年，我国网络传输设施不断完善，全国新建光缆线路
300.7 万千米，光缆线路总长度达到 2 046 万千米，同比增长 17.2%。光
缆线路工程是光缆通信工程的一个重要组成部分，光缆线路的搭建完善意
味着网速提升的骨架已经初步成形。2014 年，互联网宽带接入端口数量
突破 4 亿个，比上年净增 4 160.1 万个，同比增长 11.5%。除了传输网络
设施的不断完善，移动通信设施的建设步伐也在不断加快。2014 年，随
着 4G 业务的发展，基础电信企业加快了移动网络建设。国家统计局统计
公报显示，截至 2014 年年末，固定互联网宽带接入用户达到 20 048 万
户，移动宽带用户 58 254 万户，后者数量接近前者三倍之多（见图 8-2）。

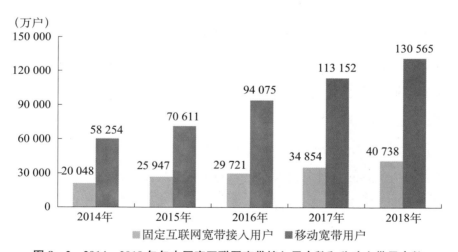

图 8-2 2014—2018 年年末固定互联网宽带接入用户数和移动宽带用户数

资料来源：国家统计局.中华人民共和国 2018 年国民经济和社会发展统计公报［R/OL］.（2019-
02-28）［2022-04-05］. http://www.stats.gov.cn/sj/zxfb/202302/t20230203_1900241.html.

在信息化浪潮的背景下，国务院、工业和信息化部等相关部门及时出
台若干意见与措施推进网络提速降费，不仅能为广大民众带来实惠与好

处，也有利于带动产业投资和扩大信息消费，这其实也与当时中国的宏观经济发展密不可分。2015年，我国传统行业疲态显露，产业结构优化、行业体制转型迫在眉睫，此时提出"提速降费"政策推动了网络信息技术与实体经济的深度融合，为我国产业转型升级和科学发展创造更加有利的条件，从而促进新型工业化、信息化、城镇化和农业现代化同步发展。①互联网发展的20年来一直以消费为主线，渗透进人们生活的各个领域，影响着人们的生活和消费习惯。而伴随着移动互联网带来网络更快速地普及，虚拟化进程从个人蔓延到企业，企业成为互联网的参与者。行业经验、渠道、网络、产品认知等壁垒让传统消费互联网巨头优势不再，并购、合作、自主发展成为其企业互动的主要方式，为产业互联网②的发展奠定了基础。

　　智能终端的普及、网络基础设施的完善和产业互联网的兴起从微观到宏观层面为视听行业提供了成长的沃土。2014—2018年，视听行业内涌现了很多新样态与新格局，随着监管政策的进一步跟进，整体视听传播环境逐步从增长迅猛期迈入稳定期。

一、短视频：从蓄势到爆发

　　移动短视频的雏形来源于微视频。2005年，一部时长20分钟的网络短片《一个馒头引发的血案》掀起一股浪潮，下载量甚至一度击败了它的源素材——热门电影《无极》。从历史维度来看，这部短片作为当时的一种新兴视频类型在视听产业发展线上具有特殊的意义：它以一种搞怪的、

　　① 网络提速降费利国利民［EB/OL］.（2015-07-07）［2022-04-05］. http://www.gov.cn/zhengce/2015-07/07/content_2893306.htm
　　② 产业互联网是基于互联网技术和生态，对各个垂直产业的产业链和内部的价值链进行重塑和改造，从而形成的互联网生态和形态。

戏谑的"口吻"调侃着市场所谓的"主流品味"——直到今天，这种"恶搞"依然是短视频所携带的独特基因。该片制作者胡戈认为："恶搞是一种新型的开玩笑的方式。恶，并不是坏的意思，也不是恶意，而是表示程度很夸张，搞得比较过分。"① 有学者在研究这部短片时提出，当我们在"第二世界"里看《一个馒头引发的血案》时，我们看到的是一种狂欢；但是，当我们回到《一个馒头引发的血案》所表现的这个真实世界再反观它时，我们看到的则是亚文化（Subculture）对主流文化（Dominant Culture）的抵抗（Resistance）。② 这部短片后来也被认为是短视频的雏形。伴随其掀起的浪潮，普通网民、流量网红、专业导演等都开始拿起设备进行微电影的创作。一时间，像"后舍男生"等娱乐视频在民间广泛流传，微视频以一种更加轻松化、娱乐化的视听形态进入市场。此时的微视频属于长短视频交界过程中的中间值，它既不像以往的长视频那样具有精细的"排兵布阵"，也没有内容上完整的起承转合，而是依托于广大用户和原有的长视频平台，以广泛的取材内容和通俗娱乐的拍摄风格引起用户关注，也为长视频向短视频的形态转化埋下了伏笔。但是，当时因为没有专门的微视频平台，这种用户自主制作的短片或是只能上传到门户网站的"视频"分类里，或是上传至其他传统视频网站。就在这样看似无序的制作、上传、点击、播放中，很多现在看来颇显粗制滥造的短视频也在当时引发了爆点，收获了流量。很多投资者看到商机，想要借此打造出专门的平台。只是当时大家都没有意识到，随着移动智能终端和互联网技术的革命性进步，短视频最终会成长为一个庞大的新兴产业，生长出无数条枝蔓盘踞于中国经济市场之中。

---

① 李径宇. 胡戈：我的内心充满搞笑的念头 [J]. 中国新闻周刊，2006（8）.
② 余建清. 网络恶搞：仪式下的狂欢与抵抗：基于《一个馒头引发的血案》的分析 [J]. 重庆邮电大学学报（社会科学版），2008（1）.

（一）品质为上：从离散到整合

2014 年 6 月，我国网民规模达 6.32 亿，手机网民规模达 5.27 亿。2015 年，4G 移动电话用户新增 28 894.1 万户，总数达 38 622.5 万户；移动互联网接入流量消费达 41.87 亿 G，相较上一年增长 40.1％，月户均移动互联网接入流量达到 389.3 M，同比增长 89.9％。[①] 2015 年 5 月 20 日，国务院办公厅发布了《关于加快高速宽带网络建设推进网络提速降费的指导意见》，促使 4G 用户数量和移动市场不断扩增，移动终端的使用时长超 PC 端 2 倍。

随着智能手机的普及与网络基础设施的不断完善，视频网站在移动端的布局基本完成，流量的提速降费也为短视频平台的发展奠定了基础。与此同时，国外社交平台向短视频转向和布局进一步刺激了国内短视频的发展。2013 年 1 月 24 日，Twitter 正式推出视频分享应用 Vine iOS 版本，用户可以拍摄 6 秒长的视频短片嵌入 Twitter 消息中。数月后，图片社交软件 Instagram 也推出视频分享功能，拍摄长度达 15 秒。此后，包括加拿大短视频分享应用 Keek、日本即时通信应用 Line 等先后推出短视频拍摄功能，通过帮助用户即时拍摄、快速生产、便捷分享的互动理念，国外短视频产业与社交媒体平台形成功能对接，培养了用户生产和发布短视频的社交习惯，并以这种功能内嵌的形式率先按下了短视频发展的启动按钮。

与此相呼应，中国短视频行业也在 2013 年开始进入百花齐放的阶段，各大社交平台先后开始着手部署短视频市场。2013 年 1 月，"小影"短视频系统在安卓平台上线，可以说是最早的短视频平台，它为用户提供滤

---

① 中华人民共和国工业和信息化部. 2015 年通信运营业统计公报［R/OL］.（2016 - 01 - 21）［2022 - 04 - 05］. https：//www. miit. gov. cn/gxsj/tjfx/txy/art/2020/art _ 1e2732395d114d16bbac946 78f73a575. html.

镜、配乐、海报等多种视频剪辑素材，在 10 个月内获得百万注册用户，每天上传分享视频超过 1 000 条。但是此时的短视频系统存在一个严重的缺点——缺少社交属性，导致用户黏性差。[①] 同年 9 月 28 日，腾讯微视以短视频社交应用的形式上线，打破了固化的"影片思维"，将短视频赋予了"生活碎片"的意味并新添了许多交互功能，打通了短视频的社交思路。之后，更多的竞争者涌入短视频市场：新浪秒拍于 2013 年 8 月以微博拍摄工具形式上线；美拍于 2014 年 5 月上线，以"10 秒也能拍大片"的理念通过剪辑、滤镜、音乐等多种功能手段将用户成片打造出 MV 效果，借助类似"美图秀秀"的后期处理效果在短短一个月内位列 App Store 全球非游戏类免费应用下载前茅（见表 8-1）。

在社交类短视频平台兴起之时，另一条短视频路径——短视频新媒体——也在萌芽之中。2014 年 9 月，"一条"开始在微信公众平台推送。这个主打生活美学的短视频新媒体发布的每条视频为 3～5 分钟，包括美食、建筑、摄影、茶道、手工艺等内容，几乎篇篇达到 10 万＋阅读量，半个月后粉丝量便突破百万。"一条"的用户群定位为中产阶级，到 2016 年年初仅仅一年多时间粉丝即过千万。"一条"带动了一波短视频新媒体创业浪潮，越来越多短视频创业者在微信等平台上涌现，不少媒体人也都加入这一创业大军：前《三联生活周刊》副主编苗炜创办刻画视频，澎湃前首席执行官邱兵辞职创办了梨视频，蓝狮子前主编王留全打造了知识性短视频平台即刻视频……[②]短视频新媒体创作者们更注重内容质量、在各自所在领域细分深耕，走出了一条具有专业化、精美化、知识化的道路，其内容的完备程度和制作的精细程度完全不亚于"长视频"。

---

① 短视频系统的简要发展历程［EB/OL］.（2019-09-24）［2022-04-05］. https://www. sohu. com/a/343021590_699766.

② 鸟哥笔记 Iris. 短视频发展简史：从 20 分钟到 15 秒的新秩序［EB/OL］.（2018-06-07）［2022-04-03］. https://www. niaogebiji. com/article-17658-1. html.

表 8 - 1　移动短视频应用对比

应用名称	国内			国外	
	微视	秒拍	美拍	Vine	Instagram
图标					
开发商	腾讯	炫一下（北京）科技有限公司	美图网	Twitter 旗下	Facebook 旗下
发行时间	2013 年 9 月	2011 年 8 月（2013 年 8 月新浪微博手机客户端内置应用）	2014 年 5 月	2012 年 10 月被 Twitter 收购	2010 年 10 月（2013 年 6 月推出短视频分享功能）
版本	3.0.2	5.2.0	3.1.1	3.3.0	6.10.11
宣传口号	沟通视界 八秒无限	秒拍短视频 10 秒看世界	10 秒也能拍大片	Explore a world of beautiful, looping videos	捕捉并分享世界各地的美好时刻
视频长度	8 秒	10 秒	10 秒	6 秒	15 秒
视频滤镜	有	有	有	无	有
视频特效	有	有	有	无	无

续表

应用名称	国内			国外	
	微视	秒拍	美拍	Vine	Instagram
其他视频功能	添加音乐、添加水印、截取片花等	添加音乐、添加水印、多格影集、变声、变速等	添加音乐、照片	无	有独立应用Hyperlapse，可以实现延时摄影功能
私信功能	有	无	无	有	无
一键分享平台	微信好友、朋友圈、QQ空间、腾讯微博、新浪微博	新浪微博（可在微博中直接点击播放）	Facebook、新浪微博、微信好友、朋友圈、QQ空间	Twitter、Facebook	Twitter、Facebook、Tumblr、新浪微博、Foursquare
分区划分	主页、消息、发现、我	首页、消息、发现、个人资料	首页、热门、好友、广场、个人资料	主页、动态、探索、个人资料	主页、动态、搜索、个人资料
内容板块	限时活动、明星、精选、创意、宝宝萌宠、才艺绝技、让照片飞、推荐关注、……	为你推荐、排行榜、明星名人、秒拍女神、创意达人、萌宠一刻、乐活一族、体育活动、……	限时活动、明星制造、搞笑、男神、旅行、创意、女神、宝宝、时尚、宠物、赞不绝口、……	时下热门、正在上升、动物、艺术、喜剧、DIY、家庭、美食、音乐舞蹈、新闻、科技、……	未设内容板块划分

资料来源：王晓红，包圆圆，吕强．移动短视频的发展现状及趋势观察［J］．中国编辑，2015（3）．

随着短视频对人们日常生活的浸入，其具备的商业价值也逐渐浮出水面，短视频营销的概念进入大众视野，视频贴片广告、信息流广告、内容原生广告等多种软硬广形式成为热极一时的营销形式。2016 年，papi 酱①以 2 200 万元高价卖出第一次广告，使得公众对短视频内容的商业价值有了全新认识，也成为资本投入短视频市场的重要节点性事件。艾瑞咨询统计数据显示，短视频行业的投融资数量在短短几年内持续快速增长。2014 年以前，短视频行业或投资数量只有寥寥几笔。到 2014 年，投资数直线增加到 13 笔；2015 年达到 17 笔；2016 年仅上半年就有 43 笔投资，且绝大部分为种子天使轮和 A 轮投资。其中，papi 酱作为短视频行业代表人物，于 2016 年 3 月获得 1 200 万元融资；7 月，短视频团队"一条"宣布完成 1 亿元人民币 B＋轮融资。视频文化潮流的兴起、国家政策的加持、视听产业的发展和资本的助力推动短视频走向快速发展期。2018 年，短视频营销市场规模达到 140.1 亿元。各大头部短视频机构竞相搭建商业平台，比如快手的快接单、美拍的 M 计划、抖音的星图等，商业平台的搭建整合了平台内部的短视频营销活动。广告主对短视频市场的重视也使得资本逐渐向短视频倾斜，为其商业市场的增长提供背后资源。短视频行业风起云涌，逐步生成完整的传播链条，并衍生出新的底层逻辑。

（二）垄断初显：头部平台崭露锋芒

短视频平台的流量之争绕不开快手与抖音两家头部平台。

2011 年 3 月，程一笑从人人网离职开始做自己的个人应用。该应用是一款用于生成动图的工具类产品，主要用来制作、分享 GIF 图片，这也是快手最早的雏形。后来，程一笑与晨兴资本的张斐结识，获得晨兴资

---

① papi 酱，短视频创作者、网红，2016 年通过原创的变声形式视频内容在网络走红。

本的投资，并在其介绍下认识了之后快手的关键人物宿华，一起组建了新的创业团队，GIF 快手就此诞生。之后程一笑和宿华这对搭档在各自的领域大显身手：程一笑具有产品头脑，之前做个人应用的经历使他一旦进入做产品的环境就非常投入，对于产品发展方向具有敏锐的直觉；宿华则是技术和算法驱动方面的人才，他从清华大学博士退学后，先后在谷歌、百度等技术领先的互联网公司负责搜索和推荐算法、系统架构等后端技术研发，宿华负责快手的系统工程后，大幅度提高了系统架构的稳定性，同时，他提出将推荐算法应用到内容分发上，为后来快手的智能分发系统打下了基础。在二人合作的很短时间内，GIF 快手的日活跃用户量不断上涨，很快进入高速发展期。2014 年 11 月，"GIF 快手"日活跃用户量达上千万，同时改名为"快手"，开始专注于建立自己的短视频社区。

作为短视频赛道最早的参与者，快手一直秉持着对用户"轻运营"与"不打扰"的基本态度——有意识地平等对待用户，希望平台上的创作者获得相对平均的曝光和关注。这种区别于追流量、捧明星的产品思维，决定了快手从一开始就是一款较低门槛和落差的平台。按照宿华的说法，他不希望快手为用户创造一个"世界"，他只希望快手是一面"镜子"：一块平面镜，真实地映射显示世界。秉持这一思路，快手将宣传口号定为"记录世界，记录你"[①]，表达了为普通人提供表达平台的"普惠"价值观，这种价值观也一直贯穿于快手的产品理念之中。从后来快手的发展也能看出，其在内容表达与用户群体上更倾向于三四线城市及农村地区，体现了对普通百姓、寻常生活的关照。这种致力于日常生活自我呈现的内容赋予了用户成为主角的机会，吸引了大量"草根"用户，其中三线及以下城市的用户占了 63.5%，构成了快手发家的原动力。一项针对乡村青年短视

---

① 短视频进化史，谁开创了这个时代 [EB/OL]. (2021-02-05) [2022-03-29]. https://baijiahao.baidu.com/s?id=1690825575413702220&wfr=spider&for=pc.

频使用情况的研究发现，快手中针对乡村题材的短视频对农民形象和乡村生活有着显著的重塑作用。①

2013 年至 2016 年，短视频产业主要由快手主导。到 2016 年 2 月，快手的日活跃用户已经突破 3 亿。这一局面直至 2016 年 9 月伴随着抖音的上线才被逐渐打破。抖音为短视频产业画了一条"上游下沉"的分界线。彼时，张一鸣已经将目光投向了短视频这块领域，更是在第二届头条号创作者大会上宣布拿出 10 亿元分给在今日头条上的短视频创作者。与快手的单打独斗不同，抖音更像是上有"父母"（字节跳动）支持，下有"兄弟姐妹"（头条系产品）照顾的"精英化"产品。抖音从一开始就强调"精细化"与"强运营"的运作理念。上线初期的半年中，抖音没有急于进行市场投放，而是不断打磨产品——在硬件上不断提升视频清晰度、播放流畅度和加载速度，在软件上增加了多种风格滤镜、贴纸、音乐等特效，产品核心功能和竞争能力的提升为后期的爆发式发展奠定了坚实的基础。2017 年 3 月 13 日，相声演员岳云鹏转发了一条带有抖音水印的短视频搞笑微博，这个具有明星效应的偶发性事件让抖音首次获得大流量曝光。也就是在这一年，抖音改变了自己的 Logo，并从原来的 A. me 改名为抖音——抖动的音乐，致力于建设音乐短视频社区。2017 年 5 月，抖音以"TikTok"为名低调出海，并获得了不错的下载成绩。随着用户数量的快速增长，抖音一跃进入同类产品的第一梯队，成为与快手并驾齐驱的竞争对手。

"城"与"乡"可以简明扼要地概括出抖音和快手的区别。用户方面，抖音主要覆盖一二线城市的年轻用户，快手则更倾向于三四线城市及农村地区的青年用户；内容方面，抖音推崇专业与趣味，快手则注重日常与猎

---

① 徐婧，汪甜甜．"快手"中的乡土中国：乡村青年的媒介呈现与生活展演［J］．新闻与传播评论，2021（2）.

奇；传播方面，抖音推行 PGC＋UGC 的强运营模式，快手则注重人人平等的去中心化路径。换言之，抖音采取"从上而下"的路径，先吸引一二线城市的年轻人占据主流，再向底层市场渗透；快手则采取"自下而上"发展，先占据底层市场，再寻求向更上层的突破。两个平台都具有各自的社群特点和平台偏向，被时人戏称为"北快手、南抖音"，但同时也都展现出拓展疆土、扩大领地的意图。2018 年后，双方开始了全平台的用户争夺，短视频产业格局又打开了新的篇章。

（三）碎片化叙事与社交化传播

1. 碎片化叙事

短视频的核心特征就是"短"。在注意力成为稀缺资源的时代，短视频因其短小、精练的特点，可以在人们碎片化的现代生活中找到生存空间，轻量化的内容特质也敦促生产者更加快速、精准地抓取、提供与核心主题相关的信息内容，这种观点鲜明、内容集中、直奔主题、指向定位强的特征与当前网民快节奏、碎片化的生活节奏不谋而合。[①]相比文字图片，动态视频给予的内容更多、效率更高，在这种现场感、直观性和真实性大幅度提升的传播环境下，观众或者说用户已不再追求从短视频中寻求事实的面面俱到，而是希望借由开门见山的叙事方式和具有感官刺激的视觉呈现，直接获取核心信息。这种核心信息的呈现已脱离了对长视频编辑规则的依赖，从对长视频的简单切割和传统叙事转向新的编排模式与传播逻辑，往往聚焦于主题或事件的一个纵切面，以最快的节奏形成视觉高潮，甚至要在几秒内产生一个能抓住人眼球的视觉亮点。[②] 这种体验式呈现充分利用了视听语言的感官优势，摒弃了传统意义上视频的编辑思路，省去

---

① 殷俊，刘瑶. 我国新闻短视频的创新模式及对策研究 [J]. 新闻界，2017 (12).
② 彭兰. 移动化、社交化、智能化：传统媒体转型的三大路径 [J]. 新闻界，2018 (1).

了多景别的编排、交代环境的空镜头、补充细节的解说等铺垫内容，而将现场内容或者事件的核心信息直接呈现给观众。

2. 社交化传播

短视频的另一大特征是趋于社交化的传播。在传统媒体时代，内容的生产与传播有赖于专业力量和品牌效应，分发线路以媒体机构/平台为中心散射式传播。而在新媒体环境中，人际关系网络成为大众传播的重要基础结构，网络节点上的原子化个体共同构成了传播网络，用户间的社交链接激活传播渠道。基于这一点，短视频的生产与传播都呈现出一定的社交化趋势。内容方面，短视频并不拘泥于对社会热点事件的反映，个体的日常生活或娱乐化表演也成为短视频的重要内容。比如，2015 年风靡一时的对嘴表演 App 小咖秀，用户通过段子模仿、影视剧经典片段对嘴表演等形式触发了传播热点。这类视频跨过了用户的知晓愿望，转而成为帮助用户在社交圈中刷"存在感"的社交工具，提升用户的社交形象，活跃社交热度，更多地以娱乐社交而非信息呈现作为传播逻辑。在这一层面上，用户作为新的生产力嵌入媒体的生产系统中，并且催生了符合"平民影像"的生产线，从追求专业性内容向多样化形态转变。传播方面，短视频的传播路径依赖用户间的网络关系，形成"由点成面"的传播环境。从短视频的发展路径也可以看出，短视频的起源离不开社交平台，虽然最初是作为社交平台的一种补偿性功能被创造出来的，但随着用户的广泛应用，短视频逐渐自成一派衍生出自己的平台并试图将用户的社交关系转移到平台之中，视频的分发关系也从传统的"生产—分发—接受"的单向关系逐渐转变为"转发、评论、点赞"的多向互动关系①，以短视频为主要形式的互联网内容也在生产理念上从以事实为核心转向以体验为核心。

---

① 常江，徐帅. 短视频新闻：从事实导向到体验导向 [J]. 青年记者，2017（21）.

二、网络直播：全时在线伴随式观看的新形态

网络直播发轫于传统的广播电视直播，在电视作为家庭仪式性观看载体的时代，新闻直播、体育直播、晚会直播等直播形式积淀了观众对同步观看、实时参与的需求。网络直播在国内初现于 2005 年，彼时主要聚集于 PC 端的视频网站。以六间房、9158 为代表，凭借美女主播为卖点发展起秀场直播聊天室；而 YY 则从语音软件进军秀场直播领域，开创了网红流水线。这种 PC 端秀场直播开启了网络直播的 1.0 时代，内容以渲染娱乐、美色为主，脱离专业、严肃的广电直播语境后，彼时的网络直播虽然在内容上存在一定的低俗、低质，却在一定程度上满足了网民的窥视欲，同时突出了网民与主播的实时互动特性。

2014 年，YY 剥离游戏直播业务成立虎牙直播，斗鱼直播从 AcFun 独立出来。2015 年，龙珠和熊猫直播通过抢占赛事资源、挖掘人气主播等方式快速占领了直播市场。随着网络直播的逐渐成熟和电竞行业的兴起，虎牙、斗鱼、熊猫等游戏类直播平台迅速成长，推动了网络直播 2.0 时代的发展，这一阶段是网络直播的"游戏时代"。相较于其他领域的直播来说，游戏直播更具有时效性和观赏性，游戏与直播的结合也增强了直播的"伴随"特性，将其嵌入日常生活中。英雄联盟、Dota 游戏本身具备一定的"宅属性"，加之直播的居家特性，游戏直播成为网民们居家放松、学习技能的一大活动，甚至进一步增强了用户黏性，培养了用户的直播观看习惯。而与此同时，伴随着手机直播的萌芽，PC 端的用户已经呈下降趋势，更多的用户流向了以手机为主的移动平台。

2015 年年末，映客、花椒、易直播等手机平台的加入使得网络直播的应用场景更加多元化。随着技术瓶颈被突破，"游戏直播"不再一家独

大，泛娱乐领域也加入了直播阵列，且逐渐成为发展趋势。2016 年，网络直播如雨后春笋般不断涌现，迎来了"全民直播"时代，这一年也因此被称为"移动直播元年"。这一局面的出现有赖于两个关键因素：其一，技术的提升——网络环境迈入 4G 时代，流量成本下降、移动智能设备进一步普及为整体直播环境提供了技术基础；其二，消费文化的形成——"90 后""00 后"作为伴随互联网诞生的新生代消费群体对娱乐生活的需求和对网络新事物的适应度高，为直播文化的传播奠定了基础。随着资本涌入直播产业，直播平台也由最初的几家迅速发展到 100 多家，形成群雄逐鹿的竞技场。2017 年左右，淘宝、蘑菇街等电商平台也追逐直播浪潮，开始探索"电商＋直播"的形式，并加强直播红人的孵化体系、供应链整合以及相关的配套保障。2018 年，随着头部主播的热度势头加大，电商直播不断加码，除了传统的线上平台，各大一线品牌也转向电商主播，试图从火热的直播间中分取购买力。图 8-3 显示了直播平台的发展路径。

图 8-3　直播平台发展路径

到 2018 年，直播行业分化加剧：头部主播、头部平台聚拢了更多流量、资本和经济收益，中小直播平台遭遇主播流失、资金链断裂等困境，若干中小平台直接退市。如同视频网站热潮一样，直播行业进入深度调整期，"大鱼吃小鱼"的兼并现象频发，"不竞争就合作"的并购态势渐起。2018 年 6 月，快手全资收购 AcFun，但仍保持 A 站的独立品牌、原有团队和独立发展。同月，主打秀场直播的六间房与花椒直播平台宣布重组，前者是 PC 端老牌霸主，后者是移动端平台新秀，两者的合作致力于达成优势互补。11 月，新浪微博宣布收购一直播平台。[①] 有的平台黯然离场，有的平台被兼并收购。截至 2018 年，直播行业已从爆发期逐渐冷静下来，资本在直播行业中的投入也显得更加谨慎和理性，行业逐渐进入洗牌与调整阶段。

（一）低准入、易参与

网络直播在初期呈现出很强的"草根"特点，将生产与传播主动权下放至用户手中。用户不需要经过复杂的申请手续即可成为一名直播主播；在设备方面，也不需要专业的摄录设备和灯光布置，只需要一部手机，用户便可以开启一间属于自己的直播房间；在内容方面，因为其强大的实时性和互动性，直播内容不需要过多的策划和严谨排布，而是更注重实时的娱乐与交流。以上因素使得直播的入门门槛相对较低，几乎人人都可以进行直播，也都可以参与直播。

直播的低准入也使得用户获得自我释放与表达的机会。对于主播来说，在直播过程中能够与粉丝进行实时互动，双方打通了现实中的社交壁垒，一对多的弹幕模式和物理空间的非一致性也缓解了现实社会中面对面交流可能造成的尴尬氛围。在直播过程中，主播得到的粉丝关注、平台流量和礼物也是某种自我价值的实现和社会认可。对于参与者来说，围观直播是一种娱乐放松和情绪释放的方式。现代社会高速发展，快节奏的生活带来越来越多的压力，关注直播内容既是粉丝对主播生产的网络影像符号的消费，同时也使其窥视和猎奇心理得到满足，粉丝通过与主播的实时互

---

① 王建磊. 2018 年网络视频直播发展研究报告［M］//唐绪军. 新媒体蓝皮书：中国新媒体发展报告：2019. 北京：社会科学文献出版社，2019：391-404.

动获得媒介参与的回应：对主播进行评论打赏，享受主播的谢意，在虚无又真实的直播间弥补现实存在感的不足。①

低准入、易参与的接触模式一方面形成了全民参与的风口效应，但另一方面也使得网络直播内容良莠不齐，甚至低俗泛滥。直播过程的实时性使得主播行为难以监管，比如"红花会贝贝直播切手指""ASMR 直播涉黄"等，在直播过程中有意为之或无意涉嫌的行为使得平台监测系统难以准确捕捉或者即时管控。同时，因为主播面临着生存压力，为了博取关注和平台礼物等资源，容易出现"打擦边球"等故意行为，影响整体的网络生态环境。

（二）共同在场

网络直播的另一大特点是打通了现实世界的时空壁垒，参与者不管身处何地，只要进入直播间就能产生实时互联——主播通过互联网和直播设备可以即时传输、粉丝通过移动终端可以即时观看，二者可以无延时、无障碍地互动，甚至粉丝发表的言论会影响主播接下来的直播行为。可以说，网络直播为用户制造了一个共同在场的虚拟空间，一个个小直播间如同矗立于媒介时空的"茶话室"，而直播的内容也在主播与用户的双向互动过程中产生出来。

网络直播的互动形式也加深了用户的参与度。目前直播间的互动主要有两种：一是发弹幕，二是刷礼物。弹幕主要构建了主播与粉丝之间的实时互动纽带。一方面，作为直播间基础的交流形式，弹幕的存在让广大粉丝用户得以拥有对外输出渠道，而且发弹幕没有层级限制，只要进入直播间，人人都有发弹幕的权利，也就拥有了被主播看到，甚至与主播交流的

---

①　王春枝.参与式文化的狂欢：网络直播热潮透析［J］.电视研究，2017（1）.

机会。另一方面，弹幕具有明显的即时性与瞬时性，主播行为的产生与网民互动的反馈之间几乎没有时差，极大地满足了粉丝的参与欲望，同时，因为弹幕在屏幕中的停留时间有限，粉丝不必过多思考弹幕内容，这也刺激了粉丝的网络表达积极性，更易显露个人的真情实感。刷礼物是粉丝宣告在场和主播流量变现的有效途径。直播平台的礼物从价值几元到几千元不等，当粉丝在直播间送出礼物的时候，主播们会念出粉丝 ID 进行感谢，增强了粉丝的身份感，同时，平台也会根据每场直播的礼物数额按合同比例返给主播作为直播的酬劳。随着直播生态的成熟，直播间内的刷礼物行为已经不单单是一种交互行为，而更趋向于一种经济行为和身份认同行为，其中包含着粉丝的追星消费，也容纳了主播的盈利收入，形态各异的虚拟礼物成为网络直播的一种"流通货币"，赋予了直播一种商业气息。

（三）娱乐狂欢

网络直播综合了共同在场的视听感染力，也因此具有了不可预测的悬念色彩。网络直播没有剪辑与编辑的过程，也没有专业记者或主持人进行控场和引导，网民能够最直接地获取影像内容，这种在场感和真实感使得直播成为某种更贴近真实生活的媒介形式，未经修饰的画面、未经编排的对话、未被编辑的内容以及主播的真实表达和粉丝们的涌入，营造了一种共同在场的娱乐狂欢。

与其他动态影像略显不同的是，直播还带有一层隐私特性。以往的电视节目、网络综艺，甚至是短视频，受众在观看时都默认这是一种公开发表物，即创作者在制作之时已经抱有该视听内容会被广泛传播的预设。但网络直播往往表现为一群人对一个人的集体围观与窥视，透过小小的摄像头便能实时察觉对方的一举一动，对方却无法反向探视自己在做什么，这种近身窥视和难以预测切中了人最原始的感官刺激。可以说，网络直播迎合了大众的集体窥视心理，为网民提供了互联网时代的合法窥视途径，互联网上的隐私公开化也逐渐成为一种常态，公众的媒介参与意识被唤起，形成了一种全民记录、全民分享的狂欢景象。

三、产业转化：从无序到有序

高涨的碎片化娱乐需求促进了短视频与直播行业的发展，加之前文提到的流量的降费提速和智能终端的普及，短视频与直播在众多因素的驱动下蓬勃发展。据统计，在短视频快速扩张的 2015—2016 年，有超过 700 家的直播平台先后上线，各大行业巨头开始布局赛道，抢夺市场份额和流量。今日头条投入 10 亿元专项补贴，孵化了包括西瓜视频、火山小视频等多个视频平台；新浪用 3.2 亿美元投资秒拍；阿里助力土豆全面转型为 PUGC 短视频平台；腾讯领投快手新一轮 3.5 亿美元融资。伴随着平台的兴起，短视频用户数量也从 1.93 亿跃升至 3.25 亿，刷视频、看直播成为内嵌于老百姓日常生活的重要娱乐活动。而随着短视频这一新领域的开辟，产业中出现了一个新兴群体：网红。

"我是 papi 酱，一个集美貌与才华于一身的女子"，相信这句视频开场白是很多网民都听说过的。"集美貌与才华于一身"也仿佛成了短视频早期代表性人物 papi 酱的固定标签。2012 年，papi 酱注册了微博账号，主要发布一些搞笑的段子文字和 GIF 动画，还在天涯社区和美拍上发布了一些关于时尚的帖子和搞怪视频，然而这些都没有引起大家太多的关注。2015 年，papi 酱和同学在微博上一起注册了一个名叫"TCgirls 爱吐槽"的账号，上传一些"吐槽"短视频；同年 7 月，她开始使用秒拍和小咖秀上传一些搞笑短视频，引起了一部分观众的关注。这一年的 8 月，

papi酱首次在微博平台进行尝试，发布了视频《男性生存法则第一弹》，引发网友的大量转发点赞。随后，她开始自编自导自演一系列原创搞笑吐槽视频，以紧贴社会热点的话题、幽默犀利的语言风格、朴实接地气的形象，在短时间内迅速积累起一大批粉丝的关注。10月，papi酱将变声器加入到视频制作当中，使语速和音调音色都发生变化，增强了视频的搞笑效果，开始走红网络。她相继在微博上传了《上海话＋英语》《2015年度十大烂片点评》等一系列短视频，吸引了一大批网友的关注，"papi酱"这个名字一度成为那一阶段微博热搜榜上的常客。在微博收获第一波粉丝后，papi酱似乎找到了流量密码，把视频内容聚焦在社会热点、职场探讨、现象解读等围绕受众的日常生活场景上（见图8-4），引发了网友们的广泛共鸣。比如，2017年1月23日的视频《papi酱致某些讨人厌的亲戚》对于逢年过节网友们经常遇到的亲戚逼婚、问薪资待遇等场景进行了嘲讽和回怼，获得了52.8万的高点赞量和9.7万的转发量。微博平台不仅为papi酱打开了流量大门，也为其带来了不小的收益。2016年4月，papi酱的一条贴片广告被丽人丽妆以2 200万元拍下，一度登上微博热搜榜。同一时期，papi酱拥有了专业的经纪团队，为后来与投资人的合作埋下了种子。到2018年，papi酱已经脱离了传统的网红发展道路，从参演电影、参加综艺节目到为大品牌代言，其网红道路已与明星接轨。在个体获得一定关注度和流量热度后，papi酱与团队建立短视频孵化平台"papitube"，为短视频内容创业者提供发布平台。papitube的创立，完成了从个人在短视频行业单打独斗的UGC到成为自负盈亏的视频投放平台PGC的转换，方便整合资源、集聚人才，树立品牌效应。截至2019年，papitube旗下已经拥有超过150位短视频博主，全网粉丝在5亿人以上，长时间蝉联微博MCN榜单第一名，并在抖音MCN榜单中排名靠前。

图 8-4　papi 酱在爱奇艺的主页

　　当然，papi 酱只是万千网红中的一个代表。2016 年也被业内研究者称为我国网红经济元年，网红规模迅速扩大，网红平台快速发展，风险资本大量涌入。随着网红经济的快速发展，一些问题也开始暴露：生命周期短、内容质量不高、商业化运作过度、转化率低、数据造假等，严重妨碍了网红经济的正常运行。[①] 在这期间，斗鱼、虎牙、花椒、YY 等多个直播平台上演了互相追逐，网络主播在数量、类型和行业分布上不断扩容，呈现出全民化、专业化、泛在化的发展趋势，短视频内容和场景也在这一阶段不断外延，由室内扩展到户外，由单一的秀场和游戏工作室转向个人生活场景。[②] 表 8-2 总结了几种不同的网红类型及其特征。

---

　　① 欧阳日辉，刘健 . 2016 年中国网红经济发展报告 [M] // 唐绪军 . 新媒体蓝皮书：中国新媒体发展报告：2017. 北京：社会科学文献出版社，2017：43-60.
　　② 付业勤，罗艳菊，张仙锋 . 我国网络直播的内涵特征、类型模式与规范发展 [J]. 重庆邮电大学学报（社会科学版），2017（4）.

表 8 - 2 网红类型及其特征

网红类型	红人特点	变现渠道	粉丝特征	生命周期	活跃平台
电商网红	颜值为王，引领时尚	淘宝、微商等电商	多为爱美女性，消费能力和消费欲望较强	取决于对消费心理的把握、产品的质量和粉丝的忠诚度	微博、淘宝
视频网红	内容为王，搞笑或有内涵	广告、内容付费、粉丝打赏、电商	粉丝构成广泛，异质性强	取决于内容创作的持续性和质量	微博、秒拍、微信
直播网红	差异化大，多存在于某一领域	打赏、广告、电商、代言	男性粉丝为主，粉丝多集中于某一垂直领域，同质化强	取决于直播内容，可复制性强，受众易产生审美疲劳	直播平台、微博
图文网红	段子手居多，美图配美文	代言、广告、出书	粉丝广泛，个性鲜明	取决于图文内容的质量和持续性	微博、微信
事件网红	因某一事件爆红	广告、代言、演艺	粉丝广泛，大众化程度高	取决于后期运作，总体生命周期较短	微博、微信、直播平台

资料来源：欧阳日辉，刘健 . 2016 年中国网红经济发展报告 ［M］// 唐绪军 . 新媒体蓝皮书：中国新媒体发展报告：2017. 北京：社会科学文献出版社，2017：43 - 60.

2016 年左右，网红经济一直保持着高速发展，一众网红主播撑起了一个"千播时代"。但是，相关法律规章却没能与网红经济的快速发展保持同步，因为入门门槛低、成员队伍复杂、内容同质化高，行业内部频频出现违规乱象。2017 年，游戏主播卢本伟被质疑在《绝地求生》游戏直播中使用外挂，迫于网络压力无奈停播，之后为了自证清白，卢本伟组织粉丝见面会邀请自家粉丝线下观看，但在线下活动中，卢本伟教唆粉丝对质疑的网民进行辱骂，造成恶劣影响。2018 年，江苏网警接网友举报，斗鱼直播平台主播陈一发在早年直播过程中曾公然把南京大屠杀、东三省沦陷等民族惨痛记忆作为调侃笑料。随后有网友爆料，陈一发还在游戏中把游戏人物动作戏称为"参拜靖国神社"，引发诸多网友不满。2018 年，曾经以《一人我饮酒醉》火遍全网的天佑因为在其创作《溜冰神曲》中讲述吸毒的过程，触碰法律底线，其作品被第一时间下架。2018 年 2 月 12 日，中央电视台《焦点访谈》栏目以打击网络乱象为题做出专门报道，点名批评包括卢本伟、天佑等网络主播。在相关部门的介入下，一批涉嫌黄、赌、毒、暴力等的视频内容被下架并封杀。但一时的监管并不能持久解决这一领域的问题。2020 年 11 月，有消费者质疑辛巴团队的主播在直播时售卖的即食燕窝是"糖水而非燕窝"，共涉及退赔金额 6 198.3 万元。2020 年 12 月 23 日，广州市场监管部门公布调查处理情况，认为在此次燕窝销售过程中，辛巴涉事直播公司存在引人误解的商业宣传行为，对其做出罚款 90 万元的行政处罚，其短视频账号被禁 60 天。2021 年 9 月 2 日，网络红人"郭老师"的账号因"不符合社区规范"被全平台封禁，自制短视频在各社交网络被集体下架。2021 年 8 月 30 日，文化和旅游部发布《网络表演经纪机构管理办法》，提出要加强对经纪机构的管理，约束表演者行为，坚持正确的价值导向，治理娱乐圈乱象。2021 年 9 月 2 日，国家广播电视总局办公厅发布《关于进一步加强文艺节目及其人员管理的通知》，提出坚决抵制低俗"网红"、无底线审丑等泛娱乐化倾向。有媒体评论指出，如果放任"审丑"成为一种正常，那么对主流价值观和主流文化理念将是极大的腐蚀和消解，表面上看只是娱乐逗笑、精神狂欢，但一旦形成了广泛影响，本质上就是认可了"低俗、庸俗、媚俗"的走红路子，就是给"唯流量论"添柴加火。①

　　上述问题的出现，与短视频平台初期的拔苗助长式成长不无关系。从生产端看，良莠不齐的成员水平加上不加约束的"自由表达"，以流量为

---

　　① "郭老师"，永久封禁［EB/OL］.（2021 - 09 - 05）［2022 - 04 - 05］. https：//baijiahao. baidu. com/s?id＝17100416328727769188&wfr＝spider&for＝pc.

导向的生产需求使得个别主播希冀以低俗、自虐、怪异行为来博得用户的关注，一些低俗、庸俗、媚俗信息对心智尚不健全、对不良内容缺乏鉴别力的未成年人来说危害尤大。从监管端来看，面对爆发式增长的内容，平台技术未能第一时间跟进，尤其是以动态视频为主的视听内容更难以捕捉、审查，加上软色情、擦边球、谐音梗、英文缩写等多种带有模糊色彩的网络表达方式，技术端难以对内容"下定义"成为平台核查机制的难处；同时，网红经济产业结构复杂，各部门之间存在较大差异，监管部门针对这种新兴的视听形态还未明确监管界限，缺乏体系化、长效化的规范机制，部门之间未形成合力。此外，在网红经济运营模式未及完善之时，大量资本涌入，使得网红经济虚火旺盛。为了营造"繁荣"假象，一些网红、机构和平台通过雇用社交机器人、网络水军的方式刷评论、炒流量，进行数据造假活动，严重妨碍了网络舆论环境和网红经济的健康运转。基于以上原因，"千播时代"的短视频虽然在表层体现出繁荣的生命力，但是内里却有诸多亟待解决的问题。批量签网红、砸钱买流量、互相模仿抄袭的野蛮模式终将过去，用户的需求仍然是对丰富、多元、精品内容的追逐。潮水退去，有的人已经从上半场黯然离席，但也有人在强运营、强输出中逆袭进场。

在经历了上半场的野蛮生长后，短视频在内容生产、需求和消费上都呈现出了突破式的增长和由量向质的转化，开启了以内容为核心的有序比拼阶段。在 UGC 层面，除了起步初期具有底层色彩的搞笑、猎奇内容外，用户受平台内部文化属性熏陶，也在内容生产方面脱离了无序的"草根"生产；在 PGC 和 PUGC 层面，随着专业网红群体和专业机构的崛起，内容输出上不断寻求具有平台特色的内容，涉猎美食、美妆、宠物、体育等多个领域，相关内容种类多元化，输出质量不断提升。除了在用户不断"上划"快速浏览的过程中抓住其注意力，更通过像"美食探店""美妆测评"等专业化内容进一步留住用户，提高用户的观看/收获比例，将"过客用户"转化为"常客用户"。短视频内容生产的优质化以及社交属性也增加了用户在平台上的使用次数和使用时长，平台战略中心也逐渐从拓展用户向挖掘用户价值转移。在此背景下，网络视听生态中涌现出许多 MCN①机构，作为吸纳、管理、运营优质网络生产者的"中间商"。

2017 年 5 月，微博正式发布垂直 MCN 合作计划；9 月，美拍宣布 MCN 战略合作计划；随后今日头条也推出了 MCN 扶持计划。MCN 机构常见的商业模式是签约大量的自媒体，并且利用 YouTube 的内容管理系统销售广告、交互推荐、建立品牌，MCN 机构提供技术、推广和广告方面的服务，获得 20％至 50％不等的佣金费。② 对于加入 MCN 机构的自媒体来说，它们也可以获得资源孵化，提高传播能力，实现内容向盈利的快速转化。MCN 机构的出现表明，在短视频市场内部分化、渠道多元化的同时，无序的个体生产开始转为有序的 KOL（Key Opinion Leader，关键意见领袖）孵化，尾部内容者的孵化、头部创作者的变现都属于 MCN 机构的工作范畴，内容生产也在这一过程中标签化与程序化。

在短视频的引领下，具备优质内容生产能力的传统广电机构也着手入局短视频战场，组成广电 MCN 队伍。广电媒体因其具备的主播资源与制作水准在初步成立 MCN 机构时被业内看好。但能力与资源并不完全等同于竞争优势，广电 MCN 在进入短视频生态后也面临着主流逻辑与底层操作无法对话的困境，主持人影响力的线上转化与跨界、内容的变现与盈利

---

① MCN 即"多频道网络"（Multi-Channel Network），是服务于新的网红经济运作模式的各类机构的总称，为网红和自媒体提供内容策划制作、宣传推广、粉丝管理、签约代理等各类服务。

② 周逵，史晨．正当性的互嵌：广电 MCN 机构的创新动因与模式分析 [J]．新闻与写作，2020（10）．

等都成为广电 MCN 亟待解决的问题。从未来的发展路径上来看，广电 MCN 的设立也许只是其向新媒体转型和改革的阶段性行为。2017 年 3 月左右，以"央视新闻""人民日报""新华社"为代表的主流媒体机构纷纷入驻抖音。截至 2018 年 12 月，共有 1 344 个媒体号入驻抖音，发布了超过 15.2 万个短视频，累计获赞超过 26 亿次，其中"人民日报"位列媒体抖音号榜首，以抖音、快手为代表的短视频平台逐渐成为主流媒体内容生产与传播的主渠道。通过对"人民日报"抖音号短视频作品的内容分析可以发现，其内容生产仍然保留了传统媒体信息模式、故事模式和政论模式等报道样态，并在对社交化、移动化的信息传播环境和抖音新技术平台的充分适应过程中强化了内容生产的情感模式。碎片化的视觉表达和情感化的传播形态，凸显政治和符号资本优势，正逐渐形成其内容生产的"混合情感传播模式"。① 与以往的严肃叙事和政论模式相比，主流媒体在短视频平台的表现更多体现了灵活、亲民的风格，在宏大叙事的报道框架下，能够找到个体场景化的叙述模式，以更为情感化的表达激发用户的观看欲望，将主流媒体优势与平台特色加以结合。

第二节　新技术：拓展视听传播的可能性

互联网时代的到来使得视听传播开始出现多元竞争的格局，传统视听行业以线性叙事为主的"复制现实"逻辑逐步被以互联网为底层技术结构的视听技术打破，视听传播的主导权向受众倾斜，视听内容的制作、呈现与传播也在虚拟现实、人工智能等新兴技术作用下呈现出更为丰富的面貌，变得更具奇观与科技色彩。

---

① 媒意见视点 | 运营 8 个月粉丝超 2 500 万，人民日报抖音号如何做到"重夺麦克风"？［EB/OL］.（2019 - 09 - 12）［2022 - 04 - 05］. https：//www. sohu. com/a/340726682_786468.

一、生产：技术赋能　应用辅助

伴随着大数据、算法以及人工智能等进入视听领域，这些新技术一方面给媒介产业注入新鲜血液，一方面也以全新的力量"入侵"视听产业。这也意味着，智媒化时代将是一个传统传媒业边界消失、格局重塑的时代。从美国的 Narrative 到我国的 Dreamwriter，机器人写作已经成为热门话题。它们通过算法进行数据抓取，放置于事先准备好的模板之中，智能化技术正在成为内容生产的一种新的底层支持，改变生产模式与生产系统，驱动内容生产的革命。

2015 年 9 月，腾讯网财经频道用自动化新闻写作机器人 Dreamwriter 发布了一篇名为《8 月 CPI 同比上涨 2.0% 创 12 个月新高》的报道，开创了国内机器人写稿的先河。2015 年 11 月，新华社推出写稿机器人"快笔小新"，依托大数据技术进行采集和标准化处理，可以 24 小时不间断自动生成新闻稿件。2017 年，国内写稿机器人在新闻业务实践中的应用更为普遍，如南方都市报社"小南"、《人民日报》的"小融"等。写稿机器人能够瞬时采集数据并在第一时间输出分析和研判，将重要资讯和解读送达用户。比如，在里约奥运会期间，今日头条研发的"xiaomingbot"通过对接奥组委的数据库信息，实时撰写赛事新闻稿件，发稿速度几乎与电视直播同步。文本写作是人工智能技术进入内容生产的第一步，从本质上启发了媒体对视听内容采、编、发流程进行智能化改造的可能性。2018 年 12 月，新华社发布了"媒体大脑·MAGIC 短视频智能生产平台"，该平台能够快速对互联网内的海量资讯进行智能分析，并配置了适配于时政、经济、体育、娱乐等多种新闻场景的智能编辑模板，覆盖报道线索、策划、采访、生产、分发、反馈等全新闻链路，帮助记者、编辑快速完成新闻制作。据统计，"媒体大脑"编辑一条短视频最快仅需 6 秒钟。以大数据与人工智能作为技术基础的"媒体大脑"在文本写作上进一步拓宽了智能化生产路径，使机器人写作广泛进入视听领域。传统的视听新闻生产需要记者现场采集素材、编辑剪辑、包装模板、整理校对，最终生成一则专业的视频新闻，但"媒体大脑"能够通过大数据技术规模化处理流通在网络中的海量信息，并精准抓取、多方核实、快速加工，而且全年无休工作，达到对信息的实时监测与发布。2018 年"两会"期间，"媒体大脑"从 5 亿网页中梳理出"两会"热词并在 15 秒内生产出第一条"两会"MGC（机器生产内容）视频新闻，参与了多个热点新闻的制作，展现了人工智能技术对于海量信息的强大处理能力。

"媒体大脑"是人工智能技术浸入视听生产的一个缩影。数字时代的"万物皆媒"带来了极为丰富的数据资源，任何一个存在于现实世界中的客体都可被转而编码为二进制数据，促使视听环境从传统的人工采集、编辑转为在智能技术协助下的数据挖掘、清洗与分析。但是量化的数据必然包含着对无法被简单量化的社会情境、生活意义、个体人性洞察等具象社会现实的遮蔽与舍弃。[①] 比如，由于缺乏独立思考能力，算法只能依据已有的数据和资讯来进行内容生产；因为不具有感情，无法创造出具有价值观与人文关怀的内容。也因此，目前"媒体大脑"大部分应用于数据可视化或资讯类等较为简单基础的新闻。但是人工智能的出现在一定程度上解放了劳动力，其具备的工具性价值可以帮助记者完成基础性工作，比如信息采集与筛选，从积极的一面来说，人类因此可以将有限的精力投入到更深层次的思考与创作中，输出更具有社会文化与意识形态含量的作品，推动了传统视听生产者的数字化转型，强化了生产链条内部人机共存的协作

---

① 刘彦鹏，毛红敏．人工智能重塑新闻生产：量化转向、价值扩展与体验升级［J］．中国出版，2020（20）．

思维，使得人逐步脱离低级、重复性劳动，从而释放出更高的价值产出。

二、传播：算法分发　精准投放

算法已成为当今数字媒体技术的决定性因素之一。作为一种对数字信息进行个性化生产和分发的技术，平台借助算法技术形塑了人与信息的连接，试图为用户提供个性化的信息服务。然而随着算法与视听平台的深度融合，该技术也被很多学者诟病影响了"新闻的可见性"，控制着人们接触到的信息、内容、框架、观点，甚至影响公众舆论和民意导向。

中国互联网络信息中心（CNNIC）发布的《第 43 次中国互联网络发展状况统计报告》指出，数据的大规模聚集、推荐算法的日益精进和人工智能技术的广泛应用，共同构成了多元化的应用场景，形成创新生态系统。2012 年，以算法作为技术架构的今日头条成立，以一种"无编辑化"的新闻分发方式拉开了算法进军中国新闻业的序幕。时至今日，算法分发已经成为各整合型平台的基本技术框架。目前，主流的算法逻辑主要有三种。

（一）内容推荐

内容推荐的算法逻辑大致如下：首先，根据用户显式披露的或隐式呈现的信息偏好建构出用户的兴趣模型。其次，借助新闻分析器从非结构化的新闻文本中提取关键词、类型等特征，通过统计学的方法对特征进行向量化建模。最后，通过过滤器计算每个新闻文本和用户兴趣模型属性的相似度，得出兴趣与新闻的相关性指数，选取相关性较高的新闻文本生成推荐列表。[①] 这一推荐逻辑围绕用户兴趣与用户行为展开，并

---

① 陈昌凤，师文. 个性化新闻推荐算法的技术解读与价值探讨 [J]. 中国编辑，2018 (10).

且这个跟踪过程是长线的，即用户每次使用平台的行为都会被记录并纳入算法框架中，所以内容推荐的算法会不断贴近用户兴趣点并实时根据用户行为的变化进行调整，实现"信息找人"的个性化、精准化、动态化路径。

（二）协同过滤推荐

协同过滤推荐算法的逻辑核心是寻找相似性。比如某两位用户总是阅读相似主题或总有相似的阅读行为，则默认二者相似度高，如此将行为类似的用户编入一个隐形阅读小组，向小组内的用户推荐该小组其他用户感兴趣但未被目标用户阅读过的内容。协同过滤算法在内容算法上多了一层泛化效应，打破采集个体数据的孤立性，有效利用了平台内的用户基数，通过人与人之间的共同兴趣、内容与内容之间的共同特征，把一个模式应用到群体中的其他人，形成"人人为人人推荐"的模式。

（三）时序流行度推荐

基于时序流行度的算法引入了时间维度，将单位时间的点击率、完播率、评论量等动态指标作为考量因素，把特定时间窗口内流行度较高的内容推荐给用户。时序流行度推荐算法主要针对新近的、热点的内容，降低了对既有数据的依赖，提升了算法对热点的响应能力。

在以上三种推荐模式的基础上，目前短视频内容的推荐主要遵循层层递进的流量池曝光法则，即算法会根据每个作品分配一个流量池，平台会根据作品在这一个流量池的表现，决定是否推荐它进入下一个更大的流量池，推送给更多人。以抖音为例，首次曝光的流量池一般播放量在300次左右，主要推荐给用户的站内好友以及作品标签目标用户，根据反馈情况决定是否进入更大的流量池内，比如二次曝光播放量在3 000次左右、三次曝光播放量在 1.2 万～1.5 万次，层层递进，最高曝光流量池在 3 000 万次以上，整体形成倒三角式的流量池推荐机制。衡量作品能否进阶下一流量池的标准主要有播放量、完播率、点赞量、评论量、转发量这五个指标（可参考图 8-5 的示例）。

　　算法分发的核心竞争力在于用户定位（Targeting）。依据每个用户的浏览、点击、停留时间等互联网踪迹，平台为每个用户建立了一份"数字档案"。随着用户的使用增量，这份数字档案会不断贴合用户本身，赋予其一套算法预设出的身份以提供更加个性化、精准化的内容。算法技术在逐渐成为市场化媒体运作不可缺少的底层框架时，也引发了不同的声音。比如，有学者认为算法看似提高了信息传递效率，实则限制了人们的接受渠道，因为算法总是提供给人们"想看到的"；官方主流媒体《人民日报》也曾指出，所谓的个性化推荐"与其说是引领者，不如说是迎合者；与其说是提供思考的导师，不如说是强化偏见的囚徒"①。某种意义上，算法技术的理性路径制造了一种假性"双赢"，看似通过大数据与人工智能直接将用户感兴趣的内容推送至终端获得更大的用户黏性，用户也无须费力寻找就能在海量信息中获得自己想要的，但这种不够"思辨"的算法逻辑也有可能会导致人们陷入"信息茧房"的泥沼，使用户非直接感兴趣的或者理应知道的内容无法得到足够的重视。信息的社会性分发是一种政治权力。在传统的社会权力结构中，信息的流通往往由政府和商业巨头掌握，但是在技术驱动与现实需求的引擎下，算法分发作为一种技术逻辑被引入视听信息的传播框架中，其具备的隐性权力也对信息的社会传播效果及传播规范与伦理产生影响，并进一步影响到公众对社会的认知。

---

① 人民日报评论部. 算法盛行更需"总编辑"[J]. 青年记者，2017（1）.

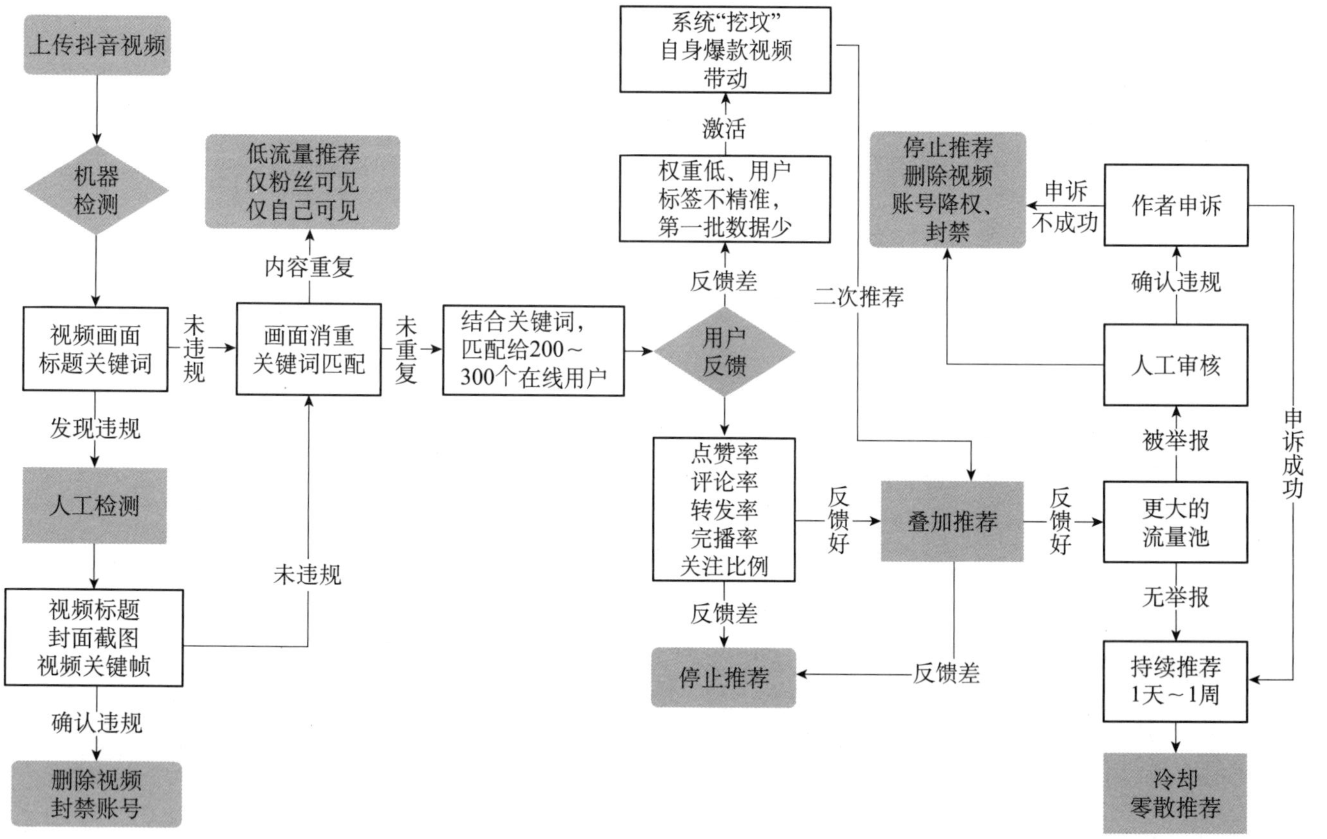

图 8－5　抖音叠加推荐程序

资料来源：运营墨客．被传得神乎其神的"抖音算法"，了解一下？[EB/OL]．(2020－11－10) [2022－04－05]. https://zhuanlan.zhihu.com/p/51195446?utm_id=0.

三、体验：虚实结合　沉浸在场

视听产业的发展很大程度上依赖于前沿性技术的发展。新兴媒介技术的出现会改造旧的媒介生态，并在一定程度上重塑人类社会的交往模式。在视听传播领域，一项新技术的到来使 2016 年被称为"VR 元年"，虚拟现实（Virtual Reality，VR）技术以颠覆感知的特性与视听形态高度结合，引起业内广泛关注。

2015 年 9 月 10 日，联合国、中国发展研究基金会和财新传媒在夏季达沃斯发布了 VR 纪录片《山村里的幼儿园》；同年 12 月 20 日，深圳发生山体坍塌事故，财新传媒迅速抵达事故现场并进行 VR 报道。2016 年 3 月"两会"期间，包括中央电视台、新华社、《人民日报》在内的多家传统媒体均进行了 VR 新闻制作，此次会议报道也因此被视为国内媒体首次大规模地使用全媒体新技术进行新闻报道的一次实践。2016 年 G20 杭州峰会期间，AR（Augmented Reality，增强现实）技术被首次应用于新闻报道中。2017 年，中央电视台在"3·15"晚会中采用 AR 技术展示各种欺诈消费者的骗局内幕。2018 年，新华社运用 AR 技术报道"两会"新闻以增强新闻报道的空间表现能力。VR、AR 技术利用建模和渲染等计算机技术建构虚拟场景供用户进行交互和探索，带来更贴近、更震撼的身体体验。两者在技术上系出同源，在应用和体验结果上有一定的差异：VR 技术强调"沉浸"，通过虚拟建模的形式为用户搭建了一个媒介时空，使其通过数字化身（Digital Avatar）获得第一人称视角的在场体验；AR 技术强调"叠加"，通过影像技术将虚拟影像投射于现实世界中，增强用户的现实体验效果。虽然在技术呈现上略有不同，但二者的共同点是通过数字媒介制造多感官互动体验，使得视听信息的生产逻辑由"原画复现"

转向"体验＋参与"。同时，技术的介入也改变了视听文本的叙事逻辑，以时间为轴的线性叙事走向以用户视角为依归的多线性叙事，不再要求故事以时间发展的顺序——展开，而是随时可以通过用户的点击互动与视角切换打开支线场景，受众由以往的被动接收信息转变为目标场域的参与者，并逐渐形成对数字化身的代入和认同。已有研究表明，VR、AR技术的介入会带给受众更强的在场感、互动感，刺激其对内容文本产生更高的投入度和应激反应，由身体经验的刺激过渡到情感经验的激发。

VR、AR技术的出现打破了传统传播中受众与信息一分为二的"虚实界限"，正如麦克卢汉所言"媒介是人的延伸"，现实体验技术的运用进一步激活了受众的"视觉欲望"，打通了有限的现实叙事空间和无限的赛博空间（Cyberspace）之间的界限，使人们对内容的感知体验得到延伸。①如果说以往的技术更迭和视听行业发展正逐步走向"媒介融合"的趋势，现实体验技术则更偏向于"媒介消融"，人类从现实时间获取"知识"的时代正逐渐过去，媒介作为中介角色的作用逐渐隐去并渗透进人类的日常生活中，形成生物体逻辑与技术逻辑的互嵌，在更高维度中创造视听文本样态的新可能。

四、环境：智慧场景的建构

在政策引领、技术驱动、模式变革等因素的影响下，电视机正在由单纯的信号播放设备逐步转变为智能家居的重要入口之一。目前，智能电视主要包括OTT TV（互联网电视）与IPTV（交互式网络电视），两者功能相似，前者以互联网为基础，可以实现视频点播、三屏（电视屏、电脑

---

① 周勇，何天平. 从"看"到"体验"：现实体验技术对新闻表达的重构［J］. 新闻与写作，2016（11）.

屏、手机屏）融合等功能，后者通过运营商管控的专网传输，主要提供直播服务。

互联网电视（OTT TV，其中 OTT 是英文"Over The Top"的简称）是指以公共互联网为传输网络、以电视机为终端，向用户传送视频、图片、文字的媒体服务形态。与传统的家用有线电视相比，互联网电视能够提供的节目数量、种类更多，内容服务更能满足观众的个性化需求。2013年 3 月，小米与中国互联网电视集成平台合作推出小米盒子；9 月，TCL与爱奇艺推出智能电视"TV＋"。一时间，百度、腾讯、PPTV 等商业网站加大资本投入进入互联网电视市场，海信、长虹等电视机企业也在积极与平台、网站寻求合作进军互联网电视行业。数据显示，2014 年我国OTT TV 用户规模达 3 040 万户，同比增长 120.3%。截至 2018 年，OTT TV 用户规模已突破 1.6 亿户（见图 8 - 6）。

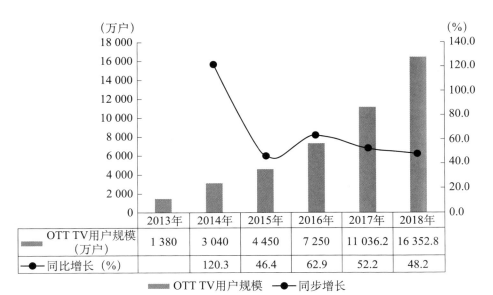

	2013年	2014年	2015年	2016年	2017年	2018年
OTT TV用户规模（万户）	1 380	3 040	4 450	7 250	11 036.2	16 352.8
同比增长（%）		120.3	46.4	62.9	52.2	48.2

▨ OTT TV用户规模　━●━ 同步增长

图 8 - 6　2013—2018 年中国 OTT TV 用户规模增长情况

资料来源：前瞻产业研究院 . 2018 年中国 OTT TV 行业发展现状与市场趋势 以互联网电视牌照为核心的 OTT 产业链各方积极合作［EB/OL］.（2019 - 05 - 23）［2022 - 04 - 05］. https：//www.qianzhan. com/analyst/detail/220/190522 - 54b7309f. html.

　　IPTV（Internet Protocol Television）是指交互式网络电视，是一种利用宽带网，集互联网、多媒体、通信等技术于一体，向家庭用户提供包括数字电视在内的多种交互式视频服务技术的形态。IPTV 的一大特性是与用户的交互行为，可以提供直播、回看、时移功能，将原本线性传输的电视节目变成了非线性的节目流。国内 IPTV 业务始于 2004 年，2010 年随着国家三网融合政策的推进，IPTV 作为电信运营商切入视频服务领域、带动宽带业务持续发展的重要种子业务，进入快速发展的阶段。据统计，2018 年，我国 IPTV 用户数量已达到 15 534 万户，比 2017 年增长了3 316 万户（见图 8 - 7）。

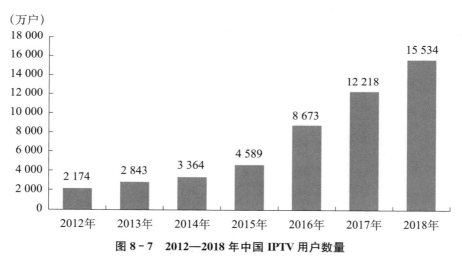

图 8 - 7　2012—2018 年中国 IPTV 用户数量

资料来源：2018 年我国 IPTV 和互联网电视的用户规模及 IPTV 行业发展趋势分析［EB/OL］.（2018 - 12 - 19）［2022 - 04 - 05］. https：//baijiahao. baidu. com/s?id=1620247843565 108496&wfr=spider&for=pc；中华人民共和国工业和信息化部. 2018 年通信业统计公报［R/OL］.（2019 - 01 - 25）［2022 - 04 - 05］. https：//www. miit. gov. cn/gxsj/tjfx/txy/art/2020/art _ f9b061284a1646498f135584d8f78757. html.

　　电视与互联网融合的不断深化以及互联网电视与大数据技术、搜索技术、第三方支付等新技术和新业务的相互融合使得互联网电视被用户广泛使用和认可，观众无须守着固定的时间段和电视台观看节目，而是可以根据自己的时间安排和观看兴趣进行个性化设定，从而重新塑造了家庭的客厅文化，将"大屏观看"重新带到日常生活中。目前，在国内三网融合的大背景下，OTT TV 与 IPTV 也在走向融合，电信和广电运营商尝试打造 IPTV＋OTT 和 DVB＋OTT 双模式的机顶盒子，实现一屏解决多种需求。

第三节　新常态：新兴视听内容产业的发展趋势

这一时期，网络视听产业进入精耕细作的新阶段。从视听内容来看，这一时期的视听形态从爆发走向沉淀，视听文本遁入日常生活，成为社会常规化产出的一部分；从市场格局来看，在各垂直类内容经历野蛮生长和互相博弈后，中小型平台、产业逐渐销声匿迹，资本和流量倾向头部机构，市场显露梯队级别，行业集中度进一步强化；在宏观政策上，作为"十三五"文化产业转型升级的重要驱动因素，网络视听产业在推动国民经济、社会文化发展中具有重要的影响力和战略地位，国家层面以一系列支持及监管政策促进业态良性发展、优化视听新媒体的市场布局。

一、嵌入与渗透：日常经验中的数字影像

在今天的数字化时代，视觉媒介发生了新的延伸，从移动多媒体到互动电视，从网络直播到虚拟影像，数字影像对日常生活的视觉渗透能力被前所未有地打开，我们利用信息传播机器来生成可视的形象，也即利用信息传播机器来形成新的"看"的方式。① 在这个基础上，新兴的视听产业成为人们日常生活中不可或缺的一部分，它既作为"被看"的部分以丰富

---

① 波斯特 . 作为媒介研究的视像研究 [M]//周宪 . 视觉文化读本 . 南京：南京大学出版社，2013：187.

的视觉内容刺激着人们的眼球，也作为"看"的部分成为人们对现实世界的反映。

首先，低门槛的短视频内容生产给用户提供了记录日常生活的途径。在"刷"视频流的时候，我们可以注意到短视频充斥着流动的、片段化的日常生活场景，网络用户甚至会以讲段子的形式把日常生活中的搞笑琐事讲给其他的网络用户听，视觉影像内容的日常化实现了普通人"播放自我"的愿望，未经精细加工的日常生活可以作为社交传播素材发布在平台上。短视频平台为民间日常生活打开了展示通道，人们通过智能移动端可以直接进行自我呈现，没有专业限制要求，个体化的展示变得公开化和自由化，为非主流影像扩大传播空间。原生、逼真的直播场景，表征人的感性诉求，这是影像叙述话语权从主流传媒机构和文化精英向民间和个体的转移与扩散。[①]

其次，网络视听内容的易获取、易观看开启了一个新技术下的"伴随式"视听模式。类似于我们以往对电视的需求，独处的时候，人们会把电视打开作为背景声音，我们并不会时时刻刻全神贯注地观看电视荧幕上的内容，电视伴随其他日常活动的同步进行提供一个近似"背景音"的陪伴作用。与此类似，在网络视听产品的普及下，短视频、直播在人们的日常生活中也似乎起到了这种陪伴作用。比如，新冠疫情期间，央视频对火神山、雷神山医院建设开展了 24 小时慢直播。不同于传统意义上的网络直播，慢直播没有策划、没有主播、没有解说字幕，人们隔着屏幕以一种全景视角在同一时空下观看着事件的进程。雷神山、火神山医院建造过程中，央视频的直播共吸引了 9 000 万名网友进行观看，单调的画面却吸引了网友的热烈关注和讨论（见图 8-8）。

---

① 陈伟军. 网络直播的日常展演与场景魅惑 [J]. 新闻与传播评论，2019（4）.

图 8-8　央视频慢直播

伴随着社会文化的视觉转向，数字媒介的技术逻辑逐渐与日常生活的实践逻辑相嵌，短视频、直播等新兴的视听形态填补了原本电视剧、综艺节目固化播出机制的空白，成为新媒介技术下的迭代产物，迎合了新数字原住民的基本需求，构成了新媒介技术下日常生活的展演。

二、工业化与规模化：行业内部趋向稳定

早期的互联网具有强烈的"草根"文化属性，创作者主要基于个体兴趣，依靠个体或者小团队生产制作内容，缺乏生产的稳定性和中长期的规划能力，商业化能力也有所欠缺。在市场竞争日趋激烈的环境下，短视频

生产者和专业机构都呈现出工业化生产、规模化孵化的趋势。首先，对于生产者来说，短视频作用时间短、效力浅，想要稳住流量必须在保有个人特色的同时实现流水作业式的视频生产，维持一定的更新频率，将新增流量转化为固定流量。其次，对于专业的 MCN 机构来说，优质创作者孵化机制渐趋完善，"网红"的商品属性更加明显，"立项讨论—配备运营项目团队—持续输出内容—阶段性分析数据—实时调配资源"这一生产流水线成为固定的作业模式。① 最后，从平台来说，内部结构分工更加明确，内容生产、分发、推广、变现等环节均有专业化的团队分工承担，各阶段流程形成工业化模式。基于这种全民互联网时代下的新兴联盟形式，联盟内部和联盟之间形成合力，推动了整个行业的稳定发展。

随着短视频对人们日常生活的浸入，其具备的商业价值也逐渐浮出水面，短视频营销的概念进入大众视野，视频贴片广告、信息流广告、内容原生广告等多种软硬广成为热极一时的营销形式。2016 年，papi 酱以2 200 万元高额卖出广告使得大众对短视频的商业价值刮目相看。2017年，淘宝、蘑菇街等传统电商平台追逐直播浪潮，开始探索"电商＋直播"的形式，并加强直播红人的孵化体系、供应链整合以及相关的配套保障。2018 年，电商直播不断加码。自短视频兴起以来，平台方一直在进行各种商业变现尝试和探索，短视频营销的变现模式逐渐得到认可。一方面，各大头部短视频平台竞相搭建商业平台，比如快手推出的商业平台快接单、美拍推出的 M 计划、抖音推出的星图等，商业平台的搭建整合了平台内部的短视屏营销活动，提供了大量的变现机会；另一方面，广告主对短视频市场的重视也使得资本逐渐向短视频倾斜，为其商业市场的增长提供背后资源。到 2018 年，短视频市场经历了爆发期后整体处于商业化

---

① 马涛，刘蕊绮. 短视频内容产业发展省思：重构、风险与逻辑悖论［J］. 现代传播（中国传媒大学学报），2019（11）.

进程中，行业格局开始显现（见图8-9）。首先，市场呈现"两超多强"趋势：快手与抖音作为短视频领域的头部平台几乎吸纳了绝大部分用户，处于行业前列。今日头条旗下的西瓜视频、火山小视频以及秒拍、梨视频等短视频平台也以各有所长的定位获取了一定的流量，形成第二梯队。其次，一些尾部平台和新入局者通过走差异化路线，以定位细分用户、垂直应用场景、挖掘社交属性等方式绕开老牌视频平台的主场，新兴的垂直细分类App构成了市场的第三梯队。

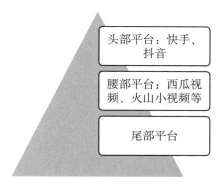

图8-9　短视频行业竞争梯队

资料来源：智研咨询.2018年中国短视频行业市场规模、竞争格局及发展趋势分析〔EB/OL〕.（2019-11-07）〔2022-04-05〕.https://www.chyxx.com/industry/201911/802638.html.

三、专业化与常态化：行业监管进一步规范

2014年至2018年，网络视听行业发展较快，其间也出现了管理与发展脱节的情况，由此出现了诸多问题。随着政府出台一系列推进网络视听行业改革与发展的措施，对网络视听行业的监管行为也逐步走向专业化和常态化，推动行业整体从无序的乱象丛生走向规范化发展。

2016年4月，以百度、新浪、搜狐为首的20余家网络直播平台共同发布了《北京网络直播行业自律公约》，通过头部企业的领先优势对网络

直播的各项行为进行管理约束。公约承诺：在所有网络直播房间内添加水印；对所有直播内容进行存储；对所有主播进行实名认证；加强对主播的培训及引导；建立主播黑名单制度，对于播出涉政、涉枪、涉毒、涉暴、涉黄内容的主播，情节严重的将封号并列入黑名单；落实企业主体责任，审核人员对平台上的直播内容进行 7×24 小时实时监管。

2016 年 6 月，国家互联网信息办公室发布《移动互联网应用程序信息服务管理规定》，首次明确了国家互联网信息办公室作为移动应用程序信息服务的主管单位，要求平台按照"后台实名、前台自愿"的原则，对注册用户进行基于移动电话号码等真实身份信息的认证。同时，针对应用程序市场中的潜在问题，比如诱导式安装、收集用户信息、过度获取权限等问题给出了明确规定，加强了 App 信息服务的管理。

9 月，国家新闻出版广电总局下发《关于加强网络视听节目直播服务管理有关问题的通知》，要求开展网络视听节目直播服务应具有相应资质，对应具备的技术、人员、管理条件和直播节目内容、相关弹幕发布以及直播活动中涉及的主持人、嘉宾、直播对象等做出具体要求。

11 月，国家互联网信息办公室发布《互联网直播服务管理规定》，明确了互联网直播服务提供者应对互联网新闻信息直播及其互动内容实施先审后发管理，提供互联网新闻信息直播服务的应当设立总编辑；要求互联网直播服务提供者应积极落实企业主体责任，建立健全各项管理制度，配备与服务规模相适应的专业人员，具备即时阻断互联网直播的技术能力。

12 月，文化部印发《网络表演经营活动管理办法》，对网络直播单位及人员、直播服务提供者等做出具体规定，要求各网络文化经营单位自觉提供内容健康、向上向善、有益于弘扬社会主义核心价值观的优秀网络表演。2017 年，斗鱼、一直播、哔哩哔哩等 48 家网络表演平台受到行政处罚，12 家网络表演平台被关停，直播行业进入了全面净化整治阶段。

2018 年，有关部门频出重拳，通过约谈、整改、下架等方式，让短视频行业重回"冷静"。其中，多家短视频平台被关停或下架整改。3 月，国家新闻出版广电总局办公厅发布《关于进一步规范网络视听节目传播秩序的通知》。4 月，国家互联网信息办公室依据《中华人民共和国网络安全法》《互联网信息服务管理办法》《互联网直播服务管理规定》等法律规定，下架 10 家违规直播平台，并将"天佑"等主播纳入网络主播黑名单。同月，快手、抖音、火山小视频等短视频平台先后关闭部分直播功能，宣布整改措施，坚决打击色情低俗、炫富炒作等违法违规内容，并对视频进行分级管理，对未成年人观看直播和打赏行为进行严格清查。同时，针对短视频侵权盗版作品的重点治理也陆续展开。9 月 14 日，针对重点短视频平台企业存在的突出版权问题，国家版权局约谈抖音短视频、快手、西瓜视频、火山小视频、美拍、秒拍、微视、梨视频、小影、56 视频、火萤、快视频、哔哩哔哩、土豆、好看视频等 15 家企业，责令相关企业进一步提高版权保护意识，全面履行企业主体责任。11 月 7 日，国家版权局通报打击网络侵权盗版"剑网 2018"专项行动取得积极成效，15 家重点短视频平台共下架删除各类涉嫌侵权盗版短视频作品 57 万部，一批涉嫌侵权盗版的违规账号被采取封禁账号、停止分发、扣分禁言等措施予以清理。此次行动后，各短视频平台企业通过建立 7×24 小时用户投诉举报处理通道、三审三查版权审核制度等，加强维权管理，及时受理权利人的通知投诉，一些平台针对封禁账号建立黑名单制度，积极开展清理自查，删除涉嫌侵权作品，短视频版权保护环境有了明显改善。

互联网促进了文化领域的开放和共享，但这一切都要以完善的法律体系为前提。在网络视听产业繁荣发展的路程中，国家治理体系和治理能力不断加强，相关政策也在伴随互联网环境的发展和监管过程中遇到的问题不断完善（见图 8-10）。宏观的政策举措、中观的主体责任落实、微观的个体网络素养提升，在国家法治建设的基础上，充分发挥个人和社会组织的自我管理职能，将自律与他律相结合，网络视听环境逐步进入良性发展的新常态。

2016年
9月，国家新闻出版广电总局发布《关于加强网络视听节目直播服务管理有关问题的通知》

11月4日，国家互联网信息办公室发布《互联网直播服务管理规定》

11月7日，中华人民共和国第十二届全国人民代表大会常务委员会第二十四次会议通过《中华人民共和国网络安全法》

2018年
3月16日，国家新闻出版广电总局办公厅发布《关于进一步规范网络视听节目传播秩序的通知》

7月16日，国家版权局、国家互联网信息办公室、工业和信息化部、公安部联合召开新闻通气会，通报启动打击网络侵权盗版"剑网2018"专项行动有关情况

8月1日，全国"扫黄打非"工作小组办公室会同工业和信息化部、公安部、文化和旅游部、国家广播电视总局、国家互联网信息办公室联合下发《关于加强网络直播服务管理工作的通知》

2019年
1月9日，中国网络视听节目服务协会发布《网络短视频平台管理规范》及《网络短视频内容审核标准细则》

2020年
7月14日，国家发展改革委、中央网信办等13部门联合发布《关于支持新业态新模式健康发展 激活消费市场带动扩大就业的意见》

11月5日，市场监管总局发布《关于加强网络直播营销活动监管的指导意见》

11月12日，国家广播电视总局发布《关于加强网络秀场直播和电商直播管理的通知》

11月13日，国家互联网信息办公室发布《互联网直播营销信息内容服务管理规定(征求意见稿)》

2021年
2月9日，国家互联网信息办公室、全国"扫黄打非"工作小组办公室、工业和信息化部、公安部、文化和旅游部、国家市场监督管理总局、国家广播电视总局等七部委联合发布《关于加强网络直播规范管理工作的指导意见》

4月23日，国家互联网信息办公室、公安部、商务部、文化和旅游部、国家税务总局、国家市场监督管理总局、国家广播电视总局等七部门联合发布《网络直播营销管理办法(试行)》

12月15日，中国网络视听节目服务协会发布《网络短视频内容审核标准细则(2021)》

图 8-10　网络视听行业监管政策法规出台时间线

第九章　走向繁荣：多元增长点与产业新增量（2018—　　）

2018 年是贯彻党的十九大精神的开局之年，也是我国"十三五"规划承上启下的关键一年。"十三五"规划首次将"拓展网络经济空间"作为独立篇章纳入，明确了数字经济发展的重要地位，随后出台了多项与发展数字经济相关的政策文件，其中关于网络基础设施建设和互联网产业体系的规划对互联网视听行业的发展尤其具有重要意义。

据国家统计局发布的数据，我国 2018 年国内生产总值首次突破 90 万亿元大关。[①] 这一年，中国的数字经济规模超 31 万亿元，约占 GDP 比重 35%，成为国家产业的重要组成部分。[②] 互联网的快速发展加速了产业数字化程度的深化。2018 年，全球娱乐及传媒产业总产值首次突破 2 万亿美元。[③] 中国传媒产业总规模达 20 959.5 亿元，首次突破 2 万亿元大关。

---

① 崔保国，周逵.在挑战与调整中砥砺前行［M］//崔保国，徐立军，丁迈，等.传媒蓝皮书：中国传媒产业发展报告：2019.北京：社会科学文献出版社，2019：1-19.

② 艾媒咨询.1999—2019特别专题：中国互联网发展 20 年盘点专题报告［EB/OL］.（2019-10-03）［2021-12-31］.https：//report.iimedia.cn/repo1-0/38883.html.

③ 同①.

其中，网络视听行业的市场规模增至 2 016.8 亿元，同比增长 39％。① 随着网络视听生态日益完善，网络视频内容成为文娱内容消费领域的核心，且因其形式样态的多元和满足了当下用户需求而在触网用户的使用时长和活跃度上均有不俗表现。

随着互联网特别是移动互联网的成熟，以及大数据、云计算、人工智能、虚拟现实、5G、4K/8K 视频高清技术、区块链等新兴技术的出现，互联网视听媒介技术和形态逐步转向智能化。② 其中 5G 技术作为物联网发展的基础，是推动互联网视听产业与更多的线下业务场景融合的助力。伴随着智能手机的普及和流量降费，用户可以随时随地使用手机拍摄短视频和观看视听内容，人工智能与大数据推进视听制作工业化进程，人工智能算法为用户提供了个性化服务，图像识别技术提高了平台的视频审核速度，人脸识别提升了用户的拍摄体验。③ 人工智能和 5G 的联合，使得视听生产的全流程、视听消费和传播效率都进入了全新的时代。互联网视听向社会更广泛的方面延伸，改变了人们的生活方式和表达逻辑。

2018 年以来，互联网视听行业步入发展繁荣期，头部综合视频平台付费会员接连破亿，短视频市场份额赶超综合视频市场份额占有率位列第一，电商直播拉动疫情后经济复苏。互联网视听内容成为满足人民群众精神文化需求的重要产品，形成了立体多元的内容供给格局。这一时期的一些基本特征在 2018 年已经显现。

其一，商业平台之间的差异化竞争加剧，各细分领域都开始出现显著

---

① 2018 中国网络视听发展研究报告出炉 [EB/OL]. (2018 - 11 - 29) [2022 - 04 - 05]. http：//www. scpublic. cn/news/getNewsDatail?id=132239.

② 王辉. 新兴技术驱动网络视听行业变革：以人工智能、区块链和 5G 为着眼点 [M]//陈鹏. 网络视听蓝皮书：中国互联网视听行业发展报告：2019. 北京：社会科学文献出版社，2020：180 - 189.

③ 艾媒咨询. 2017—2018 年中国短视频产业趋势与用户行为研究报告 [EB/OL]. (2018 - 03 - 23) [2022 - 03 - 01]. https：//report. iimedia. cn/repo13 - 0/2387. html.

的头部效应，主要的用户、内容和流量被腾讯视频、爱奇艺、优酷三大平台瓜分。这一阶段，三大平台的用户规模占了整体网络用户的近九成。以2018年为例，网络视频自制内容在三大平台独播的有近八成，三大平台的播放量占了整体行业播放量的八成以上①；独播网络电影的有效播放在三大平台播放的占九成以上，头部平台对网络大电影的独播发行已成统治局势；网络直播领域同样如是，融资明显向头部倾斜，头部平台接连成功上市，二线平台抱团取暖，中小平台纷纷退出市场②，历经"千播大战"的野蛮生长期，网络直播行业的流量红利逐步消退，一些中小型平台缺乏造血能力和现金流逐渐被市场淘汰。

其二，产品革新的势能进一步释放，由外在量的追求转向对内在价值的挖掘。以网络综艺为例，在平台投资规模逐年增长的同时（2018年达68亿元③），节目的有效播放量也在持续增加，2018年有21档节目播放量破10亿次，其中以《创造101》《偶像练习生》为代表的偶像养成类节目火爆全网，2018年也因此被业内称为"偶像产业元年"。网络直播行业整体走向规范化、规模化。随着视听技术的进步、娱乐需求推动和大量资本的入场，"直播＋"因其形式的丰富多样而进一步释放社会价值，"直播＋电商""直播＋电竞"纷纷出现。虽然2018年网络直播的用户规模较2017年有所下降，但用户使用时长却不降反增④，根本原因还在于网络直播所

---

① 中国互联网络信息中心.第43次中国互联网络发展状况统计报告［R/OL］.（2019-02-28）［2022-03-01］.https://www.cnnic.net.cn/NMediaFile/old_attach/P020190318523C29756345.pdf.

② 陈鹏，赵蓓.2018—2019年中国网络视听行业：内容质量升级，行业规范前行［M］//陈鹏.网络视听蓝皮书：中国互联网视听行业发展报告：2019.北京：社会科学文献出版社，2020：1-33.

③ 《2019中国网络视听发展研究报告》发布 2018年中国网络视听行业呈现12大特点及趋势［EB/OL］.（2019-05-28）［2022-04-05］.http://www.cac.gov.cn/2019-05/28/c_1124552171.htm.

④ 张冰君.2018年网络直播行业发展报告［M］//陈鹏.网络视听蓝皮书：中国互联网视听行业发展报告：2019.北京：社会科学文献出版社，2020：85-103.

呈现出的在场、互动和实时性为用户带来了更好的视听体验，符合当下年轻人的观看需要。

其三，平台企业梯队已形成，但在市场集中度大幅提高的情况下，难以盈利仍是行业的普遍现象和行业发展的难点。相关企业对外公布的财报显示，2017 年，爱奇艺亏损超 37 亿元；阿里一季度财报显示包括优酷、大麦等在内的娱乐业务亏损额近 34 亿元，其中主要亏损来自旗下综合视频平台优酷；其他企业如腾讯视频等也被行业普遍认为处于持续亏损状态。企业花费了大量资金进行影视版权的采购和自制内容的开发被认为是亏损的主要原因。① 综合视频企业在为视听内容提质升级背负巨额亏损的情况下，还要遭受来自短视频等新业态的冲击。因而行业的版权保护和互联网视频正版化维系的问题成为这一阶段长短视频之争的引爆点，也是未来行业规范化前行的重点。

第一节　行业新建设：技术支撑体系和监管体系的完善

在全媒体时代推进媒体融合向纵深发展的背景下，网络视听新媒体逐步成为广大人民群众文化消费的重要产业之一。国家层面一方面统筹规划出台多项政策，加强网络视听监管，多路径营造清朗网络环境；另一方面在主流媒体转型升级、新兴媒体业态创新发展的进程中，积极驱动产业新经济的战略部署。

2018 年，在原国家新闻出版广电总局电视管理职责的基础上，国务院直属机构国家广播电视总局新组建成立，其在监督管理审查网络视听节目质量、推动广电领域走出去等方面的工作范畴进一步明确。针对党中央

---

① 艾瑞咨询. 2018 年中国网络视频行业经营状况研究报告 [EB/OL]. (2018 - 05 - 23) [2022 - 03 - 01]. https://report.iresearch.cn/report_pdf.aspx?id＝3216.

提出的新要求、人民生活的新需求、互联网信息环境下的新挑战、新一轮信息技术革命下的新机遇，新组建的国家广播电视总局做出了积极回应：大力推进新一代信息技术应用，积极拓展政用民用商用新模式，不断推动媒体融合纵深发展，持续推进节目制播高质量发展，深入实施网络融合一体化建设。① 围绕新时代智慧视听的新业态、新平台、新终端，国家广播电视总局在标准化建设方面积极发力。

一、基建工程："新基建"推动视频行业全面提质

这一时期，"新基建"成为国家基础设施建设的热点。相较于传统基建面向交通运输、水利等的实物传输，"新基建"是以信息网络系统建设为重点的信息传输，2020 年国务院《政府工作报告》中重点支持的"两新一重"建设即包括新型基础设施建设。"新基建"为我国各行各业在互联网时代的发展提供了新动能。其中，以 5G 为代表的通信网络基础设施建设，以人工智能、云计算为代表的新技术基础设施建设，以数据中心为代表的算力基础设施建设等，都与网络视频以技术创新为驱动的发展理念紧密相连。②

（一）IPv6："下一代互联网"技术支撑泛媒、智媒、浸媒时代到来

作为互联网重要的基础资源和技术，IP 协议对于下一代互联网的发展起着决定性的作用。"IPv6（Internet Protocol Version 6，互联网协议第六版）是 IETF（Internet Engineering Task Force，互联网工程任务组）

---

① 国家广播电视总局. 广播电视和网络视听"十四五"科技发展规划［EB/OL］.（2021 - 10 - 20）［2022 - 03 - 01］. http://www. nrta. gov. cn/art/2021/10/20/art_113_58228. html.
② 胡雯. 中国数字经济发展报告：2020［M］//王振. 数字经济蓝皮书：全球数字经济竞争力发展报告：2020. 北京：社会科学文献出版社，2020：100 - 123.

设计的用于替代 IPv4（Internet Protocol Version 4，互联网协议第四版）的升级版本规范。"① 多年来，随着经济的发展和人类对网络资源需求的扩大，IPv4 网络早已不能满足现实发展需求，能够提供的 IP 地址越来越不足。而 IPv6 作为下一代互联网的标准协议，"通俗地讲，可以为地球上每一粒沙子都分配一个地址。此外，其全新的报文结构及在安全性、移动性和可扩展性等方面的优势将全面提升互联网体系架构，为即将到来的万物互联时代奠定坚实基础"②。

2018 年是 IPv6 在中国的落地年，我国在这一年持续推进 IPv6 的大规模部署、规范分配和追溯机制，提升网络安全保障能力。作为一种高效的信息传输协议，IPv6 是我国在新一轮的互联网基建更新迭代中抢占技术高地的契机，可以改变 IPv4 时代由于发展起步时间滞后而在网络基建上存在的劣势。从 2017 年 11 月《推进互联网协议第六版（IPv6）规模部署行动计划》发布到 2018 年 6 月，我国的通信运营商已基本具备了在网络层面支持 IPv6 的能力；7 月，百度云制定 IPv6 改造方案；12 月，阿里巴巴集团全面应用 IPv6，宣称全部核心产品完成了 IPv6 的改造，并在当年的"双 11"期间实现首次大规模应用，用户通过 IPv6 网络参与，提升了体验感。③ 2019 年 6 月，我国 IPv6 地址数量已跃居全球第一。④

从图 9－1 中可以直观地看出 2017—2021 年我国 IPv6 地址数量增长情况。

---

① 刘东. IPv6 产业发展现状及趋势 [M]//国家信息化专家咨询委员会秘书处. 信息化蓝皮书：中国信息化形势分析与预测：2018—2019. 北京：社会科学文献出版社，2019：80-94.

② 同①.

③ 阿里巴巴宣布全面应用 IPv6，淘宝优酷高德三大业务已经接入 [EB/OL]. (2018-12-11) [2022-03-01]. https://baike.baidu.com/tashuo/browse/content?id=814b65ae4e14ecb759777646.

④ 中国互联网络信息中心. 第 44 次中国互联网络发展状况统计报告 [R/OL]. (2019-08-30) [2022-03-01]. http://www.cnnic.net.cn/hlwfzyj/hlwxzbg/hlwtjbg/201908/P020190830356787490958.pdf.

图 9 - 1　2017—2021 年我国 IPv6 地址数量增长情况

资料来源：中国互联网络信息中心 . 第 49 次中国互联网络发展状况统计报告［R/OL］.（2022 - 02 - 25）［2022 - 04 - 05］. https：//www. cnnic. net. cn/NMediaFile/2023/0807/MAIN1691372884990 HDTP1QOST8. pdf.

在探讨以 IPv6 和 5G 技术应用为代表的"下一代互联网"技术对于未来媒介技术和媒介形态的意义时，研究者将这一阶段的互联网技术定义为"Web 3.0"时代[①]：以 IPv6 时代的到来为基础，未来的 IPv6 的地址扩增与 5G 的超可靠低时延通信将进一步直接促进物联网的普及，即"万物皆媒"的"泛媒体"；Web 3.0 时代的互联网技术对智能媒体和智能技术的促进将进一步开发人工智能的应用场景，促进未来媒体走向智能技术渗透的智媒时代；VR 技术的成熟和未来现实虚拟化的沉浸式全新媒体演进方向，也将帮助人类打开浸媒时代的入口。[②] 要实现这些对于未来媒体发展趋势的想象，移动互联网的普及和对网络应用全域的覆盖是不可或缺的基础要素。进入 2018 年，我国移动互联网的接入流量和 App 数量均实现了显著增长，在过去的五年里，移动互联网接入流量以年均翻番的速度增长（见图 9 - 2），网络行业的增长引擎由 PC 端转向了

———————————

① 崔保国，王竞达 . 下一代互联网与未来媒体发展趋势［J］. 新闻与写作，2018（9）.
② 同①.

移动互联网。① 截至 2018 年年底，我国网民规模达 8.29 亿，其中手机网民规模达 8.17 亿，网民通过手机接入互联网的比例高达 98.6%，移动互联网在我国趋于全民普及。②

图 9-2　2013—2019 年我国移动互联网接入流量增长情况

资料来源：中国互联网络信息中心. 第 45 次中国互联网络发展状况统计报告［R/OL］. （2020 -
04 - 28）［2022 - 04 - 05］. https：//www. cnnic. net. cn/NMediaFile/old _ attach/P02021020550560363
1479. pdf.

（二）5G 商用：空间无界和人机共生

2018 年，工业和信息化部向中国移动、中国联通和中国电信颁发了 5G 系统中低频段试验频率使用许可证，在全国范围开启了 5G 试验③，2018 年年底基本完成了 5G 技术研发三个阶段的测试验证，具备商用条件④。作为第 5 代移动通信系统，5G 相比 4G 支持的设备数量更多、类型

---

① 艾媒咨询. 1999—2019 特别专题：中国互联网发展 20 年盘点专题报告［EB/OL］.（2019 - 10 -
03）［2022 - 03 - 01］. https：//report. iimedia. cn/repo1 - 0/38883. html.

② 中国互联网络信息中心. 第 43 次中国互联网络发展状况统计报告［R/OL］.（2019 - 02 - 28）
［2022 - 03 - 01］. http：//www. cnnic. net. cn/hlwfzyj/hlwxzbg/hlwtjbg/201902/P0201903185230297
56345. pdf.

③ 无线电管理局. 工业和信息化部向基础电信运营企业颁发为期十年的 5G 中低频段频率使用
许可证［EB/OL］.（2020 - 12 - 23）［2022 - 03 - 31］. https：//www. miit. gov. cn/jgsj/wgj/gzdt/art/
2020/art_1a85d269a25f4232931400935405673b. html.

④ 杨红梅，王瑶. 商用元年 从世界 5G 现状看中国 5G 路线［J］. 通信世界，2019（17）.

更杂，具有高速率、泛在网、低功耗、低时延和高可靠多个特点①，能够更好地满足当下用户急剧增长的网络需求。比如，5G 的传输速率较 4G 提升了 10～100 倍，这意味着下载一部 10G 的视频内容，4G 需要 15 分钟，而 5G 可能仅仅需要 9 秒。② 泛在网意味着 5G 网络能实现更广泛和纵深的覆盖，提升网络品质。2019 年 6 月 6 日，工业和信息化部向我国四大运营商中国电信、中国移动、中国联通、中国广电发放 5G 商用牌照，标志着我国正式进入 5G 商用元年。③ 2021 年 4 月 19 日，在国新办举行的例行吹风会上，工业和信息化部信息通信发展司负责人刘郁林表示，我国已初步建成了全球最大规模 5G 移动网络。

移动互联时代，通信技术架构起了满足万物互联愿景的核心基础设施。通过移动穿戴智能设备，未来生活场景中的人们将更加自如地体验到虚拟现实或增强现实，从而真正实现交往在云端、生活在云端。不断增长的 5G 网络技术覆盖率将极大地改变人类的生活面貌，打破现有视听传播应用市场的格局。在商用初期，最先收获科技红利的是视听传播的生活应用，例如青年用户喜爱的移动游戏体验提升和 MR④/VR/AR 视听内容场景应用的拓展。在 5G 技术大规模商用前，虚拟现实（VR）技术由于受到网络传输速度和带宽的制约，用户体验差、产业规模小，5G 带来的低时延和高数据传输能力有效解决了 VR 在 4G 时代由于终端设备的数据传

---

① 周城雄. 2019 年中国 5G 时代的数字文化产业 ［M］//叶朗，向勇. 文化产业蓝皮书：中国文化产业发展报告：2020—2021. 北京：社会科学文献出版社，2021：298 - 308.

② 周城雄. 2019 年中国 5G 时代的数字文化产业 ［M］//叶朗，向勇. 文化产业蓝皮书：中国文化产业发展报告：2020—2021. 北京：社会科学文献出版社，2021：298 - 308；国务院政策例行吹风会（2021 年 4 月 19 日）：文字实录 ［EB/OL］. （2021 - 04 - 19）［2023 - 07 - 08］. https://www.gov. cn/xinwen/2021zccfh/12/index. htm.

③ 我国正式发放 5G 商用牌照 ［EB/OL］. （2019 - 06 - 06）［2023 - 07 - 08］. https://www.gov. cn/xinwen/2019 - 06/06/content _ 5397978. htm.

④ 混合现实（Mixed Reality，MR）技术是虚拟现实（VR）技术的进一步发展，该技术通过在虚拟环境中引入现实场景信息，在虚拟世界、现实世界和用户之间搭起一个交互反馈的信息回路，以增强用户体验的真实感。

输方式而出现的眩晕和场景空间受限的问题。研究者指出,5G 的出现将能很好地支撑 VR 的产品形态和服务。首先,网速的提升解决了视听信息传播的清晰度和流畅度问题。其次,5G 容量是 4G 的约 1 000 倍,丰富的资源使得"空间颠覆无界化、传播内容无瑕化、传播终端多样化和访问方式自欲化"①。在万物互联的条件下,VR 可以通过终端将三维动态视景深入人类的生理和心理层面,从而实现身心世界的连接。最后,更低的时延也将 VR 的沉浸感发挥到了极致。

作为一种社会革命性的技术力量,5G 不仅仅推动了某一具体视听技术和应用的普及与提升,它还使得传播的主体更泛在化了。有学者指出,5G 时代,中长视频将成为最主要的表达方式,而当社会的交流和主要的语言表达形态转变为视频语言时,其形态所赋予的更多的场景性、关联性的非逻辑非理性信息,需要人类重新审视这一社会表达的机制和规律,从而抵御在未来政治传播和社会共识的达成中可能面临的风险。② 而传播内容的主体也不再局限于人或机构,技术生产内容将改变传播的游戏规则和构造方式,人机传播将深刻改写人的社会性连接、认知与决策行为,人机共生的新型关系更是一种全新的技术范式转变。③

二、技术标准:新技术白皮书和标准体系落实执行

随着互联网特别是移动互联网技术的更新迭代,新技术的到来为全社会带来了新的发展机遇。国家重视人民群众精神文化方面的需求,加快推

---

① 喻国明,王佳鑫,马子越. 场景:5G 时代 VR 改写传播领域的关键应用 [J]. 现代视听,2019 (8).

② 喻国明.5G:一项深刻改变传播与社会的革命性技术 [J]. 新闻战线,2019 (8).

③ 喻国明,杨雅. 5G 时代:未来传播中"人—机"关系的模式重构 [J]. 新闻与传播评论,2020 (1).

进新兴技术与广播电视既有优势的融合。2018年，国家广播电视总局印发《关于促进智慧广电发展的指导意见》，提出在内容制作、分发传播、用户服务、技术支撑、生态建设以及运行管理等方面推动广电智慧协同发展的整体布局，将智慧广电发展提升到战略地位。2019年，国家广播电视总局印发《关于推动广播电视和网络视听产业高质量发展的意见》，要求未来几年智慧广电系统应在5G技术商用的背景下，进一步与高新技术深度融合，从而满足社会多样性和多层次的信息需求。

这一时期，大数据、算法推荐、人工智能、超高清、5G、区块链等热词在视听领域频现，并深度嵌入和影响视听产业发展：大数据技术对视听内容生产的全链条都产生了重要的支持作用；算法推荐技术被嵌入互联网视听各个平台，基于对用户过往历史数据的统计，提供面向不同用户的个性化服务和差异化的内容推荐，进而实现因人而异的内容匹配；人工智能技术消除了UGC爆发下的审核困境，腾讯云、阿里云和网易云都研发了面向网络直播平台和短视频平台的智能审核产品。[①] 在此背景下，行业急需一系列纲领性文件指导视听技术的落地执行和相应的规制。

2019年4月28日，国家广播电视总局发布《广播电视人工智能应用白皮书（2018版）》，阐明了我国人工智能应用的发展现状、关键技术和体系架构，梳理了人工智能技术在视听领域的应用场景及典型案例，对人工智能技术在视听领域内容生产、分发传输、监测监管、安全保障等方面的普及起到了推进作用。2019年4月30日发布的《广播电视行业应用大数据技术白皮书（2018）》则在分析大数据发展现状、应用需求的基础上，对数据平台建设、数据安全、大数据的政策法规与标准等方向都重点展开了工作部署和整体设计，为大数据技术应用实践和数据平台建设等奠定了基础。

---

① 王辉. 新兴技术驱动网络视听行业变革：以人工智能、区块链和5G为着眼点［M］//陈鹏. 网络视听蓝皮书：中国互联网视听行业发展报告：2019. 北京：社会科学文献出版社，2020：180-189.

2020 年 6 月，国家广播电视总局科技司发布《4K 超高清电视节目制作技术实施指南（2020 版）》，旨在指导解决 4K 超高清技术在实际应用中出现的流程不规范、技术不达标等实际问题。① 在此之前，国家新闻出版广电总局发布了《GY/T307—2017 超高清晰度电视系统节目制作和交换参数值》和《GY/T315—2018 高动态范围电视节目制作和交换图像参数值》等标准，规定了 4K 超高清电视节目视频的技术参数；2018 年 8 月发布的《4K 超高清电视技术应用实施指南（2018 版）》，规定了 4K 超高清电视应用中多种技术参数如何选择、适配和协同，解决系统性端到端参数的配置问题。2018 年，中央广播电视总台编制的 4K 超高清电视技术标准发布，中国首个 4K 超高清频道"CCTV－4K"也应运而生。在全面推进我国视听科技高清制播技术落地的同时，工业和信息化部、国家广播电视总局、中央广播电视总台联合发布了《超高清视频产业发展行动计划（2019—2022年）》及配套工作方案、标准体系文件，部署超高清全产业链的持续发展。

为顺应 5G 技术革命浪潮，2020 年国家广播电视总局科技司还提出了"5G 高新视频"的概念。"其中，'高'是指视频融合 4K/8K、3D、VR/AR/MR、高帧率（HFR）、高动态范围（HDR）、广色域（WCG）等高技术格式；'新'是指具有新奇的影像语言和视觉体验的创新应用场景，能够吸引观众兴趣并促使其产生消费。"② 为打造具有更好视听体验的高新产品，国家广播电视总局组织编制了互动视频、沉浸式视频、VR 视频、云游戏 4 份面向 5G 的高新视频技术标准体系，为培育 5G＋4K/8K＋

① 国家广播电视总局科技司 . 4K 超高清电视节目制作技术实施指南：2020 版 [EB/OL]. (2020-06-01) [2022-03-01]. https://www.nrta.gov.cn/module/download/downfile.jsp? spm＝chekydwncf.0.0.1.b34HU7&classid＝0&filename＝f6761c8580244d56a7ac6ced475c99f4.pdf.

② 国家广播电视总局科技司 . 5G 高新视频—沉浸式视频技术白皮书：2020 [S/OL]. (2020-08-25) [2022-03-01]. http://www.nrta.gov.cn/module/download/downfile.jsp? spm＝chekydwncf.0.0.1.NvFUQO&classid＝0&filename＝680f77f65aab4654a493c301ba1f3ab2.pdf.

AI、互动视频、沉浸式视频、8K＋VR、云游戏等应用场景的高新视频技术新业态服务。

2020 年 10 月，国家广播电视总局发布区块链技术应用系列白皮书，明确区块链技术虽然在视听领域的应用仍处于探索和起步阶段，但是由于区块链技术去中心化、互信任、防篡改、可追溯的特点，在实现多方参与、资源共享、数据可信、成本节约、安全监督等方面具有现实意义，要加快明确区块链技术创新建设思路。区块链系列白皮书分为"总体""内容审核""县级融媒体中心"三篇，分别从技术和产业现状、系统参考架构、应用场景和展望、内容审核痛点及解决方案、县级融媒体中心应用场景和联盟链系统部署等多方面总结经验和做出未来发展规划，对加强区块链技术在视听领域的应用做出引导规范。

广电技术政策的制定和技术标准化体系建设的完善是深化我国视听领域供给侧结构性改革的重大举措。在此期间，相关部门制定发布了包括媒体融合、互联网电视、视听内容版权管理等在内的百余项行业标准和技术规范，积极参与国际标准化工作，引领行业创新。国家层面的政策、体系、技术标准的建设，对行业的规范化影响深远。

三、内容综合治理体系日趋完善

这一时期，在多方主体的共同参与下，视听内容的综合治理体系日趋完善。国家广播电视总局负责人先后约见了腾讯、阿里、移动、电信、联通的主要责任人，强调了各主流平台和企业加强内容监管，弘扬主流价值导向的社会责任。① 针对视听传播行业的节目内容监管力度不断加大，相

---

① 国家广播电视总局网络视听节目管理司，国家广播电视总局发展研究中心. 视听新媒体蓝皮书：中国视听新媒体发展报告：2019 [M]. 北京：中国广播影视出版社，2019：282－289.

关部门对涉及网络平台的内容管理不力问题、影视业片酬乱象、网络版权侵权频发等多点进行清查并出台相关规章。行业协会和头部平台联合行动落实各项指导意见的实施细则，平台相继建立自清自纠机制规避风险。行业的规范化、专业化为其健康发展和持续创新奠定了坚实基础，是在历经孕育期、萌芽期、成熟期之后行业稳步繁荣发展的一种表现。

（一）治理体系的健全

近年来，网络视听的规范化、科学化治理得到了制度性的落实，法律法规的相继出台为行业高速发展提供了保障。《中华人民共和国网络安全法》《中华人民共和国民法典》中的相关条例从平台治理、内容管理、数据安全、民事权利保护等相关方面为网络视听行业的有效监管提供了法律规范，网络视听行业法规的层级显著提升。[①] 网络视听被纳入国家广播电视总局的管辖范围内，为"网上网下同一标准"的治理方式落实了制度保障。

（二）多部门、行业协同打造共建共治共享格局

面对视听生态对社会生活全方位的强烈渗透、产业规模和行业新业态的井喷发展，相关部门和行业协同行动，打造更加高效的治理格局。为维护网络音视频服务健康有序发展，国家互联网信息办公室、文化和旅游部、国家广播电视总局 2019 年联合发布《网络音视频信息服务管理规定》，明确规定了网络音视频服务的管理对象、管理机制、总体要求，鼓励行业自律。针对不断涌现的新兴业态，国家广播电视总局指导中国网络视听节目服务协会在 2019—2020 年先后推出《网络短视频平台管理规范》《网络短视频内容审核标准细则》《网络综艺节目内容审核标准细则》等相

---

① 祝燕南. 网络视听行业发展亮点与展望［J］. 传媒，2021（13）.

关规范和实施细则，为网络视听平台和视听内容制作机构提供具体工作准则，对开展内容审核的标准进行了规范。2021 年，国家七部门联合发布《关于加强网络直播规范管理工作的指导意见》，要求各单位切实履行职能职责、依法依规对网络直播行业相关业务共同监督管理，国家广播电视总局负责研究制定管理规范与准入标准。

（三）头部平台、关键问题的强化管理

这一时期，相关部门的监管重点放在了网络视听内容创作和影视行业生态的规范等方面。2018 年 2 月，中宣部等部委就网络直播平台开展"扫黄打非"集中整治；4 月，国家广播电视总局约谈今日头条和快手，责令两家企业对平台上有违社会道德的节目和行为进行整改，责令今日头条永久关停存在低俗内容、导向问题的"内涵段子"客户端软件及公众号，一个月后再次问责两家企业，令其自查、下架、关停约 150 万条音视频，带动了直播、短视频平台的全面自查自纠；8 月，全国"扫黄打非"工作小组办公室等六部门联合印发《关于加强网络直播服务管理工作的通知》，明确网络直播上中下游各环节人员和机构的责任和执行准则。2021 年 2 月，七部门联合印发《关于加强网络直播规范管理工作的指导意见》，重点规范网络打赏行为，推动直播主播分级治理。一系列文件的发布和依规治理的专项行动，为营造清朗网络环境、推动视听行业的高质量发展提供了保障。

在网络视听内容的用户中，青少年是一个受到特别关注的群体。随着上网人群逐渐低龄化，网络视听软件已成为青少年日常生活中的基础应用。据统计，2020 年我国未成年网络用户达 1.83 亿人，互联网普及率 94.9%，且呈逐年上升趋势，超三分之一的孩童学龄前便开始使用网络。① 他们中大

---

① 共青团中央维护青少年权益部，中国互联网络信息中心. 2020 年全国未成年人互联网使用情况研究报告 [R/OL].（2021-07-20）[2022-03-01]. http://www.cnnic.net.cn/hlwfzyj/hlwxzbg/qsnbg/202107/P020210720571098696248.pdf.

部分人拥有自己的智能终端设备，随着在线教育的普及，网络成为其学习、娱乐的重要渠道。鉴于此，青少年在网络接触过程中的健康问题成为监管重点：2018年7月，《国家广播电视总局办公厅关于做好暑期网络视听节目播出工作的通知》发布；2019年3月29日，国家广播电视总局发布《未成年人节目管理规定》，对未成年人节目从制作到传播环节都做出规范，明确法律责任；同期，国家互联网信息办公室指导抖音、快手等短视频平台试点青少年防沉迷模式，使其在使用时段、时长、内容等多方面受限；10月，24家网络直播平台、9家网络视频平台统一上线"青少年模式"；2019年12月，国家卫生健康委、中宣部等12部门联合印发《健康中国行动——儿童青少年心理健康行动方案（2019—2022年）》，指出要从出版、网络游戏、网络直播、短视频、教育类App等全方位打击非法内容，为青少年营造良好的网络环境。

作为一种全民共享的主流文化消费品，网络视听的标准化建设和技术标准基建工程在多年规划下逐步成形，国家监管、行业自律和全民参与的协同治理体系日益清晰。规范化和标准化为行业生态的创新发展打下了坚实基础。

第二节　行业新生态：智慧化全媒体与智能化媒介

互联网视听是互联网与传统广电影视产业融合催生的产物。在兼具互联网属性和影视文化产业特性之下，技术环境的变化多年来被认为是深刻影响互联网视听行业走向的重要因素，在不断推进内容和形态的融合创新。随着大数据、人工智能、5G等技术的应用，我国网络视听行业无论是互联网电视、主流媒体阵地还是商业视频平台都呈现出全流程覆盖的智慧化特征。"从写稿机器人到人工智能主播，从个性化定制到智能化推送，从高清互动到全息显示，媒体的信息生产、传播、呈现方式全面更新、快速迭代。"[1] 媒体走向了智慧媒体，传播走向了智能传播，以精准化的内容匹配数据化的用户和适配场景，5G 网络的商用和物联网的到来使人工智能泛存在，为人机互动提供了更具想象力的前景。

据统计，截至 2021 年 12 月，我国网民规模达 10.32 亿，网络视频（含短视频）用户的规模达到 9.75 亿，占网民总数的 94.5%；短视频用户规模达 9.34 亿，占全体网民的 90.5%。[2] 在市场的不断扩容下，网络视听产业成为增速最快的文化消费领域之一。据国家广播电视总局统计公报，2020 年 573 家持证及 70 家备案机构网络视听收入 2 943.93 亿元。用户付费、节目版权等服务收入大幅增长，同比增长 36.36%；其中短视频、电商直播等收入同比增长 87.18%。在这一阶段，"网络视听应用以多元、移动、视频化呈现，内容生产更加集约化，视听内容品质提升；与各领域链接更加广泛，释放出更多社会功能，开始打破行业圈层，真正融入到经济生活的各个方面"[3]。

一、互联网电视系统的演化革新

2018 年以来，由于信息技术的广泛应用和快速发展，IPTV 和 OTT TV 成为除有线数字电视之外的第二和第三大电视传播路径。依托于电信系统和公用互联网的广泛资源、海量内容和良好的互动属性，它们持续挤

---

① 胡正荣，王润珏. 我国主流媒体智慧全媒体建设的目标与路径 [J]. 行政管理改革，2019（7）.

② 中国互联网络信息中心. 第 49 次中国互联网络发展状况统计报告 [R/OL]. （2022 - 02 - 25）[2022 - 03 - 01]. https://www.cnnic.net.cn/NMediaFile/2023/0807/MAIN1691372884990HDTP1QOST8. pdf.

③ 王晓红，周结. 中国网络视频年度案例研究：2019 [M]. 北京：中国传媒大学出版社，2019：10.

压着有线电视的市场空间。

工业和信息化部的数据显示：截至 2020 年年底，全国交互式网络电视（IPTV）用户总数达 3.15 亿，5G、4K/8K、AI 技术的创新运用给 IPTV 平台的发展注入了强劲动力。近年来，智慧家庭、智慧客厅的生态建设，让人们从小屏重回大屏。看电视作为普通百姓的一种生活方式，适配老年人、儿童群体的休闲娱乐，也是家庭交往的重要形式。随着智能家庭的进化，万物互联的背景会为 IPTV 赋能更多场景价值和互动功能。特别是新冠疫情期间，在线教育领域的"停课不停学"等活动使得 IPTV 已经有了很好的传播效果，惠及亿万家庭。[①]

在中华人民共和国成立 70 周年的重大报道中，IPTV 凸显了其作为舆论阵地的属性。2019 年，国家广播电视总局和中央广播电视总台联合部署中华人民共和国成立 70 周年的内容矩阵，上线了"我们的 70 年"主题频道和专区进行全面系统的报道。2019 年 10 月 1 日，通过 IPTV 收看中华人民共和国成立 70 周年阅兵式的人数达 2 亿，收视时长 1 亿小时，成为 IPTV 直播收视新高峰。[②]

2020 年以来，受新冠疫情的影响，青年观众居家时间变多，从而有更多的机会打开电视看节目。由于年轻人的带动，从前对 IPTV 和 OTT TV 比较陌生的老年人用户群体也开始增多，让观众规模整体得到提升。

二、新媒体平台"国家队"

在新媒体视听传播领域，《人民日报》、新华社、中央广播电视总台等

---

① 国家广播电视总局网络视听节目管理司，国家广播电视总局发展研究中心. 视听新媒体蓝皮书：中国视听新媒体发展报告：2021 [M]. 北京：中国广播影视出版社，2021：92.

② 国家广播电视总局网络视听节目管理司，国家广播电视总局发展研究中心. 视听新媒体蓝皮书：中国视听新媒体发展报告：2020 [M]. 北京：中国广播影视出版社，2020：113.

"国家队"在度过早期的不适应后迅速跟上了全媒体时代的发展步调，全面铺陈在短视频、直播等热门形态生产链条的智能化，不断创新多元化的内容形态和应用场景。"国家队"平台专注政务、时事新闻、重大主题和新闻报道中的权威性与专业性，垂直深耕政治、文化、教育、扶贫公益等影响国计民生的核心领域，在促进生产环节技术升级和人才机制改革、联合商业平台的同时注意自主可控主流平台的建设，利用国家媒体调动全国的先天优势以新带旧，实现报、网、台在重大项目中的传播矩阵联动效应，拉升整体的传播影响力和自我迭代能力。比起轰轰烈烈的商业平台的更新换代，主流媒体以一种从上而下的整体新面貌，悄然完成了进化道路。

（一）《人民日报》：短视频平台深耕"内容科技"

人民网作为《人民日报》建设的网上信息发布平台，十分重视技术平台的搭建，以人民视频作为智能短视频平台，通过智能剪辑、VR 和 AR 集成等功能板块培养和扶持"人民拍客"群体；通过打造自主可控的视频内容平台，主攻政务类短视频特色内容，为地方党媒提供技术和模式共享服务。

2018 年，人民网启动移动优先、视频优先的战略，成立了人民视听科技有限公司，打造"人民视频"客户端。通过与腾讯、歌华合作，试水短视频平台内容科技矩阵。其一，在视频内容生产上利用科技加持发力短视频，让内容生产传播全面智能化，完善全流程生态建设，为"人民拍客"提供低门槛制作系统，在全网多渠道构建分发体系。人民网的视听业务在智慧媒体的思路上不断推新求变，做出了诸多尝试。2019 年，"人民视频"客户端嵌入 AR 模块，实现自主可控的 AR 发布；2020 年，推出线上沉浸式互动"两会虚拟展馆"等内容，模拟现实交互环境，让用户直观感受"两会"信息。其二，整合利用中央平台时政类新闻资源，持续输出政务短视频爆款内容和主流 IP，巩固主流舆论阵地。比如，2018 年开始打造的"两会""夜归人"IP，联合商业平台发起"寻找夜归人"活动，以故事类 Vlog 来记录"两会"期间的个人人生故事，利用一种全新的微观视角讲述"两会"新闻，引起社会广泛关注。截至 2020 年年底，"夜归人"IP 总曝光量 1.2 亿次，微博、知乎的讨论量超过 1.4 亿次。其三，紧跟国家县级融媒体战略，开发技术通用化平台，为各级融媒体中心客户提供定制服务，提供共享内容建设资源。比如，2020 年"植树节"，人民视频联合全国 20 多家党报，用"同一张照片、同一个短视频"的形式试水 AR 新闻联动报道，打造了报网联动传播矩阵。[①]

（二）新华社：融视频与自主可控直播平台

在"全面视频化"的战略布局和技术驱动下，新华社提出"融视频"概念，尝试融合不同媒介符号，调动新闻、广告、游戏等综合表现手法，运用 3D、动画、VR 等多种技术手段，形成一种以视频为主的崭新内容形态。[②] 2018 年年底，新华网建成"媒体创意工场"，通过交互式智能制作系统和混合现实演播空间，为创意生产提供保障，采用人机协同的生产方式提高产能，接连推出了《纸短情长》等优秀的短视频作品。在"两会"报道、国庆阅兵等重大国家事件中，新华社发挥优势，用 MR 技术推出沉浸式体验短视频《全息交互看报告》，可视化解读"两会"精神，用"数字演员技术"打造微电影《一生有信》，首次将生物传感智能机器人引入重大活动现场，通过情感计算技术描绘观众情绪曲线图。[③]

---

① 陈星星. 探索与思考："5G 元年"的短视频发展 [J]. 新闻与写作，2019 (6).
② 国家广播电视总局网络视听节目管理司，国家广播电视总局发展研究中心. 视听新媒体蓝皮书：中国视听新媒体发展报告：2020 [M]. 北京：中国广播影视出版社，2020：232.
③ 同②.

在连续推出爆款短视频和《国家相册》《直播联合国》等品牌栏目的同时，新华社也加紧布局搭建自有平台。2020 年 4 月，基于新华网客户端的直播平台"新华云直播"亮相。区别于商业平台的主播群体是品牌、明星、网红，新华云直播邀请媒体、政府、高校等作为合伙人入驻平台，直播内容也聚焦在行业论坛、教育、文化、科技领域，为那些没有实力搭建平台的新闻单位和机构打造了一个低成本运营平台。

（三）中央广播电视总台：国家级 5G 新媒体平台

2019 年 11 月，中央广播电视总台推出视频社交平台"央视频"。在此之前，传统媒体的视频化转型道路，一直都是通过在商业视频平台、社交平台开设机构账号或者单独设置独立的视频制作频道的方式展开，缺乏自主可控的新媒体视频平台，央视频的出现打破了这一困局，让符合主流价值观导向的"总台算法"在视频内容消费市场上占据了一席之地。上线一年时间，央视频的客户端下载量即达到 2.24 亿次，累计注册用户 2 126 万。[①]

央视频除了借鉴商业平台模式大力开发创作者创作的激励机制和沉淀平台的社交属性外，更重要的是通过体现主流价值判断的总台算法，在传播量、浏览量、点击量的指标之外加入了价值传播因子[②]，对避免商业平台一家独大、用户内容消费被流量左右的不良局面起到了重要作用。自主平台让总台的优质内容有了新的传播渠道，也让众多的政务类短视频机构账号有了国家级平台护航。与新华云直播、人民视频一样，央视频一方面通过自有 IP（如新冠疫情期间的"云监工""云招聘"，东京奥运会等重

---

① 国家广播电视总局网络视听节目管理司，国家广播电视总局发展研究中心. 视听新媒体蓝皮书：中国视听新媒体发展报告：2021 [M]. 北京：中国广播影视出版社，2021：218 - 219.

② 孙振虎，何慧敏. 短视频平台驱动传统媒体融合发展的创新路径研究：以央视频为例 [J]. 电视研究，2020（7）.

大赛事转播）的打造，利用多元化的内容提高传播力和影响力，沉淀属于自己的用户资源，另一方面也通过长短视频联动激活了大屏，再造视听传播的新价值。

三、商业型综合视频平台

截至 2020 年 12 月，我国泛网络视听市场规模超 6 000 亿元。其中，短视频市场规模位列第一，市场份额占 34.1%，达 2 051.3 亿元；综合视频市场规模位列第二，占 19.8%，达 1 190.3 亿元。综合视频市场集中度进一步提升，爱奇艺、腾讯视频、优酷、芒果 TV、哔哩哔哩五大平台占据近九成份额。[①] 近年来，综合视频平台为了留住用户而深耕内容，用技术驱动创新生产，完善生态矩阵，全方位提质增效。

（一）内容制作工业化：视听技术驱动智慧生产

自从以大数据、人工智能（AI）、5G 为代表的新技术全面进入视听内容制作领域以来，商业平台一直是对此高度敏感和积极拥抱的一个群体。智能制作破局传统内容生产桎梏，影视资源共享仓储化，高清智能拍摄设备让观众体验 360 度环影全息场景……这些在提高制作效率的同时也大大提升了观众体验，行业进入了智慧生产、智能制作时代。

长期以来，在视听内容生产上，商业平台较之广播电视等传统的视听传播机构有一个短板：由于缺少成熟的人才、机制和长期的积淀，作为后来者的商业平台在视听内容的原创性生产能力上存在先天不足。当前，新媒介技术的不断涌现给了商业平台在这方面赶超的机会，其中最具代表性的

---

① 中国网络视听节目服务协会．2021 中国网络视听发展研究报告［R/OL］．（2021－06－02）［2022－03－01］．http://www.cnsa.cn/home/industry/industry_week.html.

就是 AI 技术的应用，各大平台普遍将其当作提高视听内容生产力的利器。

爱奇艺以技术驱动 AI 视听生态的建设：利用 Zoom AI 参与"国剧修复"工程，修复了《大宅门》等十多部优秀国产剧；将 AI 互动视频技术融入影视制作、广告营销，在技术创新和内容创新的双驱动下，推动多选择节点、多故事结局、多元完整舞台画面的诸多尝试，并于 2019 年 5 月推出应用于内容创作、制作、宣发全程的"互动视频标准"，打破传统制作规范，让用户把握内容创作的选择权，通过互动带给用户沉浸式的娱乐体验。[①]

腾讯视频利用技术迭新升级平台：采用 5G 全景直播的方式，为观众提供多视角立体化的观影选择，提高视听体验感；自主研发上线"儿童模式"防控青少年近视，针对色弱用户推出增强模式；借助语音识别技术，实现视频直播时中英文字幕翻译功能，帮助观众更好地欣赏视频内容。[②]

优酷则依托阿里巴巴的技术和数据优势，将人工智能运用到了节目内容的采集、生产、分发、接受、反馈的方方面面：在 2018 年世界杯足球赛报道中首次启用人工智能剪辑技术，自动生产和上架赛事短视频，日均视频产量增长了 100 余倍；在《长安十二时辰》选角阶段，对剧本进行 AI 分析，通过对潜在主演的多维度数据对比，最终确立男主角的人选；构建泛内容大数据智能预测平台"魔酷"为内容生产提供数据参考；另外，阿里云视频 AI 的"视频内容理解""视频智能制作"功能支持视频分类、人物识别、语音识别、视频中文字识别，以及视频首图、视频摘要、highlight 的生成。[③]

① 国家广播电视总局网络视听节目管理司，国家广播电视总局发展研究中心 . 视听新媒体蓝皮书：中国视听新媒体发展报告：2020 ［M］. 北京：中国广播影视出版社，2020：278.

② 国家广播电视总局网络视听节目管理司，国家广播电视总局发展研究中心 . 视听新媒体蓝皮书：中国视听新媒体发展报告：2019 ［M］. 北京：中国广播影视出版社，2019：235.

③ 王辉 . 新兴技术驱动网络视听行业变革：以人工智能、区块链和 5G 为着眼点 ［M］//陈鹏 . 网络视听蓝皮书：中国互联网视听行业发展报告：2019. 北京：社会科学文献出版社，2020：180 - 189.

大数据和人工智能不仅深度赋能内容生产的全链条变革，也实质上提高了平台的整体转化效率。"得益于 AI 的加入，优酷的整个内容采买、策划、运营甚至广告营销体系都完成了重塑。过去这些工作主要是靠内容团队、市场团队、运营团队的经验来主导，而今天机器智能和数据成为优酷平台判断的基础和最有效的帮手。"①

技术重启了视听内容中的时空关系，沉浸式视频、互动剧等新产品形态利用技术手段，模糊了现实与影视的时空边界，使用户成为推动故事发展的关键要素；5G 通信技术的低时延带来了交互关系的重构，云数据、云储存、云计算降低了对用户终端设备的要求，大容量带来了资源配置关系的重构，从而降低了用户体验的门槛，使平台在内容体量、商业价值、生产体系等方面都上了一个新的台阶。

（二）超级 IP 孵化：平台自制内容拓宽赛道

在内容生产方面，商业综合视频平台全面布局内容自制，涵盖网络剧、网络电影、综艺、动漫、纪录片等诸多领域，并且利用庞大的用户视听大数据开启针对用户定制的垂直类剧场模式。

爱奇艺以"超级剧集 IP 系列化、精品短剧及四季剧场化"多管齐下拓宽品质内容赛道：推出《延禧攻略》《破冰行动》《亲爱的，热爱的》《隐秘的角落》等多部破圈剧，打造《青春有你》《乐队的夏天》多款热播综艺，"迷雾剧场"成为重要的原创内容 IP。腾讯视频在逐步完善工业化制作流程的基础上创新题材内容：与人民网打造互联网公益节目《为爱下厨》，关爱贫困地区青少年儿童成长；推出关注老年群体认知障碍的

---

① 王辉.新兴技术驱动网络视听行业变革：以人工智能、区块链和 5G 为着眼点 [M]//陈鹏.网络视听蓝皮书：中国互联网视听行业发展报告：2019.北京：社会科学文献出版社，2020：180-189.

公益节目《忘不了餐厅》、展现人生百态的纪实性真人秀综艺《奇遇人生》、弘扬美食文化的纪录片《风味人间》等，在内容题材、形式上多元呈现社会现实议题。芒果 TV 凭借优秀的原创内容团队和湖南卫视多年的综艺优势，持续制造综艺爆款产品：在 2018 年、2020 年全网前十的综艺中，均有 5 款出自芒果 TV，其中《妻子的浪漫旅行》等还反向输送到卫视播出；《乘风破浪的姐姐》成为这一时期代表性的综艺节目。2021 年，芒果 TV 联合湖南卫视，以创新台网制播的方式推出了"芒果季风"周播短剧，以电影品质的叙事风格聚焦现实题材的自制剧生产。

近年来，网络视频平台早已摆脱了"粗制滥造"小成本草根化的制作模式，网站自制剧大投资频现，热门 IP 专业化制作频出。随着台网联动、先网后台关系的演进，在内容制作、播发方面具有传统优势的电视台的优势地位进一步被动摇。

（三）平台新生态：全产业链形成闭环

2020 年，爱奇艺在原有长视频领域布局高新视频、互动、游戏、人工智能、制作和内容创作六个板块的同时，推出"随刻"App 打造视频中心的兴趣社区，以内容再创、联合创作、衍生互动等形式打造兴趣圈层，覆盖影视、综艺、搞笑、游戏、动漫、音乐等众多垂直品类，拥有 2 000多个细分专属频道，试图以短视频的再创内容反哺原有 IP，打破长短视频内容的生态壁垒。[①]

腾讯视频利用长视频的优势，布局中短视频赛道，为中短视频创作者提供分账模式、资源支撑等一站式的服务；为了激发短视频内容创作，培育中短视频的互促生态进行全景式的综合布局。

---

① 国家广播电视总局网络视听节目管理司，国家广播电视总局发展研究中心．视听新媒体蓝皮书：中国视听新媒体发展报告：2021［M］．北京：中国广播影视出版社，2021：243．

2018年，芒果TV等五家公司更名为芒果超媒重组上市，芒果TV被提到了跟电视一样的战略高度，一体两翼双轮驱动，相互造血。芒果TV作为核心平台，整合了芒果系列旗下的影视制作、游戏电竞、艺人经纪、电子商务，打通全产业链，建立了一网联结、多点联动的生态；利用视频IP做全方位产业布局，从"小芒电商"做垂直核心"种草"平台，到网络综艺《密室大逃脱》的线下实体店，持续与上下游企业合作，拓宽视频的商业价值转换渠道。[①]

第三节　新业态演化：商业化路径与平台突围

近年来，短视频在国内外都实现了对其他视听产品的弯道超车，发展势头强劲。数据显示，2020年我国短视频市场规模达2 051.3亿元，超越综合视频市场占有率，成为视听产业的第一大应用；网络直播市场规模1 134.4亿元，同比增长34.5%，新网民对网络直播使用率超越综合视频使用率。[②] 这一阶段，网络直播与短视频都已过渡到行业发展的下半场，内容变现思路被打开，商业化路径逐渐成熟，平台梯队拉开差距，市场进一步走向稳定与规范。

一、短视频与泛娱乐网络直播平台

2018—2021年，短视频用户规模增长2.86亿。2021年，短视频用户使用率持续走高，为90.5%，成为互联网的底层应用。行业马太效应显

---

① 国家广播电视总局网络视听节目管理司，国家广播电视总局发展研究中心. 视听新媒体蓝皮书：中国视听新媒体发展报告：2019 [M]. 北京：中国广播影视出版社，2019：199-202.
② 中国网络视听节目服务协会. 2021中国网络视听发展研究报告 [R/OL]. (2021-06-02) [2022-03-01]. http://www.cnsa.cn/attach/0/2112271351275360.pdf.

著，市场两超局面稳定：抖音、快手自 2018 年起连续三年占据市场第一梯队，市场份额稳超 50%；二、三梯队竞争激烈，西瓜视频、微视、好看视频、爱奇艺随刻等表现不俗。5G 和 AR、VR 等视听技术的不断发展普及进一步提升了短视频用户的感官体验，短视频的视觉化特征、不断丰富的表现形式和持续的原创能力使其成为吸引用户触网的重要因素。

（一）创作者生态搭建与内容分众化

随着移动互联网进入存量时代，用户的复媒体使用习惯成形，即一个用户可能会同时使用微信、微博、爱奇艺、快手、今日头条等多个 App，用不同的媒体做不同的事。为了留住用户，平台一方面通过打造多元化的生态吸引用户的注意力，例如微信开通微视让社交软件加入娱乐属性，爱奇艺等综合视频平台也陆续布局短视频赛道；另一方面，其他视频平台由于无法在短视频用户使用活跃度和内容存量上与抖音、快手等巨型平台争夺，转而深耕某一垂直领域，通过打造亚文化圈层，占据某一类型的用户市场。

作为国内发展较早的二次元弹幕网站，B 站近年来被贴上"知识类"视频网站的标签。2019 年，作为官方主流媒体的央视网刊发了一篇题为《知道吗？这届年轻人爱上 B 站搞学习》的文章，让其作为知识垂类内容服务的代表实现破圈传播。2020 年，B 站正式上线一级分区"知识区"，打出"学习平台"的宣传口号，将书本上的知识通过视频再次传播。在此期间，B 站的学习类 UP 主的数量、知识类视频的播放量和观看用户量都得到了突破。

2019 年，创立六年的"小红书"平台用户数突破 3 亿，近年来已成为"美妆、时尚"垂类短视频的代表性平台。不同于其他视频社交网站，小红书从邀请女明星入场发布护肤信息开始就瞄准了女性群体市场，抓住年轻女性想要探究女明星美丽秘密的心理动机，打造了一个明星、网红、素人共同分享美丽文化、美好生活的专属社区。近年来，小红书积极向直播赛道发力，成为继淘宝、快手后又一热门的直播平台，并因其美妆时尚的精准用户群体，在短时间内建立起较好的直播生态。

（二）短视频拓展电商直播业务

短视频历经新业态的生长期，在 2018 年前后迎来了爆发式增长，短视频产业与电商的结合使其业务模式从早期为广告和平台商品信息导流转变为"短视频＋直播"。短视频平台在完成了上半场的用户积累和流量争夺之后，开始转向商业化平台的搭建，进入商业变现阶段。2018 年 6 月，快手发布"短视频电商导购"解决方案，可以视作这一转变的较早实践。该方案着眼于解决快手早期电商由达人引导至第三方平台交易致使品控无法掌握的问题，使主播可以在快手平台开店完成全部交易。

2019 年，电商直播打开了短视频商业变现的大门。得益于政府监管部门的介入，相关政策法规的出台推动了短视频行业的规范化，进而促进了短视频行业营销市场的成熟，增加了用户和品牌方对平台的认可；用户消费观念的转变和品牌方广告营销策略的转向为短视频的商业化提供了条件。与此同时，短视频内容生产方在流量增长趋缓和平台补贴缩减的压力下，对商业变现的需求加重，而短视频平台历经用户的前期积淀和技术链、产业链的完善，商业价值凸显。[①] 2020 年，新冠疫情加速了线上经济的火爆，在短短两年时间内，短视频平台的电商直播战略初具规模，已经成为直播电商的重要分支。

---

① 艾媒咨询．2018—2019 中国短视频行业专题调查分析报告［EB/OL］．（2019－02－03）［2022－03－03］．https：//report．iimedia．cn/repol－0/36281．html.

2020 年，抖音母公司字节跳动统筹整合公司旗下多平台的电商业务，重点发展抖音平台的电商直播，在短时间内完成了电商全链条布局：通过十亿流量扶持等一系列举措，邀请品牌商家入驻"抖音小店"；搭建匹配直播生态的供货链、品控团队等，打通电商直播上游环节通道；上线抖音支付功能；鼓励抖音内容达人和 MCN 机构加入平台的转型战略。[①]

同为短视频行业头部平台，快手电商采用的是扶植商户、稳定货源、邀请品牌免费入驻平台的方式发展，扶持自身的电商板块。与此同时，快手通过与传统电商京东的强强联合，在平台电商业务起步阶段，借助京东货源、物流、售后的多重保障，为自身电商发展铺平了道路。

抖音、快手在电商板块的强势转型，显示出头部平台在内容变现机会窗口前的现实选择。当此之时，直击行业痛点的还有用户增长速度的放缓，而海外市场无疑是内容和用户增长的下一个蓝海。

（三）短视频平台出海的融资战略和国际化运作路径

App Annie 发布的报告[②]显示：在 2020 年社交应用排行中，TikTok 的月活跃用户数在阿根廷、巴西、加拿大、墨西哥、美国均超越 Facebook、Twitter、Instagram、WhatsApp Messenger 跃居第一（见图 9 - 3）；TikTok 用户的平均使用时长在热门社交应用中遥遥领先，反映了用户参与的深度与广度。与此同时，TikTok 与 YouTube 等热门在线视频应用的共同用户增多，跨应用使用行为同比增长。以美国为例，2020 年第四季度 Netfilx 的 iPhone 用户群使用 TikTok 的渗透率是 2019 年第四季度的

---

① 于炬. 中国移动短视频发展的新态势 [J]. 传媒, 2021 (14).

② App Annie. App Annie：2021 年移动市场报告 [EB/OL]. (2021 - 01 - 13) [2022 - 04 - 05]. https：//www. sohu. com/a/469099179_121094725.

2.3 倍，意味着 TikTok 在国际泛视听应用中的进一步扩张与渗透。[①] TikTok 作为国际媒介市场上的一面中国旗帜，其融资战略和运作路径为后续我国更多平台的出海提供了参考。

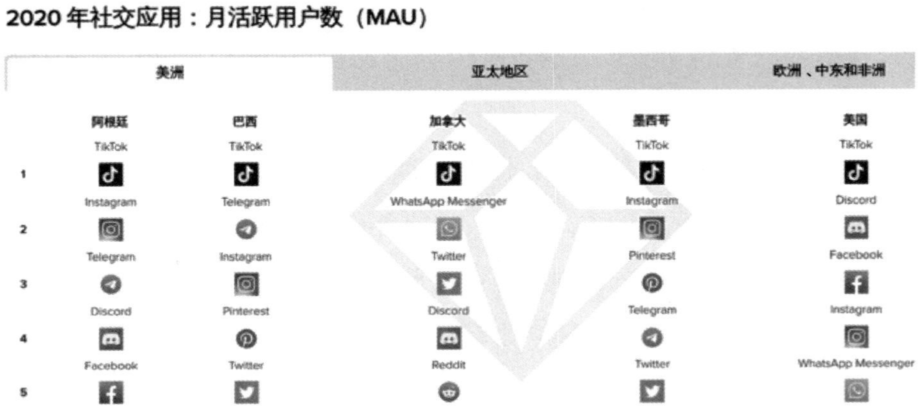

图 9 - 3 2020 年全球社交应用排行

资料来源：App Annie. App Annie：2021 年移动市场报告 [EB/OL]. (2021 - 01 - 13) [2022 - 04 - 05]. https://www.sohu.com/a/469099179_121094725.

2017 年 5 月，抖音国际版短视频平台 TikTok 历经国内约一年的运营后在海外发布。面对海外被超级互联网平台控制的媒介市场，TikTok 采取了投资海外平台推广算法模式、收购海外平台获取用户和版权、在地化网络达人推广普及平台使用率等全方位战略。其一，TikTok 的母公司字节跳动以资本入驻布局海外平台试水国际化运营，2016 年 10 月投资了印度最大的内容聚合平台 Dailyhunt，12 月投资印度尼西亚内容平台 BABE，以今日头条的推荐式算法和个性化推送的成功模式试水海外市场。[②] 其二，2017 年 2 月收购美国短视频平台 Flipagram，获得音频和短视频内容

① 黄洁. 中国媒介"走出去"的路径与策略研究：以抖音国际版 TikTok 为例 [J]. 声屏世界，2021 (6).

② 谢佩洪，李伟光. 山穷水尽到柳暗花明？：字节跳动"出海"路漫漫 [J]. 企业管理，2021 (8).

版权以及大批海外创作者储备资料；2017 年 11 月收购北美短视频平台 Musical. ly，获得超 1 亿的月活跃用户，并在次年 8 月将其合并入 TikTok 平台，收获海量活跃用户。[①] 通过这几次关键的收购，TikTok 平台在上线初期就赢得了短视频内容版权、海外创作者资源、月活跃用户、算法模式推广等立足市场最重要的核心要素。在此基础上，TikTok 一方面以邀请在地国网络红人入驻平台的方式进一步扩大了平台的知名度，保留住原用户的使用兴趣，另一方面通过算法推荐机制、注重用户差异化多样性的互动活动和成熟的垂直类内容生态经营模式，在竞争激烈的国际媒介市场成功破局。2019 年开始，字节跳动将国际化的运营经验和核心算法技术应用推广到了多领域的平台输出上。借助 TikTok 爆红欧美国际市场的契机，加紧去中心化的产品体系建设，巩固拓展海外市场。到 2020 年上半年，字节跳动已经拥有 Top Buzz、Helo、TikTok、Vigo Video、Lark、Resso 等"出海"产品，涉及新闻资讯、短视频、游戏、音乐、教育、电商等多个领域，覆盖全球 150 多个国家和地区。[②]

　　同一时期，作为国内市场常年与抖音占据短视频第一梯队的竞争对手，快手的海外版 Kwai 也发展迅猛。2017 年，快手试水俄罗斯和韩国市场，开始国际化开拓，曾连续 8 天占据韩国应用商店下载量排行榜第一，并在进入俄罗斯市场一年后登顶移动应用排行榜榜首。[③] 2019 年，Kwai 在巴西宣布"创作者招募计划"，招募国外网红达人、素人拍客入驻平台。腾讯也在这一时期投资泰国 Ookbee 数字内容平台，上线短视频内容服务

---

　　① 黄洁 . 中国媒介"走出去"的路径与策略研究：以抖音国际版 TikTok 为例［J］. 声屏世界，2021（6）.

　　② 谢佩洪，李伟光 . 山穷水尽到柳暗花明？：字节跳动"出海"路漫漫［J］. 企业管理，2021（8）.

　　③ 艾木子 . 短视频的海外市场，被"国产"承包了［EB/OL］.（2020 - 06 - 04）［2022 - 03 - 01］. https：//www. huxiu. com/article/360918. html.

功能，业务覆盖泰国、马来西亚、菲律宾等东南亚市场。在印度，腾讯先后投资视频播放程序 MX Player 和新闻平台 NewsDog。截至 2019 年 10月，腾讯领投的海外合作平台月活跃用户 1.75 亿，在全球范围内收获积累用户接近 3 亿。[①] 2018 年 3 月，芒果 TV 作为国有网络平台的代表率先推出国际版 App，搭建产品国际化、内容国际化、合作国际化三大板块业务，成为其构建海外融媒体平台、推动"文化出海"的关键之举。截至2020 年 2 月，芒果 TV 国际版 App 覆盖全球超过 195 个国家和地区，海外用户数逾 2 600 万。[②] 上述种种，足以显现国内头部互联网平台积极布局海外的决心。

随着平台出海，基于算法的用户画像和精准推送扩大了垂直内容的接受群体，让短视频用户对内容的接受度、不同圈层人群对中国文化的接受度都逐步提升。但在突围国际传播格局的"蓝海"前景之下，出海平台进入全球市场后在不同国家遭遇的政策审查、数据安全和隐私争议也日益凸显发展风险。有学者基于"风险—回应"的分析框架提出，包括 TikTok在内的中国互联网平台在扩张海外市场的同时，需要推动全球化和多元化的管理层建设，以提升内容安全的审核能力和数据隐私的保护能力，从而规避全球传播的风险，提升中国企业的海外影响力。[③] 与此同时，也有研究者提出应警惕互联网平台"越界"属性的凸显，因其通过聚合社会资源和配置市场资源所呈现的结构性力量，国家必须不断加强顶层设计和健全法制，多管齐下加强对垄断性互联网平台的治理。[④] 在互联网平台加速出

---

① 艾木子. 短视频的海外市场，被"国产"承包了 [EB/OL]. (2020 - 06 - 04) [2022 - 03 -01]. https：//www. huxiu. com/article/360918. html.

② 肖旻. 从芒果 TV"文化出海"看视频平台海外融媒体实践 [J]. 东南传播，2020 (5).

③ 王沛楠，史安斌. 中国互联网企业全球传播的发展路径与风险应对：以 TikTok 为例 [J]. 中国编辑，2020 (11).

④ 喻国明，李彪. 互联网平台的特性、本质、价值与"越界"的社会治理 [J]. 全球传媒学刊，2021 (4).

海的风口下，应吸取短视频平台在国内野蛮生长期的经验教训，提前部署引导相关企业、同步行业建设，以更健全、理性的面貌应对海外国际市场的风险。

（四）短视频转型阵痛：创作力与版权规范化

平台出海是短视频这一新业态在移动互联网时代加大对视频市场占有的重要举措。无论是短视频直播的变现还是短视频平台的出海，都是在爆发增长之后为了保持增长速率的突围之举。虽然短视频的用户和流量在这一阶段都仍然保持快速增长，但是无论内容创作者还是平台运营方都意识到，短视频发展正在进入下半场，内容同质化与侵权问题已然成为悬在头上的两把利剑。

一方面，虽然电商成为短视频的经济驱动器，但是以全民直播带货为导向的短视频平台生态留给内容创作者的原创空间却越发狭窄了。2020年，平台流量分配和扶持计划均导向直播和电商，MCN赖以生存的广告主也从广告投放转向直播带货这一更为实际直观的效果转换方式，从而影响到短视频原创内容的生产和创新。[①] 缺少持续优质的内容输出，短视频平台的内容创作者就有可能会丢失原有的流量和用户。另一方面，短视频平台与长视频平台的版权战愈演愈烈，短视频平台面临规范化转型。尽管有关部门对短视频业态的监管规范力度持续加大，但在短视频持续火爆的情况下，行业乱象还是不断显现，国家版权局仅在2018年9—11月就下架57万部作品。一些短视频内容制作者版权意识匮乏、侵权成本低造成维权困难，部分版权归属不清或原创与模仿界限不明等问题也给平台审核方增加了难度。

---

① 于烜. 中国移动短视频发展的新态势［J］. 传媒，2021（14）.

2021 年 4 月 9 日，53 家影视企业、5 家视频网站、15 家协会联合发布关于保护影视版权的联合声明①，对网络上针对影视作品未经授权的剪辑、搬运、侵权传播行为予以声讨并保留法律追责权利，呼吁短视频平台等运营者提升版权意识。长视频商业平台发展初期，经历过"版权大战"的阵痛、多平台持续近十年的诉讼，最终得以形成剧集版权规范化、用户为独播内容付费的局面。短视频平台的爆发式增长引发了各类侵权乱象，长视频平台"先版权后短视频平台推送"的要求使版权规范问题再次浮出水面。2018 年，国家新闻出版广电总局办公厅发布《关于进一步规范网络视听节目传播秩序的通知》，要求加强管制网上非法剪拼改编视听节目的行为，加强对片花预告片的管理等。2021 年 12 月，中国网络视听节目服务协会发布《网络短视频内容审核标准细则（2021）》，用以限制短视频未经授权对影视原创内容的剪辑、改编等违规行为。长短视频版权之争势在必行，而牵连着制作方、长视频平台、短视频平台、短视频博主之间的拉锯战短期内却难有定论。从制作方角度而言，长视频平台为内容付出了高昂的版权费，若要授权给短视频博主或平台，必然引起以独播内容为核心竞争力的长视频平台的不满，分摊版权虽然可以加大影视内容的传播力度，但是违背了长视频平台现阶段力争以差异化的优质内容决胜视频市场的利益。长视频平台多年为争夺独家版权实行"烧钱大战"，仅爱奇艺一家在 2018—2020 年的年均内容成本就超过 200 亿元。独播是长视频平台留住会员或拉新的关键战略，非一朝一夕可以改变，在长短视频流量之争日益向短视频平台倾斜的当下，长视频平台更不愿意与短视频平台共享版权。在这样的情况下，虽然短视频平台试图积极购买版权，但高昂的版权费和授权难取得、野蛮生长期的流量暴利都让这个问题被一拖再拖。在流

---

① 盛思梅. 移动新媒体环境下短视频的发展态势［J］. 郑州大学学报（哲学社会科学版），2021（5）.

量竞争白热化的态势之下，时至今日，无论是短视频内容博主、影视制片方还是长短视频平台，都无法就这一问题达成多方共识。

（五）泛娱乐直播平台：向专业化、规模化、生态化演进

与短视频平台同属网络视频新业态的泛娱乐网络直播平台存在着同样的问题，真实失范、价值偏差、审美错位、伦理失准等多重困境迫使直播平台谋求更为健康的生存环境，向专业化、规模化、生态化演进。

2016—2017 年，网络直播的用户高速增长，直播平台井喷式爆发，大量素人因好奇涌入直播行业。一时间，网络直播成为资本争夺的热门领域。处在高速发展期的网络直播行业，准入门槛低，"草根"特质彰显，导致乱象滋生、市场混乱。因传播方式的双向互动性强，大部分年轻人将直播视为一种新的娱乐和社交手段，泛娱乐化趋势明显。这一时期的网络主播主要靠薪资、打赏和赞助等传统方式盈利，流量变现难，收入分布呈两极分化。在大量资本涌入造成的泡沫繁华景象之下，500 多家网络直播平台激烈争夺 3 亿左右的用户市场，平台之间恶性竞争不断。主播在激烈的竞争面前频频挑战公序良俗。在历经"千播大战"的乱象之后，市场逐渐趋于饱和，政策监管愈加严格，2018—2019 年直播行业开始进入沉淀阶段。[①]

2018 年开始，网络直播行业的融资明显向头部平台倾斜，缺乏现金流和造血功能的中小平台纷纷在整体行业走向规范化和规模化的趋势下被淘汰出局。这一时期，游戏直播和秀场直播在 5G 等技术的支持下加速高清化，直播的内容更加立体，形式与场景也更加多元，技术赋能使"全民直播"成为可能。2019 年 4 月，虎牙直播联合中国电信完成了 5G＋4K 高清户外直播，成为首个 5G 直播平台；映客则通过 5G＋VR 的技术研发了

① 陈鹏．网络视听蓝皮书：中国互联网视听行业发展报告：2018 ［M］．北京：社会科学文献出版社，2018：214－263．

5G 高清 VR 直播。游戏直播领域，由于宽带更加稳定，也加入了用户付费与主播一起玩游戏、增强用户多元体验感的业务模式，虚拟形象主播在技术推动下被开发出巨大的想象空间。平台通过立足自身的差异化产品，开始有意识地避免内容同质化的沉疴。①

2018 年以来，网络直播的用户增长虽然趋缓，但是深度用户变多。随着第一梯队在资本的支持下逐步扩大领先优势，行业的精细化运营得到了保障，集中度也在稳步提升。第二梯队的直播平台，比如，YY 直播与小米直播、花椒直播与六间房直播、斗鱼直播与新浪微博，则以合并重组、资源整合的方式抵抗与头部平台的激烈竞争。② 随着监管力度的进一步加强，直播行业开始从流量红利的浪潮下冷静下来，走过跑马圈地的割据时代，转而回归初心推进平台差异化和优质内容生产，向如何激活存量市场、拓宽流量入口方面努力。而电商直播的蓬勃发展，直播＋模式向产业链各段的渗透和多路径尝试，也为这一时期的行业注入了新的活力。持续发展的"直播＋教育、直播＋企业、直播＋文化、直播＋公益"等都丰富了直播的内涵，不断细分出的垂直领域，也为新入局者和"落后者"提供了新的契机。在探索场景化传播和专业化内容生产的变化下，直播行业的商业价值被进一步挖掘。③

二、中视频成为各平台争抢的新赛道

业界所谓"中视频"，是指区别于抖音、快手等平台短视频和爱奇艺、

---

① 王长潇，张冰君. 2019 年网络直播行业发展报告 [M]//陈鹏. 网络视听蓝皮书：中国互联网视听行业发展报告：2020. 北京：社会科学文献出版社，2020：110-138.

② 张冰君. 2018 年网络直播行业发展报告 [M]//陈鹏. 网络视听蓝皮书：中国互联网视听行业发展报告：2019. 北京：社会科学文献出版社，2020：85-103.

③ 同①.

优酷、腾讯平台长视频的一种视频制作和传播模式，时长在 1～30 分钟，以横屏的方式展现，以职业内容创作者为核心。进入 2020 年，各平台纷纷步入中视频战场。西瓜视频表示，平台在未来一年将拿出 20 亿元补贴优秀的视频创作者，发力"中视频"赛道；爱奇艺上线"随刻"App，对标 YouTube 模式，鼓励创作者发布七分钟到十几分钟的中视频；腾讯视频也于年底宣布将发力中视频内容。在社会表达全面转向视频化的大势之下，其他非视频类互联网平台也依托已有的社交平台生态布局中视频板块：2020 年 6 月，微信视频号开放注册，9 月试水 1 分钟以上视频上传功能，10 月将时长延长到 15～30 分钟；7 月，微博启动视频号计划；8 月，小红书上线视频号功能，支持粉丝数达到一定数量的博主上传 15 分钟的中视频；10 月，知乎新增"视频"专区，着力培育 1 分钟以上的知识类视频。

据《2020 年中国互联网中视频发展报告》分析，互联网视频市场在 2020 年增速趋缓，中视频形态是各领域视频平台对用户增长展开存量竞争寻求市场增长点的应对举措。这一时期，短视频市场趋于饱和，下沉市场的抢占已基本完成；而长视频平台存在用户存量难获取的问题。为拓展长视频的观看场景、优化市场布局、增强用户黏性，在与短视频的竞争中争取更多的用户和流量，短视频变长、长视频变短成为行业的新选择，以期满足用户对优质内容的需求，提高付费意愿。[①]

（一）中视频的内容变现与多屏消费场景开发

西瓜视频联合抖音、今日头条发布的《中视频 2021 发展趋势报告》宣称，自 2021 年 6 月发起"中视频伙伴计划"以来，共帮助近 50 万中视频内容创作者收入上涨了 3.5 倍，超过 13 000 人收入过万，超 4 000 人年

① 李明德，王含阳 . 2020 年中国互联网中视频发展报告［M］//唐绪军，黄楚新 . 新媒体蓝皮书：中国新媒体发展报告：2021. 北京：社会科学文献出版社，2021：166-181.

入 50 万元。[1] 报告显示，中视频在 2021 年全年的月活跃创作者数量增长了八成，内容数量同比增长 98%，九成的创作者因为中视频获取了收益，近六成的创作者拥有两种以上的变现方式。西瓜视频平台不仅在内容变现上给创作者提供电商、直播、商单和内容付费等方案，且为了培植平台视频生态，从视频制作的素材提供、视频审核便捷化和原创保护上都给予了充分考虑，将中视频的内容细分领域扩展到了 50 多个赛道，通过流量加分成激励的方式，引导生产更为专业性、趣味化的内容。

业内人士指出，中视频的空间远不止于手机。自 2020 年以来，中视频的消费场景已经从手机端扩展到了电视端。数据显示，截至 2021 年第二季度，中视频内容在电视端的消费时长已经达到了总时长的 35%，个别视频博主的电视端消费用户已经超过了手机端消费用户。与之相似，同类型平台 YouTube 中视频 2020 年三季度电视端的消费时长占比 34%，且呈持续增长走势。[2] 出现这一现象的原因，首先，从渠道来看是社会整体平板和智能电视的使用时长正在增长，平板和大屏本身具有增量空间；其次，就内容而言，中视频的时间长度和内容与早年间爆火的电视节目《动物世界》《我爱我家》等类似，是一种对大屏时代的记忆觉醒与回归。大小屏壁垒的打破和电视端内容生态的完善，为中视频内容形态在大中小多屏的交互消费拓展出更多可能。

（二）中视频的发展空间与局限

研究内容消费趋势的机构"巨量算数"在其《2021 中视频营销趋势白皮书》中指出，中视频由于具有叙事完整、表达深入、场景丰富的特

---

① 一份关于中视频的成绩单：月活创作者数量增长 80% [EB/OL]. (2022 - 01 - 10) [2022 - 01 - 03]. https://www.toutiao.com/a7051429643785716261/?channel=&source=search_tab.

② 西瓜视频任利锋：中视频的空间，远不止手机 [EB/OL]. (2021 - 09 - 15) [2022 - 02 - 03]. https://www.toutiao.com/a7007995046532235783/?channel=&source=search_tab.

征，给予了广告创意和品牌植入更大的发挥空间，正在成为内容营销的新阵地。时长的增加使得中视频较短视频能更全方位立体地展示产品，还能增加品牌价值传递、生活方式呈现、社会认同等内容。比如，新冠疫情期间五菱汽车自造口罩生产线的热门事件，就在中视频创作者的解读中，使得社会事件实现了多面向的呈现，从而将中视频内容实现商业价值与社会价值共同破圈的功能显现出来。[①]

西瓜视频利用中视频拓展品牌营销，腾讯则以对标网络电影的扶持力度发展"中视频短剧"，并提出"十分钟美学"的理念，通过精心设计剧情，在前三秒就抓住观众，快节奏高密度地推进情节，并叠加腾讯产品的社交属性优势，赋予短剧更多表达的可能。例如在短剧《铁锅爱炖糖葫芦》里嵌入"助农带货"，在互动短剧《师傅》里用购买商品影响剧情走向；平台还与多家品牌联合开发"品牌定制短剧"，主推与消费者建立深度情感连接。[②]

在互联网视频行业整体进入存量时代的背景下，不同于视频平台发展初期探索内容生产和市场开拓的情势，中视频诞生于互联网视听行业的繁荣期，各领域的互联网头部平台格局已经趋于稳定，平台生态搭建已然完备，中视频的发展更多的是各方平台在现有生态链上于内部孵化出的一条产业链，走的是轻量化发展道路。短视频意图通过增加时长形成中视频，摆脱从前低俗化、娱乐化和同质化的标签，满足用户对内容质量提升的需求；长视频意图通过中视频满足用户碎片化、社交化的视频消费习惯，留住现有用户和流量。截至目前，中视频无论是从用户转化、内容生产还是从盈利模式上看都未摆脱原有平台和视频形态的影子，想要在现有的市场

① 从"看见"到"看懂"，中视频正在重新定义内容营销［EB/OL］.（2020-12-29）［2022-02-22］. https：//mp. weixin. qq. com/s/zKd9kj326SY5hl5WdJ8O7w.

② 从腾讯中视频短剧的"十分钟美学"瞥见内容产业的新方向［EB/OL］.（2021-11-05）［2022-02-22］. https：//mp. weixin. qq. com/s/cEM8YFZQP28Frj7qROZbIQ.

格局中突围，能真正生产出具有差异化的创意内容、真正将用户聚拢实现圈层化、沟通休闲娱乐与社交活动之间的连接才是发展的要点。

第四节　新视听文化：内容品质决定用户行为

互联网视频有别于传统广播电视最大的差异，在于用户的深度参与。今天的网络视频行业早已摆脱了大众传播时代单向度传播或是弱反馈的桎梏。在互联网视听场域，用户的声音被无限放大，用户不仅可以决定看什么，还能决定怎么看。由此，一种参与式的新视听文化被发展出来，并随着视听传播的深度嵌入而成为当代社会大众文化的特征。

一、消费习惯：阶梯式付费模式探索

这一时期，为互联网视频付费的习惯已在新一代消费者中逐步养成。一项统计显示，超过 45.5％的网络视听用户为网络视频节目付费。[①] 2019年，爱奇艺和腾讯的会员双双突破 1 亿大关，但随之而来的是新会员增长速度的趋缓，广告盈利模式在多方面遭遇瓶颈。[②] 长视频平台多年亏损的局面没有彻底扭转，会员收益增长乏力[③]，盈利模式一直以来主要依靠会员费和广告收入，没有实质创新。平台走到了必须要创新多种营收模式扭亏为盈的关键时刻。2019 年，超前点播在会员制的基础上应运而生，开启了阶梯式付费模式和增值模式的探索。

超前点播模式起始于 2019 年的爆款剧集《陈情令》，但真正引起大众

---

① 中国网络视听节目服务协会．2021 中国网络视听发展研究报告［R/OL］．（2021 - 06 - 02）［2022 - 03 - 01］．http：//www.cnsa.cn/home/industry/industry_week.html．

② 张旋．国内视频网站付费盈利模式分析：以爱奇艺为例［J］．新媒体研究，2019（2）．

③ 余露．网络视频平台的超前付费点播模式浅析［J］．声屏世界，2021（10）．

关注是在热门剧集《庆余年》播出期间，腾讯、爱奇艺联合推出普通会员额外支付 50 元享受超前点播 6 集的增值服务。普通会员因会员价值被稀释、临时增加规则等多重原因在网络上抵制超前点播模式。2020 年 1 月，消费者将《庆余年》的播放平台方告上法庭，指责其侵害会员权益，随后法院判决平台违规。但也有观点认为，超前点播既为平台挖掘了新的利益增长点，又为有"暴看"心理需求的用户提供了更多样化的选择，是一种符合市场规律的趋势。① 无论如何，2019 年以来的超前点播探索表明，这一新的消费模式已经被市场、消费者逐步接受，超前点播的剧目题材和视频类型也逐步增加。究其根本，是优质的独播内容持续驱动了消费者的付费行为。随着消费者视听体验需求的提高，从跳过广告的会员制开始，到为优质剧集买单的超前点播，再到单次付费、单次观看的云演出和云电影的商业模式，显示出消费者逐步接受针对不同内容产生不同付费行为的心理变化过程。

但是，视听付费习惯的养成对平台营收的利好只是一个方面，从消费者视角来看，超前点播存在的侵权漏洞也是不容忽视的。2021 年，腾讯视频在《扫黑风暴》的超前点播中按顺序解锁观看的设置就再次受到消费者质疑。上海市消保委点名批评，指出消费者有选择观看的权利，按顺序解锁的设置涉嫌捆绑消费，损害了消费者的权益。2021 年 9 月，中国消费者协会发布声明②，要求视频平台 VIP 服务应依法合规、质价相符，就消费者诟病的超前点播收费的合理性问题、平台单方面修改更新周期导致会员权益受损问题、会员贴片广告和会员费到期自动续费的问题逐一进行解读，要求平台正视消费者呼声，以此有了后续平台的一系列自查整改行

---

① 张莉．视频网站超前点播模式的发展现状及优化升级［J］．中国有线电视，2020（7）．

② 中国消费者协会．中消协观点：少一些套路，多一些真诚 视频平台 VIP 服务应依法合规、质价相符［EB/OL］．（2021-09-09）［2022-03-05］．http://www.cca.org.cn/zxsd/detail/30178.html.

为。随着 2021 年 10 月 4 日"爱优腾"三个头部平台取消超前点播服务的声明，这个一度标志着行业盈利成功探索的超前点播模式成为旧闻，但用户对优质视听内容阶梯式付费的意识已然形成，行业继续通过优质内容盈利的方向不会因此转变。视听付费文化的养成不是一日之功，自然也不会因一事熄灭，为视听内容服务的阶梯式付费模式已渐成趋势。

随着视听内容制作的精品化、用户付费习惯的养成，在传统广告的创意式植入日渐稀松平常的同时，依托影视剧 IP 的游戏、衍生周边等收入也逐渐增长，为了更好地满足用户观影享受和生活需求而产生的观影和电商购物相结合的方式出现，多元化的商业模式日益形成。在产业提质减量的阶段，不同环节都在推动互联网视听产业的良性发展：除了产业内部的上下联动，受众抵制盗版的认识也在提高，相关部门对影视明星限薪的举措从制作上游解决了剧集制作费用高昂的问题。在监管部门、行业成员、消费者的三方努力之下，把市场拉回正向突围的轨道，以提质来确保用户对原创内容的消费购买行为已成共识。

二、倍速观看：速度文化的表征

根据《2021 中国网络视听发展研究报告》，在截至 2020 年 12 月的 9.44 亿网络视听用户中，有 28.2%（约 2.66 亿）的网络视频用户不按原速观看视频，其中 39.6% 的"00 后"选择倍速观看网络视频节目。[①]《新京报》的一项调查也显示，接近七成的青年群体有倍速观看的习惯，导致这一现象的主要原因是影视剧注水及观众时间碎片化带来的两难。[②] 倍速

① 中国网络视听节目服务协会. 2021 中国网络视听发展研究报告 [R/OL]. (2021 - 06 - 02) [2022 - 03 - 01]. http://www.cnsa.cn/home/industry/industry_week.html.
② 杨莲洁. ×2 快进！为什么年轻人看剧都用倍速 | 调查 [EB/OL]. (2019 - 09 - 22) [2022 - 01 - 03]. https://baijiahao.baidu.com/s?id=1645335294815085096.

播放不同于早年的快进功能，是能够实现音画同步匹配的一种观看方式，是技术进步、市场需求和社会文化转向三方作用的产物。

最早的倍速观看兴起于在线教育平台，是为了帮助学生节省二次观看复习知识点的时间而产生的。其后，随着 B 站鬼畜视频的破圈、一分钟观影等短视频的爆红，快感式的文化消费为更多的年轻人所喜爱。视频平台为了契合观众"倍速观看"的需求，将这一加速按钮列为视频观看的标配，从而扩大了倍速观看的辐射群体，使其成为当今社会速度文化的一种表征。就市场逻辑而言，影视行业演员按集收费，制片方按集卖剧，平台或电视台插播广告，导致电视剧越拍越长，而年轻观众迫于生活压力对休闲时间的压缩，没有更多的时间慢慢观影，倍速播放因此成为制片方经济效益和观众时间矛盾的缓冲产物。

和此前火热的短视频、一分钟观影一样，倍速观看体现了视听用户一种时间观念的变化，在快速把握核心剧情的同时，某种程度上也是对传统影视美学体验的摈弃，放弃了原内容生产者为观众精心准备的视觉画面和叙事节奏。倍速播放的背后，是作品的生命周期都被"倍速"了。[①] 倍速观看体现了当今传受双方权力的位移，受众在技术的赋权下，通过加速和只看某人这样的设置，很大程度上掌握了对信息接收的主动权。平台作为传播渠道在传受双方中起到了调节阀的作用，其对倍速播放的常规速度设置是 0.5～2 倍速，最大不超过 3 倍速，这也说明平台把控了速度的边界。观众在倍速观看过程中体会到的速度感，无形中也影响了现实生活中对速度的感觉，这种速度感可能是由于社会加速导致的时间焦虑，但是同时也是虚拟世界对现实世界文化的侵蚀。

---

① 陈晓. 加速理论视域下的"倍速播放"及其影像传播机制 [J]. 当代电影, 2021 (3).

三、影视二创：媒介赋权下的文化实践

短视频追剧是近年来面对冗长的注水剧情而产生的一种符合年轻人消费习惯的新型文化现象，其主要形式就是利用影视综艺、动漫、体育及游戏等已有作品素材进行二次创作的短视频，主要包含六种类型：预告片类、解读和分析影片的影评类、由两个以上影视片段围绕特定主题进行的盘点类、直接对作品进行剪辑切段的片段类（CUT）、解说类和混剪类。①

有消费者表示："真的很喜欢看剪辑后的视频，一些 UP 主非常懂我们想看什么，比起电视剧中冗长的剧情，UP 主们的再创作内容简练，配音恰当，下饭必备。"② 站在消费者的立场而言，类似于"××分钟看完电影"等解说式的影视二创短视频，能够在一定程度上帮助判断一部电影是否值得自己花时间或付费观看，也有一些上班族根本不想花长时间看剧，只想看剧集里的话题点，以获取办公室社交谈资，所以干脆从"倍速观影"变成了"抖音追剧人"。一部分专业化的电影博主并不是单纯搬运或剪切影片，高质量的二创短视频不仅能介绍剧情，还能在解说时嵌入一些观影知识；一些二创视频是通过剪辑和拼接创造一个观众认同和喜欢的剧情走向；一些混剪类的视频不拘泥于原影视作品的观点，而是重新组合语境关系，达到新的意义建构。总而言之，影视二创作为一种新文本多面向地满足了观众的观影需求。

对于喜欢二创的博主而言，影视二创是由于新媒介技术发展和 UGC 平台的赋权为普通人打开了一扇文化实践的大门，从前需要高昂制作成本

① 12426 版权监测中心. 2021 中国短视频版权保护白皮书［EB/OL］.（2021－06－03）［2022－02－02］. https：//xw. qq. com/partner/vivoscreen/20210603A0BIGG00.

② 翟元元. 视频版权"零和博弈"困局，YouTube 模式走得通吗？［EB/OL］.（2022－01－14）［2022－01－18］. https：//mp. weixin. qq. com/s/0sLONoiGfErLnrk3WDnzfw.

和专业化技术的影视创作也向普通爱好者开放，他们可以利用傻瓜式的剪辑工具轻松便捷地对视频进行剪辑，从而进行个人表达。刨除有营利目的的专业视频博主，很多二创博主来自粉丝群体，基于特定人物或剧集的圈子，基于共同的知识基础，对一系列人物或剧情进行意义理解和新语境建构的创作。例如B站的同人二创，就是在自己所属的趣缘群体中进行二次交互传播，实现内容和情感的交换共享。二创视频常常是一部分亚文化群体对影视作品里主流文化的抵抗和戏谑，意在通过时空转换和叙事逻辑的改写表达自身主张，构建独立于媒介生产主流话语权之外的控制空间。这种解构原有主流文化的平等对话，意在解除主流影像对青年人的捆绑，要求共创和同构意义生产，其对新技术的应用和对影视表达的革新本身也是对权威的反抗和对中心的瓦解与颠覆。① 针对此类情形，2018年3月，国家新闻出版广电总局办公厅发布《关于进一步规范网络视听节目传播秩序的通知》，强调："坚决禁止非法抓取、剪拼改编视听节目的行为。所有视听节目网站不得制作、传播歪曲、恶搞、丑化经典文艺作品的节目；不得擅自对经典文艺作品、广播影视节目、网络原创视听节目作重新剪辑、重新配音、重配字幕，不得截取若干节目片段拼接成新节目播出；不得传播编辑后篡改原意产生歧义的作品节目片段。"②

目前，剪辑影视内容与版权保护之间尚存在较大争议：在喜欢二创的博主看来，二度创作短视频是他们重新赋予内容意义的作品；而对于影视版权方来说却是未经授权对影视作品的任意剪切，损害了版权所有者的利益。二创短视频是否真正为长视频平台带来了流量并无充分的证据，长视频平台因巨额的版权购买费用而长期亏损的局面和短视频平台通过影视二

---

① 曾晗露. 新媒介空间中的同人二创视频：以哔哩哔哩为例 [J]. 中国报业，2021（24）.

② 王军，李燕蓉，徐晓芳，等. 2019年中国影视行业维权热点与展望 [M]//司若. 影视蓝皮书：中国影视产业发展报告：2020. 北京：社会科学文献出版社，2020：150-174.

创以几乎免费的代价获得流量却是确定的事实。数据显示，由于近年来长短视频平台用户数量和月活跃数的此消彼长，抖音、快手的广告容量已远超爱奇艺。[①] 商业上的受损导致长视频平台和影视制作方开始通过法律手段维权。短视频二创获得合法授权的方式主要包括：其一，博主个人可以向相关著作权方提出授权请求，以抖音解说类短视频账号"毒舌电影"为例，在其发布的绝大多数短视频中都标明了"本视频已获授权使用电影片段素材"的字样；其二，通过著作权集体管理制度，对海量作品进行统一授权；其三，由短视频平台方进行集体授权。

短视频二创现象的背后，一方面是当下快节奏内容消费的需求，另一方面则是利益驱动，是长短视频平台方商业利益和竞争格局的博弈。[②] 面对新的内容供给和消费市场的需求，如何使短视频内容二创与影视原创之间形成可行的版权合规关系，成为新的亟待解决的问题。

第五节　新动能：视听新业态赋能数字化社会

互联网视听作为一种高速增长的新业态，市场潜力巨大。2020 年以来，网络视频的社会功能和使用场景被充分挖掘，在拓展行业发展想象空间的同时，其作用于数字化社会的强大能力亦被更多的人看到。

一、"直播＋"赋能视听经济

在 5G 技术商用和数字化新基建的背景下，网络直播行业被赋予了更

---

① QUESTMOBILE. 2019 移动互联网广告营销半年报告：广告收入增速腰斩，汽车投放负增长、医药狂降 [EB/OL]. (2019 - 09 - 04) [2023 - 09 - 03]. https://www.36kr.com/p/1724298493953.
② 孙冰. "二创"野蛮生长 短视频背后的版权战与商业局 [J]. 中国经济周刊，2021 (9).

多的可能性。多元化的应用场景拓宽直播赛道，用户对直播购物的接受度普遍提高，各主流、头部新媒体平台纷纷上线直播业务板块，资本市场持续看好，政府鼓励引导行业健康可持续发展，直播电商在这一阶段进入了爆发期。据艾瑞咨询《2020 年中国直播电商生态研究报告》，2019 年电商直播的整体成交额达 4 512.9 亿元，同比增长 200.4%。[①]

（一）电商直播助力脱贫攻坚

以 2020 年为节点，我国实现了全面建成小康社会的目标，脱贫攻坚取得决定性胜利。在全国精准扶贫工作中，网络视听传播作为新兴的经济助力加速器，通过直播带货等多种方式帮助贫困地区销售农产品。电子商务盘活了地区特色产业，通过网络流量带来了消费扶贫的一轮热潮，这也是短视频、网络直播继娱乐之后在社会经济效益方面的又一直接体现。

除官方主流媒体发挥主动作用之外，多样化的网络视听平台都积极加入到了助力脱贫攻坚的队伍。阿里巴巴旗下的淘宝直播作为直播生态中最为成熟、收看观众最多的平台，在社会动员、消费扶贫方面发挥了重要作用。淘宝直播在这一阶段"举办了 120 万场直播活动，带动 5 000 多新农人、300 多位贫困县县长在淘宝直播间销售农产品 40 亿，带动 20 万人就业"[②]。和淘宝直播一样，快手在"福苗计划"（电商扶贫计划）中投入了价值 5 亿元的流量资源，众多网红达人参与到配合百城县长的助农直播中。芒果 TV 利用旗下王牌网络综艺节目《乘风破浪的姐姐》的巨大流量举办扶贫直播。B 站通过将上海消费补贴和援鄂扶贫活动相结合的形式推介贫困地区品牌和农产品。[③] 短视频平台的电商直播为振兴乡村产业提供

① 艾瑞咨询 . 2020 年中国直播电商生态研究报告［EB/OL］.（2020 - 07 - 01）［2023 - 09 - 03］. https://baijiahao. baidu. com/s?id=1670978440719973148&wfr=spider&for=pc.

② 国家广播电视总局网络视听节目管理司，国家广播电视总局发展研究中心 . 视听新媒体蓝皮书：中国视听新媒体发展报告：2021［M］. 北京：中国广播影视出版社，2021：87 - 88.

③ 同②.

了新出路。

（二）直播经济改变品牌营销

在新冠疫情期间，网络直播以其低成本设备投入和高用户黏性，一定程度上解决了许多线下商家的现实窘境。直播电商作为最热门的营销模式收获的关注不断增加，产业规模也在疫情、技术等复合影响下持续扩大。2020 年 3 月 21 日，淘宝直播开启首个"直播购物节"，上万个线下门店集体开播，天猫线上商场直播卖货商家过半，启动门店直播的商家比以往多出了 5 倍；当月淘宝站内直播场次 175 万，环比增长 17 倍。① 在直播影响逐渐扩大的阶段，随着头部主播的走红，品牌上红人直播间的成本日益增长，再加上各类平台在这一时期开始注重为商家自播搭建功能板块，提供直播工具和销售服务，这一阶段商家自播的频率开始加大，更注重培养门店导购转型线上主播带货，自播模式成为新常态。商务部发布的监测数据显示，2020 年前 11 个月我国电商直播场次突破 2 000 万，将近 3 亿用户涌入直播间。据艾瑞咨询的预测，2023 年直播电商规模将达 4.9 万亿元。②

直播经济，最初是网红流量变现的一种模式。但随着直播模式的常态化和用户加速增长而产生的全民化趋势，头部主播个人品牌和部分 MCN 公司日益壮大，越来越多红人主播的粉丝开始产生对主播个人的信任情感，会根据明星主播的推荐去认可新的品牌或者更易接受某类新的产品。在沉淀收获了大批粉丝私域流量的基础上，头部主播不再满足于做单纯的商品推销员，直播间每日成千上万用户的真实需求、实时反馈都会在系统里形成一种市场大数据，通过主播这个中间媒介反馈到品牌方，作为市场调研结果反作用于产品研发和营销设计。随着直播行业不断深化发展，作为内容生产传播机构的直播方不仅仅是产品的推介者角色，更改变了用户的消费理念和消费习惯，强化了用户关系，激活了组织圈层[①]，网络直播也因此成为推动消费经济的强大助力。大量资本闻风而动，仅 2020 年直播电商行业的融资金额就高达 393 亿元，融资事件多达 69 起。[②]

　　电商直播在短时间内快速成长的同时也暗藏着很多乱象。面对其存在的虚假宣传和售卖假货等行为，有关方面出台了多项引导行业发展的政策文件。2020 年 11 月 5 日，国家市场监管总局发布了《关于加强网络直播营销活动监管的指导意见》，依法查处违法行为；12 日，国家广播电视总局就平台的规范化、价值导向等问题印发《关于加强网络秀场直播和电商直播管理的通知》；13 日，国家互联网信息办公室发布《互联网直播营销信息内容服务管理规定（征求意见稿）》，就平台、营销人员等直播环节上下游主体提出责任范围。2021 年 6 月 29 日，我国首例直播售假案进行了判决，涉案主播廖某因销售假冒注册商标的商品罪被判刑 3 年 4 个月。[③]

（三）"直播+"与生活场景多样化融合

　　直播行业的壮大不仅体现在消费经济层面，变化也不仅局限于主播类型的多元化，比如在美妆时尚等垂直领域的突破，还体现在网络直播作为一种工具应用到了更加多元化的生活场景，重构了线上和线下的关系。

　　以电商直播为例，头部主播的直播已经从早前具有情感价值的陪伴型

　　① 唐绪军，黄楚新，王丹. 媒体深度融合：中国新媒体发展的新格局：2020—2021 年中国新媒体发展现状及展望 [J]. 新闻与写作，2021（7）.
　　② 2020 年大文娱赛道盘点：总融资额 738 亿，直播电商开启掘金时代 [EB/OL].（2021-02）[2022-02-26]. https://baijiahao.baidu.com/s?id=1691092083245793985&wfr=spider&for=pc.
　　③ 张凤玲. 直播卖假货判刑了 [J]. 中国品牌，2021（8）.

观看产品发展成了有高转化率的新零售模式。人们在观看直播获取情感陪伴的同时，不知不觉间就从休闲模式变成消费模式。区别于以往电视购物简单的卖货，网络直播的实时性、现场感满足了人们的社交和购物多元化需求。

为适应市场需求，直播与其他行业的融合加速，"直播＋"现象频现。5G 等信息技术的高速发展，为传统实体经济，例如旅游、招聘、演出等行业数字化转型提供了平台。同时，新媒体平台和传统实体产业也都有意识地去寻求新的发展渠道，为传统产业在面对疫情这样的特殊情况时提供另一种商业模式，增强抗风险的韧性，这也为直播向更加多元化的领域拓展、释放经济活力创造了可能。网络直播下沉市场和拓宽赛道动作频出，融合创新创意不断。例如，国家大剧院与央视网合作的"春天在线"音乐会，就为疫情期间受到影响的线下剧场提供了新的平台。

二、视频内容出海与跨文化传播

随着我国互联网视听行业精品内容的增加，更多的内容得以以多元的方式走出国门，加速布局海外市场，助力跨文化传播。

（一）长视频内容出海成果显著

2018 年以来，为了推动我国优秀文化"走出去"，借助国家广播影视产业的相关官方活动，通过外事交流、合作合拍、参加国际电影电视节、主办国际影视展等方式，长视频领域的优秀作品加速走出国门的步伐。

2018 年是中菲建交 43 周年，国家广播电视总局与菲律宾国家电视台在马尼拉举办了"中国剧场"开播仪式，推动《鸡毛飞上天》《北京爱情故事》等剧集在菲律宾的播出。同年，我国与 21 个国家签署了电影联合制作协议，并且利用法国戛纳电视节的契机在国际知名电视展上向世界介绍我国影视行业的最新发展。2018年上映的《流浪地球》海外票房在当年创下了中国电影海外市场的票房新高。[1]

2019年，国家广播电视总局发布"视听中国——中国电视节目海外播映计划"，进一步利用官方活动推动我国广播影视走进国外校园和社区，通过观众见面会等形式加强互动和交流。[2] 这一年，我国有更多的剧集登陆海外流媒体网站：在国内火爆的青春偶像剧《亲爱的，热爱的》在国外社交平台引发热议；优酷出品的历史剧《长安十二时辰》被授权给美国亚马逊、马来西亚Astro、新加坡Starhub等多国视频网站播放，同时也是我国第一部实现全球同步发行且采用付费模式在海外上线的剧集；古代家庭题材剧《知否知否应是绿肥红瘦》不仅在YouTube上线，也同步在韩国的"中华TV"播出，深受欢迎。[3] 这些风格各异的剧集在国外电视台、视频网站的接连播出，对于传播中华文化具有重要意义。

2020年，优酷有超过百部节目出口海外，实现了剧集、综艺、文化、纪实、动画、网络电影等全品类节目的海外发行全覆盖。[4] 由优酷出品的电视剧《风起霓裳》被译制成英、法、意等十余种语种在YouTube播出，总观看量超336万次，为世界呈现了唐朝文化和盛唐气象。[5] 在全球抗击新冠疫情的社会背景下，五洲传播中心与美国Discovery探索频道、哔

① 李继东，吴茜. 中国广播影视对外贸易发展报告：2019 [M]//李小牧，李嘉珊. 文化贸易蓝皮书：中国国际文化贸易发展报告：2019. 北京：社会科学文献出版社，2020：40-49.

② 李继东，潘茜. 中国广播影视对外贸易发展报告：2020 [M]//李嘉珊. 文化贸易蓝皮书：中国国际文化贸易发展报告：2020. 北京：社会科学文献出版社，2020：50-61.

③ 国家广播电视总局. 中国电视剧海外热播引发热烈反响 [EB/OL]. （2019-07-26）[2022-02-22]. http://www.nrta.gov.cn/art/2019/7/26/art_114_46893.html.

④ 陈鹏，龚逸琳. 2020年中国网络视听行业发展现状、热点与趋势 [M]//陈鹏. 网络视听蓝皮书：中国互联网视听行业发展报告：2021. 北京：社会科学文献出版社，2021：1-28.

⑤ 国家广播电视总局. "陕剧"《风起霓裳》海外热播 [EB/OL]. （2021-02-23）[2022-03-22]. http://www.nrta.gov.cn/art/2021/2/23/art_114_55183.html.

哔哩哔哩联合出品的《新冠肺炎：与魔鬼的战斗》于 2020 年 4 月初通过 Discovery 探索频道播出，到达亚洲、大洋洲、欧洲等 40 多个国家和地区。利用纪录片和微纪录片的形式，我国与韩、泰、法多国联合制作发布抗疫纪录片，以展示中国与世界人民守望相助、共克时艰的画面。①

（二）短视频内容在海外破圈

除了多年经由官方平台和商业平台推出海外的长视频内容，短视频作为一种具有高度文化亲和力的传播形态近年来也在持续实践着我国的对外文化传播。不同于传统的中国故事讲述方式，短视频内容因为创作者的多元化、内容轻量化与趣味性、传播的精准化等优势，更易跨越空间和文化的阻隔，使海内外用户的交流语境趋向融合，减少文化"折扣"现象，有效促进文化传播与交流。② 相较于长剧集，轻量级的短视频更有利于海外青年群体分享行为的形成，从而产生更好的群体扩散效果。作为契合当今碎片化、视觉化、融合文化特质的表达方式，短视频为新时代文化出海提供了新的渠道，丰富了东方美学和中国故事的阐释路径。

近年来，国家主流媒体纷纷开始全面视频化转向，在国际传播中强调多层次、分众化、立体式、情感化、日常生活化的传播③，在海外社交媒体平台上发布了许多轻量化的短视频，"熊猫频道"播出的"云南野象群迁徙"（见图 9－4）等爆红出圈的短视频内容一改既往严肃宏大的宣传风格，力图呈现一个动感活力的中国。

---

① 范婷煜，李继东. 中国广播影视对外贸易发展报告：2021 [M]// 李小牧，李嘉珊. 文化贸易蓝皮书：中国国际文化贸易发展报告：2021. 北京：社会科学文献出版社，2021：38-52.
② 于春生，常淳. 文化复兴视域下我国短视频海外传播策略研究 [J]. 中国广播电视学刊，2021 (9).
③ 张志安，李辉. 平台社会语境下中国网络国际传播的战略和路径 [J]. 青年探索，2021 (4).

图 9-4 央视网"熊猫频道"对云南野生象群迁徙的报道截图

除了官方媒体的叙事，新媒体技术对传播壁垒的打破也让自媒体生产的民间版中国故事受到国外网友的关注，其中的典型代表就是李子柒的短视频。自 2017 年 8 月入驻 YouTube，9 月入驻 Facebook 以来，李子柒在两个平台上都收获了百万以上粉丝，最热门的短视频点击量达 4 000 万次，甚至一度引发越南"山间厨房"等海外短视频达人的模仿。① 截至 2021 年 12 月，李子柒在 YouTube 上共计发布 128 个视频，订阅人数超过 1 500 万，阅读量超过 25 亿次，引起了海外用户对中华审美文化的关注和认同。

李子柒短视频中传递出的"田园牧歌"式的原生态生活，巧妙融入了中华传统服饰、四季美食、民族音乐、山川景致，让海外网友透过这些中华元素体味到我国传统文化中的天人合一、宁静致远的和乐场景。西方观众通过这些短视频看到了差异化的审美文化，满足了其对东方的好奇，也带动了短视频内容的破圈传播。李子柒的走红让越来越多民间 UGC 制作

---

① 赵晖，李旷怡. 短视频对中国文化海外形象的塑造与传播［J］. 中国电视，2021（2）.

的"中国元素"视频内容在海外平台发布,与官方媒体视频形成良性互补,特别是在各垂直门类的短视频传播场景中建立起受众圈层,通过社交平台人际互动的连接,这些零散的东方图谱会渐渐缝合为一张完整的文化地图,帮助外国民众看到一个整体的东方世界。

着眼于中长期传播能力的培养,通过打造一批有持续优质内容生产能力的自媒体内容创作者,鼓励网络达人以精准市场导向机制运作出海,可以在更大范围内呈现中华文化和中国故事的多样性,在国际传播中形成主体多元、视角多重、渠道多样、价值观多元的"复调"传播格局。[①]

三、网络视听与全民抗疫动员

在抗击新冠疫情的过程中,多元化的视听形态释放出社会动员的强大动能,网络视听传播也在其中起到了重要的舆论引导作用,在权威信息发布、抗疫科学知识传播、抚慰民心和公益互助方面多方发力。

(一)平台战"疫"信息传播

2020年年初,在新冠疫情暴发阶段,"爱优腾"和B站等综合视频平台分别在首页开辟"肺炎防治"频道专区,集中采用直播、转播等视听传播形式报道疫情防控措施、进展和宣传科学防控手段;抖音、快手、微博、微视等短视频平台统一以"共同战'疫'"的标识推送宣传短视频;国家卫生健康委疾控局、宣传司在抖音开通直播答题扩大科普宣传效果。

---

① 唐润华,刘昌华.大变局背景下国际传播的整体性与差异化 [J].现代传播(中国传媒大学学报),2021(4).

各个短视频平台成为普通民众在疫情中便捷的求助信息发布平台，民众自发拍摄上传的短视频为精准救助困难人群起到了桥梁作用，让他们以更短的时间获得关注和帮助。互联网电视、长短视频平台、直播平台等各类视听平台的普通用户也通过转发官方媒体权威资讯、自制科学防控小视频、随手拍摄抗疫感人短视频等多种方式为抗疫发挥积极作用。在这场旷日持久的抗疫斗争中，网络视听成为强有力的传播工具，产生了强大的社会效益。

（二）慢直播抚慰民心

疫情期间，央视频推出的雷神山、火神山医院施工建设全程 24 小时不间断的"慢直播"（见图 9-5），最高观看接近 6 000 万人次。特殊时期具有新闻意义的直播内容受到民众的欢迎和需要，各地群众纷纷通过弹幕认领"云监工"的身份。这种对国家防疫工作正在有序开展的画面的实时"围观"，有效缓解了因疫情的不确定性而产生的心理恐慌和焦虑。

为了给民众提供精神食粮，与网络直播和综合视频平台内容限时免费同步发力的还有各地的文化机构：国广东方互联网电视联合国家京剧院在内的全国剧团推出"云上剧院——每天陪您看大戏"计划[①]；抖音联合中国国家博物馆等在内的国内九家博物馆开展"在家云游博物馆"活动；字节跳动以 6.3 亿元获得贺岁电影《囧妈》网络版权，打造免费春节档。

（三）电商直播助力疫后经济复苏

新冠疫情防控既考验了网络视听传播作为新兴的基础设施多场景服务大众的能力，也拓展了其在社会生活中的场景功能，让人们看到了流量背

---

① 国家广播电视总局网络视听节目管理司，国家广播电视总局发展研究中心.视听新媒体蓝皮书：中国视听新媒体发展报告：2020 [M]. 北京：中国广播影视出版社，2020：93.

图 9-5 央视频 24 小时"慢直播"雷神山、火神山医院施工进程

后的人心力量和技术之下的价值取向。

在疫情稳定后的复产复工环节，网络视听平台继续发挥媒体服务功能：央视频联合教育部等部门推出两集"国聘行动"促进复产复工稳步前进；传统商铺纷纷试水线上直播，自带流量的明星网红、著名商业品牌、基层政府机构纷纷加入直播大军。直播开始全面服务于社会生活的方方面面，不仅成为网络视听行业的新兴增长点和流量聚集地，也成为拉动我国经济疫后复苏的一个有力工具和前景持续向好的新产业。

结语　视听未来

当下，视听传播进入了繁荣发展阶段，视听内容已经成为人类社会信息消费的主要形式。伴随互联网对生活的渗透，社会文化出现图像转向。图像凭借强大的自身魅力赋予视觉优先性，在信息传播过程中日趋占据优势地位。人类正越发依赖视觉认识世界，视听传播成为信息交往、文化形塑、文明交流的主要方式。由广播电视机构主导的视听传播格局被打破，形成了专业媒体、互联网平台、公众多元主体参与的新格局。新媒介技术全面介入视听领域，在生产模式、传播主体、传播机制等方面，推动传统媒体逻辑发生转向。从最早的摄影术，再到以广播电视为代表的大众媒体，视听技术经历多次转型，逐渐形成了以互联网作为底层技术架构的大视听传播格局，网络视听成为当下最重要的视听传播形式。

《第 51 次中国互联网络发展状况统计报告》显示，截至 2022 年 12 月，我国网民规模达 10.67 亿，较 2021 年 12 月增长 3 549 万，互联网普及率达 75.6%，人均每周上网时长为 26.7 个小时。网络视频（含短视频）用户规模达 10.31 亿，较 2021 年 12 月增长 5 586 万，占网民整体的

96.5%；其中，短视频用户规模达 10.12 亿，较 2021 年 12 月增长 7 770 万，占网民整体的 94.8%。① QuestMobile 监测数据显示，截至 2022 年 12 月，各典型细分行业中，短视频用户的人均单日使用时长为 168 分钟，遥遥领先于其他应用；综合视频的人均单日使用时长为 120 分钟，自 2020 年年底开始超越即时通信排在第二位；网络直播的人均单日使用时长为 68 分钟。② 据依托国家广播电视总局节目收视综合评价大数据系统的"中国视听大数据"（CVB）统计，2022 年 5 月纳入统计的全国 2 亿有线电视和 IPTV 电视中收视用户每日户均收视时长为 6.11 小时。③ 从这一数字可以看出，传统电视对观众依然具有较强黏性。

虽然现在我们习惯于用传统媒体和新媒体区分广播、电视和互联网，二者之间似乎有较为明确的分野，但其实视听技术的演进是一个传承和延续的过程。新的视听形态出现，并非对过去的彻底颠覆。旧媒介成为新媒介的一部分，广播电视将阵地转移到了互联网平台，并呈现出新的发展特点。为更好地认清当下以互联网为底层技术架构的视听传播，就需要去梳理其发展的脉络，以发掘背后的驱动逻辑。正如麦克卢汉所说："我们透过后视镜看现在。我们倒退着走步入未来。"④ 后视镜提供了一种导航、参考，提醒我们来自何方、曾经去过哪里，以理解正在向何种方向前进。⑤ 这样，我们才能够更好地认清未来的发展方向。本书基于百年来视听传播发展的历史视野梳理了近三十年互联网视听传播的发展历程，试图

① 中国互联网络信息中心．第 51 次中国互联网络发展状况统计报告［R/OL］．（2023 - 03 - 02）［2023 - 05 - 17］．https：//www.cnnic.net.cn/n4/2023/0303/c88 - 10757.html.

② 中国网络视听节目服务协会．中国网络视听发展研究报告：2023［R/OL］．（2023 - 03 - 30）［2023 - 05 - 17］．https：//www.sohu.com/a/661010807_515599.

③ 中国视听大数据．中国视听大数据 2022 年 5 月收视综合分析月报［EB/OL］．（2022 - 06 - 13）［2022 - 11 - 10］．https：//mp.weixin.qq.com/s/gHunfIU72ryCurUWvnVLEQ.

④ 莱文森．数字麦克卢汉：信息化新千纪指南：第 2 版［M］．何道宽，译．北京：北京师范大学出版社，2014：310.

⑤ 同④314.

在历史的回望中寻找视听未来的嬗变轨迹。

一、不变的技术逻辑：超越时空局限

马克思曾经这样概述资本主义经济不同于以往生产方式的发展趋势："资本按其本性来说，力求超越一切空间界限。因此，创造交换的物质条件——交通运输工具——对资本来说是极其必要的：用时间去消灭空间。""因此，资本一方面要力求摧毁交往即交换的一切地方限制，征服整个地球作为它的市场，另一方面，它又力求用时间去消灭空间，就是说，把商品从一个地方转移到另一个地方所花费的时间缩减到最低限度。资本越发展，从而资本借以流通的市场，构成资本流通空间道路的市场越扩大，资本同时也就越是力求在空间上更加扩大市场，力求用时间去更多地消灭空间。"①

一直以来，传统广播电视也在尝试用时间的快捷消灭空间的距离。广播电视节目的实时直播，让全世界能在同一时刻目睹异地发生的新闻事件，仿佛身临其境。1969 年 7 月 20 日，"阿波罗 11 号"载人宇宙飞船登月过程经电视台直播到全世界，虽然当时的电视普及率不高，但全球仍有约 6 亿观众收看了从月球实时传回的直播画面。② 受到拍摄设备和传输技术限制，回传的黑白画面在信号转换过程中丢失了很多细节，并且非常模糊，但在家中就能看到月球的实景依然在全球引起了轰动效应。电视直播使地球与月球之间的距离消失了，全世界观众仿佛与阿姆斯特朗共同身处

---

① 马克思，恩格斯 . 马克思恩格斯全集：第 30 卷 [M]. 2 版 . 北京：人民出版社，1995：521，538.

② From the moon to your living room：the Apollo 11 broadcast [EB/OL]. (2019 - 07 - 08) [2022 - 04 - 05]. https：//www. scienceandmediamuseum. org. uk/objects-and-stories/moon-to-living-room-apollo-11-broadcast # the-lunar-landing-in-your-living-room.

月球，见证他迈出的"人类的一大步"。

从广播电视发展到网络音视频，视听技术不变的发展目标就是帮助人类超越时空的局限。为实现这一愿景，视听传播技术尝试建构一个媒介时空，即通过对现实时空的提取和加工来实现对其的征服，实现远距离的快捷交流。广播电视技术实现了对现实时空的记录，在现实时空之外制造出一个新的媒介时空，并第一次使之可以被大规模复制和广泛传播。广播电视也由此成为 20 世纪最具代表性的大众传播媒体。互联网时代的到来使视听传播在跨越时空障碍的能力上更进一步，4K/8K、5G、虚拟现实、人工智能等新兴技术的普及使媒介时空的构建呈现出更为丰富多彩的面貌。保罗·利文森（Paul Levinson）曾说："我们登上了一个有关信息技术发展历史和发展未来的旅程，一个信息技术的发展如何对我们的世界产生影响的旅程，一个信息技术的发展将如何影响未来世界的旅程。"[①] 从广播电视到互联网视听传播，技术形态迭代的背后是不变的逻辑：超越时空的局限。

二、改变的价值体系：由"时间"向"空间"的转向

哈罗德·伊尼斯（Harold Innis）的"时间—空间"理论显示了，在人类的传播历史中，对时间和空间的控制是一个至关重要的命题。人们最早通过代际的传承来突破时间的限制，通过身体的移动来突破空间的限制，然而，依附于人类自身的突破手段始终有限，无法达到自由传播的终极目的。媒介，作为一种技术的产物，其诞生一定程度上源于人类对突破时空限制的想象。尽管每一代传播媒介在对时间和空间的控制上都有所精

---

① 利文森. 软边缘：信息革命的历史与未来 [M]. 熊澄宇，等译. 北京：清华大学出版社，2002：10. 利文森，现一般译作"保罗·莱文森"。

进，但不同的媒介有着不同的偏向，甚至同一个媒介在不同的发展阶段也有着不同的偏向——偏向于征服时间，抑或是偏向于征服空间。"一种新的媒介的长处将会导致一种新文明的产生。"

以电视为例，技术作为一种基因式的内在驱动力，推进着其在时间和空间两个维度上的不断拓展，并由此形塑了中国电视传播链条上的每一部分。在传统媒体时代，依托于采制、传输和覆盖等技术的进步，中国电视主要倚重以时效和时段为代表的时间资源从"边缘"成长为"主流"，中国电视的内容和传播价值都得到有效开掘。但在新媒体环境下，传统电视在时间资源上的开发殆尽，并受到空间资源上的短板制约。传统的内容组结方式——以时序为核心——正被互联网、移动终端逐渐瓦解，内容的呈现从传统电视的固化走向新媒体的离散。数字化和互联网化等技术条件的革新带来了空间资源的倍增，传统电视的生产、传播和经营等价值链条都获得了突破边界、向外延伸的无限可能性。视听行业的传播逻辑从时间思维转向空间思维，从时间资源的红海走向空间资源的蓝海，势在必行。

传统广播电视媒体的发展根本是依托于时间，是依附于钟表时间之上的注意力获取，是精英专业团体的生产力凝聚，因此资源始终有限。而新媒体打开的是浩瀚的空间资源，是一种虚拟数字资源，暗含了无限探索的可能。以互联网为代表的新媒体，其生存的要义就在于"连接"，而"连接"的本质就是一种新的空间观，"空间"因为其自身的多样性和开放性而显现出与"时间"截然不同的意义。从"时间"向"空间"的转向，正是传统广电媒体于数字媒体时代生存与突围的一种可能。

三、多元的传播格局：由"专业闭合"走向"开放共享"

传统视听生产中最为核心和主流的力量就是官方的专业媒体机构。从结构属性而言，它们具有国有化、体制化的事业属性；从具体的生产活动开展而言，其中的新闻从业者具有官方认可的新闻采编资质。官方媒体始终坚守着权威高品质的内容输出，在社会舆论场域中发挥着自己的专业作用。与官方主流背景和社会职责相对应，传统广播电视的生产主体和生产原则必然会选择与这种权威性相匹配的专业化、精英式的闭合模式。

数字化改造了传统的生产模式与传受者关系，也侵蚀了媒体的价值体系和形象定位。[①]"网络化生存"成为一种全新的生活方式，从简单的文字参与，到更为复杂的视频影像创作，直至现在的泛众参与，越来越多的普遍个体选择视频这种媒介形式来进行思想表达、情感宣泄与文化诉求。互联网初步实现了"人人皆可进行信息表达的社会化分享与传播"的技术民主，社会议程的设置权与社会话语的表达权也进入了人人皆可为之的泛众化时代。网络视听迎来爆发式增长，成为一种全民生产、参与、共享的文化现象，日常生活得以被记录、呈现、观赏。社交媒体基于人的信息互联模式，在不断消解闭合式的精英生产体制，也改变着传统广电媒体与新兴互联网平台的竞合关系。近年来，以抖音、快手、梨视频等为代表的移动短视频媒体全面地进入日常生活与新闻传播领域之中，不论是在内容生产还是在舆论发酵等层面，它们产生的影响都难以被忽视。

在现实场景中，平台通过掌握大量技术、数据已经形成了一种新的商业模式，并依附于大型垄断性互联网企业，以雄厚的资本和资本化的运作模式影响着社会运行的方方面面。平台通过"维持互动并提供认识论框架的技术"[②]，凭借它们收集、存储和处理聚合数据的能力，以技术和制度架构为数字产品创建和调解市场，将用户与界面连接并降低交易成本。数

---

① 王侠．液态社会中新闻生产的变革与延续：基于对新闻客户端 M 的分层访谈［J］．国际新闻界，2019（5）．

② BEAVIS C，APPERLEY T，BRADFORD C，et al. Literacy in the digital age：learning from computer games［J］. English in education，2009，43（2）.

字经济、共享经济等都是其典型应用。依赖渠道优势、数据储备、技术创新能力和资本运作能力，头部商业平台正在全方位、结构化地嵌入网络视听生产的场域之中，它们不直接生产内容，却成为最广泛的渠道供应者、最底层的技术支持者，拥有能够产生巨大影响力却"看不见的手"。在当下的网络视听传播空间中，主流媒体也在或主动或被动地把内容主导权让渡给平台。其中，算法分发就是一个重要代表，伴随着以大数据、人工智能为代表的算法分发模式的兴起，网络平台将算法推荐技术应用于其生产、流通和反馈等信息传播的各个环节。① 算法技术的广泛应用让传统媒体主导公共议题的能力下降，其精准推荐信息的特性提高了公共议题的聚集度，使其能够越来越深度地影响舆论。② 此外，诸如"热搜榜""热点榜"等榜单，虽然形式上呈现出"用户关注度高"这种看似"公共关心"的价值意义，但其背后隐藏的资本运作也在威胁真正的社会公共价值。

为应对商业平台的冲击，一些拥有较强政策资本、技术资本和经济资本的媒体通过搭建自有平台来打破新媒体组织对传播平台的垄断格局。技术形塑了广播电视过去数十年间生产与传播的基本逻辑，新媒体发展则进一步壮大了这一要素的引领作用，形成颠覆传统广电形态的重构性力量。呼之欲出的新的媒介形态是必然也是应然：既是一种生产和播出的渠道，也是一种生产和传播的入口，实现从"频道型媒体"到"平台型媒体"的转向，"打造一个良性的开放式平台，平台上有各种规则、服务和平衡的力量，并且向所有内容提供者、服务提供者开放"。除了这些拥有大体量资本的头部主流媒体，在视听生产领域的中部和尾部还有大量中低层媒体单位，它们没有能力打造独家的入口平台，"借船出海"成为它们的必然选择。借由商业平台提供的去中心化渠道，这些媒体拓宽了自己的内容传

① 张林. 算法推荐时代凝聚价值共识的现实难题与策略选择 [J]. 思想理论教育，2021 (1).
② 穆莅晔. 算法舆论的公共性 [J]. 当代传播，2021 (4).

播途径。在此过程中，传统媒体并非只是被动接受平台的改造与规训，而是可以通过优质内容对算法和平台渠道进行反向驯化，以优质内容引导算法，而非一味由算法主导造成"劣币驱逐良币"。具体来说，就是以优质的内容吸引用户，通过隐性反馈行为"驯化"算法，在反复的反馈修正之中，优质内容会获得越来越多的流量，进而实现从"有流量的价值"到"有价值的流量"的转变，为优质内容生产开拓更为宽广的生存空间。

与此同时，研究者们惯常以传统媒体、新媒体的二元视角来思索历史逻辑，传统的辉煌光景与当下危机比对必然让人心焦。但是，如果选择一种大历史观的视角，那么广播、电视、网络视听等内容概念与媒介概念的区分是否仍旧那么重要？如果不仅仅囿于媒介内部发展的视野，那么"大视听"将成为主流社会传播生态与文化图景。随着5G、虚拟现实、大数据、人工智能、区块链等技术的广泛应用，相关政策规范体系更加完善，视听将以更为全景化、包裹化、渗透化的方式映射所有社会活动场景。技术飞跃将更有力地驱动视听行业的创新迭代，大视听重塑人类的生活时空并非空中楼阁，脱离了二元对立模式的进路探寻，需要更多想象力，才能突破认知藩篱，解锁未来的无限可能。

四、解构与重塑："约会机制"视角下生活空间与社会文化的再造

依靠频道这一载体连接内容和受众，电视完成了以家庭为主要空间的约会式观看。其传播的信息本质，并非传送的画面，"而是它造成的新的关系和感知模式、家庭和集团传统结构的改变"[①]。网络视频异军突起与电视产生了直接竞争。

---

① 鲍德里亚. 消费社会 [M]. 刘成富，全志钢，译. 南京：南京大学出版社，2014.

与"倚重连续性和时间"的广播类似，电视也遵循"线性传播"的逻辑。在录像技术尚未出现时，电视的线性传播特性更为显著：节目没有重播且无法保存，一旦在时间上错过，便意味着信息无法完成传播全过程。因此，电视台会在固定时段、固定频道安排固定节目，观众则带着一定的心理预期完成固定的收看行为，一种电视与受众之间默契的"约会机制"应运而生。电视台编播的节目流因时间和栏目、广告的对应关系，为受众构建一种共同经历时间流逝、共同经历人类命运、共同见证历史的"时间感"。传统电视是依托时间资源价值开发的线性媒体，以时段为中介进行时间版面编排。这种长期的、有序的结构，构建起电视和社会（观众）之间稳定的"约会"机制，"按时按点打开电视机看电视"成为一种约定俗成的普遍日常生活实践，亦令电视有机统合了媒介功能和社会功能的双重属性，凝聚着人们通过电视所再现出的家庭文化与集体主义精神。

对于家庭生活而言，电视也产生着诸多影响：其成为客厅、卧室不可或缺之物，还成为全世界千百万家庭的文化标志。可以说，没有一种文化载体能像电视那样富有家庭的凝聚力。从社会文化角度看，广播电视在中国对于整体性的构建更为显著。例如，围坐在收音机前收听女排奥运会战绩的共同体验；在重大新闻直播中接受官方意识形态对现实的解释；共同收看一部电视剧，完成审美、历史、社会、人生、情感的经验与建构。中国电视重构了中国人和中国社会的一种新型关系，其所充当的至关重要的中介，构建出一种可持续的社会语境。这也是中国电视在过去数十年中有别于其他主流媒介形态的独特成长路径。作为一种社会语境的中国电视，受到政治、经济、文化等社会外部力量的综合影响，作用于国民社会生活、文化消费等多元社会互动关系。

网络视听的搜索、推送等传播机制，则让用户的注意力散落在网络浩瀚的资源之中。碎片化、互动性、参与性等特质破坏了电视所构建的整体性体系，共同经历的时间感、仪式感不复存在。原先亿万观众共同体验而形成的集体意识，将变成无数个体基于兴趣的主动选择或基于算法的被动推送，传统按部就班的编播模式失去了牢固的组织力，网络视听整体图景更像是无数个个体单独构建而成的、色彩斑驳的拼图，这幅拼图是后工业化社会整体性和权威性的瓦解。互联网媒体的文化逻辑由之前的权威灌输，转变为以价值观趋同或者志趣相投产生的信任共生。

五、视听传播实践新范式：深度沉浸与高度智能

数字化时代的到来带动了视听媒介的深刻转型，促进了视听内容的生产、传播和用户接受的全链路革新。数字化对传播特性的改变，包括信息终端的时间和空间分布、信息使用方式，以及互动程度等方面[①]，视听传播的数字化进程不仅意味着传播渠道的扩容和传输内容质量的提升，还意味着多样化的传输方式、多元的传输终端。面向未来的视听传播，将呈现出深度沉浸与高度智能两个突出特征，为视听内容的生产传播带来更多可能。

（一）深度沉浸：虚拟与现实的边界重构

刘慈欣创作的长篇科幻小说《三体》中，不止一次提到"头盔感应技术"——书中的主人公在进入三体游戏世界之前，需要穿戴一套全视角显示头盔和感应服装，从而在游戏中实现真实的肉体感知。实际上，书中对科幻世界的未来畅想已逐渐在现实生活中普及，以拓展现实（Extended Reality，XR）技术为牵引的媒介技术推动传播范式从大众传播、分众传

---

① 梁婷婷. 视听信息数字化与传播差异性竞争［J］. 当代传播，2011（1）.

播、泛众传播步入沉浸传播时代。

近年来，以虚拟现实技术为基础的沉浸式新闻报道开始涌现，与人工智能、数据可视化等前沿技术一同为传统新闻业带来变革。随着其在传媒领域应用的普及，虚拟现实技术逐渐脱离单纯工程技术领域，成为一个超越电影、电视、网络等流行传播媒介的、可实现跨时空仿真互动在场交流的超级传播媒介，进一步颠覆人类长期积淀的生存经验和现存的生存方式。^① 研究者们普遍认为，沉浸式新闻具有沉浸性、互动性、想象性等特征，立足于"建构现实"，使得新闻内容的生产逻辑由原先的"原画复现"转向"沉浸＋参与"，将新闻转变为一种沉浸式体验、参与式创作和群体性直播的融合形态。随着元宇宙（Metaverse）逐渐成为未来社会的发展趋势，虚拟现实技术成为映射或超越现实世界，建构虚拟世界与现实世界联通桥梁的技术基础。

虚拟现实技术的起源可回溯到伊凡·苏泽兰（Ivan Sutherland）于1965 年在国际信息处理联合会（IFIP）会议上发表的一篇名为《终极的显示》（The Ultimate Display）的论文。VR 系统的基本特征包含沉浸（Immersion）、交互（Interaction）和想象（Imagination）三方面，强调人在 VR 系统中的主导作用，使信息处理系统适合人的需要，并与人的感官感觉相一致。国内媒体对虚拟现实技术的早期应用出现在 20 世纪末期的虚拟演播室，通过色键技术实现演播室音视频技术与计算机技术的结合，摆脱了电视节目制作实景的限制，借助计算机绘制出更能体现节目主题的场景。虚拟演播室系统的应用实现了物理空间的融合，展现了虚拟演播室与真实混合发展的节目制作趋势。^② 2000 年的一篇学术论文，曾对未来

①　杭云，苏宝华．虚拟现实与沉浸式传播的形成 [J]．现代传播（中国传媒大学学报），2007 (6)．

②　马天蛰，樊俊荣．虚拟现实技术在电视节目制作中的应用 [J]．中国有线电视，1999 (12)．

（201×年）广播电视业务的发展方向做出判断，预测了虚拟现实技术将影响未来电视的视觉形式。[①] 2016 年被称为虚拟现实技术元年。同年的第四届中国网络视听大会上，国内最先启用"VR＋新闻"应用的完美幻境公司与新华网达成战略合作，携手"开启 VR＋新闻全景报道新时代"。[②] 自这一年开始，国内一大批沉浸式、体验式的新闻报道和纪录片涌入民众的视野，同时，娱乐性视听节目对虚拟现实技术的引入，也极大地提升了观众的视觉体验效果。

虚拟现实（VR）、增强现实（AR）这一组技术理念经常被学界和业界关联使用，实际上，二者以及混合现实（MR）共同归属于拓展现实（XR）的概念范围之中。依靠创建完全的复现场景令用户沉浸其中的 VR 技术与基于现实场景叠加多种虚拟信息/应用的 AR 技术位列拓展现实技术序列的两端。严格意义上，拓展现实技术是一条技术线，无论 VR 还是 AR 技术都是这条线上的"点"。未来将会有无数类似的"点"去重构虚拟和现实场景的关系。就 VR 和 AR 二者的技术特性而言，VR 技术是"浸入式"的，通过高保真的场景再造使用户瞬间抵达某种"真实"并沉浸其中，光场视觉、环绕声场及其他感官刺激，借助传感器在实时深度的交互中得到充分反馈。当然，这种真实是具有假想性的，令人深信不疑的并非"现实"，而是一种"超现实"——依靠人为的想象和建构为用户营造出身临其境的"真实"的错觉。AR 技术则是"溢出式"的，通过特定介质（如摄像头、镜片透视）观察现实世界，其仍是基于现场做出的额外"补充"，借助图符、声音、影像及其他信息的叠加来实现增强体验之效果。因而，它的真实具有相关性，技术需对现实场景加以识别与认知，添

---

① 吴杰，张耀臣. 电视广播业务的未来方向 [J]. 电视技术，2000（9）.
② 完美幻境与新华网携手开启 VR＋新闻全景报道新时代 [EB/OL]. （2016－12－09）[2022－04－05]. https://www.163.com/caozhi/article/C7RMON3T00014JB5.html.

加的信息与之关联，如属性相关、位置相关、时间相关等——处在何种现场便随即显示何种现场。甚至，在操作设备上，VR 和 AR 也呈现出两种不同的取向：前者的使用要求"沉浸式"的终端支持，如用头戴式显示器（HMD）或其他专用交互设备对用户头部进行"包裹"；后者则强调"伴随式"，如智能眼镜、手机等的辅助性操作。① 但无论是模拟产生一个虚拟世界，为用户提供感官模拟体验的虚拟现实（VR）技术，还是通过计算机生成的虚拟信息和对象叠加在现实世界中，为人类感官所感知的增强现实（AR）技术，抑或将真实世界和虚拟世界混合在一起，产生新的可视化环境的混合现实（MR）技术，这些沉浸技术都可统称为拓展现实（XR）技术，即通过计算机技术和可穿戴设备产生的一个真实与虚拟组合的、可人机交互的环境。②

自 20 世纪 90 年代至今，元宇宙从科幻小说中的畅想逐渐演变成一套完整的传播生态系统。2021 年 10 月 28 日 Facebook 正式宣布更名为"Meta"（元），并明确提出将在未来五年转型为一家"元宇宙"公司，将"元宇宙"这一概念带入了大众的视野。扎克伯格向公众解释元宇宙是一种"具身性的互联网"，"从我们醒来的那一刻起，到我们上床睡觉的那一刻为止，都能在元宇宙中做几乎任何你能想象到的事情"。2022 年，北京大学汇丰商学院等机构联合发布的《元宇宙 2022——蓄积的力量》研究报告认为，整个互联网生态圈将进入新的硬件时代：VR/AR＋元宇宙。元宇宙作为物理现实、虚拟现实、增强现实的融合形态，将会把拓展现实技术的价值进一步提升至基础设施层面，以实现虚拟与现实世界的密切互动。作为支撑元宇宙的关键技术之一，拓展现实技术在未来将继续处于互联网视听传播的风口。

① 周勇，何天平. 从"看"到"体验"：现实体验技术对新闻表达的重构 [J]. 新闻与写作，2016（11）.
② 程士强. 元宇宙的空间生产与空间正义：以元宇宙"虚拟城市"为例 [J]. 河北学刊，2022（5）.

除重大新闻报道与体育赛事之外，拓展现实技术还广泛渗透到网络视听传播领域，如综艺、IP 主题衍生及游戏等。随着技术软硬件水平的提升和技术与内容创作的融合探索，拓展现实技术使视听传播在"技术—内容—创意"三个维度不断交叉促进、共生融合，而用户身处其中，在物理与虚拟之间辗转腾挪，直到对二者难分难辨。元宇宙时代行将到来，大众开始由"媒介化生存"向"沉浸化生存"发展①，虚拟与现实边界的重构乃至消融将对传统视听传播的时空秩序、权力秩序发起挑战，在万物互联中进一步赋予视听传播沉浸性和泛在性，使人沉浸在信息之中，感受多模态信息的丰富性、鲜活性和可交互性。

视听新闻的沉浸式报道带来了文本呈现和句法组织两方面的创新。首先，就文本呈现而言，新闻内容的组织借助现实体验技术可实现个性视角和全景叙事的转换，以更好地令受众感知新闻文本。一方面，个性视角突破全知状态下的疏离感。通常情况下，传统视频新闻为体现对新闻事件的整体性把握与判断，多采纳全知视角进行叙事，这意味着受众与现场构成"无数旁观者中的一员"之关系，较难获得身临其境的直观冲击与个性化的观看体验。叙事视角之于叙事文本的重要性在于，它不仅选择了"谁来看"，也决定了"如何来看"。现实体验技术对新闻表达的助益便体现在使"如何来看"更趋丰富。另一方面，全景叙事使"深入现场"得以可能。丰富的细节是令受众对新闻内容产生黏性的要义，也是传统视频新闻表达的短板之一。现实体验技术对此加以改善——通过充分还原细节的方式"深入现场"，现实体验技术带来的"深入性"甚至会比现场的直接参与更易唤起自我意识，对事件的全貌还原亦更能引起情感共鸣。其次，就句法组织而言，新闻叙事的句法借助现实体验技术能达成体验式观看和情感化

---

① 李沁，王浩丞. 表象、实在与失范：沉浸传播理论范式下的元宇宙实践［J］. 新闻与写作，2022（10）.

互动的突破，重新激发新闻叙事的活力。体验式观看构成新闻叙事组织的外在表现。传统视频新闻以蒙太奇作为核心叙事语法，"它契合了人在环境中随注意力的转移而依次接触视觉图像的心理过程"。而在现实体验技术的改造下，以时间序列为主导的蒙太奇语法逐渐让渡于以版面编排为主导的空间视觉语法，这意味着新闻从过去的二维式"观看"逐渐转向三维式（甚至是多维式）"体验"。现实体验技术消解了虚拟与现实空间的边界，"知觉和幻觉的界限是模糊的"①，受众对于真实的感知获得更多可能性。现实体验技术的运用，进一步激活了受众的"视觉欲望"，打通了有限的现实叙事空间和无限的赛博空间之间耸立的"巴别塔"，人们对内容的感知体验得到延伸。

视听传播的深度沉浸所带来的将是从"看"到"体验"的转变。各类新兴媒介技术的涌现，不仅改进了原有新闻文本的组织形式，而且将进一步作用于新闻文本和受众间关系的重构。深度沉浸的视听传播最终落点将实现从"看"到"体验"的转向，这会使用户更好地"进入"新闻并贴近"真实"，甚至在一定程度上成为"新闻当事人"。此外，情感化互动构成新闻叙事组织的内在逻辑。现实体验技术对新闻叙事空间的重构，其实质在于生成多种符号运用下的"多模态"文本。未来，现实体验技术对纪实影像的运用，也将拓展到嗅觉、味觉等更多感官系统，"通感"式的情感互动也相当可期。情感化的互动是运用这类媒介技术的内在逻辑支撑，这令其较其他传统电子媒介具备更为生动的叙事形式。

（二）高度智能：迫近最后阶段的"人的延伸"

在视听传播领域，人工智能技术的应用已经全面渗透到了信息采集、

---

① 张超，丁园园. 新闻业的沉浸偏向：VR 新闻生产的变革、问题与思路 [J]. 中国出版，2016 (17).

信息编审、信息分发的全链路。在信息采集阶段，人工智能技术可以更好地对大数据进行挖掘、处理和分析，从而协助人类记者或独立完成对新闻线索的获取。近年来，传感器（sensor）技术越来越普遍地应用在新闻信息的采集环节。搭载于智能手机、GPS、电子芯片、可穿戴设备等之上，传感器通过对数据的记录、存储、检测和传输，为新闻提供数据支持。随着社会数字化程度的提升，传感器新闻已经成为新闻生产的一种"新常态"[①]，这一新常态意味着数据在内容生产中将起到越来越大的支撑性作用，而要针对视听传播的需求和一般规律对海量的数据进行挖掘、甄别和筛选，就需要将智能算法进一步引入新闻生产流程之中。在信息编审阶段，智能机器人辅助新闻报道已经逐渐普及，尤其以财经、体育、气象等对数据要求较高，但文章结构较为单一、规律性强的报道见长。在审核方面，人工智能技术能够对视听文本中的违规部分进行识别，在发现违规后第一时间删除原视频、备份视频及所有节点的缓存文件。在信息分发阶段，智能分发已经部分替代了人工分发，成为互联网主流的信息分发方式之一。其通过高维的用户画像以及对用户内容偏好的记录和分析，更好地贴合了用户的个性化需求。

除智能算法推荐之外，人工智能播报是智能信息分发的又一体现。基于技术搭建的基础性程度及其实现的难易水平，人工智能主播经历了三个进化节点。[②] 节点一是声音的文本转化，即对已有文本的有声化。在声音的文本转化阶段，技术主要用于学习特定发音人的播读习惯并提取发音音频的最小语音单位，从而在确定文本的前提下，以高效率、精简人工的方式实现声音的批量产出。在此阶段，声音不再是独一无二、不可复制的传

---

① 史安斌，崔婧哲. 传感器新闻：新闻生产的"新常态"[J]. 青年记者，2015（19）.
② 周勇，郝君怡. 建构与驯化：人工智能主播的技术路径与演化逻辑 [J]. 国际新闻界，2022（2）.

播介质，而被技术赋予了流水线式的生产模式，在制作环节实现了声音的
"自动化"。但这一阶段的人工智能语音生产只能在给定文本的前提下批量
产出，虽具有高效、成本低廉的优势，但依赖于既有文本，只能"照本宣
科"。节点二是智能语音对话。这一阶段的人工智能语音可以实现对信息
发布和语音交互的整合，自动化生产能力进一步提升。文本的自生产能
力、语音识别、口语理解和对话管理等技术实现对语境的理解和把握，使
结合语境信息理解会话含义并生成自然语言应答成为可能；情感语音合成
技术拟合人类语音的自然度，提升了交互体验。这一阶段的智能语音大多
以助手的身份搭载于移动电话、智能音箱、智能穿戴设备的应用程序当
中，用以在对话中完成任务，在新闻传播领域表现为人工智能主播对文
本、传播场景等的适切能力，为人工智能主播脱离人为干预进行内容生产
及与人类主持人协同合作提供了技术基础。节点三是多模态交互。目前人
工智能主播在虚拟数字型和物理实体型两类中都已拥有了投入市场实际应
用的成果。物理实体型以 Sophia 和 Erica 等机器人为代表，以实体的类人
形象出现，通过技术模仿人类肌肉运动，从而实现微表情和肢体语言的表
达、识别和回应。在实际应用中，这类机器人一般会进入实景演播间，参
与访谈和播报工作。另一类虚拟数字型机器人通过计算机动画技术
（Computer Graphics）进行化身（Avatar）的生成、驱动及渲染，最终呈
现为模拟真人或卡通的虚拟动画形象。在与人类形象的近似程度区间内，
技术已经扩展到相当的范围，但根据恐怖谷理论，机器人与人类外形达到
某一程度的相似时，可能会引起观看者的反感，因此有必要进行人工智能
主播外观与传播效果影响因素的相关研究。在目前的技术支持下，文字依
然是基础，声音和虚拟形象通过多模态融合生成技术在短时间内快速生成
虚拟演播室内容，为视听传播提供技术和内容支持。

以上三个技术进化节点使人工智能主播得以承担传统新闻编辑室外化

的功能，叠加了新闻编辑室与主播两重角色。在传统视听生产模式中，新闻编辑室承担信息收集、新闻采写和内容分发的后台职能，播音员主持人通常在新闻采写与内容分发环节之间，以另一工种或部门的身份在前台参与新闻创作。而人工智能主播综合了新闻生产前后台的各项职能，在一整套算法支持下完成新闻内容的自动化生产、播报和分发。目前，人工智能在媒体行业的应用已经覆盖了内容推荐、受众参与、增强受众体验、信息优化、内容管理、内容创作、受众洞察和自动化运营八个方面，因而人工智能主播并非"编辑室＋主播"的简单叠加，而是基于大数据的信息收集、基于"机器人写作"算法程序的新闻采写、基于个性推送和交互式体验的内容分发与新闻播报功能自动化生产的整合，以此达到"1＋1＞2"的效果。

以人工智能主播、虚拟偶像等为代表的"人工智能＋视听传播"技术产品，将智能传播由隐匿于后台的不可见算法前置于用户面前，以人格化形式对用户发起信息传播活动，甚至与用户进行一对一的实时互动。马歇尔·麦克卢汉在其"延伸论"中提出，机械时代的技术完成了对人的身体在空间范围内的延伸，电力技术的发展完成了人的中枢神经的延伸，而技术对人的延伸的最后一个阶段将是对知觉的模拟和延伸。人工智能技术具有这一能力。未来的技术发展将面向人类的机器化和机器的人化，生成更具互动性、服务性和体验性的新闻信息产品，智能媒体不再是简单的内容集成或单一的数据分析，而是基于场景的变化，以最切近人际交流的方式实现与用户需求的实时匹配。

展望未来，机器人将可能成为连接虚拟世界和现实世界的行动者，构建一个人机共生的未来社会。在与人共存的过程中，虚拟数字人将不仅仅作为被动的技术工具被"合目的"地使用，而有可能成为元宇宙中的社会角色，深度嵌入人类的日常生活之中。以人工智能技术为核心驱动的虚拟数字人将有可能以全息、全能、互联的方式突破传统以单向、二维为主的视听范式。全息是指依托于物联网、5G 等新技术发展，虚拟数字人的传播将不仅仅局限于屏幕或音箱，可能会搭载可穿戴设备，结合全息投影技术、虚拟现实技术等实现沉浸体验更强的多模态感官交互。在全息传播下，虚拟数字人与用户间的交互将融合虚拟与现实，突出传播主体的在场和具身关系，营造超越传统视听的传播形态和接收体验。全能是指随着技术赋能和市场的进一步打通，未来虚拟数字人的功能将不局限于传统视听意义上的新闻播报与节目主持，而是将新闻传播功能纳入拥有多种分身（载体）、应用于多个场景、具有复合功能的全能型机器人当中。目前，智能机器人还带有较强的功能、场景区隔，如阿里巴巴的天猫精灵、百度公司的小度、小米公司的小爱、微软的小冰（现属北京红棉小冰科技有限公司）等，都主要应用于各自公司的平台及产品，这虽然为智能机器人打上了鲜明的品牌烙印，但也制造了数据孤岛和用户窄化。未来，随着技术流动性的进一步加强及市场的成熟，适配用户的个人机器人有可能实现在不同平台或产品载体中的通用，虚拟数字人将随之演变为服务于个人的"新闻助手"或具备成为个人智能助手的"新闻功能"。此外，虚拟数字人也将作为"超媒介"实现数据与人、数据与数据、机器与人之间的连接：虚拟数字人依靠算法收集并处理海量数据，成为大数据与用户之间的传播中介；在交互过程中通过用户话语中直接或潜在的数据信息获取用户相关偏好和信息需求，实现数据在输入、输出过程中的双向流动，实现数据连接；随着技术的进步，人工智能主播将成为拥有思维大脑、能够进行自我表达的传播者，从而超越工具身份，以更加平等和主动的姿态嵌入人类社会，实现机器与人的深度互联。面向未来的视听传播，将呈现出深度沉浸和高度智能的特征，为视听内容的生产传播带来更多可能。

19 世纪末，卢米埃尔兄弟发明活动电影机，人类从此进入动态影像的时代。1936 年，英国广播公司（BBC）开启了全球第一个电视播送服务，电视作为 20 世纪最伟大的大众传播媒介登上历史舞台，人类从此可以通过自己制造的影像见证和追忆历史。1958 年，中国第一家电视台北京电视台（中央电视台前身）开播。此后迭经起伏，中国电视在 20 世纪 90 年代走向高峰，成为坐拥强势地位的主流媒体。中国电视在迈向"第一媒介"的过程中，逐步展现出了介入社会公共事务的强劲能力和深入社会生活的广泛影响，一方荧屏连接起个体与家国，在结构化社会关系的同时也形塑出其强势的传播格局。这是在以电视为代表的视觉性媒介崛起之前未曾有过的社会图景，建构起了中国社会不同历史阶段既生动又鲜明的文化记忆。

1992 年 12 月 3 日，人类的首条手机短信发出，文字脱离了模拟时代固定线路的限制，飞向数字时代的"无线"时空。3G 时代，高速的蜂窝移动通信技术使得声音与数据信息得以迅速传播。加之移动终端的普及，移动互联网发展日盛，智能手机渗透进人类的日常生活。社交媒体成为网络信息最广阔的集散地，人类交往从"熟悉的身边"走向更广阔的广场，每个人都可以成为信息传播链条上的重要一环；文字、图片、音视频融入"富媒体化"文本，信息的呈现形式打开了更多想象的空间。基于 4G 的流媒体技术让视听化传播整体爆发，多元化的视听形态构筑了泛视觉的人类生存空间，信息传播也夹杂了更多难以预判的曲折，"后真相"应运而生。5G 技术打开"超高速率、超低时延、超大连接"的特点，从而打造了一种全新的网络生态，实现了网络性能的新跃升。媒介之间彼此渗透融合，媒介与"非媒介"、人类与媒介之间的边界逐渐模糊与淡化，甚至消失。行业间壁垒被打破，媒介生态被重塑，"泛媒化"成为现实。[①]

日新月异的媒介环境正步入以计算机技术、互联网技术为代表的数字时代，一系列新兴技术的诞生和运用让以广播电视为代表的传统视听行业

---

① 彭兰 . 万物皆媒：新一轮技术驱动的泛媒化趋势［J］. 编辑之友，2016（3）.

面临前所未有的变迁和震荡。创新性技术所带来的新的物质基础与科研应用正从根本上改变着人类社会格局，进而对政治文明、经济生产、社会生活、人类文明产生颠覆性影响。信息的生成、传播、接收和反馈也全方位、全链路地受到技术变革的影响。有学者指出，现代新闻业的诞生本就是技术发展的产物（不过技术不是唯一的因素），如果没有谷登堡的大规模印刷技术，没有电报、电话技术远距离传输信号，以及铁路等现代交通技术对传播疆野的扩展，则很难想象现代大众化新闻业发展之路。[①] 而正是有了广播记录、摄录技术和有线电视、卫星传输等传播技术，广播新闻业和电视新闻业的盛景才得以展现。

数字媒介技术的发展给广播电视业的传统传播逻辑带来了根本性改变。首先是媒介形态文本表征的变迁，从电子化、数字化再到网络化，从文字到音视频再到复合沉浸，视听内容所蕴含和传播的信息量与数据量呈指数式增长，媒介形态推陈出新。而更为深层的媒体逻辑的颠覆，包括以"时间"为核心价值单元的传播模式与盈利模式的失效、传统生产方式的革命和生产关系的重构以及传统广电媒体的社会角色的再确认。

当我们探究网络视听的发展历史，寻找其未来的发展方向时，也需要一种清醒回望。摄录摄影摄像等技术和广播电影电视等大众传播媒介的兴起促进了现代图像的产生，对图像信息符号制作、文本样式创新、传播渠道拓展层面持续产生影响。技术因素改革了生成技术、物理介质、符号表征、传播路径，从而也改造着人类的观看方式、视觉感受与视觉思维。因而，理解"网络视听"的本源需要回到传统的"广播"与"电视"。在传统广电的发展历时轨迹中，寻找网络视听何以生长成为现实模样的根据，是网络视听史的基点；在传统传播逻辑面临困局的踟蹰之际，全局性地思考大视听生态的演进规律，亦可为迎接全新纪元找到新的锚点。

---

① 杨保军. 论作为宏观新闻规律的"技术主导律"[J]. 国际新闻界，2019（8）.

图书在版编目（CIP）数据

中国互联网视听传播史 / 周勇著. -- 北京：中国
人民大学出版社，2024.1
　　中国新闻传播学自主知识体系建设工程
　　ISBN 978-7-300-32399-2

　　Ⅰ.①中… Ⅱ.①周… Ⅲ.①互联网络－应用－视听
传播－研究－中国 Ⅳ.①G219.2

中国国家版本馆 CIP 数据核字（2023）第 254775 号

中国新闻传播学自主知识体系建设工程

中国互联网视听传播史

周勇　著

Zhongguo Hulianwang Shi-ting Chuanboshi

出版发行	中国人民大学出版社	
社　　址	北京中关村大街 31 号	**邮政编码**　100080
电　　话	010 - 62511242（总编室）	010 - 62511770（质管部）
	010 - 82501766（邮购部）	010 - 62514148（门市部）
	010 - 62515195（发行公司）	010 - 62515275（盗版举报）
网　　址	http://www.crup.com.cn	
经　　销	新华书店	
印　　刷	中煤（北京）印务有限公司	
开　　本	720 mm×1000 mm　1/16	**版　　次**　2024 年 1 月第 1 版
印　　张	28.25 插页 3	**印　　次**　2024 年 8 月第 2 次印刷
字　　数	357 000	**定　　价**　128.00 元